社群主义正义观研究

A Study on the
Communitarian View of Justice

姜丽 著

中央编译出版社
Central Compilation & Translation Press

图书在版编目 (CIP) 数据

社群主义正义观研究 / 姜丽著 . —北京：中央编译出版社，2022.12（2023.5 重印）
　ISBN 978-7-5117-4325-1

　I. ①社… II. ①姜… III. ①正义—研究 IV. ① D081

中国版本图书馆 CIP 数据核字（2022）第 237747 号

社群主义正义观研究

责任编辑	翟　桐
责任印制	刘　慧
出版发行	中央编译出版社
地　　址	北京市海淀区北四环西路 69 号（100080）
电　　话	（010）55627391（总编室）　（010）55627302（编辑室）
	（010）55627320（发行部）　（010）55627377（新技术部）
经　　销	全国新华书店
印　　刷	北京印刷集团有限责任公司印刷一厂
开　　本	710 毫米 × 1000 毫米 1/16
字　　数	376 千字
印　　张	26.25
版　　次	2022 年 12 月第 1 版
印　　次	2023 年 5 月第 2 次印刷
定　　价	128.00 元

新浪微博：@ 中央编译出版社　　微　信：中央编译出版社（ID：cctphome）
淘宝店铺：中央编译出版社直销店（http://shop108367160.taobao.com）（010）55627331

本社常年法律顾问：北京市吴栾赵阎律师事务所律师　闫军　梁勤
凡有印装质量问题，本社负责调换，电话：（010）55626985

目 录

导　言 ... 001
 一、政治哲学视野中的正义观 ... 001
 二、社群主义概述 ... 009
 三、本书的立场和主要内容 ... 031

第一章　社群主义正义观的产生和理论渊源 ... 035

第一节　社群主义正义观产生的时代背景和理论背景 ... 035
 一、社群主义正义观产生的时代背景 ... 035
 二、社群主义正义观产生的理论背景 ... 044

第二节　社群主义正义观的理论渊源 ... 059
 一、亚里士多德的正义思想 ... 060
 二、黑格尔政治哲学思想 ... 073

小　结 ... 080

第二章　社群主义正义观的本体论阐释..........083

第一节　麦金太尔正义观的本体论阐释..........083
一、批评自由主义正义观"自我"概念..........084
二、叙事性自我和小社群主义..........088
三、人的脆弱性、依赖性与"正义的慷慨"..........093

第二节　桑德尔正义观的本体论阐释..........105
一、批判自由主义的道德主体..........105
二、确立构成性自我为正义主体..........112

第三节　沃尔泽正义观的本体论阐释..........117
一、社群主义对自由主义的批判..........117
二、从简单平等到复合平等..........126

第四节　泰勒正义观的本体论阐释..........132
一、批评自由主义正义观忽视本体论..........133
二、评价正义离不开强评估框架..........137
三、共同体意义的重建..........142

小　结..........147

第三章　社群主义正义观的价值论阐释..........151

第一节　麦金太尔：德性正义优先于规则正义..........152
一、批判自由主义的规则正义..........152
二、主张德性正义优先于规则正义..........156

第二节　桑德尔主张正义内在于善..........161
一、对罗尔斯的"正义首要性"的批评..........162
二、驳斥《政治自由主义》权利对善的优先性..........168

         三、正义内在于善 173
    第三节　沃尔泽的分配正义观及其社会意义 175
         一、分配物品的社会意义的多样性与正义 176
         二、分配正义的基本观念 177
    第四节　泰勒的构成性之善与"承认的政治" 183
         一、反对权利优先性，主张构成性之善 183
         二、承认的政治 188
    小　结 192

第四章　社群主义正义观的方法论阐释 196

    第一节　麦金太尔正义观的方法论 197
         一、历时性回溯中的构建 197
         二、共时性批判中的构建 204
    第二节　桑德尔正义观的方法论 213
         一、批驳罗尔斯契约达成的正当性问题 214
         二、批驳罗尔斯契约论证方法的矛盾性 216
    第三节　沃尔泽正义观的方法论 222
         一、多元主义的分配正义 222
         二、批判的阐释主义 225
    第四节　米勒正义观的方法论 237
         一、社会情境多元主义的方法论 237
         二、程序正义和结果正义相互促进 242
    第五节　泰勒正义观的方法论 247
         一、历史主义方法论 247
         二、社会想象的方法论 254

小　结 261

第五章　社群主义与全球正义 265

第一节　罗尔斯的全球正义观 265
一、万民法的提出及适用范围 265
二、考察五种类型的域内社会 267
三、万民法的方法及原则 269
四、主张援助义务和反对全球分配 272

第二节　米勒论社会正义与全球正义 275
一、全球正义不等于全球平等主义 275
二、全球正义产生的时代背景不同于社会正义 279
三、全球正义不是社会正义范围的简单扩大 281
四、全球正义适用的正义原则不同于社会正义 283
五、全球正义的责任主体不同于社会正义 286

第三节　社群主义对世界主义正义观的三重批判 291
一、民族主义的批判理路：民族身份和民族责任 291
二、多元主义的批判理路：成员资格及领域正义 295
三、爱国主义的批判理路：爱国主义是一种美德及同胞优先....299

小　结 302

第六章　社群主义正义观类型的阐释
　　　　——基于应得原则的视角 308

第一节　麦金太尔的德性正义观 309
一、正义的标准：道德应得 309
二、批判罗尔斯应得观念 314

第二节　桑德尔的公益正义观……317
一、主张"道德应得"之正义原则……317
二、公益正义观……322

第三节　沃尔泽的社会物品多元正义观……331
一、自由交换原则……331
二、应得原则……333
三、需要原则……335

第四节　米勒的人际关系多元正义观……339
一、团结的社群与需要原则……340
二、工具性的联合体与应得原则……345
三、公民身份与平等原则……350

小　结……353

第七章　马克思主义视域下的社群主义正义观……356

第一节　马克思恩格斯正义观的理论架构……356
一、对资本主义异化和剥削非正义的前提批判……357
二、正义作为一种道德观念根源于生产关系……358
三、在特定历史环境下评判正义与否……360
四、正义的实现路径：通过社会实践而获得……362
五、正义的旨归是实现人的自由和全面发展……364

第二节　马克思主义视域下社群主义正义观的述评……366
一、社群主义正义观的合理性……366
二、社群主义正义观的局限性……375

第三节　"超越正义"之思……382
一、共在论的框架结构及其核心要义……382
二、马克思主义共在论对社群主义正义观的合理超越……384

结语　社会生活背景下的规则正义与美德正义 392

参考文献 398

后　记 408

导　言

一、政治哲学视野中的正义观

　　正义是人类社会孜孜以求的理想和目标，是政治哲学研究和思考的核心范畴与主题。纵观中西方两千多年的政治思想史，人类社会的文明史很大程度上是一部追求正义的历史。正义一直是政治哲学、伦理学、经济学和法哲学等所探讨的核心焦点，何谓正义？众说纷纭，莫衷一是。正如美国哲学家博登海默说："正义有着一张普洛透斯似的脸，变幻无常、随时可呈不同形状并且有极不相同的面貌。"① 不同时代不同人们形成了千姿百态的正义观，从古希腊至今，这些正义思想留给人们丰富精神滋养的同时，也促使人们深邃地思考亟待解决的问题，本书讨论的是政治哲学视野中的正义问题。

　　政治哲学（Political Philosophy）是哲学的一个分支学科，也是政治学的一个分支学科，属于政治学和哲学的交叉学科。施特劳施在《什么是政治哲学和其他研究》一书中指出，"政治哲学就是真正地既认识政治事务的本性，又认识正当的或善的政治秩序的努力"②。因为政治哲学不仅要了解政治事务的事实和澄清政治理念的内涵，更要证明

---

① ［美］博登海默，《法理学——法哲学及其方法》，邓正来译，中国政法大学出版社 2004 年版，第 261 页。
② Leo Strauss, *What is Political Philosophy and Other Studies*, The University of Chicago Press, 1988, p.12.

政治秩序的合法性与正当性,为其提供道德理由,从而为现行的社会制度的进步建构理想模式。政治哲学家要探询的不是"财产是怎样分配的",而是"怎样分配财产才是正义的或公平的?"一个社会应当用什么理想的标准或规范来控制产品的分配?俞可平教授在《权利政治与公益政治》一书中论述:"政治哲学的研究对象是政治价值和普遍的政治原理。"[①]所以,政治哲学的核心任务是以说理的方式探讨政治原则与政治价值,为人们的政治生活构建出一种应然的理想状态。政治哲学要思考政治存在的结构、政治的价值目标、优良政制模式、人的政治本质(人是政治的动物)、政治与权力、政治与伦理的关系以及国家的治理体系和治理能力,对这些问题的分析阐述是政治哲学的基本内容。政治哲学的研究核心范畴是国家公共政治。人类为什么要建立政治秩序,如何过公共生活呢?因为人类作为一种生物具有脆弱性和依赖性,必然以社会的方式生活,这是人类自我生存与发展的内在不断要求与培育的结果。个人与国家构成了政治哲学中的两极。个人的基本权利和国家公共政治权力,形成永久的张力。正义则是政治哲学研究的核心焦点。比如,正义的制度应该怎么设计?人们应该持什么样的正义观?

(一)古代的正义观

正义问题在西方有着悠久的研究历史,古希腊有不少哲学家持一种德性正义观,其代表人物是苏格拉底、柏拉图和亚里士多德。苏格拉底把人在生活世界中所表现和实现的卓越品质如勇敢、虔诚、节制、正义等视为美德,柏拉图把智慧、勇敢、节制和正义列为四种主要美德,正义居于四主德之首。柏拉图将正义分为个人正义和国家正义,个人正义和国家正义是对应的,一个人的心灵要素包括理性、激情和欲望三种,当理性来控制欲望和激情,让激情给理性提供帮助、欲望从属于理性,心灵的各要素互不干扰和谐有序时,就实现了个人正义。他认为,个人心灵结构与国家的阶层结构应该是异体同构的,所以国

---

① 俞可平:《权利政治与公益政治》,社会科学文献出版社2003年版,第1—2页。

家正义是建立在社会分工基础之上,一个国家中主要有统治者、生产者和护卫者三个阶级,当统治者、生产者和护卫者在国家里坚守自己的职责互不僭越时,就实现了国家正义。柏拉图的正义观对西方政治思想产生了重大影响。

亚里士多德沿着柏拉图的思想前进,将正义分为个人正义和城邦正义。个人正义研究个人道德之善,是属于伦理学范畴,城邦正义是研究城邦政治之善业,属于政治学范畴。就前者而言,正义是个人德性中的核心德性,是一切德性的总括。"公正常常被看作德性之首,比星辰更让人崇敬。"[1] 相比柏拉图而言,亚里士多德更看重正义的实践意义,正义就是给予一个人应得,要评价一个人的行为动机是否正义,需要考察这个人的行为是否符合德性。就后者而言,亚里士多德把正义视为城邦政治的首善,正义以公共利益为依归,维护的是整个共同体福祉,城邦正义高于个人正义。亚里士多德的这种正义旨意正是社群主义正义观主要来源。在亚里士多德看来,正义包含两个因素——事物和应该接受事物的人;大家认为相等的人就该配给到相等的事物。[2] 换言之,城邦的分配正义应与个人对城邦贡献大小的价值相一致,主张政治权力、荣誉、金钱财富以等级来划分,从这个角度分析,正义即意味着应得。

到了中世纪,正义问题纳入了神学的框架。基督教神学家则把上帝的意志作为正义的基础,上帝的意志成为衡量正义与否的标准。教父哲学的代表奥古斯丁认为法律产生于上帝的意志,它是正义的体现,是上帝统治人类的工具。人们只有借助上帝的意志,通过对法的服从坚定对上帝的信仰,从而获得正义,并进一步实现人类世俗生活和社会伦理的正义。经院哲学家阿奎那也是从神学自然法角度来论述其正义理论,他把亚里士多德思想与奥古斯丁的学说糅合在一起,认为自然法的观念以及自然法所表示的自然秩序与神的秩序之间是和谐一致

---

[1] [古希腊]亚里士多德:《尼各马可伦理学》,廖申白译注,商务印书馆2003年版,第130页。
[2] [古希腊]亚里士多德:《政治学》,吴寿彭译,商务印书馆1965年版,第148页。

的，自然法不过是上帝永恒法的一部分。依效力等级，阿奎那将法律分为永恒法（神的自然法）、自然法（人的自然法）、人法（人的成文法）和神法（神的成文法）四种。永恒法和自然法都是抽象法，而神法与人法是实在法，阿奎那强调指出，正义意味着服从实在法，但实在法必须以上帝的永恒法为基础，《圣经》是人类社会正义与否的标准，上帝是正义和非正义的最终来源。

综上所述，古代政治学说大多持一种"目的论"，也就是预设了人生和社会的发展有个应然性的目的状态，而人只有在特定形式的政治生活中才能达到这一应然状态，实现人自身的目的。政治原则的正当性就可以通过这一特定的目的而得到论证。以目的论为基础的政治理论，始终关注个人道德与政治价值的相互关系，将政治秩序的稳定和社会理想的实现依托于个人道德的完善。当每个人成为好人，社会自然就是好的社会，国家就自然实现"善治"；同时他们也希望政治国家结构能够按照把人们培养成有美德的而设计，人们有了相应的美德，就能给国家制度及其运行以有力的支撑。因此，不论是西方的柏拉图、亚里士多德，还是中国的孔子、孟子都会强调个人道德修养对于维护国家秩序的重要意义。这是因为古代的社会属于高度同质的熟人社会，有着近乎一致的宇宙观和超越性的目的论，所以古希腊的城邦公民追求目标或价值趋向一致，那就是"我如何才能过上好生活"，它要求政治社会中的所有个体都朝向"德性""荣誉"和"至善"，所以我们可以说古代正义观是一种德性正义观。

（二）近现代以来的正义观

到了近现代，由于文艺复兴和启蒙运动的兴起，资本主义生产方式广泛应用，越来越多的人摆脱了其原来居住地的熟人社会，而进入城市工作和生活，人口流动性加大，于是社会形态不断变化，人们的观念剧烈变迁，从而出现了一个异质化的大规模陌生人社会。这时，个人主义意识开始萌芽与发展，越来越强烈地主张个人的权利和自由。这种社会变迁得到了政治哲学家如近代自由主义者霍布斯、洛克和卢梭等的理论回应，他们提出了一种自然状态的假设，并主张人们在这个状态下是自由、平等的，具有自然权利，由此出发思考由于什么原因人们要进入政治文明的状态，成立国家，从而主张一种契约论的正义观。也就是说，近代政治学说并不回答道德理想的问题，把"好生活"这类目标交给具体的个人去追求，而只是致力于规定人们行为的底线。这一规定就是从古老的自然法思想中引申出来的"权利"概念。每个人的行为底线就是不要侵犯他人同样的权利，在这里，首先就只有底线要求，而不诉诸更高的美德要求。由于把"权利"概念看作是前提性的，所以近代政治学说被称为"权利论"，而不再是古代的"目的论"政治学说。近代政治制度不是建立在个人道德修养的基础上，而是建立在尊重权利和规则的基础上。近代政治哲学与古代政治哲学最大的不同就是消解了个人道德在国家建构中的作用。文艺复兴时期意大利政治家马基雅维利，发表了颇受争议的《君主论》一书，使得政治秩序与个人道德完全脱钩，认为政治的正当性并非在于统治者的良善道德，而关键在于如何巩固统治者绝对的强制性权力。如果说马基雅维利的工作是对古典政治哲学的"破"，那么，历史的发展就要求霍布斯的政治学说成为对现代政治哲学的"立"。

霍布斯的著作《利维坦》中论证了国家的权力合法性来源于个人的同意。霍布斯把自然状态描述为"人对人像狼"的状态，在这种状态中，"最糟糕的是人们不断处于暴力死亡的恐怖和危险之中，人的生活孤独、贫困、卑污、残忍而短寿"[①]。在自然状态中，没有是非观念，也没有法律，当然也就无正义可言。霍布斯认为，为了免于恐惧和暴死，理性的人们自愿两两签订契约，放弃全部自然权利给第三方，把大家所有的权利托付给主权者，以形成作为政治共同体之基础的共同权力，这就是伟大的利维坦的诞生。这个利维坦就是国家或政府，国家是人类自愿缔结契约的产物，主权者至高无上，具有绝对的权威、不受法律约束、不准分权。它代表的是人们的共同理性和共同利益，正是在国家中，只有遵守契约，政治共同体成员的基本权利、自由才能得以保证，从而有一个稳定而正义的政治秩序。霍布斯认为，正义

---

① ［英］霍布斯：《利维坦》，黎思复、黎廷弼译，商务印书馆1986年版，第95页。

源于契约的订立,守约就是正义,违约就是不义。于是,正义的性质就是在于遵守有效的信约。

洛克与霍布斯同样关心政治权力问题,将抽象的人性观作为逻辑起点,采取与霍布斯类似的社会契约论的方法,从自然状态假设开始,但洛克得出有限政府的结论。洛克描述的自然状态不同于霍布斯所描述的人与人之间相互争夺、相互残害的凶残状态,而是一个人人平等且自由的充满温情和美好的状态,但这种状态维持和保障存在诸多不便,缺少出现纷争裁决纠纷的共同尺度或公共裁判者。为了摆脱这些不便,更好地保护人们的自然权利,人们自愿让渡一部分权利,通过共同缔结契约,推选出公共机构形成政治权力来维护大家的基本权利,这个公共机构的授权是有期限的甚至可以收回的,因而也被称为有限政府。洛克认为,每个人在订立契约时仍然保留了生命权、自由权和财产权,这三项基本权利为公共权力的应用划定了界限。

18世纪末期,康德关注了政治议题,正义问题是其中的一个重点。他所采用的方法仍然是先验哲学的方法,即从纯粹理性的先天法则出发,来考察人类的法权观念和正义原则,这也是启蒙"勇于使用自己的理智"口号的应用。他主张,人类的正义原则不能从外在世界中去寻找,也不是来自上帝的意志,而是来自人的实践理性的立法功能,也就是说,人类的理性自身可以为自己进行道德实践上的立法,从而体现为一种自由法则,它与人类理性为现象界所立的自然法则是完全不同的。由此,康德完成了西方近代道德哲学史上的"哥白尼革命"。在康德看来,法权哲学与道德哲学是同源的,也就是说,其基本法则都是来自理性的先天立法功能,但是,法权原则和正义原则只是针对人们的外在行为,而道德法则则要针对人们的内在动机和品质。所以,康德这样对法权进行定义:"法权是一个人的任性能够在其下按照一个普遍的自由法则与另一方的任性保持一致的那些条件的总和。"① 按照这个法权定义,将会产生一种对人们的外在行为的否定性要求,

---

① [德]康德:《康德著作全集》第6卷,李秋零译,中国人民大学出版社2007年版,第238页。

即法权要求人们不能相互侵害他人的同样法权,所以,其普遍的法权原则就是"如此外在地行动,使你的任性的自由应用能够与任何人根据一个普遍法则的自由共存"①。它关心的是个人能够在不妨碍别人权利的情况下,实现他们自己独特的目的,至于这个目的是什么,则是无关紧要的。同时,如果有人侵害他人的法权,那么,就是对他人的自由的一种阻碍,因此,就需有一种正规的对这种阻碍的阻碍,只有这样才会使社会政治生活呈现一种正当的秩序,这就是正义原则的根本特点。这样一种正义原则在遵守普遍法则的前提下,确实尊重个人的法权,鼓励个人的自由追求。于是,我们可以看到,康德的个人法权在先的理论是与古典自由主义理论相协调的,这与黑格尔从社会历史条件中去探求个人权利和自由的理论有很大不同。的确,康德的这种法权观念和正义原则是抽象的,没有把个人权利与正义原则放置在人类社会历史发展过程中和具体的社会现实中加以考察,从而没有认识到具体的社会生活和历史文化传统对个人的自我的某种塑造性影响,所以,这些观念仍然是抽象的、形式性的。我们认为,个人与社会关系的问题是政治哲学的一个永恒主题。正义观念所关注的不仅是个人生活,而且也会关注共同生活,实际上,它更为关注后者。个人如何安排自己的生活,与整个社会安排有着密切的关系,但康德对此缺乏论证。

自从19世纪以来,边沁与密尔提出的功利主义思想独领风骚。功利正义论的立论基础不再像康德那样预设纯粹理性的先天立法能力,也不依赖于形而上学实体,而是建立在人性的趋乐避苦之上,主张为社会成员创造最大幸福的政策或行为才合乎正义的标准。功利主义正义观以行为或政策是否能够最大限度地增进社会的总体福利来判断社会的正义,因而也被称之为"后果论"。功利主义的原则追求满足的最大净余额,而其他的一切东西,比如说权利、义务、机会、权力、财富等都是达到最大总额的手段。在关于功利和正义的关系上,功利正

---

① [德]康德:《康德著作全集》第6卷,李秋零译,中国人民大学出版社2007年版,第239页。

义论把功利看得更优先,认为正义必须由功利来决定。从逻辑上来说,功利主义可能会为了追求更大的效率总额而牺牲少数人的利益,或者为了更大的利益而忽视或剥夺少数人的基本权利,这也是功利主义遭到后来一些学者(包括罗尔斯)批驳的原因之一。

1971年,罗尔斯发表了《正义论》,用新契约主义方法建构一种"作为公平的正义"观,以此打破功利主义一统天下的局面。罗尔斯的正义理论建立在自由平等的道德人的基础之上,通过原初状态的设定来建构正义二原则,这个正义二原则是在自由主义体系内努力兼顾个人自由和权利与个人利益寻求平衡的正义观念,然后根据正义二原则设计社会基本制度,由这些制度决定公民的权利、义务和分配社会财富。罗尔斯正义的主题是社会基本结构,即认为应先判断社会基本制度是否合理与正义,然后再追问人能成为什么样的人。自由至上主义思想家诺齐克把分配正义问题转换为持有正义问题,他主张个人权利至上,政府或国家尽量减少对个人权利和自由的干涉,每个人都对其劳动所得的财富拥有正当的或不可剥夺的权利,反对政府再分配政策。

虽然罗尔斯与诺齐克的正义观存在差异,但都从个人主义出发构建正义理论,主张权利的正当性和合理性,权利较之于善具有优先性和根本性的地位。这种观点,在麦金太尔、桑德尔、泰勒、沃尔泽和贝尔等社群主义者们看来是不合理的。他们批判自由主义误解了个人与社群或共同体之间的关系,忽视了对人们生活起着决定性作用的道德价值与社会规范;自由主义采用契约主义的论证方式,主张无偏私的普遍主义,而没有考虑到文化的差异性与多样性;自由主义在良善生活保持中立性,将政治与道德分离开来,其实任何政治体系最终必定依赖于某种善的观念。[①]应当承认,社群主义批判在一定程度上是充满洞见的。

总而言之,从古希腊到21世纪的今天,出现了诸多的正义观:德性正义观、神学正义观、契约正义观、功利正义观和权利正义观等,

---

① [英]史蒂芬·谬哈尔、亚当·斯威夫特:《自由主义与社群主义之争》,孙晓春译,吉林人民出版社2007年版,第15—29页。

之所以有如此纷繁杂多的正义观，其焦点就在于立论根基的差异，即究竟是从个人出发还是从社会出发。自由主义正义观就是从个人出发，坚持个人权利优先，社群主义正义观则从社群关系和现实出发，坚持社群利益优先。而马克思主义实践哲学所秉持的就是一种共在本体论哲学立场，从人的对象性实践活动出发，正确地理解正义的产生、根源和性质以及历史性的变化，以此统摄和超越个人与社群的二元对立关系。马克思主义认为，尽管正义观念具有历史性和差异性，但归根结底衡量正义观的客观标准是这种正义的观点、行为、思想是否促进社会进步，是否符合社会发展的规律，是否满足广大人民群众的利益。

有鉴于此，通过对西方政治思想史上典型正义观的梳理，立足于马克思主义正义观，我们认为，"正义实际上是在一个社会发展阶段中人们对什么样的社会人伦关系结构是合理的之判断，由于社会物质生产方式必然会经历历史性的发展，所以，社会人伦关系结构在不同的历史阶段也会有不同面貌，从而也会有不同的正义观"[1]。所以，我国的正义理论构建仍然要以发展经济水平为基本原则，以人的自我实现为核心来促进社会有效整合，才有可能实现实质性的正义。以这样一个正义的概念为参照和蓝本，本书拟从本体论、价值论和方法论等多角度多方面对社群主义正义观进行批判性的分析，并指明只有以马克思主义实践哲学的基本原理为指导，才能揭示社群主义正义观的价值及其根本局限之所在。

二、社群主义概述

自由主义是西方主流的政治哲学派别，在当今西方理论界，社群主义成为了唯一能够与自由主义相抗衡的政治哲学派别。社群主义是对 20 世纪 80 年代以来以罗尔斯为代表的自由主义政治哲学的一次理论诘难。对此，我们想进一步追问，社群主义在政治哲学上其实有久

---

[1] 詹世友、施文辉：《马克思主义正义观的辩证结构》，载《华中科技大学学报》，2014 年第 1 期，第 24 页。

远的传统，那为什么会在 20 世纪 80 年代复兴？其历史背景和理论渊源有哪些？在弄清楚这些问题之前，有必要界定清楚什么是"社群"，什么是"社群主义"？

（一）关于"社群"

社群是社群主义的核心概念，要理解社群主义的概念，首先必须界定社群的概念。英文 community，中文译为"社群"（也有译为"共同体"的）。"何为社群？"不同的社群主义者对社群有不同的界定。社群这个术语本身是十分模糊和富有争议的。正如霍布斯鲍姆曾指出的："'社群'这个词来没有像过去几十年这样被含糊而空洞地使用，在这段时间里，社会学意义上的共同体已经很难在现实生活中找到了。"[①]《布莱克维尔政治学百科全书》对该词作的解释是"community"一词的应用是高水平的，但是其含义却是低水平的。它是政治理论中使用十分普遍然而又欠明确的术语之一。[②] 所以，确定一个统一的确定的共同体定义是件十分困难的事，但我们可以转换思路，我们至少可以理解这个概念在不同语境中的不同用法，澄清社群构成的几个基本向度。社群的构成至少有这几个基本的向度，即地理地域因素、语言文化因素、民族种族因素等，从不同的向度理解就构成了不同类型的社群。

"社群"的概念至少在古希腊时期的政治哲学中就已经形成。自古希腊的亚里士多德开始，中经过西塞罗、阿奎那，直至近现代的柏克、黑格尔和杜威，"社群"的概念虽然不断变化但一直受到历代政治哲学家的关注。学术界经常将社群的源头追溯到亚里士多德，这是有道理的。这可以在亚里士多德《政治学》和《尼各马可伦理学》两部著作中得以体现。他在《政治学》开篇就指出："我们见到每一个城邦（城市）各是某一种类的社会团体，一切社会团体的建立，其目的

---

① E.Hobsbawm, *The Age of Extremes: The Short Twentieth Century 1914–1991*, London: Michael Joseph, 1994, p.428.

② 邓正来主编：《布莱克维尔政治学百科全书》，中国政治大学出版社 1992 年版，第 142 页。

总是为了完成某些善业。……社会团体中最高而包含最广的一种,它所求的善业也一定是最高而最广的:这种至高而广涵的社会团体就是所谓'城邦',即政治社团。"① 亚里士多德把社群界定为达到某种共同的善的目的而组成的关系或团体。在他看来,人的团体性生存,由家庭、村坊到城邦,是一种自然的演化,这是人类本性的必然,并非由于任何外在的力量所导致。人天生是政治的动物,是落实在人的本性上的,是找到了人的政治性生存的真实源头,政治生活的原则就内含在源头之中,是从它发育生长出来的,正如每种事物的成长都要显现其本性一样,人类发展到一定程度必然显现其合群的本性。亚里士多德说:"不论是出于偶然,或者本性上不归属于任何一城邦,则不是鄙夫,便是超人。"② 离开了城邦,就失去了人的本性。城邦之所以必要而且必然,这主要是人的本性就是趋向群体生活,至构成城邦而止。人类生活自然成长过程的完成是政治性社会团体,这是所有社群中最高的团体,也是社群发展的终点。城邦并不仅仅是生活在一个以城垣围之的区域里的居留团体,共同的生活区域并不是城邦的一个本质要素,城邦也不是那种只是为了便利交换并防止相互侵夺的团体,即经济的和军事的团体也不是城邦的本质要素。当然,这两者是城邦存在的必要条件。城邦的生活不只是为了生存,更在于实现优良生活。政治性团体的正义价值是为了实现公共利益。政治社群在本质上是善的,人类组成政治社群,最根本的目的就是实现善业,即城邦的存在最大限度地实现公共利益,而不是为了某些人的利益。这就是城邦政治的正义价值追求。

第一次系统地对社群作出重要论述的理论观点是德国社会学家滕尼斯《共同体与社会》(1887年)一书。滕尼斯区分了"Gemeinschaft(共同体)"和"Gesellschaft(社会)"这一对概念,他主要是从"社会联结纽带的不同性质"角度加以阐述的。所谓共同体(Gemeinschaft)是一切具有密切、排他的社会联系或共同生活方式,这是一种持久的

---

① [古希腊]亚里士多德:《政治学》,吴寿彭译,商务印书馆2011年版,第2页。
② 同上书,第7页。

和真正的共同生活①，它是以血缘、亲缘、地域和伦理团结为纽带自然生长起来的，其基本形式包括（1）亲属，（2）邻里，（3）友谊；在共同体的生活形式里，不管人们在形式上怎样分隔也总是相互联系的，它让人们心理上产生依恋、守望相助、富有人情味，在这种社会关系中，共同体自居本位，是人的自然意志完善的统一体，具有一种原始或天然的状态，是不可随意选择的。其表现为一种亲切但狭隘的生活方式，例如母子关系最深刻地反映共同体典型，母亲出于意志本能有养育、保护和引导她生育的子女的责任。所谓社会（Gesellschaft）则是建立在外在利益合理的基础上，为了要完成某项任务而构建起来的社会，它是思想和机械的聚合体。②最明显的例子就是现代社会无处不在的契约关系。在这种社会联系中，个体是本位的，个体之所以选择加入这种联系乃是出于一种功利的与交换的目的，因而是可以选择和替代的，是人类"理性意志"发展的结果。

按照滕尼斯等人的观点，在人类发展史上共同体要早于社会，随着社会流动的加剧和西方工业化的发展，人与人疏离但无法分开。他心目中的"共同体"逐渐向"社会"发展，已不复存在。这也是由身份社会向契约社会迈进的过程（受梅茵的启发），个体越来越居于本位，"Gemeinschaft"逐渐被"Gesellschaft"所取代，正是从古代社会迈向现代社会的轨迹。滕尼斯所说的由"共同体"向"社会"发展时体现的"独立的（普遍的）个人主义和由此确立的社会主义"取向，仍然是极富启示性的。资本主义市场关系是建立在以个人为本位的，基于契约和利益算计之上的"社会"，人们越来越理性化和工具化，人的精神世界和生活世界失去了高贵的维度，但基于共同生活和情感纽带的"共同体"，对于原子化的"社会"仍具有重大意义。

因此，在滕尼斯看来，二者结合的基础有所区别：共同体是基于某种共同的血缘、亲缘、地缘而结合具有持久和真正的共同生活，所以应该被理解为一种生机勃勃的有机体，而社会是个人为了特定利益

---

① ［德］斐迪南·滕尼斯：《共同体与社会》，林荣远译，北京大学出版社2010年版，第45页。
② 同上书，第43页。

而构建起来的，应该被理解为一种机械的聚合和人工制品。① 由此可见，社会可能更多的是一种利益共同体或工具性联合体，而社群除了共同的生活维度，还有一些更加持久和深刻的共同性，就是如当代社群主义者所说的"共同价值取向和善观念"。

丹尼尔·贝尔在《社群主义及其批评者》一书中具体阐述了三种"具有构成性社群"的类型，提出了地域性的社群（community of locality）、记忆性的社群（community of memory）和心理性的社群（psychological community）。② 丹尼尔·贝尔界定"具有构成性社群"的三个标准是：首先考虑人们事实是怎么界定自己，就是他们怎样回答"我是谁"的问题；其次，具有构成性的社群提供了一个有意义的思考、行动和判断的背景性的框架；最后一个标准是如果割断与他置身其中的社群联系就会陷入迷失状态。③

第一类是地域性社群，即以地理位置为基础的社群，也是最平常意义上使用"社区社群"名称。这种类型的社群就是每个人最熟悉最亲切生于斯长于斯而被称之为家的地方，即便在成人时期离开了依旧时常让人魂牵梦绕、念兹在兹的地方，这类社群通常包括故乡、居住的社区、村镇或城市乃至国家等，这表现在对自己家或家园深挚的喜爱与眷恋。假如我在异国他乡与自己的老乡不期而遇会产生不同于他人的亲切感或曰"老乡情结"，或者遇到和自己有相同社群经历的人，就会感到喜不自禁。如果一个人没有家的归属感，就会产生一种无根的感觉，代之以一种异化感。与个人生活直接相关的地理性社群，如果我们与之联系越密切，就会越让我们产生归属感和认同感，例如邻里对个人的影响比城市要大，城市的影响比国家要大，以此类推。④

第二类是记忆性社群，主要是指一群互不相识的人，他们的日常生活和思想里有一种共同历史，其共同的历史可以追溯到以往几代人

---

① ［德］斐迪南·滕尼斯：《共同体与社会》，林荣远译，北京大学出版社2010年版，第45页。
② ［美］丹尼尔·贝尔：《社群主义及其批评者》，李琨译，生活·读书·新知三联书店2002年版，第96—176页。
③ 同上书，第95—96页。
④ 同上书，第96—104页。

之前。这种社群不仅使人们相互联系过去,还使人们面向未来、努力实现其未来的理想和愿景,以示对社群共同利益的贡献。这种记忆性的社群重要性还表现在能为人们提供一种道德传统,这种传统有助于提供一种叙述性统一,使人们有义务来促进我们的历史中所记忆和期望的理想,把人们的命运与人们的前辈同时代的人以及后代联结在一起,如果一个人不能拥有自己的记忆性社群,他就会失掉他生活中的意义与希望的源泉,结果就会严重伤害他的自尊和个人能力感,更不要说道德传统的丢失对后代产生的深远影响[1]。其中最为典型的就是"民族",如"中国人""法国人""瑞士公民""加拿大人"等都是记忆性的社群。丹尼尔·贝尔还特别强调记忆性的社群中的一种特殊的社群,即以语言为基础的记忆性社群。语言是一个人的属性的载体,是观察事物和认知世界的工具和方式,不仅在某种程度上影响着人们的世界观人生观,还决定人们的特定文化特征,是形成个人文化认同的一种媒介。[2]

第三类是心理性社群,指的是由于参加共同的活动并追求共同的目标时而产生"共生共存"心理体验的一群人。此种社群是建立在成员面对面的人际交流之上,依靠的是成员彼此间的相互信任、友好合作和利他主义的精神。一个健康的、成功的心理性社群里,其成员的个人动机会服从于高尚的情感,往往会超越狭隘的个人利益而把社群的公共利益看作自己的利益,并为之而行动,从而促进社群共同善的实现。与记忆性社群相比,心理性社群规模较小,成员归属感更强烈。因为这是建立在某个时间以及面对面人际交流之上。[3] 比如家庭、教会团体或某些认同感强烈的政党都属于心理性社群,值得一提的是参加某个当地俱乐部不属于心理性社群,因为虽然大家参加了共同的活动,但其成员并没有把自己的本质同社群的利益联系一起,从而对这种群

---

[1] [美]丹尼尔·贝尔:《社群主义及其批评者》,李琨译,生活·读书·新知三联书店 2002 年版,第 169—171 页。
[2] 同上书,第 162—167 页。
[3] 同上书,第 176 页。

体并没有真正的心理性情感认同。

可以说，丹尼尔·贝尔把构成性社群分为三种类型，是一种较完备的分类，但这三种类型的社群之间并不具有严格的排他性，具有构成性特征的各种社群类型之间是可以重叠的。比如地域性社群和记忆性社群往往有重叠的成分：生活在一个地域的人们常常有共同的"地域记忆"，讲同样的方言，并以本地区的名人为荣等。一个成员可以同时是一个或几个社群的成员，并且只要人们支持建立并保有新社群，就没有必要把人们限制在他们原来的社群里。①

社群的概念不仅指一套以地缘性为基础的人类群体，也可以用来指那些更广泛的、虚拟的或想象的人类群体，如网络共同体和命运共同体。伊兹欧尼认为，网络社群是存在的，由于素不相识的人通过互联网相识并建立了联系，能形成多样的交往群体，比如互联网上既可以存在为了商业利益而进行单一的交流而后就解散的群体，也可以针对某个共同关心的问题聚合在一起，进行深度且长期的交流而形成相对稳定的群体，他们彼此促进、互帮互助，这可以培养亲密的情感关系，诸如某个微信读书会之类的社群。所以，基于"趣缘"而主动建立和参与的各种群体性的链接与互动，成为网络空间个体间主要的交流方式。在主动性的驱动之下，持有相同信息需求、意趣品味和情感认同的个体逐渐凝聚，形成网络交流的"共同体"——网络社群。福山认为，互联网和社交媒体的兴起，有助于通过线上社群助长新的身份。"社交媒体和互联网推动形成了独立的社群，围护这些社群不需要物理围栏，靠的是对共同身份的信仰。"②

本尼迪克特·安德森（Benedict Anderson）和安东尼·柯亨（Anthony Cohen）是围绕认知和符号而不仅仅是根据地方性或社会亲

---

① ［德］斐迪南·滕尼斯：《共同体与社会》，林荣远译，北京大学出版社2010年版，第236页。
② ［美］弗朗西斯·福山：《身份政治：对尊严与认同的渴求》，刘芳译，中译出版社2021年版，第171页。

密来建构社群概念的。^①柯亨在《共同体的符号结构》一书中就指出，最好不要把共同体予以实体化，不要将之理解为建立在地方性基础上的社会互动网络，而要更多地注意共同体对于人们生活的意义以及他们各自认同的相关性。安德森在其著作《想象的共同体》中，正是从人类学和历史社会学的角度，论证了作为共同体的"民族"是如何通过符号和认知媒介而被建立起来。它不是什么"虚假意识"的产物，而是根植于人类深层意识的心理的建构。在社会领域中的想象，首先它不是虚构、捏造，而是会指向集体认同的认知和理解层面，因为一个群体要能够产生共同行动，或者获得某些共同体验，就必须对他们某些共有的东西形成理解，并且能够把那些也许与自己从不谋面的同一社群中的人在心理情感上关联起来（所以只能是"想象"），获得某种共同的历史宿命感，并能激发为这种社群的存在和发展而献身的行为。

由于现代数字技术的发展和网络媒体的发达，社群的范围不再受限于地理空间，即便是天涯海角、天各一方，也可以通过传播符号和认知媒介分享彼此的价值观，将具有共同的价值观和利益偏好的人视为"知己"。这种共同体虽然是一种想象的政治共同体但同时也是享有主权的共同体，因而也是有限的共同体，纵然它们的边界是可变的，但也没有任何一个民族会把自己想象等同于全人类。^②

当安德森以这个概念来考察"民族"时，就认为民族"是一种想象的政治共同体——并且，它是被想象为本质上有限的（limited），同时也享有主权的共同体"^③。显然，把民族看作"想象的共同体"，就意味着，第一，民族这个概念不是边界清晰、内涵确定的理性概念，而是一种具有逐渐整合、逐渐成熟过程的共同体；第二，民族融合着血统、风俗、传统、语言和教育等各种自然的和文化的因素，它们之间

---

① B. Anderson, *Imagined Communities: Reflection on the Origins and Spread of Nationalism*, London: Verso, 1983; A. Cohen, *The Symbolic Construction of community*, London: Tavistock, 1985; G. Delanty, *Community*, London: Routledge, 2003, p.3.
② ［德］本尼迪克特·安德森：《想象的共同体：民族主义的起源和散布》，吴叡人译，上海世纪出版集团2011年版，第6—7页。
③ 同上书，第6页。

可能差异较大,但是,它们是以某种治理的需要为基础而进行的某种民族的创制,是某种想象的产物,从而在历史中会经历较多的变化。从历史上看,各种族群在某些新的原则的主导下,逐渐形成了某种民族认同。可以说,这个概念对解释民族的形成来说,有较好的概括力。另外,民族的形成是西方迈入现代时期的产物,因为这个时期是旧世界的宗教和王朝的共同体没落,而出现了世俗的、水平式的新共同体——民族的时期。可以说,想象这个概念用以解释现代社会,有相当的适应性,故查尔斯·泰勒沿袭了这个词,创造了"现代社会想象"这一概念。

所以,把社群视为一种主观性的想象产物,是因为人们有彼此承认的共同的生活信念和价值偏好,将人们连为一体,一旦共同体被成功地想象并得以较普遍地传播,它又可以反过来在个体的心目中勾勒出一种整体物,并通过借助共同的语言、礼仪、文化、律法来强化其共同性,强化个体之间的亲密感。社群这种主观想象过程并不意味着否定它的上述客观特征。

也就是说,人们之所以讨论共同体、寻求共同体,甚至声称自己拥有或即将拥有一个共同体,并不是因为他们发现共同体曾经有过,也不是因为他们的共同体即将到来,而是因为他们需要这样一种被视为团结的紧密联系与和谐的交往模式,来提高自己与生活中相关成员的凝聚力和友善程度。①

综上所述,英文community的核心是"共同",社群是政治理论中表达社会成员相互作用关系的一些特殊形式,社群范围有大有小,小到家庭、社区、俱乐部,大至民族、国家等。人们对社群的理解是多种多样的,但对"社群"的理解始终处在变化之中,所以很难对社群进行界定。笔者认为,社群至少有以下三个特征:

其一,社群存在强烈的情感纽带。

社群是一个负载情感、彼此影响的关系之网,阿米泰·伊兹欧尼认为社群具有以下特征:"第一,社群是一个人们彼此影响的关系

---

① 李义天主编:《共同体与政治团结》,社会科学文献出版社2011年版,第12页。

网——这种关系经常相互交织,并且能够相互增强(而不仅仅是一对一的关系或像链条那样的个体联系)。第二,它拥有一系列共同遵守的价值规范以及共同的历史和认同的承诺标准——简言之,就是拥有一种特殊的文化。"① 这些关系网提供了情感的纽带,增加了彼此的认同,使彼此联系更加紧密,成为如家庭一般的社会实体。共同体的形成基于各种纽带,这些纽带可以源于共同的生活居住地及其相互的协作,可以源于共同的记忆、文化传统和习俗习惯,还可以源于由共同的语言和文学所体现的共同的感受方式和思维方式。② 这些共同体的特质可以是取决于它的地域或血缘渊源而形成的家族共同体;也可以是指人们为了共同利益而有意识地创造的各种利益组织;也可指建立在特殊私人利益基础之上的社会组织、行业组织等。

社群主义认为,人们应该通过互尊互爱的情感纽带建立彼此之间的友好联系,而不能仅仅视他人为工具和手段。卢梭认为,自由就是自己的行为受理性意志的支配。在政治共同体中,当人们在公共领域决定集体事务时,只有努力将自己的意志融入集体的意志,才可能维持"自己的行为受自己意志支配"的自由,人对自由的追求又离不开具体的社群生活。"因为人类总体上具有依赖性,只有依靠与他人的合作才能满足自身的需要。人的情感的纽带和互惠的需要也正是在人与人之间相互依赖中产生的。"③ 这些思想家都肯定了人具有依赖性和社会性,离不开情感的纽带,而纽带具有善的价值。

其二,社群成员具有共同目的和共享信念。

社群可以指"一个拥有某种共同的价值观、规范和目标的实体,其中每个成员都把共同的目标当做自己的目标。共同体不仅仅是指一

---

① Amitai Etzioni, *The Common Good,* Cambridge: Polity Press Ltd., 2004, p. 20.
② T. H. Green, *Lectures on the Principles of Political Obligation*, London: Longman's, 1941, pp.130–131.
③ Frederick Neuhouser, "Rousseau's Critique of Economic Inequality", *Philosophy Public Affairs*, Vol. 41, No. 3, 2013.

群人，它是一个整体"。① 社群生活的目的是实现社群的好生活。那什么是社群的好生活呢？好生活是会带来幸福的生活。亚里士多德所说的"幸福是灵魂的一种合乎德性的实现活动"②中，幸福 eudaimonia 是指一个人生命的整体兴盛状态，不同于 happiness 一时的状态，尤其是指人的灵魂的最好的实现状态。幸福是整体性的、最高的善，人的灵魂的幸福离不开社群的生活实践，离不开德性，所以人要实现好生活，离不开社群的生活。

20世纪美国政治哲学家阿瑟·E.摩根认为："社群是这样一个组织：它坐落在某个相当紧密相连的地理区域内，人们有着共同生活的历史，对生活的意义有共同的认识，从而形成了共同的生活方式、传统、风俗习惯和语言形式。"③ 社群成员之间具有共享的信念，以及一系列共同的态度、经验、感情和文化气质，共同体的所有成员具有对一系列共同的价值、规范、意义以及对共同的历史与认同的信念。这种对特殊文化的信念使该共同体不仅是自由行为者的集合，具有独特的性质，以区别于其他的共同体；而且这种共同体使这种特殊的文化一代一代传承下去，形成共享的目标和认同，正是因为拥有认同与目标，故社群中的人们能作为一个整体而行动，促进历史前进，并且为个体的行动提供社会背景。④

其三，社群生活具有归属感和义务性。

社群与一种归属感有关，这种联系是来自身份认同，来自长期的历史传统、文化与宗教的认同。社群常被作为"社会"的对立物，"社会"经常被描绘成某种令人感到危险和不安的地方，而"社群"则被

---

① 俞可平：《从权利政治学到公益政治学》，见刘军宁等编《自由与社群》，三联书店1998年版，第75页。又参见 Amitai Etzioni, *The Spirit of Community: Rights, Responsiblities and the Communitarian Agenda,* New York: Crown, 1993.

② [古希腊]亚里士多德：《尼各马可伦理学》，廖申白译，商务印书馆2003年版，第32页。

③ Arthur E. Morgan, *The Small Community: Foundation of Democratic Life*, New Jersey: Transaction Publishers, 2013, p.22.

④ Cf. Amitai Etzioni, *The New Golden Rule: Community and Morality in a Democratic Society*, New York: Basic Books, 1996, pp.127–130.

看作一个能给人安全感和温馨的场所。齐格蒙特·鲍曼指出，由于到处都是不安全和变化，所以，对共同体的渴望，几乎已经成为现代世界的永不停息的追逐。他指出，共同体常常被建构为一个舒适的安全场所，一个能够摆脱世界上的危险而稍作放松的地方。① 现代性带来碎片化的、不确定的人生，造成人与人之间关系的疏离和冷漠，而社群则会给人一种类似家园的亲密关系，令人心有安放之所，能够找到一种心灵家园的归属感。在某种程度上，社群蕴含着社会团结的诉求，可以增进社会凝聚力。"'社群'是当代社会失乐园的别名——但它又是我们热切希望返回其中的乐园，因此我们急切地寻找着能将我们带回那里的道路。"② 但他怀疑，身处取得认同的社群之中，所需要付出的代价却是"成为自我的权利"。

社群成员彼此的利益紧密相连、休戚与共，具有某些共同的目的和价值观念，它享有完整的生活方式，而不是为了分享利益而组合的，这是社群共同性的一个特点。社群还特别强调共同体成员内的义务。在社群主义者看来，道德义务就是要遵循一种整体之善和共同之善，只有在整体秩序的层次上，人们才能理解每种事物都是因善的缘故而有秩序的。

一个社群通常会确定边界和核心利益，只是对具有本社群的成员资格的人赋予一定的道德义务和责任感，这必将对共同体之外的成员进行区分，也就是说，同时对非成员具有排他性。此外，伊兹欧尼在《回应性共同体：一种共同体主义视角》中，提到社群具有"回应性"的特征，兹不赘述。

人们对社群的概念有不同的阐释，各有其偏重，但包含以上共同的特征：社群是以某种"情感纽带"、某种"共享的自我理解"或成员间的"相互的承诺"来使成员们彼此产生归属感和义务感。

---

① Z. Bauman, *Community: Seeking Safety in an Insecure World,* Cambridge: Polity Press, 2001, p.1.
② Ibid., p.3.

（二）关于"社群主义"

社群主义的英文为 communitarianism，它的词根是 community，其词源是希腊语 koinonia，表示一种具有共同利益诉求和伦理取向的群体生活方式。①在古希腊，这种群体及其观念的形成与希腊人的"共餐制"有关，城邦成员在公共餐桌上共同进餐，相互交流，长此以往，会产生一种彼此情感认同以及亲如手足的情感联系。②Community 通常译为"社区""共同体"，所以有人也把 communitarianism 译为"社区主义"或"共同体主义"，又因为 communitarianism 和 communism（共产主义）的词根与 community 和 commune 有相似的含义，所以偶尔也有人把此词译为"共产主义"，甚至还有人把它译为"社团主义""合作主义"等③，笔者认为，所有这些译法都欠妥当，颇为赞同俞可平教授的译名"社群主义"。因为这个词强调的是具有政治社会特征和特殊文化传统形成的休戚与共的亲密关系的共同体，而不是介于社会与个人之间自愿结合的社团，这是对社群生活方式、行为以及社群精神、价值追求的概括和总结。④

社群主义对于社群和群己关系的重视可追溯至古希腊亚里士多德政治哲学，亚里士多德强调"人天生是城邦动物"的命题。近代以来，"社群主义"作为一种系统的学说得以产生，主要出现在一些保守主义的著作中，以及后来对自由主义的理论大量的批判中。例如，英国保守主义哲学家埃德蒙·柏克曾对社群有过颇为著名的界定，他称社群是"一个现在生存的人、已经去世的人以及将要出生的人们的共同体"⑤。法国哲学家卢梭以及德国哲学家黑格尔的著作一般被认为与当代社群主义有亲缘关系。许多当代社群主义者强调黑格尔学说中关于

---

① ［古希腊］亚里士多德：《尼各马可伦理学》，廖申白译，商务印书馆 2003 年版，第 51 页，注释。
② 崔延强：《正义与逻各斯》，泰山出版社 1998 年版，第 18 页。
③ 俞可平：《社群主义》，东方出版社 2015 年版，第 2 页。
④ 同上。
⑤ 同上书，第 152 页。

"moralitität"与"sittlichkeit"的区分：前者指的是抽象的或个人的道德规则，后者指的是专门适用于某一特定社群的伦理原则，在自由主义思想中，前者是更高层次的道德规则，它与抽象的、普遍的个人相联系；这种个人自身是道德的主体，是自由而且理性的存在，而在黑格尔与当代社群主义者看来，后者是更高层次的道德，因为伦理实体自身是一个有机生命体，只有在伦理实体中，真正的道德自主与自由才可能实现。①

20世纪70年代，当代社群主义的兴起并活跃于北美政治哲学界，是作为自由主义的批判者和反对者的形象而出现。尤其是1971年，罗尔斯发表了《正义论》一书，社群主义对罗尔斯的正义理论展开激烈的攻击，由此产生了一系列有关社群主义的代表作，分别有：桑德尔《自由主义与正义的限度》(Liberalism and the Limits of Justice)，麦金太尔《追寻美德》(After Virtue)，泰勒《自我的根源》(Sources of the Self)，沃尔泽《正义诸领域》(Spheres of Justice)等。社群主义者桑德尔、麦金太尔、沃尔泽、泰勒和米勒对自由主义权利优先于善和个人自主性产生深刻的怀疑，认为建立在一系列有关"人类的真正本质"的形而上学假设是不切实际的。因为它忽略人的社会性本质，社群意识对个人认同、政治和共同文化传统的重要性。他们主张应该重新思考社群或共同体对个人的意义和维系社会健康存在的价值。奇怪的却是，尽管在研究中这一点是被广泛接受的，但这些思想家没有一个接受这个术语来描述或概括自己的作品。实际上，像麦金泰尔就直接反对这个术语，甚至被伊兹欧尼定位为温和的保守主义者。②泰勒也对"社群主义"这个名称表达了深深的疑虑。③《自由主义与正义的局

---

① Shlomo Avineri & Avner De-shalit, "Introduction", *Communitarianism and Individualism*, Oxford University Press, 1992.
② Amitai Etzioni, *The New Goldon Rule:Commuity and Morality in a Democratic Society,* Basic Books, 1997, p.15.
③ Charles Taylor, "Reply and Re-articulation", in James Tully and Daniel Weinstock, eds., *Philosophy in an Age of Pluralism: The Philosophy of Charles Taylor in Question*, Cambridge University Press, 1994, p.250.

限》一书使桑德尔成为社群主义的代表人物,然而他自己认为这个标签非常尴尬,因为在他看来,社群主义只看重多数人的价值或多数人的意见,可能会忽略少数人的利益。桑德尔在他的新书《民主的不满》中完全没有提到这个词,他更乐意接受"共和主义"这个名称。沃尔泽更多时候持与自由主义同样的调子,是对一些自由主义进行"周期性的社群主义修正"①,他更倾向称自己是位自由主义的社群主义者。真正持有社群主义立场的丹尼尔·贝尔在其《社群主义及其批评者》著作中承认自己是自由主义的批评者而已。②

可是我们认为,这些都不重要,他们实际上都(在否定之下)接受了特定的基本假设和分析模式,这些东西可以被称为"社群主义"。所以,我们可以如此界定社群主义:自20世纪七八十年代以来,在批判新自由主义的过程中,西方兴起的强调社群至上价值观的一种政治哲学思潮,这种政治哲学思源批判绝大多数自由主义哲学家对社群或共同体都关注甚少,自由主义的政治视野中不包含任何独立的社群或共同体原则,而强调社群或共同体的价值应当得到更多重视,或至少是平等的重视。

不过,在20世纪80年代的哲学狂潮之后,社群主义发生了显著的变化。在很多方面,这种变化与90年代晚期学术论辩中的兴趣点逐渐滞后相重合。社群主义离开学术论争的论坛,关注实践,于是开始将焦点转移到公共政策制定这个领域。继而建立起诸如社群者网络(the communitarian network)和社群主义政策研究中心等机构,大量公众人物参与其中,如领军人物伊兹欧尼(Amitai Etzioni)、贝拉(Robert Belah)、加尔斯顿(William Galston)和格兰顿(Mary Ann Glendon)等③,他们被称为新社群主义者。伊兹欧尼还写了许多更加通俗的论辩文章,例如《社群精神》(*The Spirit of Community*)和《新金

---

① Michael Walzer, "The Communitarian Ceitique of Liberalism", *Political Theory*, Vol.18, No.1 (February 1990), p.18.
② Daniel Bell, *Communitarianism and its Critics*, Clarendon Press, 1993, p.17.
③ Cf. Amitai Etzioni, *The Common Good*, Cambridge: Polity Press, 2004, p.3.

规则》(The New Golden Rule)。正是在这种背景之下，新社群主义在北美和欧洲"第三条道路"的政策论坛中建立了些许松散的建议性联系。新社群主义活动者们现在有了自己的网站、智囊团和期刊。1991年，50名学者和政治家在美国共同发表了一份题为《负责的社群主义政纲：权利和责任》的宣言，这是一份旨在弘扬与传统个人主义相对立的社群主义的政治宣言纲领，强调必须用社群主义的观点来处理当今时代所面临的重大的社会、道德和法律问题。

如果说80年代的老社群主义关心的核心问题是正义，那么90年代的新社群主义所关心的核心问题是道德；如果说80年代的社群主义者基本上是哲学家，他们重在思考抽象的理论问题，那么90年代的新社群主义者基本上是一些社会学家，他们更倾向于研究和解决现实问题；如果说80年代的老社群主义是一种理论，那么90年代的新社群主义则是一种运动，通过社会运动改变现实。[①] 由此，"社群"成为学界的一个话语中心。无怪乎有人指出在20世纪90年代，"社会正义"和"社群"两者共同成为西方政治哲学的时代主题。

20世纪90年代后期至21世纪以来，社群主义在经济全球化的推动下出现了形式上的转变，转向了"公民资格理论"和"文化多元主义"，引领这一理论新动向的仍然是泰勒，其观点和主张在他后期的著名代表作《现代社会的想象》(Modern Social Imaginaries, 2004)和《世俗年代》(A Secular Age, 2007)中得到集中表述。[②]

（三）社群主义的代表人物

社群主义主要代表人物有阿拉斯戴尔·麦金太尔、迈克尔·桑德尔、迈克尔·沃尔泽、查尔斯·泰勒、戴维·米勒、阿米泰·伊兹欧尼等，其中，伊兹欧尼被称为晚近的新社群主义者，而其他几位则被称为老社群主义者。英国学者亚当·斯威夫特把早期的社群主义称为"哲学社群主义"，而把伊兹欧尼等的晚近以来的社群主义称为"政治社群主

---

① 姚大志：《正义与善——社群主义研究》，人民出版社2014年版，第311—312页。
② 周穗明：《当代西方政治哲学》，江苏人民出版社2016年版，第221页。

义"①。本书所研究的内容主要依据以上几位社群主义代表人物的著作，下面逐一介绍。

1. 阿拉斯戴尔·麦金太尔（Alasdair MacIntyre）（1929— ）

麦金太尔于1929年诞生于苏格兰的格拉斯哥，从小接受苏格兰的文化熏陶。他在伦理学、政治哲学、宗教哲学和哲学史领域著述颇丰，是当代西方哲学界的巨匠之一、社群主义的代表人物。他16岁进入伦敦大学玛丽女王学院，获得古典学的学士学位；两年后在曼彻斯特大学获哲学硕士学位。他执教过的大学有牛津大学、利兹大学、波士顿大学、耶鲁大学、杜克大学等，1984年担任美国哲学学会东部分会主席，2010年，麦金太尔获得美国天主教哲学协会颁发的阿奎那奖章，之后在圣母大学任教，研究哲学直至退休。

麦金太尔著述颇丰，代表性的作品有：《伦理学简史》（1966）、《世俗化与道德变化》（1967）、《时代自我形象的批判》（1978）、《德性之后：一种道德理论研究》（1981）、《马克思主义与基督教》（1982）、《谁之正义？何种合理性？》（1988）、《第一原理，终极目的与当代哲学问题》（1990）《三种对立的道德探究观：百科全书派、系谱学和传统》（1990）、《依赖性的理性动物》（1999），以及接近90高龄时推出的新著《现代性冲突中的伦理学：论欲望、实践推理和叙事》等。

麦金太尔深受马克思主义的影响，曾一度信仰马克思主义，在他的学术生涯中，马克思主义成为其思想发展的源泉之一。他早年深入研究了马克思主义、精神分析学和基督教。在他的思想视域中，马克思主义具有宗教根源，对未来理想社会的设想也有宗教色彩；他从精神分析学中，学会了对时代的精神状况进行某种诊断；基督教思想让他形成了对安宁与和睦的好生活的愿景。他思想早熟，在23岁时就出版了其第一部著作《马克思主义：一种解释》，此书的主旨是对马克思的巴黎手稿进行人道主义的解读，其中贯穿着基督教精神，追求一种他所向往的基督教社会主义政治。

使麦金太尔在西方学术界产生巨大影响的是1981年出版的《德性

---

① ［英］亚当·斯威夫特：《政治哲学导论》，萧韶译，江苏人民出版社2006年版，第146页。

之后》，此书奠定了他在英语世界一流道德哲学家的地位。后来又出版了《谁之正义？何种合理性？》(1988)和《三种对立的道德探究观》(1990)，对《德性之后》的主题进行深化和拓展，前者研究德性正义问题，后者总结了三种不同的道德研究方法，对以亚里士多德思想为基础的托马斯主义进行了肯定。可以说，他是促使亚里士多德的德性伦理学在当代复兴的先锋人物。新著《现代性冲突中的伦理学：论欲望、实践推理和叙事》是他一生伦理学思想的巅峰之作，全面总结了某些关于现代性的哲学、政治和道德主张，他认为，这些主张是错误的，必须放弃，否则无法正确理解真正的人类利益。①

2. 迈克尔·桑德尔（Michael Sandel, 1953—   ）

桑德尔是哈佛大学政治哲学教授，当代社群主义的代表人物。他是美国当代著名政治哲学家、美国人文艺术与科学学院院士。桑德尔于1953年出生于美国明尼苏达州，1975年毕业于布兰迪斯大学，他开始所学专业是政治经济学，后来转向政治哲学，在牛津大学贝利奥尔学院学习并获得博士学位，师从查尔斯·泰勒。1982年发表了《自由主义与正义的局限》挑战罗尔斯的正义论，由此声名鹊起。

桑德尔后来出版了较多政治哲学著作，如《民主的不满：美国在寻求一种公共哲学》(1996)、《公共哲学——政治中的道德问题》(2005)、《正义，该如何做是好？》(2011)、《反对完美：科技与人性的正义之战》(2013)、《精英的傲慢》(2021)等，其中大部分被翻译成多种语言，畅销全球并广受好评。他还曾经多次访问中国，到厦门大学、北京大学、复旦大学等作过报告，报告厅经常座无虚席，非常受欢迎。

从1980年，桑德尔给哈佛大学本科生上通识课程"正义"课，成为哈佛大学历史上累计听课人数最多的课程之一。"正义"课程也是Youtube上最受欢迎的讲座，桑德尔成为哈佛大学"最受欢迎的课程讲席教授"之一。2001年，他关于"一种新的公民权"（A New

---

① 参见"维基百科"Alasdair MacIntyre 词条（http://en.wikipedia.org/wiki/Alasdair MacIntyre）及其他相关介绍。

Citizenship）的讲座，强调"一种共同善的新政治的前景"（prospect for a new politics of the common good），美国政治学会授予其特别成就奖，《外交政策》评选他为"全球杰出思想家"之一。①

3. 迈克尔·沃尔泽（Michael Walzer，1935—   ）

沃尔泽是美国当代著名的政治哲学家，当代多元主义正义论的主要代表和社群主义的主将。沃尔泽1953年进入布兰迪斯大学历史系学习。大学毕业后，沃尔泽于1956年获得奖学金留学剑桥大学学习。1957年返回美国，开始在哈佛大学攻读政府学博士学位。1962年沃尔泽在普林斯顿大学获得一份教职，1966年，他转入哈佛大学任教。期间，沃尔泽结识了很多哲学家，与罗尔斯、诺齐克和内格尔等成为朋友并一同开展学术讨论，1980年，他进入普林斯顿高等研究院，担任社会科学教授，并一直任职至今。②

他的研究领域涵盖分配正义原则、正义战争伦理、社会批判理论、文化多元主义以及围绕社群主义和自由主义之间论战的诸多当代政治哲学问题。沃尔泽的主要著作包括：《论宽容》（1997）、《正义与非正义战争》（1997）、《重构的民主党人的反思》（1980）、《正义诸领域：为多元主义与平等一辩》（1983）《阐释与社会批判》（1987）、《强与弱：国内与国外的道德争论》（1994）、《多元主义、正义和平等》（1995）。

沃尔泽多元主义论追求的是一种复合平等思想。他的"复合平等"思想强调正义存在于特定社会的社会诸善之中，要以不同方式理解社会诸善的意义的重要性，因而分配原则是多元的，他不仅对分配原则进行了论证，还对分配内容（社会利益）、分配主体（市场、社会群体、国家）、分配受体（成员资格）的多元性进行了论证，如此论证方式本身就是特殊主义的方法论。而且沃尔泽把其多元主义正义论从国内延展到国际关系上，植根于"稀薄道德"基础之上的尊重各国民族

---

① 参见"维基百科"Michael Sandel 词条（http://en.wikipedia.org/wiki/Michael_Sandel) 和其他相关介绍。

② 参见"维基百科"Michael Walzer 词条（http://en.wikipedia.org/wiki/Michael_Walzer) 和其他相关介绍。

独立性与自主性的多元主义思想，并且创造了关于正义战争的理论。

沃尔泽反对过度抽象的政治哲学，提出了相对系统的政治主张和制度安排；他关心公共政治生活，积极倡导民主自治。长期以来，他一直主张将政治理论置于特定社会的传统和文化之上，提出道德文化不仅仅是发现与创造，也需要阐释，这些对于当下复活社群的价值方面起到了一定推动作用。

4. 查尔斯·泰勒（Charles Taylor，1931—   ）

泰勒出生于加拿大蒙特利尔市，是加拿大首席哲学家，当代世界一流的大师级哲学家，社群主义和多元主义最有代表性的人物。泰勒于1952年在加拿大麦吉尔大学读本科，获得历史学学士学位，1955年开始在英国牛津大学就读硕士，获得哲学、政治学和经济学硕士学位，此后在艾赛亚·柏林的指导下继续攻读博士，于1961年取得牛津大学哲学博士学位，泰勒自博士毕业后一直担任牛津大学的社会和政治理论教授与全灵学院的研究员，同时多年担任加拿大麦吉尔大学的政治科学和哲学教授。

泰勒一生著述甚多，至今笔耕不辍，他的主要代表作包括：《行为解释》（1964）、《黑格尔》（1975）、《黑格尔与现代社会》（1979）、《哲学论文集》（1985）、《自我的根源：现代认同的形成》（1989）、《本真伦理学》（1992），《多元文化主义：承认政治学研究》（1994）、《哲学争论集》（1995）、《现代社会想象》（2004）、《世俗时代》（2007），等等。

泰勒在学术上主要受黑格尔哲学传统的影响，并广泛汲取了从托克维尔、梅洛庞蒂、杜克海姆、维特根斯坦、海德格尔和卡尔·波兰尼以及霍耐特以来的哲学、社会学和政治学传统思想，在此基础上形成了他的主要学术观点。他的主要学术兴趣集中在社群主义（communitarianism）、世界主义（cosmopolitanism）、世俗主义（secularism）和多元文化主义（multiculturalism）等领域的研究，长期致力于对自由主义弊端和现代性的内在矛盾的批判，其批判锋芒一直指向现代社会的原子主义、个人主义和中央集权现象及其必然导致的政治生活中的后果：自由的失落。基于此，他提出了以差异政治学、承认政治学为理论基础的公民社会学说，并以此为具有加拿大哲学特色的多元文化主义提供了哲学论证，为全球化背景下的文明冲突和社会整合提出了更明确的理论思路和实践进路。

泰勒提出"承认政治"是当代政治哲学中的一个重要内容，即包括对女权、黑人人权、少数族裔权利的平等诉求的"承认"（recognition）。"承认"代表了弱势群体的利益和要求，是一种具有世界主义和平等主义新视野的诉求。泰勒不仅要求承认其他文化的平等地位及其现实存在，而且要求承认它们的价值存在。

5. 戴维·米勒（David Miller，1940—　　）

米勒是当代英国政治理论家，是多元主义正义论的重要代表人物，于1974年在牛津大学获得政治学博士学位，曾在英国兰卡斯特大学、东安杰里卡大学任教。1979年至今，为牛津大学纳菲德学院以及政治学与国际关系学院教授，2002年被选为英国科学院士。米勒研究领域涉及面较广，如平等和正义理论、民主理论、民族和国家观念、文化多元和移民问题、人权和全球正义，但贯穿其学术研究的主线还是社会正义与全球正义问题。米勒写于1979年的博士学位论文《社会正义》就开始聚焦于社会正义，在此基础上，1999年他出版《社会正义原则》，形成了独特的多元主义正义理论。另外，米勒还有许多为人所熟悉的作品：与斯坦布尔合著的《政治理论的本质特性》（1983）、《布莱克威尔政治学百科全书》（1987）、《市场、国家与共同体：市场社会主义的理论基础》（1989）、与沃尔泽合编的《多元主义、正义与平等》（1994）、《论民族性》（1997）、《公民身份与民族认同》（2000）、《政治哲学与幸福根基》（2003）、《民族责任与全球正义》（2007）、《凡人的正义：论政治哲学》（2013）等，并且很多著作已有中译本。

米勒是当代英国西方马克思主义学派代表人物之一，早期他关注市场社会主义分配原则，在《社会正义原则》一书中，他更关注社会语境的重要性而赋予理论较少抽象性，提出要在社会情境中理解正义诸原则，每一原则都在不同人类联合体中有不同适用范围。而在其后的《民族性》《公民身份与国家认同》《民族责任与全球正义》中，他把这种多元主义论证方式从正义领域推向全球伦理的范围，试图在全球范围内同一类型的人际关系模式中适用同样的正义原则，他将民族国家作为全球正义的分析进路，捍卫的是一种民族主义的全球正义观。

6. 阿米泰·伊兹欧尼（Amitai Etzioni，1929— ）

阿米泰·伊兹欧尼是"新社群主义"的领军人物，美国乔治·华盛顿大学教授。他的理论性著述并不多，主要代表作有《新黄金法则——民主社会的社群与德性》（1997），以及两部论文集《社群主义精读》（1998）、《社群主义泛读》（2004）。

相对80年代的社群主义，90年代的社群主义更关注社会现实问题，如婚姻家庭、学校教育、环境保护、社区治安以及其他一些公共安全等。为了推动社群主义的运动和提供宣传平台，伊兹欧尼在1990年发起创办了社群主义的重要刊物《回应性的社群》，并且发表了社群主义的宣言，建立了社群主义的网站。在此影响下，社群主义逐渐成为一种社会运动。新社群主义者认为抽象的哲学理论是于事无补的，只有大规模的社会运动才能够改变社会现实，他们善于从社会责任和公民参与的角度来分析各种实际的公共政策，社群的思想得到了一些公共部门领导者及公民的广泛认同，比较有效地推动了具体的社会改革。[①] "回应性社群"提出基于美国志愿性社团优良传统和无处不在志愿行动，能够在接近社团的地方加以解决问题，对社会成员的利益关切给予尽快的回应，努力在社会与个人、公益与权利、个人自由与社会责任之间寻找平衡。

尽管社群主义家庭内部各成员观点各异，他们论证的理路和研究的方法差别极大，甚至都不情愿被贴上"社群主义"这一标签，但是他们都具有家庭相似性，都把批判的靶子对准新自由主义的个人主义、个人权利至上的价值观、普遍主义的方法论，同时都强调社群价值、美德与公益等理念。所以，社群主义是在批判新自由主义的过程中兴起的一种强调社群价值至上的新的政治哲学思潮。

[①] Amitai Etzioni, *The Essential Communitarian Reader*, America: Rowman Littlefield Publishers Inc., 1998, p.ix.

三、本书的立场和主要内容

20世纪70年代,新自由主义在政治哲学领域中占据了主导地位,现代社群主义(Communtarianism,又译为"共同体主义")就是在对罗尔斯的《正义论》进行批判,并且对新自由主义的价值基础进行剖析和重置中崛起的一个学派。许多学界称之为社群主义者的思想家自己并不认同这一称号,这表明社群主义内部尚没有形成统一立场和理论原则,所以,需要厘清社群主义内部的理论纷争。它与自由主义一道思考应该如何塑造社会政治生活的结构和政治治理方式,为西方社会提供了一种与自由主义迥然有别的政治理论资源。其正义观大致有以下几种类型:德性主义正义观(以阿拉斯戴尔·麦金太尔为代表)、公益正义观(以迈克尔·桑德尔为代表)、社会物品多元主义正义观(以迈克尔·沃尔泽为代表)、社会情境多元主义正义观(以戴维·米勒为代表)等。他们都比较重视社群生活对个人的构成性影响,主张善优先于权利(正当)、社群为人们的自我认同提供了道德框架,以及在历史主义视野中主张情境式的、领域性的正义观等。社群主义正义观对自由主义的统治地位提出了挑战,这种挑战从一个独特的角度揭示了自由主义正义观所存在的问题和局限,所以,我们通过研究社群主义将能够更好地理解当代政治哲学。

通过分析社群主义的理论品质,我们发现,虽然社群主义重视人的社群生活,但是对社群生活的社会物质生产方式和社会交往方式的基础及其历史性的发展却少有揭示,所以,社群主义还是着眼于解释世界,而不能重点考察如何改变世界。而且,社群主义的本体论基础比较狭窄,导致他们难以真正理解人类社会生活的物质生产生活基础,难以真正理解人类历史发展动力,难以处理人与自然的关系,这启示我们应该把对人类生活的本质考察置于共在存在论的背景上,才能理解社群生活的实质,以及社群价值观的健全标准。

目前,新自由主义和社群主义学说在相互批评、辩护、让步、调整自己的过程中各自尽可能地发展自己的理论。但是,它们都不能有效应对当今世界发展的政治伦理价值诉求。本书的命意就在于反思社群主义正义观的原则、价值立场、思维方法的特质及其立论基础的偏颇，以历史唯物主义的理论范式对之进行批判，进而消化、吸收其积极的方面，为中国社会治理模式的发展提供借鉴。

本书主要聚焦于社群主义正义观的本体论、价值论、方法论三个维度进行阐述，这种方法因为关注内在逻辑、价值诉求和思维方式而触及政治哲学的根本问题。不同哲学理念归根结底源于本体论的差异；价值论说明政治哲学反思的对象为什么如此以及应该如何，它是对本体论内涵的价值判断和意义延伸；方法论是区别不同哲学的实践境遇的重要尺度。三者相互依存，构成共同审视社群主义正义观的多维视角。所以本书具体分析西方社群主义正义观的立言宗旨、价值指向、方法论、正义原则及其内在局限，澄清社群主义与自由主义的正义观之争的实质，并以共在存在论的哲学框架来全面超越社群主义正义观的言说路径。

本书除导言、结语外，共七章。研究的结构框架和研究路径是：

第一章主要讨论了社群主义正义观的理论渊源和时代背景。第一部分重点介绍社群主义正义观得以产生的经济背景、政治背景、文化背景和社会背景，同时也分析了社群主义正义观的理论背景，即与罗尔斯《正义论》一书展开正义论战有关，着重介绍了平等的自由主义代表罗尔斯提出的作为公平的正义观，自由至上主义代表诺齐克主张的权利正义观，以及左翼自由主义德沃金所主张的资源平等的正义观。第二部分主要分析社群主义正义观的思想渊源，即古希腊的亚里士多德关于社群和正义的思想和黑格尔"伦理实体"思想。

第二章着重对社群主义正义观本体论进行阐释。从本体论角度分析，自由主义的哲学根基是个人主义，是从个人原子式的存在方式出发来考察正义实现的路径；社群主义则以社群取代自我个体作为理论的本体立场，强调在本体论上社群优先于个体，社群生活对个人的自我具有构成性影响，认为正义存在于特定的社群之中。由于社群主义以新自由主义为批判靶子，导致其只把立论基础置于自由主义的对立面，从而使其学术视野受到限制。他们只是把其本体论基础置于同个人相对立的另一端即社群之上，而无法获得实践（物质生产实践）——

历史的宏大场域，从而不能真正理解个人与社群的辩证关系，也不能真正理解正义观具有历史性的真正原因，需要以马克思主义的实践哲学加以批判。

第三章主要考察社群主义正义观的价值论。从价值论角度分析，自由主义主张正当优先于善，而社群主义主张善优先于正当，原因是认为社群存在的目的就是为了获得各种善，而且，个体的权利和正义也只有在社群中才能得到保障和实现。其价值观缺陷在于：认为权利观念是虚构的，只抽象地强调公益和公共美德，并主张不同社群有不同的正义观，却不能真正理解自由和平等权利观念得以产生的社会历史原因，也不能理解同一个社会中以阶层利益为基础的不同正义观之所以产生，以及社群存在及其利益分配、协同行动方式在不同历史阶段会采取不同形式的真正原因。

第四章旨在对社群主义正义观方法论进行阐释。从方法论角度分析，自由主义正义观是一种普遍主义的方法论。社群主义强调正义作为社群生活中的基本价值追求，有着特定社群的历史文化背景，所持的是一种历史主义与特殊主义方法论，其缺陷在于：其方法论缺少辩证性和整体联系性，其历史主义只是强调社群价值观的历史承传性，而不能秉承判断社群传统价值是否合理的标准。由于缺乏共在存在论的本体论立场，他们也缺少正确处理个人如何能够获得自由而全面的发展以及人与自然和谐协调共进的价值追求的方法工具。

第五章通过梳理和提炼社群主义正义观类型并对其内容进行批判性阐释。从社群主义的基本原则出发来全面梳理和提炼社群主义正义观的类型和差异性。本章选择阿拉斯戴尔·麦金太尔的德性正义观、迈克尔·桑德尔的公益正义观、迈克尔·沃尔泽的社会物品多元正义理论、戴维·米勒的社会情境多元正义理论等作为分析模式的范例并对各正义观类型的内容进行批判性阐释。

第六章论述了社群主义关于全球正义的立场和观点，这主要是指社群主义对世界主义全球正义的批判。社群主义本身对全球正义没有过多的阐述，但对世界主义全球正义观进行了批判，体现了社群主义的基本立场。本章首先阐述罗尔斯《万民法》中的全球正义的原则和方法，然后考察了以米勒为代表的社群主义关于社会正义与全球正义之间的区别，以及社群主义者对世界主义全球正义观所展开的三重批判。

第七章是马克思主义视域下社群主义正义观的价值述评。立足马克思主义正义观的视域对社群主义正义观进行总评，分析了社群主义正义观的现实价值和理论局限等。如果说自由主义正义观立论基础是一种康德主义的话，那么社群主义正义观立论基础则是一种亚里士多德主义。事实上，自由主义和社群主义都没有揭示人的本真存在方式。真正能够揭示人的本真存在方式的本体论是共在存在论，基于社会实践的共在存在论是马克思主义本体论的基本特征。马克思主义共在论能够深入考察当下社会生产方式、交往方式的巨大变革所带来的价值观念的深刻变化，吸收社群主义的某些有价值的东西，在此基础上促进我国社会真正确立个人的自由和平等权利观念，合理建构个人与社会（群）的良性互动关系，形成团结性社群，培育公民的社群归属感，培养公民友谊，促使社会正义获得历史性的、阶段性的实现。

最后是简短的结语。自由主义正义观强调规则正义优先，是指在价值多元的时代，首先确保每位个体的权利得到平等对待，这是前提性的问题，然后去追求各自的善观念；社群主义正义观则强调德性正义优先，在德性正义遭遇着日益边缘化的尴尬处境的今天，社群主义的这个立场无疑具有深刻的现实关切和深刻的警醒作用。我们并非对社群主义正义观大加赞扬，但我们主张必须正视其客观存在及其某些合理性。自由主义正义观和社群主义正义观两者各有利弊，只有马克思主义的共在存在论才能实现对自由主义和社群主义正义观的合理超越，可以促进两者的互动与互补，进而焕发出各自的生机与活力。

第一章　社群主义正义观的产生和理论渊源

任何政治哲学归根到底是一定的政治意识形态的哲学理论形式，它的产生既有相应的社会现实条件，也有其理论方面的渊源。当代社群主义缘何能够兴起并得到发展？这离不开特定的时代背景，它是各种社会历史条件的产物，在与20世纪七八十年代在政治哲学领域占据主导地位的新自由主义的论战中兴起。社群主义的理论源头可远溯至古希腊时代的亚里士多德，在近代则可溯源于黑格尔、马克思。

第一节　社群主义正义观产生的时代背景和理论背景

一、社群主义正义观产生的时代背景

当代社群主义作为一种社会思潮，其产生不是偶然的，它的出现与20世纪七八十年代西方社会的政治、经济、文化等背景有着密切的关系。亨利·达姆认为，"20世纪末，当人们发现政府控制与市场主导都不能解决好社会问题时，朝着社会和政治改革整合方向的社群主义各种思潮就出现了。"[①]

社群主义的出现更多与弥补自由主义的个人主义的弊端有关。一般认为社群主义的产生与下述四个层面的时代背景有很大关联。

---

① Henry Tam, *Communitarianism,* London: Macmillan Press Ltd., 1998, p.23.

（一）经济背景

任何一种新思潮的产生都离不开一定的物质基础。让我们回溯到18世纪。随着科学与技术的进步以及启蒙运动的发生，资本主义科技产业得到飞速发展，带来了社会、政治、经济等方面的巨大变化。亚当·斯密在《国富论》中反对政府干涉商业事务，赞成自由贸易。他认为，看上去似乎杂乱无章的自由市场实际上能够进行自行调整，在这种机制中，个人可能只是想到自己的利益，但是又会被市场的"无形之手"牵引着去实现一种他自己无意去实现的目的即促进社会的利益，从而鼓励了政府采取自由放任的经济政策。

从19世纪末到20世纪30年代，新自由主义成为政治思想的主流，凯恩斯主义取代了古典自由主义政策。凯恩斯一反亚当·斯密以来尊重市场机制、反对人为干预的经济学思想，主张政府应积极扮演经济舵手的角色，透过财政与货币政策来对抗经济萧条。凯恩斯认为，解决的办法就是通过国家、政府去介入市场，增加需求，摆脱经济萧条，消除资本主义所固有的经济危机。当时，罗斯福新政便是凯恩斯经济学在政治生活中的体现，罗斯福总统试图通过国家干预经济、限制市场的作用的措施来解决市场失灵问题，"二战"后，西方发达国家政府纷纷采取类似干预经济对策以消除民众的不公平感与不安全感，并让技术进步促进利益分配的相对均衡。

20世纪70年代随着两次石油危机的爆发，西方国家的经济陷入了"滞涨"期，表现为财政赤字、通货膨胀、高失业等危机现象，而高失业居高不下意味着没有经济收入，没有收入就难以维系生活保障，社会福利国家面临巨大的压力和挑战。"20世纪70年代，福利国家无限扩大的目标遭遇财政紧缩的现实。政府以印钞票的方式应对困境，导致通货膨胀、金融危机；再分配计划推出不合理的刺激政策，伤了人们从事劳动、储蓄、创业的积极性，而这些刺激政策反过来限制了再分配的蛋糕的大小，不平等依旧根深蒂固。尽管林登·约翰逊（Lyndon Johnson）等人通过'伟大社会'等政策做出了雄心勃勃的尝试，试图消除不平等。"①经济领域由于居民收入差距拉大而导致社会不平等的问题凸显，人们不能平等地分享社会进步带来的成果。美国政治哲学家卡利尼克斯写道："世界进入21世纪，充斥着贫穷与不平等，这是再富有想象力的前人也无法想象到的。"②社群主义试图缓解西方国家由于新自由主义政策的实施所带来的贫富差距现象，找到促进社会协调发展的有效路径。

20世纪八九十年代，资本主义垄断逐渐迈向国际层面，全球范围内的经济不平等加剧，许多拉美国家在实施改革失败后陷入债务危机，为接受国家货币基金组织等国际组织的经济援助，其条件是必须进行市场体制改革和宏观政策调整，参加会议的代表就这些议题达成共识，这个共识被称为"华盛顿共识"，这标志着新自由主义的完成形态，也标志着新自由主义由经济学理论嬗变为西方发达国家主流的意识形态。"华盛顿共识"所主张建立的国际新秩序并不是为了维护发展中国家的经济利益，其目的是迫使广大发展中国家对其开放市场，以实现生产要素和资源在全球范围内自由流动，使其最终成为西方发达国家的经济附庸，最终建立起以西方发达国家为首的全球资本体系。进入21世纪后，新自由主义的弊端和矛盾不断显现与暴露，欧美发达国家贫富差距越来越大，有些国家出现财政赤字，拉美国家进行国企私有化和市场自由化的改革并没有成功，拉美也爆发了债务危机、经济危机。20世纪80年代末90年代初，苏东出现了剧变，其结果带来了国家职能的削弱和社会的贫困与不公。

由此可见，全球范围内的经济危机和社会不平等的加剧是当代政治哲学兴起的根本原因，也是社群主义产生的经济背景。

（二）政治背景

前文述及，凯恩斯主义政策对于摆脱"二战"后的经济萧条有所

---

① [美]弗朗西斯·福山：《身份政治：对尊严与认同的渴求》，刘芳译，中译出版社2021年版，第113页。

② [美]亚历克斯·卡利尼克：《平等》，徐朝友译，江苏人民出版社2003年版，第1页。

成效。从"二战"后一直到20世纪70年代，以凯恩斯主义经济理论为基础表现为政治上采取福利国家的政策，"二战"结束后全世界的左翼氛围都非常浓厚，英国政府率先开展福利国家的建设，提出"从摇篮到坟墓"式的全面社会保障体系的建设和国民救济计划，为无业人员、需要医疗救助的人士以及需要帮助的家庭等社会底层民众提供生活保障、改善生活状况，以期缩小财富分配的两极分化，尽可能消除不平等和贫困，普遍提升全民的福利水平。在政治方面，福利国家通过实施社会福利政策、加强社会保险等措施尽可能地消除贫困和减少不平等，为人们提供生活保障，一定程度上缓和了阶级矛盾，有利于社会的和谐稳定，正因为如此，西欧一些国家加入福利国家行列。"到20世纪60年代，福利国家的人为干预政策已经遍及社会各个领域，政府成为经济活动和社会生活的主要组织者。"①

然而，进入20世纪70年代中后期，随着欧洲各国福利国家制度的实践陷入困境，石油价格的急剧提升对经济和劳动力市场产生了影响，因此根本性地导致各国政府从扩大财政支出向缩小财政支出转变。②另一个重要的因素就是，福利国家强干预需要大量的政府机构和工作人员，从而引起官僚机构的膨胀和官僚主义的滋长。所以，社会福利的持续支出一定程度上造成政府财政的超额负担，而财政状况恶化又会引起经济滞胀和萧条，形成恶性循环，进一步加剧下层阶级的失业和家庭关系的解体，两极分化严重。正如金里卡所说，"福利国家所表现出来的失败不仅助长了对传统再分配政策的不满，而且还导致了对政府实现社会正义的能力的广泛不信任。"③于是，反对国家干预，反对福利国家的思潮开始大量涌现出来。如果说20世纪前半期国家职能比起过去曾大大加强的话，那么在20世纪晚期的全球化形势下，国

---

① ［德］克劳斯·奥菲：《福利国家的矛盾》，郭忠华等译，吉林人民出版社2006年版，第2页。
② Jochen Clasen, *Reforming European Welfare States: Germany and United Kingdom Compared*, New York: Oxford University Press, 2005, p.4.
③ Will Kymlicka, *Contemporary Political Philosophy: An Introduction*, New York: Oxford University Press, 2002. p.157.

家职能又开始弱化。①

同时,我们也必须看到,新自由主义市场经济不断发展,资本竞争激烈,必然使生产和资本高度集中,形成经济上的垄断。经济上的垄断也加强了资本家在政治上的垄断,出台有利于他们的再分配政策,从而使劳动者和中小资本家不断遭受剥削,边缘化的人群日益增加,以及剥夺他们经过多年争取的平等权利,社会政治地位不平等也随之加剧。

福利国家的危机要求不断削弱国家职能,新自由主义竞争激烈又导致社会不平等加剧,在这样的背景之下,重视国家干预,反对自由市场恶性竞争的社群主义便有了诞生的契机。在社群主义看来,政府的作用除了消极地保护个人的各种权利,尽量保证最大程度的私人领域,还应积极鼓励公民参与公共事务,提供更多的公共政策,维护公共利益,追求政治共同体的良善生活,这就是倡导一种"公益政治观"。从"权利政治"走向"公益政治"的学说理论,适应了当时历史和环境的需要。毋庸置疑,社群主义倡导公益政治学的观念正是对西方发达国家政府职能日益弱化的一种积极补救措施。

由于福利国家制度遇到危机,国家对社会生活的干预日益减少,弱势群体不断地被边缘化,从而引发个人对国家产生不满,人们意图加入各种社团,恢复社群的人性温暖,期望从中寻找情感与价值寄托,试图填补因政府式微而留下的空白。社群主义正是适应了社会裂变这一趋势,应运而生。

(三)文化背景

福利国家所面临的挑战之一,是公民日益增长的个人主义情绪。20世纪70年代,西方社会的文化价值观经历了相当大的变化。这种变化是指从集体主义向个人主义的转变。随着教育文化的普及,公民知识水平越来越高,自主选择生活方式的意识不断提升,捍卫个人利益的能力不断加强,公民对所属组织和权威的忠诚度明显减弱,认为自己从属于某种承担共同历史使命的集体观念减少了。这主要表现为

---

① 俞可平:《权力政治与公益政治》,社会科学文献出版社2003年版,第287页。

公民自主权的加强，个人中心主义越来越强烈，更强调自我利益。[①]这种以个人主义为核心的新自由主义思潮在20世纪70年代后逐渐成为西方的主流意识形态。

然而，个人主义的极端发展带来了严重后果，原子论破坏了公民间团体和社会合作的基础，阻碍了承担共同历史使命的集体目标的形成，从而也摧毁了政治自由本身的根基。所以，从20世纪60年代以来，自由主义的问题就暴露了出来，并且引起了对这种弊端的反抗，其标志就是20世纪60年代西方国家出现的"新社会运动"。区别于传统的关注经济议题、由相同的职业组成的运动，"新社会运动"是由不同国家、民族和阶级的成员构成，采取多样化的抗争方式，目的是促进自主性以及改善生活品质的一种广泛有组织的群众性运动，表现为黑人民权运动、和平运动、禁酒运动和新移民运动等风起云涌、方兴未艾，并在1968年的"五月风暴"中达到高潮。"新社会运动"实质是一场边缘文化群体反抗主流精英的歧视和压迫的差异性运动。可以说，20世纪60年代西方的反主流文化运动瓦解了传统的价值标准，改变了当时欧美各国的社会价值取向，成为文化史上的一个分水岭。

同时，在这个时期，自由主义价值观的盛行，也造成了社会上的极端个人主义价值观念大行其道，表现为一种传统信仰的危机。正如美国前总统卡特在《我们濒危的价值观：美国道德危机》一书中，批判当今美国道德精神状况堪忧、存在信仰危机。[②]卡特是从美国根本的价值观——基督教最基本的理想来反观美国现在的行为究竟偏离了正确的轨道有多远。人们原先是在基督教道德律令的约束下讲人的自由权利，这是所有人的共识，但是现在青年一代宗教信仰淡薄了，自由主义失去了约束，就变成了为所欲为。其造成的后果是过于注重个人权利和关注私人狭隘利益；整个社会的道德碎片化；人们缺失社会责

---

① [瑞典] 博·罗思坦：《正义的制度——全民福利国家的道德和政治逻辑》，靳继东、丁浩译，中国人民大学出版社2017年版，第21页。
② [美] 吉米·卡特：《我们濒危的价值观：美国道德危机》，汤玉明译，西北大学出版社2007年版，第3页。

任，对历史充满迷茫，对未来缺乏憧憬，极度重视当下。所以，新价值观念亟待重建。

为了弥补自由主义个人主义的缺陷，需要一种团结和凝聚社会共识的价值观，社群主义的出现无疑为逆转极端个人主义提供了机遇。社群主义者认为，虽然社会呈现一派欣欣向荣的景象，但个人主义价值观日益盛行，人们只沉溺于自己的小天地，只想为自己争取更多的自由、自主和权利，而不关心公共利益和社会整体利益，人们的社会责任日渐式微，这种个人主义的泛滥正威胁着社会秩序和道德信念，削弱着社群的凝聚力，因此，社群主义转向重视共同体和团结，积极倡导建立社群主义的秩序，提供维护社会团结、制止极端个人主义的思想。社群主义的出现将有助于增强濒临危境的共同体和团结的能力，有助于恢复政府的治理能力，激发社会的活力，增加社会成员的责任感，为社会的共同利益和公共事业做出贡献。

（四）社会背景

在社会层面，西方主要发达国家政治经济制度是建立在自由主义理念基础之上，这一理念的背后是理性经济人假设，政府的作用就是尽量地保护个人自由选择权和个人财产权，这势必会扩大不平等，造成社会两极分化加剧，导致传统中产阶级社会群体的式微。中产阶级一直被认为是社会的稳压器和解压阀。19世纪至20世纪经济得到长久稳定发展，社会结构比较稳定，即由小农场主、小牧场主、小生产者、小业主等中间阶级为主构成的，传统中产阶级占人口大多数的社会。随着新产业革命的深化，传统中产阶级社会群体的衰落成为必然趋势。但是，当前西方发达国家已出现了一个由工程师、学者、官员、艺术家为主构成的新中间阶级。同时，以中产阶级为主的公民社会中的传统社会团体（包括各种共同体），如社区、教会、协会、职业社团等，也随着科技信息化和全球经济一体化的进程走向边缘，这些曾在历史上起着缓冲地带和社会协调作用的社群在一定程度上被弱化。因此，在财富结构和经济秩序没有得到及时调整的情况下，新的社会极化现象和社会冲突难以避免。社群主义政治哲学在20世纪80

年代走上思想舞台，是试图以共同体的力量战胜社会两极分化的重要理论努力。①

到了 90 年代，随着互联网的普及和科技迅猛发展，人类迈向"知识经济时代"。科技知识和信息技术以及高等教育的普及对人类社会生活产生了翻天覆地的影响，产业结构发生了根本性的变化，那些掌握信息技术的 IT 精英或金融技术的白领阶层优先于传统产业中的劳动力和手工业者发挥引领作用，知识经济让现实的不平等鸿沟进一步扩大。一些发展中国家主动或被动地进入国际市场，他们利用世界科技文明和信息传播实现了跨越式的发展，但因为在市场竞争中处于更劣势地位，不得不依赖于发达国家，导致发展中国家与发达国家在国际经济竞争之间的矛盾日益加剧。所以，新的知识经济的崛起带来世界经济不平等更加扩大。知识经济时代不同于传统的生产方式，许多都是知识高度密集的产品与服务，往往带有明显的政治倾向和人文色彩，其跨国流动导致传统地理上的国界已无足轻重，对一国的政治制度、文化制度和经济体系等构成了严重的威胁。在这个进程中进一步削弱了民族国家的作用，而社群主义的"强国家"等理论主张正是适应时代趋势的需要，顺势而为。

全球化也加速了人口的跨境流动，导致世界移民的不断增多。人们对日益增长的移民与对失业的恐惧，都导致了休戚与共的共同情感的沉重失落，因为这些力量破坏了社会的有效合作和团结互助。社群主义承诺了诸多增长的相互意识、积极和富有责任心的公民身份、健康地相互关照的邻里关系以及强化了的公民意识。②社群主义正是在这种变化中得到了发展的空间。

全球化虽然有效地提高了全球市场对资源的配置效率，带来全球财富指数级的增长，但也带来全新的挑战，加剧了全球不平等，未能在全球范围内平等地分配财富与利益，这也必须接受正义的拷问。

从社会思潮角度看，新社会运动、新人权运动和激进左翼思潮为

---

① 周穗明：《当代西方政治哲学》，江苏人民出版社 2016 年版，第 224 页。
② ［澳］文森特：《政治理论的本质》，罗宇维译，天津人民出版社 2016 年版，第 204 页。

社群主义准备了基础。一方面，20世纪70年代后兴起了"新人权运动"，它致力于争取集体共享的"和平权""发展权"和"资源共享权"等建立在社群关系之上的权利，这次运动导致20世纪八九十年代社群主义在西方社会得以兴起、壮大，以至发展到现在，对国家、社会政策、人们生活产生越来越重要的影响，并且在学术界产生了理论回应，比如米勒后来也加盟社群主义阵营就是很好的例证。20世纪80年代以后，西方国家中形成了大规模的新社会运动的浪潮，这些新社会运动，如绿色运动组织、反战和平组织、女权运动组织等的兴起，在现实生活中发挥越来越重要的作用。这些新运动和新组织本身就是某种形式的新共同体。在传统的共同体日渐衰落的同时，这些新共同体的大量涌现，构成了社群主义产生的重要实践基础。同时，他们迫切需要在理论上确证其思想，在制度上保障其权利。

另一方面，20世纪下半叶，尤其是在60年代，对于自由主义批评的灵感来自激进左翼思潮，主要是指社会民主左翼和马克思主义者，尤其指以法兰克福学派为代表的新马克思主义或者说西方马克思主义。这些左翼势力都希望运用国家权力促进社会经济平等，既要使社会服务对所有公民开放，也要对财富和收入进行再分配。如麦金太尔早期是位马克思主义者，受到英美马克思主义的影响；西方马克思主义为兴起的社群提供了系统化的理念支撑。

还有学者指出，社群主义兴起另一直接诱因是后冷战时代的到来。苏联解体以及一些东欧国家纷纷进行社会转型，思想上历史虚无主义泛滥成灾，动摇了人们对传统社会主义的信念，西方资本的入侵以及经济上采取"休克疗法"，导致卢布贬值，人民生活一落千丈，破坏了人们对原有计划经济的愿望。另外，西方自由民主社会也不断暴露出矛盾与困境，于是，传统左派和西方右派观点都失去了吸引力。社群主义成为第三条道路的知识基础，成为苏东阵营解体后的转型期社会可以利用的替代性的思想资源。

可以说，"福利国家"的矛盾与危机，出现了社会不平等加剧，这是社群主义与新自由主义共同的社会背景。1971年，罗尔斯在《正义论》中提出了平等的自由主义的分配正义原则，掀起了一股持续而深刻的"正义热"。诺齐克在《无政府、国家和乌托邦》对罗尔斯的分配正义原则进行了批判,针锋相对地提出基于个人权利的自由至上主义的分配正义理论。除了这两位巨擘之外,柯亨、金里卡、森、德沃金、罗默等人也加入了关于分配正义的论争。社群主义者也对以罗尔斯为代表的新自由主义进行了批判,加入到这场争论之中。下面将对社群主义正义观的理论背景展开具体论述。

二、社群主义正义观产生的理论背景

思想史的发展逻辑离不开它的时代背景,同时更离不开思想本身以及思想家们彼此间的对话,所以,与同时代思想家的对话也构成了社群主义正义理论的一个前提性论题。俞可平教授指出,"从知识渊源上讲,社群主义的出现既与亚里士多德以来就存在于西方思想传统中的社群观点有密切的联系,又与对新自由主义的反驳相关。"[①] 社群主义是在批评以罗尔斯为代表的新自由主义过程中发展起来的,与不同时期自由主义所面临的问题和挑战而引发的思考是分不开的。所以,我们有必要介绍新自由主义的正义理论,一方面,社群主义正义观的产生离不开对新自由主义正义观的前提批判,另一方面,对新自由主义几位代表者的正义观进行分析,澄清他们之间的差异以及各自立场,有利于更加全面地把握当代西方正义观错综复杂的关系。同时,站在马克思主义的立场上,我们可以更加客观地认识当代西方正义观的局限性,从而更好地揭露普遍主义正义观的抽象性与虚伪性。

(一)自由平等主义——罗尔斯的正义观

自由主义是西方意识形态占主流的思想。依据中外学术界的主流观点,自由主义在西方虽有悠久的历史传统,却是一种现代现象。作为系统理论的自由主义始于17世纪,直到19世纪初,冠名"自由主

---

① 俞可平:《权利政治与公益政治——当代西方政治哲学评析》,社会科学文献出版社2000年版,第255—257页。

义"的政治运动才开始出现。①西方古典自由主义的奠基者是霍布斯、洛克和康德,他们一直把自由放在首位,强调个人的自由和权利是与生俱来、神圣不可侵犯的。从密尔开始标志着从古典自由主义向新自由主义的转变。到了20世纪70年代,兴起的是以罗尔斯为首的新自由主义,另外,还有诺齐克和德沃金等著名的新自由主义干将,自由主义尽管有诸多不同流派、不同的政治主张,但所有自由主义流派都强调了从个人主义的角度去看待个人与群体的关系,强调个人的权利自由优先。个人主义既是自由主义者经常自我标榜的教义,也是被人们诟病最多的核心价值观点。

罗尔斯于1971年出版了《正义论》,正义理论遂成为当代政治哲学的一种重要理论。罗尔斯把社会基本结构看作是正义的首要主题。罗尔斯指出:"正义的主要问题是社会的基本结构(basic structure of society),或更准确地说,是社会主要制度分配基本权利与义务、决定由社会合作产生的利益之划分的方式,这里的'主要制度'是指政治结构和主要的经济和社会安排。"②正义理论首先要解决的是在社会基本结构中的不平等,通过对主要的政治结构、经济制度和社会安排的调节,来对抗社会环境和自然方面的偶然因素对人们生活前景的影响。他希望通过公正的程序证成正义理论的原则,罗尔斯自称其正义理论为"公平的正义"理论。③

罗尔斯正义理念复兴了传统自由主义的契约论路径,罗尔斯秉承了古典的自由主义个人优先的本体论,但他从自由和平等的理性人出发,将人类社会看作一个"合作冒险"的体系,人与人之间既存在利益一致,又有利益冲突,理性的人都期望从合作中获得公平的回报,这不是零和游戏而是公平的合作观,这种路径更多依凭着康德传统,想以此取代在政治哲学领域中占主导地位的功利主义。

---

① 李强:《自由主义》,东方出版社2015年版,第16页。
② John Rawls, *A Theory of Justice (Revised Edition)*, Cambridge Mass: Harvard University Press, 1999, p.6.
③ Ibid., p.80.

1. 对功利主义的批评

罗尔斯主要从以下三个方面对功利主义正义观进行批判：

第一，罗尔斯认为，功利主义正义观固然承认权利的重要性，但个人权利诉求与功利总体功效的增加出现冲突时，就会舍弃个人权利，导致对个人权利和利益的侵犯。功利主义所依据的是社会总量上的善的增长，考虑社会整体的增加，这在人们直觉上的确具有吸引力，但功利主义忽视在公民之间的公平分配，使政府很容易以整体利益之名，牺牲个人的基本自由和权利；或者为了一些人享受较大利益而剥夺少部分人的正当权利。这与罗尔斯所秉承的"人是目的，而不仅仅是手段"这一康德传统相背离。在罗尔斯看来，功利主义没有为个人自由提供足够的辩护。由正义保障的权利不应受制于政治的交易或社会利益的权衡[1]。所以，功利主义就有可能使得为了社会最大化原则而牺牲个人权利，并没有将权利看作真正具有内在价值，这是将权利视为"社会交往中有用的幻像"而已。

第二，在罗尔斯看来，功利主义在方法论上将个人选择原则扩展至整个社会原则是错误的。在不侵犯他人利益的前提下，个人为了追求自己长远利益和推进总体福利，可以牺牲自己眼前的较小利益，是可以理解的，但功利主义把这个方法简单延伸至整个社会，得出社会的原则也是尽可能地推进社会群体总体的福利。问题是，处置整个社会利益的方式能如同对待个人利益一样吗？罗尔斯强烈反对效益主义这种论证方式，个人利益与社会利益所采用的道德原则是有区别的。人类社会的一个基本特征是"存在目标互异的众多个人"[2]，个体具有独特性和多元性，每个人对利益的权衡是不一样的。将个人选择原则扩大为社会行动的原则显然忽视了不同主体利益的多元性，功利主义的根本问题在于没有严格考虑个体的众多和区别，没有把人们将一致同意的东西看作正义的基础。[3] 换言之，功利主义没有考虑到人类拥有合

---

[1] John Rawls, *A Theory of Justice (Revised Edition)*, Cambridge Mass: Harvard University Press, 1999, p.25.

[2] Ibid.

[3] Ibid., p.26.

理的多元化的善观念这个事实。社会以整体利益之名要求个人做出利益牺牲，要求个体无偿地为社会付出，这其实是荒谬绝伦的，这无视个体的独立性和自主性、无视个人的尊严与需要。

第三，罗尔斯以道义论对抗功利主义的目的论。功利主义是目的论的代表者，功利主义诉诸的价值标准是功利。功利主义解决社会公共问题，解决的根本办法是做大蛋糕以便社会"达到最大善"，将幸福物化，将正义视为算计，属于强势目的论。罗尔斯明确指出："在要求自由与正当（right）和提升总体社会福利的可欲性之间存在着原则性差别；我们赋予前者以一定的优先性——如果不是绝对重要的话。社会中的每个成员都被视为拥有基于正义的、或者如某些人所说的基于自然权利（natural right）的不可侵犯性，这是任何其他人的福利所不能逾越的。正义否认为使某些人享受较大善（good）而剥夺另一些人的自由是正当的。"[①] 罗尔斯是位道义论者，主张正义优先或把基于自然权利的不可侵犯性置于优先的地位，而功利主义虽然也推崇自然权利，但个体自由权利是依社会服务的最终目标而定，在这里自然权利的概念只是作为次级的规则或工具的作用来考虑的，而没有看到它的至上性与正义性。

罗尔斯对功利主义的原则和方法论进行批判后，将自己的正义观建立在自由平等的理性人的假设基础之上，提出作为公平的社会正义观。罗尔斯所理解的社会是人们之间为了相互的利益而进行合作的冒险事业。[②] 这种合作既有利益一致性，也有相互冲突的一面。要解决理性人都喜欢更大份额而不喜欢更小份额的利益冲突，就需要一种正义原则的指导并调节这个互利互惠的合作体系，来提供在社会的基本制度中如何合理地分配权利和义务的方法，所以正义理论的核心即要建构一个决定正义原则的公平程序。

---

① John Rawls, *A Theory of Justice (Revised Edition)*, Cambridge Mass: Harvard University Press, 1999, pp.24–25.
② Ibid., p.4.

2. 作为公平的正义观

罗尔斯的核心论点是"作为公平的正义"。罗尔斯如何推导出其正义原则？这就要涉及罗尔斯正义观的方法论。为了达成这个目的，罗尔斯采取契约论的模式来决定其正义原则。罗尔斯说，他要沿用自洛克、卢梭及康德以来的社会契约论传统，并提升到一个更抽象的层次，以此来推导他的正义原则。① 罗尔斯用无知之幕（veil of ignorance）和原初状态（original point）这两个重要概念构建正义理论大厦，为的是建立一种公平的程序。为了保证公平，选择不受任何自然或社会的偶然因素干扰，人们关于自己特殊的自然与社会等信息被遮蔽，也就是"无知之幕"：不知道他们社会状况、自然禀赋、善观念、生活计划、心理特征以及他们自己所处的特殊的社会环境和文明程度。② 但允许立约者知道有关人类社会的一般性知识和社会运行的一般性规律以及知道政治经济基础原则和心理学法则等，也就是知道他们的社会是处于正义的情境之中。每个人都被赋予理性和正义感的能力，根据理性选择正义原则（合理建构社会的原则），以合理分配合作社会所产生的利益和义务，确保人人享有自由权利。社会建构原则的选择过程蕴含着合理社会的建构：权利主体——公民，以平等自由的身份合理选择原则，以此建构理想的社会基本制度。

无知之幕已经摒弃了原初状态里人们的特殊利益，那人们如何产生相互利益冲突？这就需要一个原初的利益动机。为此，罗尔斯提供了"社会益品"概念。

所谓"社会益品"（social goods）指的是人们通过分工合作而生成的各种东西，其中不仅包括各种物质产品和文化产品，也包括荣誉、机会以及政治身份，自由、机会、收入、财富和自尊的基础等，简言之，就是人们创造的各种社会财富。这些基本益品是人人都想要的最普遍的东西，被视为罗尔斯分配正义的内容或对象。原初状态下的人

---

① John Rawls, *A Theory of Justice (Revised Edition)*, Cambridge Mass: Harvard University Press, 1999, p.10.
② Ibid., p.118.

们如何保证自己能够最大限度地获取所需要的社会益品呢？罗尔斯认为功利主义是非理性的选择，而采用"最大最小值原则"（maximin principle）策略才是理性选择，也就是说，要依照选项你处境最坏情况下所能得到的最大结果来决定①。在罗尔斯眼中，个人天生厌恶风险，而选择最小分配份额最大化的方案，才是深思熟虑的直觉做出的选择。

社会组织应遵循下面两条正义原则，并且是按"词典式顺序"（lexical order）排列的：正义第一原则：每个人对与其他所有人所拥有的最广泛的基本自由体系相容的类似自由体系都应有一种平等的权利；正义第二原则：社会的和经济的不平等应这样安排，使他们（1）被合理地期望适合于最小受惠者的最大利益；并且（2）依系于地位和职务向所有人开放。②

这个原则就是在机会公平平等下的平等自由原则，它要求包括政治自由在内的平等的基本自由，能使人们有效地行使政治权利，比如普遍的选举权、投票权、言论自由和集体的自由权利，它确认了所有人的基本自由和平等权利，自由只是为了自由本身的缘故而被限制，只要不侵犯其他人对类似自由的平等行使。这条原则保证自由主义的底色，故具有绝对的优先性，因此罗尔斯正义观的根本精神是自由主义。为了确保政治自由，就要适当限制经济上的不平等，以免受到压迫或支配的状况，所以，罗尔斯提出第二个原则，"公平的机会平等原则"和"差别原则"。公平的机会平等原则是指职位和机会向所有人平等开放；差别原则旨在最大限度地增加最少受益者的利益。公平的机会原则优先于差别原则。罗尔斯构建这两个原则，旨在消解道德上任意的因素对人们的生活前景产生的影响，只不过这两个原则的关注点有所区别："公平的机会平等原则主要关心偶然的社会环境所产生的差别影响，而差别原则旨在限制和调整自然能力及其累积效应所产生的差别影响。"③罗尔斯的

---

① John Rawls, *A Theory of Justice (Revised Edition)*, Cambridge Mass: Harvard University Press, 1999, p.133.
② Ibid., p.266.
③ 徐向东：《权得、正义和责任》，浙江大学出版社2021年版，第463页。

正义理论有浓重的平等主义色彩，他的"公平的正义"理论，是指制度上对人们基本权利与义务的公平分配，他的差别原则旨在消除道德上任意的因素对人们生活前景所造成的影响。

总而言之，罗尔斯正义理论主要应用于社会基本结构，正义二原则旨在实现"作为公平的正义"的理想，是指在公平的条件下所达成的契约，这个契约的结果也将是公平的并会被全体社会成员一致同意。其正义理论的目的是通过确立一个适当的正义原则，使秉持不同善观念的公民都能合理地接受。一个社会的基本结构愈符合罗尔斯提出的正义二原则，则这个社会便愈具有正义性，反之亦然。

自《正义论》问世后，罗尔斯的正义理论招致诸多方面的围攻和批驳。自由至上主义者诺齐克强烈批评罗尔斯正义论的平等主义倾向，不能接受罗尔斯的差别原则中对社会资源的再分配，资源平等主义者德沃金则批评罗尔斯对平等的原则强调不够。这些批评充其量只不过自由主义家族内部的争论而已，真正的挑战来自社群主义者。社群主义批判罗尔斯"公平的正义"的普遍主义性质，认为罗尔斯这个主张是错误的：正义二原则具有普遍的有效性，可用它评判任何社会的正义性。

实际上，正义观并不具有罗尔斯所声称的那种普遍性。由于现代民主社会中长期存在的理性多元主义现实，罗尔斯意识到《正义论》的"公平的正义"观是一种"整全性学说"，是不可行的。因此，自从20世纪80年代以来，罗尔斯便逐渐放弃了对正义原则的整全性和普遍性要求，而提出有关正义的政治观念。为回应这些批判及来自当代西方社会现实文化与价值多元化所提出的挑战，罗尔斯撰写了大量文章，对正义观进行了捍卫、修订与完善，这集中体现在1993年结集出版的《政治自由主义》中。在《政治自由主义》中，罗尔斯力图将《正义论》中提出的"公平的正义"阐发为一种"政治的正义"，承认各种合理的整全性学说在现代社会多元共存的事实，将其正义二原则收缩到政治范围之内。"当一社会中自由而平等的公民因其诸种合乎理性的宗教学说、哲学学说和道德学说而形成深刻的分化时，一个正义而稳定的社会何以可能保持其长治久安？"[1] 换言之，一种以社会基本结构为主题的正义理论必然考虑合理多元主义是现代民主社会长存的事实，否则就是不可行的理论。在政治自由主义，罗尔斯提出作为一种独立观点的政治的正义观念，不提供任何超越政治观念之外的形而上学。[2] 也就是说，罗尔斯想要构造的是政治哲学而不是道德哲学或形而上学，因此，其正义理论从理想主义退却至现实主义。

3. 政治自由主义

罗尔斯还意识到"公平正义论"存在一个严重的问题，即理性多元又互不兼容的学说如何在一个良序社会共存并保持统一和稳定的问题，他需要对关于秩序良好社会的稳定性进行重新解释。

现代民主社会是一个价值多元化的社会，公民在价值观上信奉不同的整全性学说，政治自由主义的目标是在政治领域内运用公共理性，寻找一种能赢得各种合理整全性学说同意的重叠共识，从而实现社会的稳定。罗尔斯提出"政治自由主义"的三个特征：第一，社会的基本结构是由一种政治的正义观念所规导的。第二，该政治观念不以任何整全性学说为理论基础，具有一种内在的规范理想和道德理想。第三，它只能在正义的或民主立宪的秩序良好的社会条件下才能给予解释。[3] 由此罗尔斯提出了政治自由主义的三个核心理念，即重叠共识、权利优先性和公共理性。

（1）重叠共识。所谓"重叠共识"指的是合乎情理的整全性学说（不包括不合理性的、疯狂的甚至具有进攻性的学说）之间所达成的共识，它反映了合乎情理的多元主义事实，是在一个长期自由的制度背景下，人类理性能力的长期实践结果。重叠共识的焦点是规范良序社会合作条款的独立的政治正义观念。政治的正义观念自身是一个道德观念，共识的基础是建立在道德理由之上，在这种共识中，无论政治

---

[1] John Rawls, *Political Liberalism (Second Edition)*, New York: Columbia University Press, 1996, p.Xlii.
[2] Ibid., p.Xlii.
[3] Ibid., p.11–13.

权力的分配如何变化，所有合乎情理的整全性学说从自身的立场出发都会认可政治的正义观念，与此同时其自身独特的宗教、哲学和道德价值并不会有任何减损，社会的稳定性也由之得到保证。

罗尔斯强调指出，重叠共识并不是一种临时协定，也不仅仅是宪法共识，可以从深度、广度和具体层面等方面进一步加以规定。从深度层面来说，重叠共识触及了正义观念得以在其中设计出来的根本性诸观念；从广度层面来说，重叠共识超越一个纯粹政治和程序性的宪法共识，涵盖了一个更广层面的作为公平的正义之政治观念的原则，并且适用于作为整体的基本结构；从具体层面来说，重叠共识也是在某一多少有些狭窄的变化范围内活动的自由观念之集合，变化范围越狭小，重叠共识就越具体。重叠共识需要奠基于更核心的基本理念之上，比如作为公平合作系统的社会观念与作为自由和平等的公民观念。同时，重叠共识就必须要始终保持一种可能性（开放性），重叠共识更有内在驱动力。

（2）权利优先性。所谓"权利优先性"，意味着可允许的善理念必须尊重政治正义观念的限制，并在该政治正义观念的范围内发挥作用。[①] 政治正义观念只是在政治领域内的观念系统，这并不意味着自由主义的政治正义观念根本无法使用任何善的理念。但问题在于：政治自由主义是依从于什么样的限制来给出政治观念的？主要的限制是这样的：被囊括进来的善观念一定是政治观念，它们一定属于合乎情理的政治的正义观念，所以我们能够假设：①它们能够被自由而平等的公民所共享；②它们并没有预设某一部分或整全性学说。也就是说政治观念是一种独立的观念，不需要借助任何形而上学的假设，也不需要预设宗教信仰，而是依据民主社会的公共理性建立起来。在此意义上，政治观念秉持的是一种价值中立原则，这种限制被表达为权利的优先性。罗尔斯指出："第一，政治的正义理论所使用的善理念必须是政治的而不是道德的，这样，它才能'无须依赖于任何善的完备性学

---

① John Rawls, *Political Liberalism (Second Edition)*, New York: Columbia University Press, 1996, p.174.

说'，具有社会公共的性质；第二，第一个公民都可以拥有自己的善生活观念，但没有僭越社会的政治善（正义的社会秩序）观念的权利。"①在此意义上，民主社会的政治正义被认为是最基准的、底线的要求，能够保证公民们对各种善观念的追求在一个社会基本结构中进行。

（3）公共理性。罗尔斯将"公共理性"作为政治正当性原则和为公共观念提供公共证明的普遍基础。现代民主社会存在合理多元主义的事实，公民要在政治义务问题上实现相互理解并达成共识，就需要诉诸一种能够为所有公民都认可的常识性的普遍信念、知识和推理方式进行理性的公共讨论，以缩小公民的分歧。公共理性的公共性表现为三个方面：作为公民自身的理性，它是公共的理性；它的目标是公共的善和根本性的正义；它的本性和内容是公共的，是由社会的政治正义观念表达的理想和原则所给定，并有待于在此基础上作进一步的讨论。②所以，公共理性运作的结果是可以产生"公共善"的理性目标。公共理性并不是适用于公民个体和社会政治问题的所有内容，而只适用于"宪法根本"和基本正义的那些问题，如选举权、宗教宽容问题、机会均等、财产权的保障等，所以，社会中所存在的各种属于教会、大学和诸多其他文化团体的理性讨论方式就不适合公共理性。③简言之，公共理性关乎宪法和基本正义问题，它的使用只限制在政治领域的公共论坛上。公民们用普遍性思维来思考问题，在各种冲突观点中交锋、辩论并从中受益，了解和深化社会的公共文化。在罗尔斯看来，最高法庭可视为公共理性的范例。

从早期的《正义论》到《政治自由主义》，以及晚年发表的《万民法》，罗尔斯的思想不断延展而愈加丰富，从公平的正义观收缩到政治层面的正义观，从国内正义扩展为国际正义，虽存在差异，但公平正义始终是罗尔斯学说的中心关切，自由是其思想的根本底色。

---

① ［美］罗尔斯：《政治自由主义》，万俊人译，译林出版社 2011 年版，附录，第 588 页。
② John Rawls, *Political Liberalism (Second Edition)*, New York: Columbia University Press, 1996, p.213.
③ Ibid., p.215.

(二) 自由至上主义——诺齐克的正义观

哈佛大学哲学系教授罗伯特·诺齐克是自由至上主义（libertarianism）的代表。他的《无政府、国家与乌托邦》一书，是西方当代政治哲学最重要的著作之一，该书提出以权利为核心的正义观，明显是受到罗尔斯正义论的激发。诺齐克评价："现在政治哲学家们或者必须在罗尔斯的理论框架内工作，或者必须解释不这样做的理由。"[①]

诺齐克给予罗尔斯的正义论以高度评价的同时也对其展开猛烈地批判。每个哲学家对分配正义有不同原则，诺齐克从时间的维度进行划分，分配正义原则包括分配正义的历史原则和分配正义的即时原则。[②] 分配正义的历史原则是一种分配是否是正义的，依赖于财产是如何发生的。社会分配的益品是如何来的，考察的是分配过程和历史。分配正义的即时性原则（current time-slice principle）只注重分配的结果，是由某种正义分配的结构原则决定的。任何两种结构上相同的正义是同等正义的。分配的即时性原则也被称为目的—结果原则（end-result principle）。比如功利主义，功利主义要求通过整个社会分配制度的安排，来实现总体经济的增长达到最大值的目的。罗尔斯的正义理论中的差别原则是想让最小受惠者达到最大的利益，这属于即时性原则。

模式化（patterned）分配原则是指分配按照某种"自然维度"的序列或权重来进行分配。比如按需分配或按劳分配或按道德功绩、学历学位、需要、社会地位等。诺齐克认为，人们为了维持一种模式，必须对人们所持有的东西选择如何使用或赠予的自我选择权进行干涉。如果不去不断干涉人们的生活，侵犯人们的权利，这种模式化的分配原则也不会持久。模式化原则的存在，其实质就是对个人选择构成威胁，对个人自由进行干涉。

诺齐克认为，最终结果的分配原则和模式化的历史原则都应该被

[①] ［美］罗伯特·诺齐克：《无政府、国家与乌托邦》，何怀宏等译，中国社会科学出版社1991年版，第187页。

[②] 同上书，第163—166页。

抛弃。分配正义的即时原则没有考虑人们手里的东西是怎么得到的，没有考虑人们获取过程的正当性。所有即时原则都只考虑怎么分大饼，却从来不考虑大饼是怎么做出来的、是谁做出来的。在诺齐克看来，当且仅当对利益和负担的分配是通过合法的程序（例如：自由市场）进行时，分配才是正义的。自由市场才是纯粹的程序正义。当人们是基于自愿进行交换时，其结果就应该去遵守，程序本身就能够保证结果的正当性。因此，罗尔斯的正义原则作为非模式化的即时原则，没有考虑人们获取过程的正当性，是应该被抛弃的分配原则。也就是说，诺齐克关心的重点不是权利的结果，而是个人权利的产生与过程。

通过对分配正义原则批判，诺齐克引出了自己的正义学说。诺齐克认为任何社会资源再分配方案都是一种"强制劳动"（forced labor），并提出他的"持有正义"（justice of holdings）的理论。诺齐克提出以下三点：

（1）获取的正义原则（the principle of justice for acquisition）是指对持有物符合正义原则的最初获取原则。持有正义的依据是权利，方式是劳动获取。

（2）转让的正义原则（the principle of justice in transfer）是指从一个人到另一个人的符合正义原则的转让。如果最初的占有是正义的，双方在自愿的情况下，只要其中没有欺诈或隐瞒真实的情况，那么物品的任何转让就是正当的。我们可以交换或赠予我所拥有的财物。

（3）对非正义的矫正正义原则（a principle of rectification of injustice）是指在获得或转让没有满足前面的条件时，必须使用复原或赔偿形式的补救措施。①

诺齐克认为，这三条原则已经穷尽了分配正义的所有问题。诺齐克将自己的分配正义理论称为资格理论（entitlement theory），意指每

---

① ［美］罗伯特·诺齐克：《无政府、国家与乌托邦》，何怀宏等译，中国社会科学出版社1991年版，第157页。

个人对自己当下的财产拥有资格，这里的资格是指个人所具有的各种具体权利。诺齐克认为，他依据权利理论提出的资格原是一种历史的、非模式化的原则。在这一点上，显然是批判罗尔斯所说的惠顾最少受惠者的差别原则是非历史的、即时性分配原则。

诺齐克是依据个人权利建构的正义理论，它不关心持有权利的社会结果，只关心个人权利的产生、创造与维护。认为只要符合持有权利，就是正义的，反之，任何模式化分配都是不正义的。诺齐克的这种正义理论的根源在于"自我所有权"（self-ownership）。如果个人拥有他们自身、那个人也必然拥有他的劳动和劳动成果，这是不容他人侵犯的，主张任何再分配都是对人们权利的侵犯，这一根据来源于洛克的财产理论。洛克论述道："每人对他自己的人身享有一种所有权，除他以外任何人都没有这种权利。他的身体所从事的劳动和他的双手所进行的工作，我们可以说，是正当地属于他的。"① 诺齐克主张每一个人天然拥有这些权利，没人可以干涉或强行转移你的财产，即便为了更大的善。由此可以推断，诺齐克的权利是一种消极的权利，是一种不受干涉的权利。

在诺齐克看来，通过自由市场，人们的获取是正当的，再加上自愿订立契约进行交换或赠与，这是一个"纯粹程序正义"，程序正义就是结果正义。诺齐克认为政府任何再分配的政策都会侵犯人们的自我所有权，构成对人类自由和权利的不正当干涉，这违背了康德"人是目的，不是手段"的公理，这是因为每个人都是特殊的个体，具有神圣不可侵犯性，所以每个人的存在都具有同等的不可侵犯的权利，除非自愿，任何人都不能被当作他人达到其他目的的手段，国家应在个人利益之间保持中立。他设定人有绝对的财产权，这个最小限度的国家只避免暴力、偷盗、欺诈以及对契约的强制执行。所以，诺齐克反对国家用强制手段进行社会资源再分配，主张最低限度的国家在于保障所有人的自然权利，同时它的行动受到不侵犯人的权利的边界约束。其他人的权利构成你行为的边界，逾越这种边界就要受到道德限制。

---

① ［美］洛克：《政府论·下篇》，商务出版社1996年版，第19页。

但这并不是说诺齐克反对社会资源的再分配,他只不过是反对以国家强制手段进行的社会资源再分配。人们在自愿基础上的慈善行为和上述所有权正义原则不仅不矛盾,而且很好地确认了所有权正义原则。所以诺齐克正义观强调以个人权利不侵犯为核心,以持有正义原则为基本内容,以达成"最低限度国家"为最终目的。

(三)左翼自由主义——德沃金的正义观

美国牛津大学教授罗纳德·德沃金是左翼自由主义的代表,他既是一位著名政治哲学家,也是一位著名的法学家,他的理论思想对英美的政治哲学、法哲学产生较大的影响,其代表作有《至上的美德:平等的理论与实践》《认真对待权利》和《刺猬的正义》等。

德沃金与罗尔斯正义观也有类似之处,试图化解平等和自由之间的冲突,认为人们在自然禀赋和社会境况方面的不平等都是道德上任意的,应该通过社会分配的制度设计而抹平这两种不平等。他认为从道德上看,由于人与人之间自然天赋或出身地位的不同而造成的社会不平等是不公平的。在德沃金看来,任何合理的平等理论都认为这些不平等是不公平的,国家应通过再分配来调整。但德沃金对罗尔斯的正义观批判也是多方面的,其中之一是对差别原则的应用,认为在界定处境最差者时仅考虑社会基本善,而忽视了自然基本善,导致天生残障者并没有获得补偿,即没有考虑个人责任的能力的影响。[①] 德沃金继承了自由主义的核心主张——个人应为自己的选择负责。所以,他提出资源平等的正义观。

德沃金将自己的社会分配理想称为"资源平等",这是一种以"资源"为分配项,"平等"为分配原则的分配方案。"资源平等就是在个人私有的无论什么资源方面的平等。"[②] 这里的资源指的是个人根据自己的个性和能力可以实现自己发展和改善生活的首要条件。德沃金说,"平

[①] Ronald Dworkin, *Sovereign Virtue: The Theory and Practice of Equality*, Harvard University Press, 2000, pp.6–7.

[②] Ibid., p.65.

等的关切是政治社会至上的美德（sovereign virtue）——没有这种美德的政府，只能是专制的政府。"[1]作为平等的正义才是至上的美德，这种平等的理想旨在消除由自然因素所带来的不正义现象。

这一社会分配目标的实现取决于对个人因素和非个人因素的严格区分。德沃金应用了两套话语来进行这一区分。一是"原生运气"（brute luck）与"选择运气"（option luck）；二是"个人"（person）与"环境"（circumstances）。德沃金将个人与环境作出这样的区分："资源平等所要求的区分是这样的：一方面，那些决定着何为成功生活的信念或态度归属于个人；另一方面，那些为这种成功提供帮助或阻挠的身体、心理或人格特征归属于个人的环境"[2]，德沃金将人的偏好、抱负和信念归于个人，而将人的生理能力、气质特征和智力水平归于环境。原生运气指的是个人无法控制的运气，选择运气则是指个人可以掌控的运气。德沃金认为个人应对自己的选择承担责任，而环境不是个人可以决定的，不应该为此承担责任；社会的分配方案应尽力消除不可控运气的影响，而承认选择运气的作用，即人们的命运应该取决于自己的抱负，不应该取决于自己的禀赋，社会资源分配的目标应该实现"敏于志向（ambition-sensitive），钝于禀赋（endowment-insensitive）"。德沃金认为，罗尔斯的"无知之幕"并没有屏蔽掉人们将要获得什么水平的技能的信息，而只是屏蔽掉了人们的技能带给自己什么水平的收入的信息，而他的资源平等正义观能够将责任纳入平等理论中，试图消除由自然因素引发的不正义或选择运气而带来的不平等现象，促进了运气平等主义（luck egalitarianism）的兴起。

运气平等主义这个术语是由伊丽莎白·安德森（Elizabeth Anderson）首先提出来的。德沃金自己并不认为他是"运气平等主义"的一员，虽然在他的批评者眼中，他是这一派的始作俑者。德沃金更认可正义是要维护某种版本的"嫉妒测试"下的平等。德沃金批评罗尔斯给

---

[1] Ronald Dworkin, *Sovereign Virtue: The Theory and Practice of Equality*, Harvard University Press, 2000, p.1.

[2] Ibid., p.81.

"自然不平等"过少的权重,而认为应该为社会和经济资源的分配设立"敏于志向"与"钝于禀赋"的原则。

概括地说,在自由主义内部,诺齐克坚持自由至上主义的路径,德沃金坚持资源平等的原则,对罗尔斯的正义观进行了猛烈的批判。尽管罗尔斯、诺齐克和德沃金的正义理论之间存在一定的分歧,但都属于自由主义家族内部的交锋,都是基于一种个人权利为逻辑起点的正义理论[①],他们的正义理论都强调普遍主义的正义原则、个人权利优先性和正当优先于善,这些都是他们共同遵奉的圭臬,遭到社群主义者的诟病与反击。但社群主义对自由主义正义理论的批评自身也存在的问题,我们将在后文进行讨论。

从总体上看,社群主义在20世纪80年代的凸显,从根本上说是对西方新自由主义思潮和全球化冲击下社会不平等加剧的理论反映。从时代和理论的背景来看,与其说它是对罗尔斯所倡导的作为公平的正义观的诘难,不如说是对被更极端的市场自由主义所激化的社会不平等状况的批判。20世纪90年代,社群主义理论逐渐从欧美向全世界传播并产生了深远的影响。

第二节　社群主义正义观的理论渊源

就社群主义的理论渊源来看,社群(共同体)的思想可以追溯到古希腊的亚里士多德,经古罗马的西塞罗、中世纪的奥古斯丁和阿奎那,以及近代的埃德蒙·伯克,一直到近代的约翰·密尔、卢梭、黑格尔和杜威,社群(共同体)的内涵和意义虽历经变化,但这一思想传统在西方一直绵延至今,不得不承认,社群主义思潮具有韧性绵延的力量,本节集中分析亚里士多德、黑格尔对社群主义正义思想的影响。

[①] 龚群:《罗尔斯的政治哲学》,商务印书馆2006年版,第473页。

一、亚里士多德的正义思想

由于亚里士多德是古希腊哲学的集大成者,而且他的思想对当代社群主义的影响也最大,尤其直接影响了当代社群主义者麦金太尔,亚里士多德关于社群的概念与起源、正义与社群关系论、正义与德性论等很多思想都给社群主义者以很大启发,有很多观点直接影响了社群主义学者,成为他们理论的源泉。

(一)正义与社群论:组成社群是人的本性的趋向

亚里士多德认为,要思考政治哲学的出发点不能从个人出发而应从社群出发。人的群体生活会由家庭、村坊,自然地发展到城邦。社群是个人生活和成长所必需的实体性基础,也是个人的政治生活的前提。所以,亚里士多德说:"我们确认自然生成的城邦先于个人,就因为〔个人只是城邦的组成部分〕每一个隔离的个人都不足以自给其生活,必须共同集合于城邦这个整体。"①

在亚里士多德看来,动物的灵魂有感觉功能,它们能声气相通,彼此感受对象的情感、需求等,也可能合群,比如他提到,有些动物和人一样有群居的习惯,如"蜜蜂、胡蜂、蚁与玄鹤才是这样的社会性动物"②,但是动物的这种合群只是因为此刻的欲望需求而在一起的,也可以说是因为本能而共同生活。仅仅声气相通,也许能合群,但这种合群一方面只能是简单的、基于本能的,另一方面,它不可能形成不断扩展、不断分化和整合的复杂社群结构。人之合群,显然不仅是因为人能声气相通,有相互需要和感应,而更是因为我们有理性,又有语言,所以能够辨别利害、善恶、正义与不义,这样的合群,就肯定不仅仅是因当下的欲望需求而聚集在一起,而是一种政治性的、为了优良生活而结成的群体。人有理性功能,理性可以思虑、选择,所以它正可以追求不断获得越来越多、越来越广且越来越高级的善,为

---

① [古希腊]亚里士多德:《政治学》,吴寿彭译,商务印书馆1965年版,第9页。
② [古希腊]亚里士多德:《动物志》,吴寿彭译,商务印书馆1979年版,第20—21页。

达此目的，人们必须结成有着丰富、复杂的合理结构的社群。从最高的目的讲，我们的理性的欲求就是要追求自足的、不待它求的善，这就是全善，包括一切物质性善和精神性的善，而这又必须在复杂的社群生活中才能获得。他在《尼各马可伦理学》中说："我们所说的自足不是指一个孤独的人过孤独的生活，而是指他有父母、儿女、妻子，以及广而言之有朋友和同邦人，因为人在本性上是社会性的。"① 显然，只是凭借个人之力不可能获得理性所能设想的所有善，必须形成相当规模并具有不断分化和整合的复杂结构的社群，才能获得多种多样的善，才能发挥并塑造我们灵魂的多种功能。比如，为了物资相通，进行买卖，就要构成经济团体；由于结婚而成为夫妇，方能有家庭团体；而为了实现共同的利益而进行共同的活动，就会构成政治性的团体，即城邦。这些团体就不是动物性的团体，而是有理性的人的团体。于是，社群生活必定能够塑造人的某些获得性的良好品质，或者德性，而德性就是人过好生活的品质基础。关于这个问题，亚里士多德的论证遵循以下思维程序。

第一，"人类所不同于其他动物的特性就在他对善恶和是否合乎正义以及其他类似观念的辨认［这些都由言语为之互相传达］，而家庭和城邦的结合正是这类义理的结合。"② 如果说，人有语言能力，因而能辨别善恶，那这也是我们人的自然本性，这种自然本性是一定能够得到表现和发展的。人的本性就在于我们通过语言能力能够辨别义理。语言能辨别是非、善恶，故不仅能聚众，且能趋善避恶，能够传达观念，阐明义理，从而能够在一种人群的有机结合中相互理解，并合理地追求更高的善。

第二，人们单是在家庭和家庭的扩大即村坊中，所能求得之善还不可能是完备的。在家庭团体中，我们只能结成稳定的夫妇关系和亲子关系，能追求到夫妇的互爱、家庭财产的积累和子女的教育等这样

---

① ［古希腊］亚里士多德：《尼各马可伦理学》，廖申白译，商务印书馆2003年版，第18—19页。
② ［古希腊］亚里士多德：《政治学》，吴寿彭译，商务印书馆1965年版，第8页。

一些善；村坊团体是各家庭居住一处而组成的一种团体，可以追求到村社聚餐以敦乡谊、睦人际、财物交换等这样一些善，等等，但是，这些善还不是自足的，因为它们还没有包含政治性的善，如公共利益、各阶层人们各自发挥自己的能力并且能够协同，都能获得与自己的角色相应的德性等，这些善，只有在政治性社群中才能获得，而政治性社群即城邦，可以包含家庭和村坊团体。我们人类的生活共同体只有发展到政治团体即城邦，才能说达到了它"之所是"和其完善本质，并且能够获得人类所能追求到的所有善，从而在其中，人们的生活自身自足，不假外求，这就是我们所能追求到的"自足的生活"。而不能进入或自外于城邦社团生活的人，就不可能获得人的本质，无法达到人的兴盛或者幸福，他们要么是超人，要么是无教养的人。所以，亚里士多德说："凡人由于本性或由于偶然而不归属于任何城邦的，他如果不是一个鄙夫，那就是一位超人。"①

第三，从个人生活与群体生活的关系来说，一人难备众善，只能过最简单的生活，而且必然是短暂的，甚至无法产生下一代来延续自己的生命。从逻辑上说，社会团体当然是由个人组成的，但这不能被理解为个人是社会的前提，反而应该说，社会团体才是个人的前提。这是因为，个人离开社会团体，他的属人的本性就无法发展起来。正是在这个意义上，亚里士多德说，"人类在本性上，也正是一个政治的动物。"② 在他看来，人的团体性生存，由家庭、村坊，到城邦的发展，是一种自然的演化，也就是人类的本性发展的必然，并非由于任何外在的力量所导致。所以，亚里士多德说人是政治的动物，是落实在人的本性的趋向之上的，找到了人的政治性生存的真实源头，政治生活的原则就内含在这个源头之中，是从它发育生长出来的，故"城邦出于自然的演化，而人类自然是趋向于城邦生活的动物"③。这就是说，人从本性上说，就应该成为某个社会团体的功能性存在，就像手要发挥

---

① ［古希腊］亚里士多德：《政治学》，吴寿彭译，商务印书馆1965年版，第7页。
② 同上。
③ 同上。

功能，就必须属于一个身体，离开具有整个生命的身体，手虽然还是存在着的，但已不是真正的手了。对此，我们当然可以作有机论的理解，但是，更为重要的是，这启示我们，政治性群体生活显然不是单个人的机械加和，而是组成群体的个人们之间形成的一种有结构层次、相互依赖、作出趋赴一个共同目的的行动的整体，在这个整体中，个人既获得了他们的独特角色，同时也可在整体中发挥自己的功能，各尽其职，各从其宜；如果离开群体，则个人就根本无从中获得这些善，或者公共利益。亚里士多德这样定义城邦：城邦是"许多公民各以其不同职能参加而合成的一个有机的独立体系"，或者是"为了要维持自给生活而具有足够人数的一个公民集团。"① 也就是说，人们只有在城邦中才能维持自足的生活。所以，孤独的个人，"他那离群的情况就恰恰像棋局中的一个闲子。"② 有一点需要说明，那就是：亚里士多德对城邦的政治功能的看法，其实源于曾经存在过的城邦的实际性质。据法国学者库郎热的研究，因为古代的城邦是由某个种族所组成的，他们共享着某种宗教意识，表现在祭祀、葬礼、敬祖的仪式之中；作为治理城邦的工具的法律，实际上都是从这些宗教意识、仪式、规矩中发掘出来的，而不是人们创造出来的。这样，宗教和法律就成了本邦区别于他邦的根据，它们需要划定自己的领地："城邦在其国境的四周，都建有一条不可侵犯的神圣界线。这是城邦宗教及城邦神所能达到的极限。"③ 在这个界线之外，就是信奉别的宗教的其他城邦。显然，一个城邦的宗教的讲究越多，就越是无法突破城邦的界线而与别的城邦融合，所以，"城邦非常看重它的自主。这种自主包括祭祀、权利、政府、一切宗教及政治事务"④。正是因为城邦具有这样的性质，所以我们才能理解亚里士多德为什么会认为城邦是自然演化的，以及为什么把城邦看

---

① ［古希腊］亚里士多德：《政治学》，吴寿彭译，商务印书馆1965年版，第109页、113页。
② 同上书，第8页。
③ ［法］库郎热：《古代城邦——古希腊罗马祭祀、权利和政制研究》，谭立铸译，华东师范大学出版社2006年版，第190页。
④ 同上书，第191页。

作是公民获得自足的幸福的政治社群。

（二）正义与德性论：城邦的优良生活是培养德性

一种从社群出发来思考的政治伦理学说，一定会非常重视德性，因为在社群中，人们需要追求多种多样的目的，如果要把这些目的进行排序的话，精神性的目的就成为最重要的，而获得德性，就是一种精神性的目的，而德性正是指灵魂的功能发挥到了优秀状态。所以，他十分重视社群生活中的德性及其培养。城邦生活不只是为了生存，更是为了实现优良的生存。亚里士多德认为，在城邦生活中，德性的培养的价值高于财富、军事和自由。在《尼各马可伦理学》中，亚里士多德明确地说，幸福就是合乎灵魂的德性的现实活动，而城邦的目的就是要实现自足而至善的生活，所以那些不能培养德性的城邦就达不到这个目的，也就是不合格的城邦团体。而培养德性，又不能在一般的生活行为中进行，而必须在为城邦的公共利益服务的政治行为中进行。可以说，培养人们的德性是城邦政治的最高任务。

亚里士多德在考察优良生活时，是一个现实主义者，当然，他也受到当时社会发展阶段的必然限制（比如主张奴隶制是天然合理的）。他主张，构成城邦中的自足的至善生活，必须有以下三种因素，即自由、适度财富和德性。他认为，真正来说，只有自由人才能组成城邦去追求优良生活。他认为，城邦中应有奴隶，奴隶不可能是城邦中的积极公民，他们的生活被排除在优良生活之外，只能成为自由公民追求优良生活的纯粹工具。实际上，在亚里士多德时代甚至之前，已经有许多思想家批判奴隶制是不自然的，也不符合正义，但亚里士多德却强烈地维护着奴隶制。在城邦中，自由是第一个要素，因为只有自由人才能参与政治事务，能够有机会统治他人和体面地受治于人。拥有物质财富只是为了能够生存，是自足生活的基础，但显然不是自足生活的最重要因素。但亚里士多德认为政治社群生活的更高目的指向是德性，即获得灵魂的圆满。在政治领域中，所谓德性，就是灵魂的功能为了实现社群的稳定存在和公共利益而发挥到优秀、卓越的状态。

所以，在政治性社群即城邦中，德性的作用最为重大，优良的城邦一定要致力于提高公民们的文化和德性。亚里士多德的德目表分为两类：一类是伦理德性，如节制、勇毅、慷慨大方、大度、正义等；一类是理智德性，即明智、智慧等。他认为，伦理德性的培养离不开理智德性之一的明智，因为这是一种在具体处境中作出正确判断的卓越品质，这种德性尤为城邦中的统治者所必需；正义更是如此，它是在具体的政体中，能够维护城邦社群团结并且能够创造公共利益的一种总体的实践能力。在政治学中，他重视伦理德性，特别是关乎团体整体利益的正义之德；在理智德性中他尤其重视与伦理德性关系密切的明智。他认为，德性是人获得真正的兴盛（即幸福）的必备条件，所以，优良的政治社群（城邦）必须致力于使每个公民的德性得到塑造和发展。如果说，人们进入城邦是为了获得优良生活的话，那么，城邦就必须帮助他们通过城邦的政治实践行为而习得德性，而且是尽可能完备的德性。德性只有就它们能够实现公共利益而言才能成为政治伦理德性。由此我们可以看出，政治社群是亚里士多德思考政治伦理德性的坚实背景。于是，考察德性，就要把人的行为放在现实的社群生活之中，来分析我们所能获得的现实的德性。显然，一般性地阐述德性的形式性特征，只是一种理论上的抽象，他认为，我们并不能从灵魂的各功能之间的关系中分析出政治伦理德性，因为政治生活为人们的生活所独有，我们必然要结成各种社群，并在这些社群中充当各种角色，才能发挥自己的各种能力，并且发挥各种对城邦的公共利益有所贡献的功能，这些功能发挥得好，就是具有了德性。换句话说，个人在群体中充当角色，并履行这些角色所应有的职责，将能对个人的本质力量起到塑造作用。于是，在亚里士多德的政治伦理学思考中，就存在着好人的德性和好公民的德性。

人的所有行为都有其目的，我们的最高目的就是求得幸福。"幸福"这个概念，我们需要以亚里士多德自己所赋予它的含义来理解它：廖申白教授认为，"幸福"（eudaimonia）在原义上是指"人的肉体与灵魂活动的圆满的实现，尤其是指人的灵魂的最好的思想活动的圆满实现"①。这种理解是适当的，它实际上是指我们的生活和行为都处于良好状态，也就是说，幸福可"确定为生活得好和做得好"②。这就要求我们的各种功能都能得到良好的发挥，即具有德性。英文文献中，有学者用"flourishing"（人的兴盛）来翻译 eudaimonia。比如，玛莎·纳斯鲍姆（Martha Nassbaum）就认为，由于 happiness 在英语中有较强的满足感和快乐感的意思，所以主张按照约翰·库柏（John Cooper）的意见，将 eudaimonia 翻译成 flourishing。③我们认为，flourishing 的确较好地表达了 eudaimonia 这个希腊词所包含的人类能力得到发展而兴盛的含义。确实，我们生活着，其目的除了生活得好之外，不可能还有其他什么目的。而生活得好即"幸福"可以指我们的各种功能得到良好发展，而这就是我们生活的最高目的。如果说，城邦政治能够完成更广更大的善业，那么，政治的目的就是要使所有公民得到幸福、生活得好，也就是要获得一切有益于生活的善，如外在的善，即有物质财富、自然素质好、出身好、有众多朋友等；和内在的灵魂的善，即灵魂的功能发挥到优越的状态，这就是德性。如果说对人而言，灵魂的善比外在的善更为重要，那么说幸福就在于获得了德性并作出了合于德性的现实活动，就是很恰当的。德性必须表现在有德性的实践活动上，即"德"与"行"要合一，不能在行为中体现出的"德性"就不是实有的"德性"。可以说，只有能做出合乎德性的实现活动，才是真正的幸福。这里当然有快乐的情感感受，但显然这是一种高尚的快乐，于是，"不以高尚［高贵］的行为为快乐的人也就不是好人"④。所以，政治的目的就是要在城邦社群生活中，使公民们能够获得种种德性，能够以高尚［高贵］的行为为快乐。于是，真正的政治家，"都要专门地研究德性，因为他的目的是使公民有德性和服从法律"⑤。亚里士

---

① ［古希腊］亚里士多德：《尼各马可伦理学》，廖申白译，商务印书馆 2003 年版，第 9 页（脚注①）。
② 同上书，第 22 页。
③ ［美］玛莎·纳斯鲍姆：《善的脆弱性》，徐向东等译，译林出版社 2007 年版，第 8 页。
④ ［古希腊］亚里士多德：《尼各马可伦理学》，廖申白译，商务印书馆 2003 年版，第 23 页。
⑤ 同上书，第 32 页。

多德对政治的目的的这一揭示,有着深刻的意义。

(三)正义与目的论:正义以公共利益为依归

关于什么是公共利益这个问题,亚里士多德诉诸"正义的原则",他认为"政治学上的善就是'正义',正义以公共利益为依归"①。西方学者 W.F.R. 哈迪(W.F.R. Hardie)曾提醒我们:当我们用"正义"和"不正义"翻译亚里士多德的相关术语时,应该"在广义上使用",也就是说,它们"大致相等于'对(right)'和'错(wrong)'",如果"我们用'正义','公平'和'平等'翻译亚里士多德之 dikaios 和 isos,将会导致一种狭隘的理解方法"。②这就是说,当亚里士多德说正义就是以公共利益为依归时,的确可以说:正义的大致就是对的。显然,这样说正义,并没有像现时代一样把正义理解为一种公平的分配原则。亚里士多德意义上的"正义",从根本上说就是给人以所应得的:"正义包含两个因素——事物和应该接受事物的人;大家认为相等的人就该配给到相等的事物。"③从这个意义上说,"若城邦实现了正义,那也就意味着城邦的公民都恰如其分地享有自己应得的地位、荣誉,每一个阶层都不会要求更多的政治权力"④。能实现这样的正义,当然是城邦的公共利益,因为这样一来,每个人都得到了自己所应得的东西。

我们认为,正是因为亚里士多德政治伦理学的思考立场是从政治社群(城邦)的目的出发,所以,对于这个目的而言,个人的自我道德修养并不是其关注重点,而是那种与他人有关的德性才成为了其思考重点。他认为,在各种德性里,只有正义是完全的德性,因为它是"对于他人的善"⑤,所以正义是主要的。这就是说,正义是关乎政治社群的,独处的个人生活就无所谓正义或不正义。在这个意义上,如果

---

① [古希腊]亚里士多德:《政治学》,吴寿彭译,商务印书馆1965年版,第152页。
② W.F.R. Hardie: *Aristotle's Ethical Theory*, Clarendon Press, 1968, p.186.
③ [古希腊]亚里士多德:《政治学》,吴寿彭译,商务印书馆1965年版,第152页。
④ 陶涛:《城邦的美德——亚里士多德政治伦理思想研究》,上海三联书店2016年版,第106页。
⑤ [古希腊]亚里士多德:《尼各马可伦理学》,廖申白译,商务印书馆2003年版,第130页。

说正义就是守法，则守法就是要守善法，因为善法能够合理规定城邦中的人们所应尽之责，守法就是要在行动中承担其自己的职责，发挥自己的功能，这样就是正义的；如果说正义是平等，则平等也需要考虑具体情形，比如同是自由人，那么他们都应该能够享受统治的同等机会，但是如果对那些为城邦的公共利益作出了不同贡献的人给予同样的对待，那么就恰恰是不正义了。所以，亚里士多德特别注重"应得的公正"。

优良的政制应该能够促进公民的好生活。但由于各个城邦中人们的财富和德性有不同，传统风俗、民情有不同，所以必须视具体情况来采取各种政制。它们要成为优良的政制，就必须要城邦的公共利益为依归，也就是要能够使人们的才德当其所职，要能够增进人们的自由、财富和德性，即能够使人们过好生活，获得幸福。

亚里士多德从人的本性会趋向社群生活出发，主张人因有理性和语言，故可以分辨善恶、正义与不正义，不仅能够合群，而且追求形成具有繁复的组织结构的政治社群，即城邦。在城邦中，人们不仅要生存，而且还要追求优良生活。人的优良生活由内外诸善构成，外在善有适中的财富、众多朋友、较好的境遇等，内在善是指获得了内在的德性，即人的内在灵魂的功能都得到发挥和发展了，达到了极盛状态，还有，要获得这些善，还需要人们在城邦政治生活中具有自由公民的身份。内外诸善能够齐备，就是幸福的好生活。但城邦能否保障和促进公民的好生活，与城邦是否能采用优良的政制关联密切。亚里士多德认为，要衡量一种政制是否优良，就要看它们是致力于实现公民们的公共利益，还是只致力于实现统治者们的私人利益。他认为，我们并不能通过构想一个抽象的完美政制来达到这个目的，而是必须从现实城邦的具体特点、历史传统、风俗法度、人民性格等出发，并且要尽量采取共和政制，因为共和政制致力于保障公民的自由，适中的财富，促进公民友谊，并尽量为公民们提供既能治人，又能治于人的机会，从而培养完备的德性，所以共和政制是比较容易实行的促进公民幸福、使之能过好生活的优良政制。

(四）亚里士多德正义思想对社群主义的影响

1. 亚里士多德正义思想对社群主义的影响

亚里士多德正义思想对当代西方社群主义正义观产生了深远影响，同时也为现代政治生活实践提供有益启示。首先，亚里士多德正义理论的内容对社群主义产生的影响如下：

第一，正义与德性的融合。亚里士多德认为正义是一切德性的总括，是德性的整体而非德性的部分。亚里士多德说："公正自身是一种完全的德性，它不是未加划分的，而是对待他人的。正因为如此，在各种德性中，人们认为公正是最主要的，它比星辰更加令人惊奇，正如谚语所说：'公正是一切德性的总汇'。"[①] 人类的卓越在于他的德性品质，而他的德性品质中，尤以正义的品德最重要。社群主义强调拥有德性品质才能获得实践中的"内在的好"。

麦金太尔论述，"假如我们要确立一个新的探究出发点，以再一次把亚里士多德主义提高到高于一切的层面来讨论，那么，就不仅需要从亚里士多德本人著作的关键文本所表达出来的东西中考察亚氏本人的道德哲学，而且需要把它看作是对他以往大量思想的继承和总结，并把它视为而后一直激发着许多思想的一个源泉。"[②] 这充分表明亚里士多德理论是麦金太尔正义思想的重要来源。麦金太尔对正义概念的理解毫无疑问受此启发。麦金太尔认为正义包括规则正义与德性正义，正义不仅仅是建立社会秩序的规则和秩序，更是人的一种内在德性的能力，是人的首要德性，只有当人们拥有认识和实践这些规则的品德时，他才是一个既遵守正义规则又具有正义德性的人。

桑德尔在著作中多次援引亚里士多德的思想，从亚里士多德的正义与美德论思想中汲取养分，成为批判美国当代社会有利的武器。桑德尔赞同并继承亚里士多德的德性论的思想内核。当今美国市场经济强调资本逻辑至上，其间的市场价值观渗透到人类活动的各个方面，

[①] 苗力田编：《亚里士多德全集》第八卷，中国人民大学出版社2016年版，第96页。
[②] ［美］阿拉斯戴尔·麦金太尔：《谁之正义？何种合理性？》，万俊人等译，当代中国出版社1996年版，译者序言第11页。

如果一切都待价而沽，则会造成当代政治的道德缺失，排挤人们的良善生活的观念和公共道德话语。他引用亚里士多德的观点，"亚里士多德教导我们说，美德是通过实践而养成的东西。于是，他呼吁国家应重视公民美德的养成，倡导文明礼貌，培育公共精神。"①

第二，正义与共同体的善。亚里士多德强调，"正义以公共利益为依归。"② 而以公共利益为依归的正义又是哪个正义？它以"城邦整个利益以及全体公民的共同善业为依据"③。亚里士多德对正义的思考是在城邦的体系内进行的，正义是在一个已经建立起来的共同体内进行赏罚和补救过错的德性。亚里士多德认为正义不应只是意味着仅为少数人利益服务，而是意味着应为整个城邦利益和全体公民的利益服务，应该能够促进共同善，即社群整体的利益。亚里士多德这种正义观正是社群主义正义思想的主要来源。

桑德尔强调公民政治参与，注重公民自治的公益正义观，这一点也是秉承了亚里士多德的思想精髓。他认为美国的程序共和国主张在道德和宗教问题上保持中立，不涉及任何特殊的善观念，这其实正在瓦解居间共同体的道德根基，他认为公民应通过积极自治，参与国家的管理，顾全全体的利益，实现共同体之善。泰勒认为人们所追求的道德价值和正义观念都离不开一定的背景性框架，这一框架只能通过语言共同体的成员资格得以完成。因为人是自我解释的动物，它依赖了语言共同体，所以，社群是意义的母体。麦金太尔认为德性正义只有在具体的社群中才能实现，"不存在任何外在于城邦的、一城邦能够借以评价正义或其它善的标准"④。因为如果离开了一定的社群条件，我们便不知道该制定哪种正义的规范，也不知道应该怎样去实施。按照麦金太尔的理解，亚里士多德的正义论，是以一个有着共同利益、共同目标为目的的共同体的存在为前提的，个人正义的本质上是与这种

---

① [美]迈克尔·桑德尔：《金钱不能买什么》，邓正来译，中信出版社2012年版，第142页。
② [古希腊]亚里士多德：《政治学》，吴寿彭译，商务印书馆2011年版，第152页。
③ 同上书，第157页。
④ [美]阿拉斯戴尔·麦金太尔：《谁之正义？何种合理性？》，万俊人等译，当代中国出版社1996年版，第174页。

共同体的共同分享的利益一致的。麦金太尔秉承亚里士多德的传统，认为只有把正义放置于特定的社会环境中去才有意义，正义只有在具体的共同体中才能实现，正义即是体现于对社群的共同善的共同认可和追求的一种德性。他主张"回到亚里士多德"就是要吁求国家古典的共同体意义。但同时，他也意识到现代社会毕竟不同于古代社会，已经失去了传统道德共同体的意义，成为个人追求私利的竞技场所。后来，麦金太尔所建构的正义概念，有意淡化共同体这一背景，而将正义与实践的关系凸显出来。

第三，正义与应得原则。亚里士多德认为正义就是应得，应得就意味着不同的人应分配不同的物品。亚里士多德的"分配正义"是指在荣誉、钱物或其他可析分的共同财富的分配上的正义。在亚里士多德看来，正义的分配应该是符合几何比例的分配，人们身上的某种品质使得他们配得到相应的份额，也就是说，应该分配给每个人符合其成就和优点的利益。关于应得，亚里士多德论述道："人们都同意，分配的正义要给予某种配得，尽管他们所要（摆在第一位）的并不是同一种东西。民主制依据的是自由身份，寡头制依据的是财富，有时也依据高贵的出生，贵族制则依据德行。"[1] 所以，公正在于成比例。贵族派的观点，认为应该依据"德行"而分配给人们相应的份额。亚里士多德所阐述的这种依据人们的"德行"来分配荣誉、钱物和安全的思想一直延续到今天，成为当代分配正义理论中一种非常重要的分配原则——应得原则。沃尔泽的复合平等也可以在亚里士多德的比例公正中找到胎记。复合平等观认为，各分配原则在各自分配领域内的自主性，使不同的物品使人们在不同的领域获得不同份额的各种社会益品，一个领域内的不平等不会延伸到别的领域。麦金太尔认为分配正义即应该按照道德的功过、道德的优劣与应得赏罚标准。由此可见，亚里士多德分配正义中的应得原则对当代社群主义正义观影响深远。

---

[1] ［古希腊］亚里士多德：《尼各马可伦理学》，廖申白译注，商务印书馆2003年版，第135页。

2. 亚里士多德正义思想的现实意义

亚里士多德政治哲学思想的核心义旨就是要突出社群、德性与正义这三者的内在关联。这启示我们，社群生活对人的本质的形成具有构造性作用，而且人类国家生活的结构会变得更加繁复，在更大程度上促进人们的自足生活，这是社会进步的标志。如果从个人出发，则我们对政治哲学的思考，就只能专注于对个人的抽象自由和平等权利的保护和实现，而这种自由和平等权利，在亚里士多德心目中，只能使公民的相互交往的秩序不受到侵害，而不能使人们在社群生活中发展自己的德性，并且过一种自足的优良生活。在从个人出发的政治伦理观看来，个人的德性追求只是个人的自主意愿的问题，于是他们对优良生活的理解就是主观随意的，而缺乏客观的结构。只有从群体出发，我们才能真正思考义务，才能真正思考具体的德性。因为进入国家的政治社群中生活，将能使我们的个人意愿受到国家客观、复杂的结构的约束和引导，从而能形成优良生活的客观目的，于是，在国家的政治实践中，我们能够发展自己的文化和德性。所以，德性既是我们的灵魂能力得到塑造和发挥的结果，更是国家的政治生活能够为大家所提供的公共利益，因为这能促使大家的人生都获得兴盛，能够行动得好，生活得好。当然，国家的政制应该具备优良的性质，即应该能够促进人们的自由、财富和德性。德性是面对具体生活处境、履行所承担的义务的智慧和实践力量，也就是说，德性能够获得实践的内在利益。所以，当代社群主义者麦金太尔的德性观就着力突出了实践的内在利益这个方面："德性是一种获得性人类品质，这种德性的拥有和践行，使我们能够获得实践的内在利益，缺乏这种德性，就无从获得这些利益。"[①] 这表明麦金太尔知道，在政治社群中的优良生活是需要有德性的实践才能实现的，同时具有良好政制的国家的稳定和发展，也需要公民的政治德性的支持。这些思想对于社群主义者有着重要的借鉴与启示作用。

---

① Alasdair Macintyre, *After Virtue: A Study In Moral Theory (Third Edition)*, Notre Dame Ind.: University of Notre Dame Press, 2007, p.191.

二、黑格尔政治哲学思想

在近代，黑格尔哲学对社群主义的影响最大，学术界有些学者把黑格尔政治哲学的相关思想作为社群主义的来源之一。这种观点有一定道理，这主要是因为黑格尔比较重视伦理实体在人们生活中的地位，总体认为个人从事实上说都是属于某种群体的，他们的自我意识受到群体的社会组成结构、规章制度的塑造性影响。当然，黑格尔政治哲学观念具有一种辩证论的总体特征，并且致力于呈现现代国家的组织结构、法律和规章制度等普遍性对个人的归属和塑造作用，他要在国家学说中容纳世界历史经过启蒙运动而获得的现代性特征，即个人的主观性和内在性，以及主体的反思精神，从而把个人主义、自由主义的信条和价值设置在现代伦理实体的一些环节上，并要求它们在国家共同体中也得到实现。

（一）对原子式个人主义的批判

原子式的个人和主观性原则在近代政治哲学和道德哲学中就表现在以下几个方面：第一，有一种理论上的共识，那就是要发现组成国家的原则，就不能把眼下的国家直接接受下来作为前提，而是要分析国家的应有结构，并从这里来推论组成国家的正确原理，确定国家应该追求的正义目标等。这种思路本身就是要把国家与其传统割断，而使之成为一个理论中的存在来加以认识。由于这个原因，他们都去设想一个自然状态。在这个自然状态中，个人就是分开的、离散的，只有天赋特点的个体存在者。他们一致认为，在自然状态下的个人由于没有政治权力的强制，所以都是自由的。至于他们在自然状态下有些什么样的天赋特质，就与思想家本人经验中对人性特点的看法和其心中的国家功能观念相关了，因此是任意的设定，完全是一种虚构。这一点黑格尔看得很准，他说，"经验科学可以将其经验任意提升入普遍性，凭借其设想的规定性而继续一贯性……其他经验性材料与多样性相矛盾,但同样有权得到考虑并且被宣布为原则。"① 于是,自然状态下的个人自由和经验中的人性特点就是这些思想家政治理论的出发点,国家的组成在他们看来就是为着保障个人生命、财产和自由的。这就是经典的自由主义观点。第二,国家就只能是自然状态下的自由且平等的人们通过订立契约而成立的,因为契约就含有主观的同意的立场。但在黑格尔看来,这却是把国家看作是一种个人的主观任性协议的产物。黑格尔认为,契约是建立在个人的主观任性的基础之上的,所以可以因有利而缔结,又可以因为利尽而解散,于是,作为国家的成员就成了一件"任意的事"了。黑格尔认为,这其实是把国家等同于市民社会了。在这两点上,黑格尔其实都是反对自由主义的。

黑格尔也反对洛克式自由主义,他认为,以洛克为代表的自由主义将个人看作国家的起源,国家是个人保护其私利的"工具"。而在黑格尔看来,这一观点无论是从历史角度,还是从伦理角度看,都是错误的。从历史角度,政府、法律和宗教并不是人发明出来的,而是"生长"起来的。在黑格尔看来,洛克式自由主义中的"个人"有其本身的前提,即某种特定的社会。只有在这种特定的社会中,才会产生洛克式的个人,从而也才有洛克对政府和法律性质的界定。自由主义的个人主义将个人的自由与法律和政府对人的约束相对立,从而对个人自由的前提和条件有一种错误认识。

黑格尔因其对古典自由主义的批评,特别是对其个人主义倾向的批评而成为当代社群主义灵感的来源。受黑格尔的影响,泰勒用"原子主义"来刻画自由主义的根本特征,从本体论上批判新自由主义的个人主义理论根基,并且把个人主义列为现代性三大隐忧之一。

(二)个人与社会关系论

黑格尔认为,个人人格的心理结构是同个人生活于其间的社会结构以及他在该社会中的地位密切相关的,其道德观和知识观都同他作为一分子的社会不可分离,也同他通过公民身份、社会阶级和宗教联

---

① [德]黑格尔:《黑格尔著作集》第2卷,朱更生译,人民出版社2017年版,第302页。

系而在该社会中所融入的各种关系不可分离。

康德的道德世界观的立足点是个人主体。所以，在思考人的社会性生活时，就主张社会交往生活是独立的主体之间在相互对待。于是，在他的法权哲学中，最基本的立场点还是个人，即拥有先天的理性法则和感性偏好的个人，他正是以这样的个人观念来思考人为什么要组成社会，以及如何组成社会。在黑格尔看来，这样的个人观念必然导致抽象法权论和契约论。在他看来，康德对法权的定义就有力地说明了这一点："如此外在地行动，使你的任性的自由应用能够与任何人根据一个普遍法则的自由共存。"[1] 黑格尔是这样分析这个定义的：第一，这个定义"只包含着否定的规定"[2]，即是说要求人们的任意应该相互限制，这显然是一条机械性的原理，而非概念自身的进展；第二，它也有肯定的结果，只是"把普遍的法则或所谓的理性法则，一个人的任意和另一人的任意的符合一致，归结为人所共知的同一律和矛盾律"[3]。黑格尔对这个抽象法权原则的批评是严厉的，因为在他看来，在康德的这个法权观念中，其意志概念就不是自在自为的意志，即合乎理性的意志，而是"作为特殊的个体，作为单个人在他特有的任意中的意志，这才应该是意志的实体基础和首要的东西"[4]，由此，理性对人们的任性自由就只能加以外在的限制，也就是说，这种理性就只能"作为外在的、形式的普遍性而出现。这种见解完全缺乏思辨的思想，而为哲学的概念所唾弃"[5]。黑格尔的权利和法的概念与康德的观点不同，权利和法的概念是自由的定在，并且或随着自由理念的自我认识和自我实现程度的发展而成为越来越是主观和客观相统一、特殊与普遍相统一的定在。显然，黑格尔不会把抽象的个体观念作为自己的哲学基础；

---

[1] ［德］康德：《道德形而上学》，张荣、李秋零译注，中国人民大学出版社2013年版，第28—29页。
[2] ［德］黑格尔：《黑格尔著作集》（第7卷）《法哲学原理》，邓安庆译，人民出版社2017年版，第69页。
[3] 同上。
[4] 同上。
[5] 同上书，第70页。

同时，对于人要进入到政治状态，并且结合成国家这个任务而言，康德也体现了某种自由主义的倾向。他主张，第一，自然状态并不与社会状态相对立（因为在自然状态人们也可结成社会），而是与文明状态相对立；第二，最初的政治事实是人们"在一起"，即要生活在一起。这是因为地球的表面是圆的，人们不能在这个球面上无限散开，所以总要在一起生活。康德把"在一起"看作是一个原始事实，并以此为基础来说明人们在自然状态下必然会产生相互冲突，在这种状态下，人们不能稳定地拥有自己的所有权，所以才需要凭着原始的契约，形成一个共同的意志，并形成一个政治国家，进入法治状态，他认为这是公民们的政治义务。在黑格尔看来，这仍然是将国家的成立看作是契约的产物，而订立契约是人们的任性意志之间的事情，可以订立，也可以解除，于是，成为一个国家的成员就成为任意的事了。可以说，自由主义的个体只具有抽象理性和人的自然禀赋，国家是由契约所形成的，国家只是为了保卫个人的财产权、生命权和自由才是必要的等等观点，黑格尔是不能认同的。

黑格尔认为，人的权利只有在特定的社会结构中才会出现，自由与其说是一种个人的天赋，不如说是社会支持的法律制度和伦理制度所赋予个人的一种地位。

在现代国家中，家庭和社会市民以及国家的权力结构是必然的组成部分。作为现代的伦理实体，它们都以个体的主观性原则为基础。与古代伦理实体不同，它们不是要求个人非反思地归属于伦理实体并服从于法则规章，而是个人通过反思认同伦理实体的法则规章的普遍性，并认同它们对自己的约束力。国家这一伦理实体是由一个民族几千年的文化、风俗习惯发展而来的，当它建立在主观性原则之上时，它就要发挥把主观性塑造成一种主观和客观相统一的存在的功能。现代伦理实体本身有着对自己的普遍性的自我意识，能够引起个人的忠诚之感；同时，也主张这种主观性是获得了普遍性义务的主观性，也即进入到具体现实的主观性，比如个人的德性。在黑格尔看来，这种德性在现代伦理实体中是比较容易塑造的，这是因为现代国家具有了自己的现实的理性，即普遍的法律和规章制度，同时个人被归属到了国家的具体功能机构之中，他们只要按照法律和规章制度，承担具体的岗位职责，就将是有德行的。在道德世界观阶段，义务是纯粹理性的法则，只有理性是其自身的价值起源和标准，所以康德只能主张"为义务而义务"。而黑格尔则能够说，伦理实体因为具有法律和规章制度，"对个体来说是一些义务，对他的意志具有约束力"①。但是这种约束力是对那种任性自由的冲动的一种纠正，义务只有对这种冲动是一种限制，所以，对个人而言，反而在履行义务中获得一种解放，因为履行义务的行为，就摆脱了那种"无规定性的主观性"②，而使其获得了一种客观的规定性，从而具备了现实性。所以，"义务所限制的并不是自由，而只是自由的抽象，即不自由"③。

黑格尔认为，在一个具有合理性的复杂组织结构的现代国家中，个人都必须归属于国家，并充当某个与国家有着有机联系的个别的角色，从而就直接地承担了岗位职责所赋予的义务，这样就能获得与国家客观要求相符合的德行，所以，黑格尔说，"一个人必须做的事务，就是义务，他要履行哪些义务，以便成为有德行的人，这在伦理共同体中是容易说出的。"④同时，这种获得了实现的主观性还表现为一种爱国主义。它是一种由于自己获得的对国家的归属感，国家机体与个体的生命相连的感受。所以，在一个组织良好、主客统一、具有合理性的现代国家中，个人的爱国情感并非总是需要超常的付出，而是个人产生的那种对遵守国家法律和规章制度习以为常的思想情感。

黑格尔将道德与伦理的概念进行区分，将伦理置于道德之上，因为伦理意指作为共同体成员所应担负起的社会道德责任。所以，黑格尔形成了一套与近代自由主义完全不同的个人与社会的关系理念和国家学说。

---

① ［德］黑格尔：《黑格尔著作集》（第7卷）《法哲学原理》，邓安庆译，人民出版社2017年版，第287页。
② 同上书，第288页。
③ 同上。
④ 同上书，第289页。

(三) 个人与历史传统论

恩格斯曾称赞黑格尔哲学的理论力量在于"巨大的历史感"。[①] 黑格尔总是把人或民族置于一个宏大的历史叙事中去理解，通过各民族的历史传统来阐释政治原则和伦理现象。黑格尔所说的人不是超历史的存在，而是在历史运动中的生活的人。从历史上看，古希腊城邦体现了个人的特殊性与伦理实体的普遍性的直接同一性，城邦中的人们把自己直接归属于城邦，个人与城邦同呼吸共命运，黑格尔对于城邦这种共同体对个人精神品质的塑造作用给出一种明确的界定，也就是说，只要有紧密的社群生活，个人就能够习得某些普遍性的政治本质。当然，他认为，由于这种原初的伦理实体是简单的、直接的，必然会受到个人自我意识的觉醒的冲击而分裂。所以，黑格尔对伦理实体的看法是认为它们是历史性地发展的，在历史发展过程中，它们逐渐体现为绝对精神的不断具备更大合理性的现实形态，其发展动力就是精神本身的自我否定性。晚期希腊时期特别是马其顿帝国时期，由于短时期成为了一个地跨亚非欧的庞大帝国，原先那种紧密的城邦生活被迅速稀释了，个人与国家政治的联系纽带松弛了，人与人的离散性、个人命运的漂泊感普遍存在，这可以说是把个人从城邦政治共同体中松解开来，而不得不过一种自我操持的生活。但由于马其顿王国时间较短，它还没有真正发展自己较稳定的治理方式，也就较难把握其伦理原则。后来在罗马帝国时期出现了基督教，它是一种具有个体精神的宗教，"外在地，从而同抽象的普遍性相联系，出现在罗马世界中"[②]。这个个体性原则在罗马世界中，就是一个独立的实体、原子式的个体，在内心的反映中，就是向往一个至高的救世主。基督教上帝文化的出现就是必然的，后来在近代社会发展中表现为个性的觉醒、主观性原则的确立。

黑格尔总是把人的本质置于一定的历史传统中去理解，人存在于

[①] 《马克思恩格斯文集》(第2卷)，人民出版社2009年版，第603页。
[②] [德] 黑格尔:《精神现象学》下卷，贺麟、王玖兴译，商务印书馆1979年版，第33页。

历史传统中，但人同时也创造了历史，人的各种活动，都无法跳出其所处的历史阶段。"历史的进步可以看作是对这些共同体的承继。较早共同体是对较迟共同体的极其不完备的表现，而较迟共同体将越来越得体地得到体现。黑格尔称这些共同体为具体的历史中共同体或民族，它们是精神或民族精神的体现。它们是历史的主体。"①

黑格尔把那种主张抽象的原子化的个人观念，以及个人主体的最高主观性和最深内在性原则只是看作精神发展的某个特定阶段的成果，主张这种主观性和个人自由是现代国家的基础，但是要在现代国家中加以客观的实现，这实际上是一种伦理教化过程。他主张现代国家是在个人主观原则（这是古代国家所缺乏的）基础上的一种国家概念自身展开和进展，自身发展出内在的差别，也即各种阶层、组织结构和行政机构等，这些都是合乎理性、必然性地发展起来的（排除了偶然性），并把个人归属于其中，个人在通过履行国家赋予他的义务，而达到他的本质，获得肯定的自由。所以，黑格尔的思想的确有着社群主义因素。但是需要指出的是，他的现代伦理实体概念是一个具有自身合理性的概念，他不可能认为风俗习惯有绝对约束性，主张个人应该非反思地服从一切国家的法律和规章制度（那是古代国家的个人形象），而是主张个人的主观性可以表现为对国家规章制度、风俗习惯的合理性的反思和判断，并且对于现存的国家具有批判功能。

受此启发，麦金太尔对现代性的批判也极具有历史的穿透力，他认为对启蒙运动道德论证需依赖于历史传统才能得以理解。"我发现自己是一个历史的一部分，并且一般而言，无论我是否喜欢它，无论我是否承认它，我都是一个传统的承载者之一。"② 在麦金太尔看来，个人只有借助于历史传统才能明白自我的身份以及生存的意义。他反对自由主义试图用契约论的模式切断与历史传统的联系，虚构一个抽象的自我。桑德尔指出以罗尔斯为代表的当代自由主义正义与理论的局限：

---

① ［加］查尔斯·泰勒：《黑格尔》，张国清等译，译林出版社 2012 年版，第 539 页。
② Alasdair Macintyre, *After Virtue: A Study In Moral Theory (Third Edition)*, Notre Dame Ind.: University of Notre Dame Press, 2007, p.221.

通进无知之幕的思想实验，预设一个不受任何先在条件约束的自由而孤立的自我来建构正义理论的路径是不可取的，因为社群的传统、习俗和文化形塑了其内部的道德责任和共同目标，也影响并决定着个体的形成与发展。黑格尔哲学思想对泰勒影响较大，泰勒甚至一度被视为黑格尔哲学在当代哲学界复兴的代表人物。泰勒从黑格尔哲学汲取较多的思想滋养，他的一些政治哲学文本中随处可见黑格尔思想的痕迹，如 1975 年出版的专著《黑格尔》和 1979 年短小精悍的著作《黑格尔与现代社会》，对黑格尔的思想进行了全面深入又富有创见的探讨。黑格尔对现代性的批判和黑格尔的"承认理论"等都给泰勒提供了丰富的思想源泉。泰勒的"承认的政治"正是受益于黑格尔的"承认理论"，它以主奴辩证法的承认关系隐喻了人类的历史就是一部"为相互承认的斗争"史，揭示人的本质在于获得他者的相互承认。经过泰勒的重新阐释，到了现代，发展为"承认的政治"的思想，那就是要尊重每一个他者的价值，人在相互承认中得到尊严和成长，承认的实现离不开一定的社会和政治的语境。

小　结

这一章我们主要分析了社群主义正义观产生的时代背景和理论渊源。任何一种思潮的产生都不是偶然的，与当时的社会历史背景和思想背景有关。社群主义是在 20 世纪 80 年代与以罗尔斯为代表的新自由主义论战中崛起的。它的出现与 20 世纪七八十年代西方社会的政治、经济、文化等背景有着密切的关系。全球范围内的经济危机和社会不平等的加剧是当代政治哲学兴起的根本原因。"福利国家"的矛盾与危机，社会不平等加剧，这是社群主义与新自由主义所共同的社会背景。1971 年，罗尔斯在《正义论》中提出了平等的自由主义的分配正义原则，掀起了一股持续而深刻的"正义热"。诺齐克在《无政府、国家和乌托邦》对罗尔斯的分配正义原则进行了批判，针锋相对地提出基于个人权利至上的分配正义理论。除了这两位巨擘之外，柯亨、金里卡、森、德沃金、罗默等人也加入了关于分配正义的论争。社群主义者也对以罗尔斯为代表的新自由主义进行了批判，加入到这场争论之中。

新自由主义竞争激烈又导致社会不平等加剧，社会不稳定因素增加，福利国家的危机要求不断削弱国家职能，而国家职能弱化和公共服务缺失引起公众不满，导致政府与民众之间的信任危机不断加重。在这样的背景之下，重视国家干预，反对自由市场恶性竞争的社群主义便有了诞生的契机。

新自由主义流派都强调了从个人主义的角度去看待个人与群体的关系，强调个人的权利自由优先。个人主义既是自由主义者经常自我标榜的教义、也是遭社群主义诟病最多的核心价值观点，表现于人们过于注重个人权利，关注私人狭隘利益以及缺乏公共参与精神，为了弥补自由主义的个人主义的缺陷，需要一种团结的和凝聚社会共识的价值观，社群主义的出现无疑为逆转极端个人主义提供了机遇。

社群主义是在批评以罗尔斯为代表的新自由主义过程中发展起来的，所以，我们有必要介绍新自由主义的正义观，这是社群主义正义观产生的理论背景。罗尔斯是自由平等主义的代表者，提出一种"作为公平的正义"的正义观，将社会基本结构作为正义的首要主题，如果说自由是罗尔斯正义观的底色，那么差别原则考虑到最小受惠者的最大利益，体现了平等博爱的思想。诺齐克是自由至上主义的代表者，他的正义观强调以不侵犯个人权利为核心，以持有正义原则为基本内容，以达成"最低限度国家"为最终目的，反对社会资源的再分配。德沃金是左翼自由主义的代表者，他坚持资源平等的正义观。

社群主义正义观的理论源头可追溯到古希腊的亚里士多德关于社群和正义的思想，近代是黑格尔的政治哲学思想。由于亚里士多德是古希腊哲学的集大成者，而且他的思想对当代社群主义的影响也最大，尤其是直接影响了当代社群主义者麦金太尔。亚里士多德关于社群的概念与起源、正义与社群关系论、正义与德性论等很多思想都给社群主义者以很大启发，有很多观点直接影响了社群主义学者，成为他们理论的源泉。

在近代，黑格尔哲学对社群主义的影响最大，一些学者把黑格尔政治哲学的相关思想作为社群主义的来源之一，这种观点有一定道理，这主要是因为黑格尔比较重视伦理实体在人们生活中的地位，总体认为个人从事实上说都是属于某种群体的，他们的自我意识受到群体的社会组成结构、规章制度的塑造性影响。当然，黑格尔政治哲学观念具有一种辩证论的总体特征，并且致力于呈现现代国家的组织结构、法律和规章制度等普遍性对个人的归属和塑造作用，他要在国家学说中容纳世界历史经过启蒙运动而获得的现代性特征，即个人的主观性和内在性，以及主体的反思精神，从而把个人主义、自由主义的信条和价值设置在现代伦理实体的一些环节上，并要求它们在国家共同体中也得到实现。泰勒从黑格尔哲学汲取较多的思想滋养，泰勒的一些政治哲学文本中随处可见黑格尔思想的痕迹。

第二章　社群主义正义观的本体论阐释

本体论（Ontology）是研究"存在"的学问。从哲学意义上看，本体论关注的是存在，即世界上的所有存在者以及"存在之为存在"。在政治哲学中，本体论主要研究人的本质属性是什么？个人优先还是群体优先？个人的意识是自主的，还是会受到社群文化的塑造性影响？等等。对这些问题的不同回答，是政治哲学家构建不同政治理论的基础。对正义理论的构建必然涉及社群与个人的关系，对社群与个人的关系的不同回答，很大程度上表现为不同的自我观，而持什么样的自我观又决定他们会采用什么样的正义主体。正义主体观念决定着正义理论体系的特征。"自我"和"个人"是可以经常交替使用的概念，但两者还是存在微妙的区别，"自我"概念通常强调个人的内在性、内在意志的本原性根据，而个人概念则更强调这一切内在性品格的实体承担者以及外在的独立行为主体。自由主义持个人优先于社会并且是社会之目的的立场；社群主义认为没有抽象的自我，自我乃是历史、传统、社群的产物，个人的性质由其所处社会的性质所决定。

第一节　麦金太尔正义观的本体论阐释

麦金太尔是当代西方具有重大影响的道德哲学家和政治哲学家，社群主义运动主将。如果说他的道德哲学关心的主题是德性，批判的是以康德义务论和功利主义为代表的现代伦理学，那么他的政治哲学所关心的主题则是正义，在批判自由主义正义观的基础上，阐发了一种德性正义观。他对正义问题的阐释体现在他的一系列著作中，即早期著作《德性之后》《谁之正义？何种合理性？》和后期著作《依赖性的理性动物——人为什么需要德性》。

一、批评自由主义正义观"自我"概念

从本体论上说，自由主义和社群主义立足于对个人与社群关系的哲学反思来建立其各自的整个正义理论体系。社群主义者认为自由主义的自我观是存在问题的，他们认为自我不应该是从生活中抽离出来孤立的自我，而应该是情境中的自我。人是被镶嵌在社会伦理文化中的。如果把人从社会结构中剥离开来，就无法理解自己的身份，不能理解自身追求的目的和意义，不知该往何处去。譬如桑德尔所说的无负荷的自我、麦金太尔所说的叙事性的自我、沃尔泽所说的情境中的自我等共同说明了这一点。下面将展开麦金太尔对自由主义正义观的"自我"概念的批判以及他所主张的"叙事性的自我"观。

麦金太尔对自由主义"自我"概念的批判首先指向情感主义的自我观。在其代表作《德性之后》开篇呈现了一幅现代性道德危机的景象：当代社会中，人们的道德纷争无休无止、关于正义的标准无可公度性、个人主义甚嚣尘上、缺少一个具有深远意义的总体目标来指导人们的日常生活和行为……这是一个德性衰退的时代。麦金太尔追根溯源地进行探究，认为从15世纪至17世纪时期为道德寻求新的合理性的启蒙筹划应运而生。休谟把道德建立在人类的激情、感觉上，认为只有同情才是人类行动的普遍法则；康德拒斥激情，认为道德权威既不来自人类的激情，也非出于上帝，而是源自有限理性存在者的实践理性。休谟和康德理论之间存在非此即彼的关系，因而导致克尔凯郭尔将道德建立在无标准的根本选择上。启蒙思想家们在道德合理性问题上不能达成普遍和一致的意见，这就是一种情感主义的表达。情感主义的自我观表现为不具有任何必然的社会内容和没有必然的社会身份的自我，随时可以扮演任何角色、可以采纳任何观点。麦金太尔借用欧文·戈夫曼的比喻，"自我只不过是角色之衣借以悬挂的一个'衣

第二章 社群主义正义观的本体论阐释

架'"①，即情感主义的自我类似于衣服架子，各种各样的文化或伦理都是供我选择的衣服，而我却从不隶属于任何一件衣服，因此人类只在角色之间不停地进行转化，而没有人生的历史连续性和统一的叙事性。情感主义的主张是基于每个人的选择或基于自己的偏好所做的选择，它不依赖于任何特定的历史传统。因为人类有不同选择和不同的偏好，没有客观基础，就没有一致可遵循的普遍性的原则，情感主义企图为一种客观道德提供合理辩护的努力业已失败。情感主义失败的原因在于抛弃亚里士多德的传统，这也是造成当今社会德性衰退的根本原因。

根据麦金太尔道德合理性解释的三重构架："未受教化的人性概念、理性的道德训诫、实现其目的的理想人性概念。"② 这三重构架相互配合、缺一不可。这一源自亚里士多德的目的论体系，一直延续到中世纪，但在启蒙运动之后，这个框架已经支离破碎。休谟提出事实与价值的区分，斩断了道德训诫与人性事实之间任何紧密联系，原本镶嵌于传统伦理文化母体中的自我，现如今成为原子化的个人，脱离自身与历史传统的背景、根源关系，这是颠覆了自亚里士多德以来的西方德性思想的传统，这才是启蒙筹划失败的根源所在。所以，麦金太尔认为我们只有通过回归传统，把自我再镶嵌到伦理文化中，才能解决这三重构架的问题。

麦金太尔回溯了自启蒙运动以来西方道德理论的演变，启蒙以来所有对道德法则之普遍性和客观性的合理证明也都无可挽救地失败了，并且一直疯狂的蔓延着，而最典型代表就是当代以罗尔斯为代表的新自由主义者所进行的理论构造。

新自由主义思潮的兴起是对古典自由主义的继承与超越，古典自由主义以18世纪启蒙运动为开端，为了适应现代西方的市场经济秩序和公共政治生活的需要，主张在理性基础上建立普遍规则和制度，反映了近代市民社会发展过程中保护私人所有权的内在要求。新自由主

---

① Alasdair Macintyre, *After Virtue: A Study In Moral Theory (Third Edition)*, Notre Dame Ind.: University of Notre Dame Press, 2007, p.32.
② Ibid., p.53.

义进一步强调了权利优先于善的正当性。麦金太尔认为,在这种社会背景下,从社群或共同体中剥离的自我,成为道德规则的主体,它根本不借助于应对公民参加活动才能够实现各自身份认同这一事实,也不再接受亚里士多德追求共同善的观念。脱离历史传统的思维方式,造成了非历史与反传统的偏执。在麦金太尔看来,以罗尔斯和诺齐克为代表的两种正义观的争论其实也是情感主义在当代的体现,罗尔斯主张平等的自由主义正义观,他的差别原则提出要使体系安排利于最少受惠者利益的最大化,而诺齐克主张个人权利不可侵犯性,反对罗尔斯差别原则将财产进行再分配。这两者不仅在逻辑上彼此不相容,而且所援引的理由都与对方所提出的理由不可公度,其中原因之一就是他们所共有的社会性预设,将正义与赋予其意义的共同体中剥离开来,社会失去了亚里士多德城邦概念中的目的论色彩,从而导致当今西方社会的道德危机,呈现为碎裂化的状态。自由主义内部关于正义原则的论战表明,他们并没有达成正义共识,而且,他们在相互论战过程中,把自己也变成了一种传统。

现代性道德危机最深刻的根源就是现代自我的出现。人们通常把摆脱了身份、等级和出身等封建传统对个人制约的、现代自我的出现看成是历史的进步。与此相反,麦金太尔认为,这种没有任何社会规定性的自我即不具有任何必然的社会内容和社会身份的自我,是当代道德问题最深刻的根源所在。无论是罗尔斯的公平正义观还是诺齐克的权利至上正义观都把人看作是一种独立、自由、平等的道德存在者,从而抽象地理解了现实生活中的主体的生存特征。对于罗尔斯和诺齐克来说,社会是由每个独立而自由的个体组成的,每个人都有自己的偏好与利益,所以彼此需要与合作者走到一起,制定共同的生活规则。他们把参与道德活动的人们都看作是一个智力成熟、有行动能力、有道德感的人,从而要求他们在平等协商的立场上,通过理性的慎思来形成大家一致认可的正义原则,或者能达到某种"重叠的共识"。虽然从中能够推论出应实现对在社会合作中最少得利者的最大惠顾,但是对那些无法参与社会合作的人如何实施正义的问题却无法处理。

从存在论角度看,麦金太尔对于罗尔斯的正义观批判较多的是蕴含在原初状态中的"自我"概念。罗尔斯正义观是对传统社会契约论的复兴,为了保证达成公平的共识契约,罗尔斯的契约论是建立在"原初状态"之上的,通过"无知之幕"遮蔽了人们对社会地位、自然禀赋、文化传统和特定善观念的认知,而达成正义二原则,并以此来指导社会生活制度。所以,罗尔斯的自我也是"原初状态"之下的自我,这种"自我"完全脱离活生生的社会现实,剔除任何有关其信仰、地位、教育、财产等特殊背景,是一种不受任何约束的自我。这种自我观是为拥有平等理性的独立个体可以自由地选择自己的生活方式、主张个人权利而设计的。在麦金太尔看来,罗尔斯的"原初状态下的个人",就是被抽掉了所在社会共同体属性的原子式的自我,个人只是为了共同利益保障而聚集起来的原子化集合体。而现实中的人则是一种"叙事性的自我",是要植根于一定的社会结构中的自我,个人的利益的实现要受到历史传统、社会文化等背景条件的限制,个人正义的实现脱离不了共同体的现实基础。也就是说,麦金太尔认为,人最终还是不能成为自主的个体,因为人是社会化的动物,他们关于美好生活本质的观念是由他们的社会关系来决定的。

  社群主义的批评也促使罗尔斯进一步反思他的正义观,罗尔斯在后来的论著《政治自由主义》中修订了他的正义理论,明显带有回应社群主义批评的痕迹。罗尔斯声明他并非是要建立一种整全式的理论,而只是一种政治自由主义理论。原初状态的作用只是一种商谈过程的安排,假设自己置身其中经过深思熟虑之后会做出何种选择。它只是一个思想实验,并不包含任何有关自我的哲学理论,把超验的个人看成是非历史的超社会的存在,实际上这是罗尔斯自己所确立的前提。因为罗尔斯正义原则的制订背后是以自由和平等的公民身份参与的,也就是说,罗尔斯没有否定个人的社会性质。史帝芬·墨尔豪尔指出,麦金太尔误解了罗尔斯的"自我"概念,这种批判误解了罗尔斯的本意,罗尔斯对抽象的自我观描述并不是本体论的,而只类似于一种代表设置[①]。

不过，我们看到，这种辩护并不是十分有力。原初状态虽然是一种假设性的思想实验，但罗尔斯保留下来的因素仍然蕴含着一种不可否认的自我观。至少原初状态下的人们都是从自我利益出发的，并且假定各方的自我利益是有可能发生冲突的，因而才需要正义原则的调节[②]。这种假定包含着一个自利的人的概念，他们从自我的本性出发去追求共同体的善。笔者认为，麦金太尔这种批评具有一定合理性。但需要指出的是，麦金太尔所提倡的共同体，不仅在现代社会，就是在古希腊的城邦社会也不具有现实性，这种亚里士多德式的共同体，实际上是希腊城邦的社会共同体理想的产物。因此，麦金太尔的共同体主义具有乌托邦的色彩。相比而言，罗尔斯的正义观更适应现代社会生活的需要，具有一定的现实性和可行性。

二、叙事性自我和小社群主义

前文已述，麦金太尔认为自由主义正义观建立的"自我"概念是存在问题的，自我脱离了社会生活情境而成为孤立的自我，导致当代社会道德危机和纷争不断。如果想解决当代社会伦理道德危机，就要提倡亚里士多德式的德性传统，加强公民的德性培育，关心社群共同的善，倡导美德正义的传统。他认为，正义原则应从所处的社群和历史传统中人们信奉的那些价值中汲取道德力量，社群的价值规定何为正义，何为不正义。离开了社群，就不具有人的社会性，人的身份认同无从知晓，更无从谈"正义"。

麦金太尔认为，"我的人生故事总是被深深地嵌于那些使我获得身份的共同体的故事之中。"[③] 个人是镶嵌在社会伦理文化中的，个人所处的

[①] Stephen Mulhall, "Liberlism, Morality and Rationality: MacIntyre, Rawls and Cavell", in: John Horton and Susan Mendus (eds.), *After MacIntyre,* Cambridge: Polity Press, 1994, p.208.

[②] 龚群：《当代西方道义论与功利主义研究》，中国人民出版社2003年版，第181页。

[③] Alasdair Macintyre, *After Virtue: A Study In Moral Theory (Third Edition)*, Notre Dame Ind.: University of Notre Dame Press, 2007, p.221.

第二章　社群主义正义观的本体论阐释

社会地位和角色共同塑造着自我的本质。麦金太尔认为，成员正是在这样的共同体中按照一种形式的活动来形塑他们的生活，通过实践并形成和维持这样一种生活形式，我们可以称之为"叙事性的自我观"，而这种"叙事性的自我观"要与麦金太尔的德性理论联系起来才能获得理解。麦金太尔把德性理论简明地解释为三个阶段：首先，德性是获得实践的内在利益的必要品质；其次，德性应被理解为对过一种整体生活有益的品质；再次，把前两者与追求一种人类之"善好"联系起来，只有在一种延续存在的社会传统中，这种善好才能被解释清楚并拥有。[1] 我们可以进一步解释三者的关系。

第一，在现实生活中，个人的行为总是通过共同体的实践活动与他人处于一种相互关系中被理解，从而就有明确的目的和评价标准。人们通过特定的实践活动并从中获得活动的内在善。我们知道，麦金太尔的实践概念定义着内在善和外在善，内在于那个活动形式的诸善只能由参与那个实践而获得，这就突出了必然性；而外在善是特殊个人在特殊活动中所获得的目的，只是偶然地与它相关联。所以，外在善关联着个人之善，内在善关联着共同体的善，内在善只有在实践领域内才能得以实现。

第二，在共同体中，实践活动联系着人与人关系的纽带，每个共同体都有共同的目的和利益，而共同利益和目的可以定义人们行为好坏的标准。亚里士多德说："所有城邦都是某种共同体，所有共同体都是为着某种共同的善而建立的。"[2] 这就是说，所有共同体有着共同追求的目的，它要给参与这个共同体的成员带来利益，这些共同体的成员通过实践活动来增进这个共同体的利益，共同体的最高价值在于实现共同之善，人与人之间通过共同体的实践活动紧密联系，且一致追求共同体之善。

第三，共同体之善要在一个可持续的社会传统中得到解释。人必

---

[1] Alasdair Macintyre, *After Virtue: A Study In Moral Theory (Third Edition)*, Notre Dame Ind.: University of Notre Dame Press, 2007, p.273.

[2] 苗力田主编：《亚里士多德全集》（第九卷），中国人民大学出版社 2016 年版，第 3 页。

定首先生活并隶属于某一特定的社会共同体之中，逐渐浸润并接受着该特殊共同体的历史文化的熏陶和传统脉络的养育，实现个人之善并增进共同体之善，借助这个可持续的社会传统得以存续，而抽掉了这些历史传统，个人的身份、地位和角色就难以理解。

通过以上三点可以得知，麦金太尔主张的"叙事性的自我观"是通过德性、传统和实践活动得以理解的。正义的核心目的在于更好地促进和维护社群的共同善。在亚里士多德式的正义观念中，人类经由政治活动而形成的共同体，其核心目标不只是要最大限度地发展个人自由，更重要的是要通过培养公民的道德德性和理智德性，为公民准备和提供充满道德倾向的社会机构和政治机构，以致促进和实现公民的健康成长和人类繁荣昌盛的目的。① 按照麦金太尔的理解，亚里士多德的正义论，是以一个有着共同利益、共同目标为目的的共同体的存在为前提的，个人正义本质上是与这种共同体共同分享的利益一致的。共同体是一种善，而且是一种最高的善，在一个以人的善为其共同目的的共同体中，这种尺度的应用显然要以这个共同体对善与诸美德的广泛认同为前提条件，并且，正是这种认同使得公民之间的联结成为可能。② 社群成员在社群或共同体中有共同的利益追求，在实现个人自身完善发展的同时能够促进共同体善的实现，而社群或共同体能够把它所有成员的实践活动整合起来，根据其成员做出的贡献的大小，按应得标准分配给其成员以相应的善，这就是正义。所以，正义的标准是依赖于一定的社群或共同体成员所作的贡献是否促进共同体之善。正义的功能恰恰在于维护共同体之善，社群成员是正义实现的必要条件，社群或共同体为正义功能的发挥提供了背景框架，所以，麦金太尔指出，没有为共同体做出辩护的正义学说之间必然无法达成一致，因为那些被剥夺了城邦正义的学说无法给人们提供任何正义的尺度。③

---

① 徐向东：《自由主义、社会契约与政治辩护》，北京大学出版社 2005 年版，第 277 页。
② Alasdair Macintyre, *After Virtue: A Study In Moral Theory (Third Edition)*, Notre Dame Ind.: University of Notre Dame Press, 2007, p.155.
③ ［美］阿拉斯戴尔·麦金太尔：《谁之正义？何种合理性？》，万俊人等译，当代中国出版社 1996 年版，第 140 页。

第二章　社群主义正义观的本体论阐释

在麦金太尔看来，社群或社会是先于个人的，个人只有在社群或社会中才能真正寻找到自我，个人也只有在社群的善观念指导下才能形成一致的道德共识，从而为建立正义的社会规则提供道德基础，自由主义正义观将正义原则建立在原子式的自我概念上，而那种将个人从其生活的社会环境与文化背景中剥离出来的抽象、独立的自我概念其实是不存在的。

虽然麦金太尔始终否认自己是社群主义者，并一直刻意划清自己与社群主义的界限，他一再公开宣称"我不是一位社群主义者"[①]，但是他的基本思想和立场显然是社群主义的。麦金太尔反对把国家当作政治共同体的理由如下：首先因为现代国家规模太大了，所有公民不能直接进行政治参与和共同审议。其次，因为现代国家是在经济和社会利益之间达成一系列妥协的结果，起决定作用的是金钱，而不是人们在理性探究规范的支配下，通过广泛的共同思虑达成的共识。再次，现代国家有为百姓提供免于外部侵略和内部犯罪的公共安全的保障，但这并不是我们所讨论的作为一个真正国家的共同体的公益。麦金太尔认为现代国家无法处理德性问题的论据，故德性是从人类对同类的感知这种情感共鸣的角度而言，所以是对人们的普遍要求，也是独立的实践推理者所应认同的。有德性显然比仅仅遵守规则包含了更多的东西，是一种更高的要求。所以，现代国家不可以提供一种由正义的慷慨贯穿其中的政治框架，而这种德性对于实现给予和接受社会合作中的公益是必不可少的。

家庭是否可以提供呢？麦金太尔认为，家庭也不是这种理想的政治共同体。因为，第一，家庭的功能是养育和教育孩子，以使他们长大成人进入社会，为社会提供合格的成员。第二，家庭的生活质量在很大程度上取决于家庭成员与其他社会机构和团体的关系。一个家庭的公益通常只有在所属的本地共同体实现公益的过程中才能实现。第三，家庭缺乏自足性，虽然在家庭中，其成员的相互依赖程度最深，

[①] Alasdair MacIntyre, Kelvin Knight, *An Interview with Giovanna Borradori*, Notre Dame. Ind.: University of Notre Dame Press, 1998, p.265.

但人们多样化的需要只有在广大的社会合作中才能获得满足,也只有在社会合作中才需要创造公益,而这种公益无法在家庭里实现。

所以,国家太大,家庭又太小,那存在于国家和家庭两者之间的中间领域,正是一些"地方政治社群",既承认了实践推理者的独立性,又承认了人类的依赖性,而正义的慷慨就成为一种关键的德性。这种德性对实现给予和接受网络中的公益是必不可少的。麦金太尔认为,人类社会各种类型的共同体,诸如学校、工厂、教会、社区及行业性的协会,其中都存在着一种接受与给予的关系。这些共同体都是依靠着人们相互间接受与给予的德性而得以维持下去的。麦金太尔考察了新英格兰某些捕鱼共同体在过去150年的历史,考察在不同时期德性如何帮助他们解决逆境和顺境带来的不同压力,还考察了威尔士采矿共同体及其生活方式的历史,还有多尼哥的农业合作社、危地马拉和墨西哥的玛雅城镇以及更为久远的古代城邦。[①]姚大志教授称之为"小社群主义"。[②]另外还有一种有代表性的说法,即龚群教授认为麦金太尔心目中理想的共同体,一是亚里士多德伦理学意义上的共同体,二是基督教修士的共同体。[③]

麦金太尔是一位具有基督教情结的人,他所设想的人间净土,是带有宗教性质的小型共同体,所以他在《德性之后》结尾的最后一句话是这样的:"我们正在等待的不是戈多,而是另外一个(无疑也是非常不同的)圣本尼迪克特。"(这句话在这里被称为结尾,因为它后面第19章是第二版增加的。)圣·本尼迪克特是公元6世纪的一位基督教的修士,他创建了一种新的富有特色的修士团体形式。遵守修隐制度的教士的德性是为他的信仰以及团体的严格的规章制度所保障的,在这样的小共同体中可以把西方社会传统美德保存下来。但现代社会生活已经发生翻天覆地的变化,这样的宗教共同体还能完好地生存于

---

① [美]阿拉斯戴尔·麦金太尔:《依赖性的理性动物——人类为什么需要德性》,刘玮译,译林出版社2013年版,第118页。
② 姚大志:《"小社群主义"——麦金太尔社群主义研究》,载《求是学刊》,2013年第1期。
③ 龚群:《当代社群主义的共同体观念》,载《社会科学辑刊》,2013年第1期。

当今这个世俗世界吗？麦金太尔对此没有信心。

对于麦金太尔的社群主义，一个实践共同体之所以同时就是道德共同体，正是因为这个共同体拥有"共同善"。麦金太尔所理解的共同善概念不同于他所理解的公共利益（public interest），公共利益是基于全社会多数人的利益形成的共同体的利益，它在逻辑上居于公共成员的诸善之后。共同善是基于私人利益而形成的共同体所追求共同目标、共同价值规范、共同利益，它不纯粹是实现个人目的的工具，它由那些个人的善构成并且部分地限定了个人之善。

麦金太尔主张正义与共同体紧密联系，"自我不得不在社会共同体中和通过它的成员资格发现它的道德身份"[①]。这就表明，个人的身份、社会的身份以及历史的身份都共同塑造着自我的本质，对正义的证明必须与共同体和共同善观念相关联；德性的践行和品格的养成只有在共同体中并通过共同体才有可能获得。

麦金太尔以社群或共同体为出发点构建自己的理论体系，并且批判了罗尔斯的原子式的自我观，他对罗尔斯的诘难具有一定深刻性。麦金太尔认为个人是不可能孤独存在的，他总是他所生活于其中的那个社会的产物，这与马克思关注的人的社会性有类似之处，马克思正是从人的社会性出发，走向了唯物史观。麦金太尔毕竟不同于马克思，他反而把共同体走向前现代，主张亚里士多德的德性论传统，虽然这结论大可商榷，但他突出了个人正义离不开社群或共同体，离开这种具有特殊性的社群或共同体而去寻求普遍性道德的企图是必然要失败的，也许这正是麦金太尔批判的价值所在。

三、人的脆弱性、依赖性与"正义的慷慨"

在麦金太尔看来，政治思考的视野应该落实在道德的基地上，在日常的人伦关系上，应以共同体的善为目标；在其扩展的意义上，则

---

① Alasdair Macintyre, *After Virtue: A Study In Moral Theory (Third Edition)*, Notre Dame Ind.: University of Notre Dame Press, 2007, p.222.

应该以人类的共同善为目的。这可以看作麦金太尔对其早期的较为狭义的社群主义立场的某种修正和推进。如果说,自由主义标榜其普遍主义立场,却陷入个人主义的抽象状态,那么,麦金太尔更从人类的普遍必然的处境出发,来思考社群式的德性的重要性。"正义的慷慨"概念的提出,标志着他的德性观得到了新的发展。

显然,要考察人类的普遍必然的生存处境,最彻底的进路就是返回到人的生物学特性上。在很大程度上,其近期著作《依赖性的理性动物——人为什么需要德性》就是为了回应这个问题。这部著作以德性正义论为基础,构想了一种公正社会的理念。这两个问题是:"对我们来说,关注并理解人类与其他智能物种之间的共同之处为什么重要?"和"对哲学家而言,关注人类的脆弱性(vulnerability)和残疾(disability)为什么重要?"这两个问题,特别是后者,目前为止并未得到足够的关注。① 他在《德性之后》中,更多地论述了亚里士多德的德性理论在社会实践、个人生活和共同体生活中的地位,而忽视了亚里士多德的"形而上学的生物学"。因为决定于我们道德生活的德性理论和善观念的发展其实都应以我们最初的动物状态为起点;另外,如果不能充分理解人类脆弱性和残疾的本质和程度这一人类生存的核心特征,就不能充分注意到德性在人生中的一些重要作用。所以,麦金太尔认为此书不仅是之前著作的延续,更是对以前研究观点的修正。龚群教授认为人的生命的脆弱性以及依赖性在麦金太尔这里,是具有中心意义的本体。"麦金太尔发现了一个人类德性共同性的真正支撑点,为从理论上打通不同文化传统意义的德性确立了一个牢固的哲学基础。"②

1. 人的脆弱性和依赖性:德性正义观的逻辑起点

麦金太尔花了4章的篇幅叙述高级动物海豚和大猩猩的行为模式,其社会性、类似语言的传达方式、以及与人类的某种交流能力,同时

---

① Alasdair MacIntyre, *Dependent Rational Animals—Why Human Being Need Virtue,* Chicago and La Salle, Illinois: Open Court Publishing, 1999, p.5.
② 龚群:《德性思想的新维度——评麦金太尔的〈依赖性的理性动物——为什么人需要德性〉》,载《哲学动态》,2003年第7期,第45页。

也指出了海豚和大猩猩与人的社会性和语言的传达方式的不同，那就是人能够再创造自己的社会环境，我们的语言能够形成观念，并且能够抽象地形成普遍概念，能够进行反思，有对未来的展望和推测，等等，当然，这也使得人类成为唯一一种会相互提防的动物；高级动物也有对同类的感知能力（这是发生同情的生物学基础），像人一样，这种能力可以为高级动物"提供、指导和修正信念"①，人类较高级动物更为发展的能力在于，"我们面对世界上的身体举动最初也是动物性的举动，在变成语言使用者之后，我们在父母和他人的指导下重构了那些举动，详细思虑并用新的方式修正了我们的信念，重新指导我们的行动"②。然而，即便有这些显著发展，我们也仍然没有完全独立于动物性的本质。麦金太尔进行这种考察的目的，一是说明我们的生存方式与动物的生存方式有着某种连续性，并不是人对动物界产生了一种质的飞跃；二是说明人能够反思自己的生存方式，能够立足于动物性而认识到人自身的目的，进而努力达到这种经过教化而成的新的人性。而这一点，首先要以承认人的脆弱性和依赖性为基础，它来源于人仍然具有动物性这一事实。它事关人类从出生到死亡的具体生命过程，也事关人类社会中可能出现的各种不如意的境况，如疾病或意外事故造成的失能，甚至是先天的失能的情况。看到这些人，我们也能想到，这种不幸的命运原本也可能是我们自己的命运，这是我们发展了同类感知能力的结果。所以，忽视这样一种具体的生存实情，是一种有情怀的正义理论所不应该有的。

人的脆弱性和依赖性是每个人一生无法逃避的命运，因此社会性、共同体是每个人的必然的本体论基础，正义理论必须处理这个问题。在我们的生命历程中，我们人类常常要遭受身体上的疾病和精神上的困扰，具有脆弱性和苦难的一面，不管是为了我们的生存，还是为了我们的幸福，我们都要依赖他人，尤其是在幼年和老年时。但即使在

---

① ［美］阿拉斯戴尔·麦金太尔：《依赖性的理性动物——人类为什么需要德性》，刘玮译，译林出版社2013年版，第43页。
② 同上。

生命的中间阶段，我们的生活也经常伴有或长或短的受伤、疾病以及其他无能为力的情况，有些人还终身残疾。我们本身有时也是"病人、伤者和残疾人"，也需要依赖他人，这就是麦金太尔所说的人具有无法逃避的依赖性。但是西方道德哲学只是浮光掠影描述人类的脆弱性、依赖性以及与社会正义的关系，亚当·斯密代表了西方道德哲学的普遍做法，在斯密看来，拥有财富和权势能给人带来快乐，对财富和权势的渴望是激发人们奋斗和维持工业社会发展的重要动力，可当人们受到疾病和衰老侵袭时，人就会痛苦和悲伤，就不会再受到财富和权势所吸引。① 遗憾的是，斯密没有认真地思考疾病和衰老对于社会正义具有何种意义。纵观西方道德哲学的历史，有关人类的脆弱性和依赖性的问题并未得到足够的关注，正如玛莎·纳斯鲍姆在《善的脆弱性》的修订版序言中所说："即便脆弱性和运气对人类具有持久的重要性，但直到本书出版之前，当代道德哲学对它们的讨论却极其罕见。"② 首要的道德行动者往往被塑造成理性、健康和不受干扰的形象。这突显了现代道德哲学非常强调个人的自主性、独立性以及坚韧性的一面，但又掩盖了独立的理性行动者的依赖性德性的重要意义。

在我们充分认识到人类的脆弱性和依赖性对人类生活的重要性之后，我们就对我们的生活目的有了更为明确的理解，那就是要追求生存这个基础事实之上的各种"好"，也就是要能够满足人类的基本需要（needs），这是达到人类幸福（来源于亚里士多德的幸福概念"eudaimonia"，英译为"flourishing"）的必要条件。麦金太尔在这里仍然坚持在《德性之后》中所提出的他总结亚里士多德关于德性的三个要素的看法：（1）"未受教化状态下的人性"，（2）"合理的道德戒律"，（3）"人认识到自身的目的后可能形成的人性"。③ 这就是说，人的自然

---

① ［美］阿拉斯戴尔·麦金太尔：《依赖性的理性动物——人类为什么需要德性》，刘玮译，译林出版社2013年版，第7页。

② Martha C. Nussbaum, *The Fragility of Goodness: Luck and Ethics in Greek Tragedy and Philosophy*, Cambridge: Cambridge University Press, 2001, Preface 1.

③ Alasdair Macintyre, *After Virtue: A Study In Moral Theory (Third Edition)*, Notre Dame Ind.: University of Notre Dame Press, 2007, p.53.

本性是需要被教化的；要被教化，就需要有目的。而这样的目的就是人本身的目的。人本身的目的就是要使自己的天然禀赋都能够得到塑造提升，即提升到普遍的、文明化的人性状态，这样人性中的各种自然禀赋就都能把自己的功能发挥的卓越的状态，这就是美德；而要教化自然人性，就需要有合理的道德戒律，这种道德戒律是引导人的自然本性朝普遍的、文明化的方面加以提升的道德规范。人本身的目的就是要获得自己作为特殊的动物物种的幸福。他说："某个植物或动物所需要的就是它作为某一特定物种成员获得幸福所需要的东西。为了获得幸福所需要的就是发展它作为那个物种成员拥有的独特能力。"[1] 确定了这一目的之后，我们才需要制定某些合理的道德戒律。这就需要我们成为一个独立的实践推理者。

所谓独立的实践推理者是指实现从接受他人所教给的关于善的判断到做出自己的独立判断的转变，从而形成独立的实践推理能力。人要成为独立的实践推理者，能够面对选择作出决定就需要获得必要的德性、技巧和自我认识，很大程度上将依赖某些我们不得不依赖的他人。所以，结成相互依赖的关系是十分必要的，这种相互依赖的关系需要发展道德德性和理智德性，否则我们既无法实现也无法持续地运用实践推理，无法充分关心和教育他人，无法充分保护自己和他人更好地生存下去。德性在给予和接受的关系中起着关键的作用，所以人是一种需要德性的依赖性动物。

就人的智能来说，人应该成为独立的实践推理者。独立的实践推理者，就是能够认识到人类自身的目的之后，而通过教化使自己成为具有相应的人性的人。为此，我们一方面需要在共同体中向他人学习，同时，我们从那些失能者身上也学到了很多东西。显然，失能者并不是我们社会生活中的累赘，他们是我们的共同体的成员和一部分。我们从他们身上认识到他们的命运也可能是我们的命运，实际上并没有人能够成为例外，从而使我们真正产生人类命运一体之感觉。

---

[1] ［美］阿拉斯戴尔·麦金太尔：《依赖性的理性动物——人类为什么需要德性》，刘玮译，译林出版社2013年版，第54页。

要成为独立实践推理者，就应该在社会现实活动中，贯彻这样一种命运一体之感。这是我们的德性的真正基础。在社会现实活动中，普遍存在着给予与接受的关系。那么，德性在这种社会关系中是如何体现的呢？麦金太尔认为人的这种依赖性本性决定了我们必须处在一种非算计性（uncalculating）的给予和接受的关系中，所谓非算计性指的是我给予的东西与我接受的东西没有严格的比例关系，那些需要我给予的人很可能是我无法得到回报的人，这种给予在某种意义上必须是无条件的，因为给予的关键因素都取决于他人的特殊需要，正是在对这种需要承认的基础上形成共同善的信念，共同善的信念保证每个人都把他人的利益看作自己的利益，把他人幸福看作自己的幸福，个体的幸福是整个共同体幸福的一个重要指数。正是由于这种德性，才是人作为人类物种成员兴盛的根本保证，也使共同体实现了幸福。

2. 正义的慷慨：德性正义观的核心内容

麦金太尔认为，在承认人的脆弱性和依赖性的前提下，我们为了达到幸福的目的，光是奉行自由主义的正义是不可行的，还必须具有"正义的慷慨"（just generosity）的德性。它既有慷慨的方面，又有正义的方面。一个人既可以慷慨而不正义，也可以正义而不慷慨。正义与慷慨相结合的德性，才是与共同体内的正义规范相一致的。所谓正义，就是在给予和接受的关系上能够相互平衡，所谓慷慨，就是要不加计算地给予。但是这种慷慨的道德基础又是在人的品性上的一种特点，它需要我们有对同类的脆弱性和依赖性的感知，有对共同体所有成员生活的繁盛或幸福的真切理解和行动信念。认识到当下有些人的脆弱性和依赖性本来也可能是我们的遭遇，考虑到我们都经过婴儿期，也将要经历老年期，则我们都会对这种脆弱性和依赖性感同身受，所以这种慷慨本来也是正义所要求的，所以这种德性可以叫做"正义的慷慨"。

麦金太尔指出，在一定程度上，"正义的慷慨"的提出得益于阿奎那对义务和得体（decentia）之间的区分。"义务关乎严格意义上的正义问题，并且仅仅与正义有关，而得体则是大方的要求；前者是根据正义的做他人所应得的行动，而后者是尽可能少地计算他人应该得到什么"①。理解这句话，结合阿奎那关于对上帝的爱、怜悯和仁慈的语词一起理解，即在别人有迫切需要的时候毫不吝惜地施以援手，急人所需，尊重了别人，也解除了我们因为他人痛苦而产生的痛苦，同时也尽了自己最低限度的责任。这种行动就是得体的行动，同时做到了大方、正义和富于怜悯，是正义的慷慨所要求的行动。有些行动只是出于慷慨而不是出于正义的要求，有些行动是出于正义而非出于仁爱，在道德上都是有缺陷的。因为仅是出于慷慨，给予者只是单纯从自己的欲望让自己感到安心，而不知道接受者真正所需，不能与接受者分享公益，一同参与到不断变动的关系之中，这可能对给予者和接受者都是不公正的，不是真正的给予与接受的关系所需要的。如果正义的行动出自义务，而没有内在动机和意愿，是以客观的、普遍的道德原则否定人的情感——同情和偏好等这些内在的东西，其实就不仅缺乏对他人身体上的关怀和理智上的指导，而且最重要的是缺乏对他人的关心和关爱行动。

这种慷慨为什么要合乎正义，为什么是某种强制性的义务？麦金太尔举了一位老顾客进屠夫的店铺买肉的例子，如果进店时，发现这位屠夫心脏病突发，不给予施救，只是担心自己不能买到他家的肉而径直到竞争者的店铺去买肉，这样尽管并没有违反市场规范，其实是严重损害了他们之间包括经济关系在内的整个关系。正义的慷慨是要求我们出于并带着某种关爱行动，这种关注是与他人迫切需要成比例的，而不是与关系成比例的，即德性关注的是需要，而不是关系。在这种情况下，只要我们践行了正义慷慨的德性，从人的需要出发，做出恰当的回应，就是符合德性的。

德性，是人的兴盛的需要，也是共同体兴盛的需要。由正义的慷慨这种德性贯穿其中的给予和接受的实践关系具有以下三个特征②：

第一，它们是我们为之付出情感的共同体关系；比如，家庭共同

---

① ［美］阿拉斯戴尔·麦金太尔：《依赖性的理性动物——人类为什么需要德性》，刘玮译，译林出版社2013年版，第100页。
② 同上书，第104页。

体中，要求我们以一种大方、非算计的方式给予那些与我们共享利益的共同体成员。为了成为独立的实践推理者，我们需要来自我们的父母、老师以及他人的一种照顾，那不是一种期望我们回馈一些服务的有条件的照顾。

第二，它们超越了共同体成员之间的长期关系，延伸到对陌生人的好客关系；为了实现正义而需要正义之外的某种"慷慨"，为了参与社区而实现关心那些真正需要帮助的人的公共善。麦金太尔提到了美国的刑罚制度，绝大多数的监狱条件很糟糕，在监狱中待着并不好，因为在其中的经历会使得他们的道德沦丧。因此慷慨需要我们努力并不求回报地帮助那些刚从监狱释放的人们，以便他们可以回归社会。他的一位朋友把自己的大部分业余时间花费在会见从监狱释放的人，买单请吃饭，带他们去他们要待的地方，确保他们口袋里有足够的钱，这就做到了"正义的慷慨"。而对于有前科的人则不需要那么多的慷慨。①

第三，正义的慷慨还把共同体内的义务扩展到了共同体的边界之外有迫切需要的人。正义的慷慨扩展到那些严重智障的人，但不包括对有相同认知能力的非人类动物表达慷慨。因为"我与黑猩猩没有共同的生活形式，而我与其他人有着共同的生活形式"②。帮助严重残疾的人，反映人类的脆弱性，因为我可能也会这样。因为人类都生活在一个共同体中，我们要致力于满足他人的需求，并且是无条件的。当他人急需帮助，而我就在附近，同时没有其他人能够提供帮助时，就不应该逃避。这种直接而迫切的需要胜过其他义务和责任。正是这种正义而慷慨的德性，有利于实现共同体的公共利益，促进共同体的繁荣兴旺。

3. 社会公益：德性正义观实现的途径

什么类型的政治性社会才能体现出那些给予与接受的关系，从而实现我们个体的好和公益呢？麦金太尔认为这样的社会需要满足以下

---

① ［美］艾里克斯·弗罗伊弗：《道德哲学十一讲》，刘丹译，新华出版社 2015 年版，第 118 页。
② 同上书，第 120 页。

三个条件：

第一，共同体的成员都参与政治决策与协商，没有任何人被排除在外。独立的推理者在政治决策的所有重大问题上被允许表达自己的意见，目的是达到所有成员的思想一致，为了达到这个目的，必须要有某种制度化形式，即为共同体成员所普遍接受的正式法定程序，可以给出提议、表达反对意见和进行争论等。

第二，在正义的慷慨被视为核心德性之一的共同体中，应该按照确立的正义规范来进行分配。在独立的实践推理者之间，这些规范必须满足马克思所说在社会主义阶段实行"按劳分配"的正义原则；而在有能力给予的人和最有依赖性的人之间，这些规范必须满足马克思所说的在共产主义社会"按需分配"的正义原则。独立的实践推理者依据的是应得的分配正义原则，依赖者依据的是需要的分配正义原则。

第三，这些政治结构对于那些只能非常有限或根本无法运用推理的人也应该有代表机制。只要既有能力又愿意作为他们的代理人就可以有正式的地位和拥有同样的发言权。因为共同体所有成员在审议中都能表达自己的意见，这是政治正义的规范所要求的。独立实践推理者有能力参与审议并表达自己的意见，而有限的依赖者则没有能力参与政治协商，这样就需要在政治结构中有一种相应的正式的代表机制，有利于有限的依赖者通过寻求代理人为他们说话，表达他们的利益诉求。正如麦金太尔所提到的人具有依赖性和脆弱性是由生物学特性决定，我们每一个人都要依赖于他人，尤其在童年和老年的时候，即使在人生的中间阶段，也会得病或者有意外情况发生，需要依赖他人。

上述三者是一个理想的政治共同体具有的条件，这种理想的政治共同体存在哪里呢？麦金太尔认为现代国家和当代家庭都不能拥有实现这种公益所必需的结构。

在地方的政治社群中尽管存在多样性的政治正义标准，麦金太尔认为最普遍最重要的正义之标准是自然法的律定。依麦金太尔的理解，自然法的律定包括两个部分，一是实质性，要求理性探究者更好地追求自己的目的且免于受到来自他人的某种伤害的权利，这相当于德性，二是程序性的，所有人参与并遵守其规则才能共同追寻事业目的，这相当于规则。① 自然法在这个地方社群中占有重要地位，墨菲认为，与麦金太尔在《德性之后》中相信自然权利为相信女巫、独角兽的存在的观点并不矛盾。因为自然法的规范性不是某种个人主义的私有之善，而是构成共同之善。②

麦金太尔提醒人们，关于这些共同体，我们需要记住三点：首先，我们不苛求完美无瑕的共同体，关键是看它们在历史发展过程中怎样纠正错误，超越局限性的能力。其次，最佳状态的共同体不是现代国家政治中的那种竞争性的利益关系，而是符合所有人利益的做法，每个人都可以为之做出贡献。最后，这种共同体的构建还重视小孩和残疾人的需要，让人们充分意识到共同需要和公益的条件。

麦金太尔基于人的脆弱性和依赖性的这人性本体的角度作为正义的起点，提出正义慷慨的正义理论，是他原先的社群主义和德性正义观的进一步发展，这是一种富有洞见的正义路径，具有深刻的理论意义。当代西方道德哲学家也越来越关注人的脆弱性和依赖性问题，并作了进一步的阐述，使之越来越明确，其理据更为坚实。可以说，麦金太尔的"正义的慷慨"德性理论开辟了关于正义的新论域和新议题。

罗尔斯是当代西方道德哲学的一位典型代表，他的正义理论主张在不触动私有制的前提下，把正义奠定在最少受惠者的基础之上，给予社会弱势者以物质补偿，这说明罗尔斯也关注脆弱性的问题。其理论起点是契约平等，第一原则是自由权利的平等，即洛克式的法律形式平等，第二原则包含机会平等。罗尔斯主张按物品分配给予"机会平等"的补偿。麦金太尔认为罗尔斯对残障人问题并未进行讨论。因为罗尔斯正义理论是康德式的契约论理性建构主义，正义的主要背景是社会结构而不是学校和家族。他认为社会结构中的所有公民必须具有自由与平等的理性能力。换句话说，罗尔斯的正义原则只是对理性能力正常的人才使用，而忽视了关于部分残障人的正义问题，因为脑

---

① Mark C. Murphy, "MacIntyre's Political Philosophy", in *Alasdair MacIntyre*, edited by Mark C. Murphy, Cambridge, UK: Cambridge University Press, 2003, p.167.

② Ibid., p.169.

瘫患者或失智者的主要特征之一就是缺乏理性能力。从罗尔斯正义理论的前提来说，是无法涵盖对待这些失智者的正义问题的。

在阿马蒂亚·森以及玛莎·纳斯鲍姆看来，"差别原则"所主张的实物性资源平等分配存在巨大问题，即忽略了市场经济中资源配给因人类自然禀赋会产生不同效能，因为，在罗尔斯的正义理论设计中，残障人是没有资格参与建构正义原则过程的。罗尔斯这种具有普遍化特征的形式正义必然对现实中的特殊忽略。因为我们生活在社会之中，所以必须面对现实，有义务有责任将当今社会正义问题往前推进。可以说，麦金太尔对人的脆弱性和依赖性这一不可回避的事实的重视，为这两位后继者提供了一个新的考察视点。正如国内研究者所提出的："依赖性是一种人类生存状况，在人的生命历程中不可逃避，因此，应该考虑把依赖性作为正义的起点。"① 基于此，森以及纳斯鲍姆提出能力进路的正义理论。森在很多地方承认罗尔斯的思想对他影响最大，但森认为罗尔斯的正义理论不应当关注基本善，忽视了人际相异性、忽视了那些具有严重能力缺陷的人，应当关注基本的可行能力（basic capabilities），他提出了可行能力平等的观念，认为应从"可行能力"这个概念来测量社会的正义与不正义，一个正义的社会应旨在提高人们的可行能力。所谓可行能力是指"此人有可能实现的、各种可能的功能性活动组合"②。就是说，一个正义的社会要让最低限度的生存能力不断扩展。

纳斯鲍姆认为，罗尔斯没有将残障人问题纳入制定正义原则的理论是不能接受的，因为"任何正义理论都需要从一开始就考虑到这个问题，在基本制度结构的设计上，尤其是在有关首要善的理论中都要做到这一点"③。纳斯鲍姆认为，应把残障者问题纳入正义领域，一个正义的

---

① 陈文娟：《依赖性、社会契约论与能力进路——以残障的正义问题为讨论域》，载《道德与文明》，2017 年第 3 期。
② ［印度］阿马蒂亚·森：《以自由看待发展》，任赜等译，中国人民大学出版社 2002 年版，第 63 页。
③ Martha C. Nussbaum, *Frontiers of Justice*, the Belknap Press of Harvard University Press, 2006, p.127.

社会，要尊重和接纳不健全者，要提供各种可能，支持不健全者过健康生活，接受教育，完全参与社会生活，甚至在可能的情况下参与政治生活。[1]满足无能力者对健康、参与和自尊的需求，是一个正义社会的重要目标之一。于是，她提出了能力进路。所谓能力（capability），是指个体所具有的包括天赋能力、内在能力等在内的综合性能力，这是一种从事某种功能型活动（functioning）的"可行能力"[2]。能力进路坚持分配正义的核心和目标是能力，即个体能够做什么、能够成为什么样的人，而不是诸如财富、身份、地位等外在资源。森和纳斯鲍姆提出的能力进路的正义理论丰富和发展了罗尔斯正义理论。这也进一步说明了当代世界正义理论也越来越关注每个人得以自由看待发展和人格自尊得以保障。

因为我们出生时是非常依赖他人的，之后继续依赖他人，当我们成熟后，也会在不同程度上依赖他人。这种依赖感是非常强大的。这种依赖不仅仅是身体上的，还包括心理上的依赖，我们以他人为镜，在他者对我们的反应中看到自己，在他者对我们的回应中看到自己。如果我们得不到这种回应，我们对于自己的真实感会变得非常不稳定。没有任何一个人始终处在坚韧性状态，每一个人都不可避免地时刻处在脆弱性和依赖性的状态，即并非都是全知全能全善的有限的理性存在者，自我满足其实只是幻想。人成为残疾已经不幸，社会不关注就更不幸。我们都是共同体成员，作为理性动物的人类与其他动物种类之间最重要的区别在于人类能够对他们的生活及活动进行反思和评价，这就是一种实践理性的能力，拥有这种能力能够使人远离个人欲望，并根据有关好和善的知识进行评价。

---

[1] Martha C. Nussbaum, *Frontiers of Justice*, the Belknap Press of Harvard University Press, 2006, pp.99–100.
[2] 谭安奎：《互惠互利抑或相互性》，载《道德与文明》，2013 年第 3 期。

第二节　桑德尔正义观的本体论阐释

社群主义所批评的目标是所有自由主义者而不仅仅是罗尔斯，对罗尔斯批判最激烈的人物之一便是桑德尔。他于1982年发表了《自由主义与正义的局限》，向"道义论的自由主义"和政治自由主义提出全方面的挑战。

一、批判自由主义的道德主体

桑德尔批评的标靶指向当今在道德哲学、法哲学和政治哲学占主流地位的自由主义，将其界定为"道义论的自由主义"（deontological liberalism）。这种自由主义首先是一种关于正义和权利的理论，尤其是指在道德和政治理想中正义具有优先性的理论。桑德尔认为，这种自由主义的核心命题是：个人权利和自由具有神圣不可侵犯性，独立于一切目的并高于任何先在的道德判断。个体的权利如此重要，即使是为了实现普通福利也不能逾越，通过规定我们权利的正义原则，以确保在多元价值社会背后的多元个人利益的正当性。正当性并不取决于善的生活的任何特殊观念。[①] 道义论的自由主义的核心立场是正当（权利）优先于善，即对正义原则的选择不依赖于任何特殊善观念或任何"完备性"道德观念和宗教观念，相反，是正义决定了人们的善观念是否有效，个人权利本身就是目的。这里强调了正义的首要性在于正当的优先性，而正当的优先性还需要一个理论前提，即实践理性主体或作为道德主体的自我优先性，所以正当的优先性归结为自我的优先性。

---

① ［美］迈克尔·桑德尔：《自由主义与正义的局限》，万俊人等译，译林出版社2011年版，第12页。

正当优先性的基础是自我优先性的自我观。[1] 这里，桑德尔从本体论层面揭示道义论自我观的根本缺陷，对道义论的理论进行釜底抽薪式的揭露，建立在道义论基础之上的正义论也将随之倾倒。桑德尔明确地表示，自由主义与正义的局限"不是实践上的，而是概念上的"[2]，这说明桑德尔不只是对某种自由主义范式的实践进行批判，而是要从道德主体理论上揭示自由主义的内在困境。那么，此种正义论中蕴含的是一种什么样的自我观呢？

在桑德尔看来，这种道义论自我观发轫于康德。康德把道德的普遍性建立在人的实践理性基础之上，能够自我立法、自作主宰、根据自己的自由意志而行动，从而人具有了无上的尊严。实践理性的主体是一个能够拥有自律意志的主体。[3] 康德道义论是立足于具有自律意志的实践主体基础之上的，这种主体独立于我们的偶然欲望和偏好，具有理性能力可以自主作出选择，惟其如此，才能提升自身，使之成为意义世界的一部分。詹世友教授认为，"康德道德哲学的最主要关切是人的尊严。"[4] "康德的道德哲学体现了一种独特的道德思维方式，为道德谋划了一个独立的领域，确立了一套独立的原则，探寻了道德价值的纯粹的先天的来源。"[5] 从而导致道德主体优先并独立于任何先在目的，这种占有主体的观念为正义原则提供了理论基础。

在桑德尔看来，罗尔斯正义论也是道义论的自由主义观，而且有着康德式的自我观。这个自我也可以理解为道德主体，但他没有承诺康德的先验主体的概念，而是试图在一种经验主义的框架内重新为道义论奠定基础。罗尔斯认为康德这个超验的主体是抽象的、模糊的和武断的，它既不能应用于人类存在的现实世界，也无法产生正义原则，所以罗尔斯力图摆脱康德的先验主体的束缚，将它建立在某种经验之

---

[1] 龚群：《罗尔斯政治哲学》，商务出版社2006年版，第482页。
[2] [美]迈克尔·桑德尔：《自由主义与正义的局限》，万俊人等译，译林出版社2011年版，第13页。
[3] 同上书，第18页。
[4] 詹世友：《康德实践哲学的义理系统》，人民出版社2021年版，前言，第3页。
[5] 同上书，前言，第2页。

第二章 社群主义正义观的本体论阐释

上,从人类现实生活环境中获得正义原则。于是罗尔斯便引入了休谟所谓的"正义环境"的概念,以期为自由主义寻找一个新的"阿基米德点",桑德尔称之为"休谟面孔的道义论"。那么,罗尔斯所做的努力是否成功呢?桑德尔认为罗尔斯的尝试并没有成功,罗尔斯的道德主体仍然是纯粹哲学意义上的构建。

原初状态中的这一主体观念该如何理解呢?桑德尔认为,可以从自我与他人关系的角度、自我与其目的关系的角度、自我与社群关系的角度来理解:

首先,从自我与他人的角度来看,罗尔斯认为,任何能够实施正义的主体在数量上必定是多数。因为"契约"达成的背后就意味着"多数",正义是处理人们在分享社会合作所带来的利益时所产生的冲突,而只要存在各种相互冲突的要求,就必定存在两个或多个的主体,道德主体的特征是多元性,正义理论预设的前提是人的多元性。罗尔斯认为,个人理论可以根据道德理论进行任意假设,道德理论的根本是道德选择,而不是自然事实。基于此,我们承认人与人之间存在无法消除的自然或社会因素的差异,但我们可以进行"反思平衡",通过人的理性选择安排我们的权利和义务,也就是合理建构社会。桑德尔认为,我们把罗尔斯个人理论与正义选择相联系时,发现二者存在冲突。罗尔斯的正义论中规定人在选择理论中只有一个共同的属性——社会基本善,社会基本善成为人唯一本质的特征,每个人在道德理论上都只有此唯一特征,从而使本来具有丰富特殊性的人的其它特征全部消失,从根本上来说,人就是"一元",不存在"多元",然而,这与罗尔斯正义论前提预设的"多元"相冲突。人是"多元",还是"一元"?如果人是"多元"的,我们就必须承认每个人的丰富特殊性,我们每个人就存在着不同目的,所以人就有自由选择的可能,从而自由选择理论就可以发挥作用;如果我们是"一元"的,我们每个人就只能失去丰富特殊性,每个人成为与不同个体目的完全分离的主体,人只剩下一个共同属性——社会基本善。但是,如果人不是"多元"的,那么人还需要选择吗?正如没有冲突,我们就不需要正义。

桑德尔认为,罗尔斯正义论在政治实践上是为了凸显自由主义的自由权利价值,但是,他的差别原则反对财富的私人占有,否认个人财产的自主权,所以差别原则与自由权利保护私有财产相冲突。罗尔斯认为,原初状态下的个人的自然或社会因素都是任意的,它们是社会共同财富,不是个体的私有财产。所以,桑德尔认为,罗尔斯的自由权利观与差别原则是相互冲突的。为了避免这种冲突,罗尔斯的共同财富必然"需要一个更加宽泛的占有主体"[①],必然拒斥占有主体的个体化,这样也就超越了"先定的个体化自我"[②],这意味着人不再是仅有个体化的自然主体,而是社会道德的主体,人要承担起理论赋予的社会道德重任,也就是罗尔斯正义理论的道德主体。桑德尔认为,罗尔斯正义理论的道德主体就不是自由主义的完全个体化的人,而是内含道德要求的社会主体,显示了道德主体本质的社会统一性,这与罗尔斯宣称坚守个人主义的个体化主体相冲突,这说明罗尔斯道德主体理论是不自洽的。

其次,从自我与其目的的关系的角度看,罗尔斯主张自我总是先于并独立于目的,尽管主体在很大程度上受到环境的限制。桑德尔认为,罗尔斯必须处理好两件事情:"即自我如何与其目的分离,以及自我如何与其目的相联系。如果没有前者,主体就是彻底情境化由情境所决定;如果没有后者,主体就是纯粹虚无缥缈的。"[③]而罗尔斯的解决办法是隐含在原初状态的设计之中的,就是设想一个"占有性的"(possessive)的自我,把自我看作完全占有了自我的主体,不受任何先在条件的束缚,完全可以自由选择的自我,这样就彻底分离了自我和目的的关联,这种观点预设了意志论的哲学,即需要通过意志发挥作用来克服。桑德尔所批评的那种"唯意志论的道德主体概念",在罗尔斯的正义理论中起着关键的作用。在这个意义上,关键的问题是:主体作为"自我"不是由"目的"构成的,而是先于任何他所选择的

---

① [美]迈克尔·桑德尔:《自由主义与正义的局限》,万俊人等译,译林出版社2011年版,第155页。
② 同上书,第155页。
③ 同上书,第13页。

"目的"的。① 首先，桑德尔认为这个完全占有性的自我决定了"我是谁"，"我是谁"是被完全预设了的，不知道自己的身份和属性，没有价值观，没有任何目的，以致失去了自我反省和认知的能力，完全分离了自我和目的关联，把自我独立于目的，让自我具有优先性，但是也因此失去了真正的自我。人的能力恰恰体现在因其行为目的而产生的行动之上。其次，这种独立不羁的自我、不受任何道德纽带的束缚的自我、排除了目的的自我，也排除了其他依附的可能性，排除了所属的社会属性和道德义务，也排除了一切公共生活的可能性，所以，在桑德尔看来，这种自我与目的相分离的自我夸大了个人权利和选择的作用，而忽视了共同体的责任和义务。

再次，从自我与社群的角度来看，罗尔斯认为社群的意义只具有从属地位。在桑德尔看来，罗尔斯的自我如此彻底地独立着，以至脱离任何构成性意义上的善观念，不具有任何身份认同的价值和情感依附②，这样一种剥离经验的自我特征的道德主体的构思，只会将个人的价值和目的始终处于从属地位；所以，据此推理，社群的意义也只具有从属地位，而永远难以成为良序社会的构成成分。因为自我先于其目的和经验而存在，所以由正义原则规定的社会先于其成员承认的目标。因为罗尔斯的差别原则主张惠顾最少受惠者的利益，在罗尔斯看来，人们的自然资质和家庭出身等都具有道德的偶然性和任意性，没有人应得这些东西，这是一种任意性论证。从这一任意性方式出发进行论证，罗尔斯从天赋自由到机会公平以及民主概念的论证，每一次转变，就是剥除了自我的社会偶然性和文化偶然性的过程，也是剥除自我的深厚身份的过程。罗尔斯如此持续应用的任意性论证不可避免地导致个人的消解。罗尔斯试图通过摆脱康德式的超验的主体来确保自我的自律，最终消解了自我。③ 罗尔斯试图通过摆脱世界来确保自我

---

① [美]迈克尔·桑德尔：《自由主义与正义的局限》，万俊人等译，译林出版社2011年版，第67—69页。
② 同上书，第79页。
③ 同上书，第114页。

的自主，最终消解了自我。连自我都不存在了，还谈什么理性选择能力，还谈什么达成一致的契约呢？因此罗尔斯的自我观是无法成立的。

桑德尔认为，自由主义本质的内在困境根源于"以个人主义为理论基础的正义观念来解释各种社会价值、解释制度的、共同体的以及联合的活动所固有的善"[①]，即以个人主义的自由权利来建构社会，这是自由主义共同的特性。尊重个体的自主性成为自由主义对捍卫个人自由权利的共识，个体自主在道德上表现为道德主体是每一个体的人，这意味着人类道德主体的个体化，本质上只承认道德主体的多元性，完全否认道德主体也存在社会统一性，这样，人就成为一个个完全孤立的道德主体，不受任何其他社会因素制约。

桑德尔认为，道德主体本质上的多元性使社会合作成为必要，社会合作的可能必然要求道德主体本质上具有社会统一性。自由权利既要维护人的多元性，确保每个个体的自主性，同时，又要维护人的社会统一性，确保社会合作的存在。但自由主义只承认道德主体本质上的多元性，否认道德主体本质上的统一性，从而割裂了道德主体之间的内在关系，形成了个体主义的自由权利，从而导致自由主义的自由权利无法贯通。桑德尔认为，要实现自由权利贯通，必须摆脱道德主体的个人主义，自我不再是个体化的原子式自我，而是"一个交互性主体性的自我概念"[②]，是个体多元性和社会统一性相互作用的道德主体。"交互性主体"观念一方面主张社会是由个体相互联结而成的整体，个体是整体不可或缺的部分，每个个体都受到保护，反对以共同体中大多数人的意志或占支配地位的价值拒斥个体的自主性；另一方面主张孤立的个人是不存在的，每个人都与其他人存在非任意选择的联系，社会不再只是个体维护自身利益的公共空间，而是个体相互联结的共同体，个体必须维护社会的整体存在，个体自由权利的实现离不开共

[①] [美]迈克尔·桑德尔：《自由主义与正义的局限》，万俊人等译，译林出版社2011年版，第69页。

[②] 同上书，第98页。

同体,"这种权利隐含在传统或共同体的共享理解之中"①。在合作社会中,个体相互联结共同维系社会的存在,每个人都承担社会分工,他们共同占有社会财富,共同分享社会合作利益,自由权利是个人自觉承担社会合作角色的正当性,而不只是维护个体化利益的道德主体自主性。为了保证社会的整体性,社会必须保障每一个个体的社会基本善,每个人都会拥有实现自我生活愿景的必要条件,每个人也就有自主地选择生活的权利,人的自由权利就达到了贯通。

"交互性主体性的自我"能解决自由主义的理论困境吗?桑德尔认为,"交互性主体"能够实现自由权利与道德主体的统一。一方面,诺齐克的自我人格的整全性得到辩护。"交互性主体"确认每个人都有存在的正当性,同时不排斥每个人的智力、能力等自然或社会个性特征,赋予人多样性的实践特性,每个人都是具体的自我,都有着自身的属性,它不需要像罗尔斯与康德那样,把人理解成在道德法则中是一个纯粹抽象的自我,自我也就失去了社会生活的基础。另一方面,罗尔斯差别原则也能得到辩护。离开差别原则,社会分配方式只能是"自然财产的分配"或"机运决定的分配",那么弱者或不幸运者的自由权利就得不到保护。自由权利贯通需要差别原则,而差别原则的正当性来自社会共同财富。一个个原子式的孤立个人,并不能为社会共同财富提供合理的根据,但当人是在社会普遍交往中形成的"交互性主体",社会是人与人之间相互联结而成一个整体,个人的自然天赋与社会等偶然因素,只有在个体相互联结的社会整体中才能实现财富创造,共同分享的财富也就获得正当性。"相互性主体"的共同体能够实行差别原则,保证弱者在共享社会基本善的同时,又没有把强者当作实现弱者目的的手段,也就不存在侵犯个人的自由权利的问题。

"交互性主体"联结成的社会整体,还能很好地契合罗尔斯的"原初状态"。罗尔斯要求对人的天赋等自然与社会的偶然因素以及产生的社会善进行社会制度安排,把它们作为社会的公共财产,从而对此

---

① [美]迈克尔·桑德尔:《自由主义与正义的局限》,万俊人等译,译林出版社2011年版,第3页。

分配进行程序决策。为什么社会集体选择应该决定这些财产的正义分配？桑德尔认为，如果没有将社会当成一个整体的在先，难道我们能对个体的私有财产进行分配选择？如果是对私有财产进行分配决策，这与个体的基本权利包括财产权利神圣不可侵犯相悖。为什么要实行"最大最小原则"的差别原则？罗尔斯认为天赋、家庭出身等是个人偶然性因素，而社会是一个相互联结而成的整体，社会合作必须惠及处于社会最不利的人，这是保护社会成员的合法期待的举措。罗尔斯"无知之幕"的决策，内含了社会成员共同追求目标、共享共同体价值。另外，道义论要求任何道德主体享有平等的社会地位，人的社会地位不是由个人所赋予，是由社会所赋予，而社会只能是一个整体。社会整体、共同决策、共有、共享，这是共同体的基本特征，而不是个体化的自由主义特征。

二、确立构成性自我为正义主体

桑德尔区分了三种共同体观念，其中前两种是罗尔斯在《正义论》中提出来的，分别是手段型共同体、情感型共同体和构成性共同体，这三种共同体中的自我与共同体的距离是越来越接近的。

第一种，把传统自由主义理解成手段型的共同体。

第一种共同体的观念依据于传统自由主义的假定，这种假定将正义主体视为天生是自私自利的[①]。在桑德尔看来，这种关于共同体的解释是完全工具性的，是"私人社会"的形象，每个人仅仅为了追求私人目的而从事合作，需要对方为自己提供服务，把对方当作手段，这种处于原子化社会的个人，是独立的、抽象的自我，离共同体的距离是最远的。传统自由主义的代表如洛克和诺齐克，主张个人权利至上，国家唯一的功能就是保障个人权利。在诺齐克的理论中，主张最低限度的国家，国家要保护所有公民的利益，国家是个人追求自身福祉的

---

① [美]迈克尔·桑德尔：《自由主义与正义的局限》，万俊人等译，译林出版社2011年版，第169页。

工具，个人的生命和存在具有不可超越的价值，个人才是目的。任何以国家的名义侵犯个人权利都是不道德的，国家的任何再分配都是对个人劳动的掠夺，都是对个人权利的侵犯。如果国家只有工具性的意义，那么个人对国家就没什么情感与忠诚可言。所以，桑德尔把传统自由主义的国家观视为手段型共同体。

第二种，把罗尔斯的共同体理解成情感型共同体。

不同于自由至上主义者诺齐克，罗尔斯是平等的自由主义者，他比诺齐克要温和一些，他认为社会是一个合作互惠的体系，社会成员有某种"共享的终极目的"，他们的利益不总是对抗性的，有时也是互补的，人们也可能考虑他人的福利，并在合作中会产生善意和情感，建立共同的价值，这种共同体观可以视为"情感性的共同体"观念。但桑德尔认为，这种情感性的社群并不预设人类动机，但也不否认有人类动机。人们合作不仅仅为了需要，还有内在品质和情感在里面，这种主体与共同体关系不远也不近，但仍然没有真正的相互依赖，也就无法形成团结忠诚和道德义务。

在桑德尔看来，前面提及两种共同体观念尽管其表现形式不同，但都是自由主义的个人主义的哲学假设。罗尔斯通过一个阿基米德支点，即原初状态的设定，让自我和目的之间有一段合适的距离。但桑德尔认为这样做并没有成功，因为自我排除了一切构成性的依附联系，并没有摆脱先验论的范畴。在此基础上他考察了第三种共同体的观念，桑德尔提出的构成性共同体观念。

第三种，桑德尔自己提出的"构成型的共同体"观念。

在桑德尔看来，"手段型解释和情感型解释似乎都不能产生共同体的强理论，而这种强理论似乎是罗尔斯和德沃金的论证所要求的——罗尔斯的论证要弥补涉及差别原则的共同财产的概念，德沃金在其对认肯行动的论证中，规定了共享性的相关共同体。"① 这两者都把主体的界限看成是先行既定和最终确定的，都不能提供能够借之重新划分主

---

① ［美］迈克尔·桑德尔：《自由主义与正义的局限》，万俊人等译，译林出版社2011年版，第170页。

体界限的方式,放宽自我与他人之间的界限。桑德尔认为需要一种强理论的共同体观念,这就是他本人提出的"构成性共同体"观念。社群不只是工具,也不只是合作团体中的情感依赖。它并非传统自由主义式的,也并非罗尔斯式的,它表达的不仅是一种情感,而且是一种自我理解的方式,这是一种强式共同体观念,不仅在于社会的成员承认共同体的情感并追求共同体目的,更在于社会赋予了他们的身份和认同。对于他们来说,"共同体所描述的,不只是他们作为公民拥有什么,而且还有他们是什么;不是他们所选择的一种关系(如同在一个自愿组织中),而是他们所发现的依附;不只是一种属性,而且还是他们身份的构成成分。"① 桑德尔认为,社群塑造了个人的身份认同、价值理想与责任感,事实上,社群有一种纽带关系,它在根本上定义了"我是谁"。这种构成性共同体存在于家庭、种族、城市、阶级、国家、民族之中,造就这个共同体的不仅仅是一种仁慈精神,或是共同体价值的主导地位,甚至也不只是某种"共享的终极目的",而是一套共同的商谈语汇② 和隐含的实践与理解背景,也正是在这种背景纽带关系中,每个人具有归属感,才能完整地叙述自己的故事。

既然自我与社群的距离如此紧密、不可分隔。那么个人就有了一种作为社群成员的特殊的义务,桑德尔称之为"团结的义务"或者"作为社群成员的义务"。

这与道德个人主义学说所主张的义务相当不同。对于道德自由主义者而言,自由意味着自愿承认的责任,是基于同意签订契约而形成的责任,没有自愿同意就没有责任。"作为道德主体的我们,是自由而独立的自我,不受任何先在的道德纽带的约束,能够自主地为自己选择各种目的;那唯一约束我们的道德责任的来源,并不是习俗、传统或继承状态,而是每一个个体的自由选择。"③ 桑德尔认为这种个人主义

---

① [美]迈克尔·桑德尔:《自由主义与正义的局限》,万俊人等译,译林出版社 2011 年版,第 171 页。
② 同上书,第 194 页。
③ 同上书,第 255 页。

自由观是当代正义理论中最为人熟知、最为普遍的，但这种正义观也是有缺陷的，给集体责任或历史上不公正行为所应承担的道德责任留有极少的余地。

桑德尔认为，不受任何社会纽带约束的、无羁绊无束缚的自我观是肤浅的，它"无法解释我们道德经验和政治经验在某些重要方面的意义。我们共同承认的某些道德义务和政治义务——比如说，团结的义务或各种宗教义务——可能因为种种原因使我们与一种选择毫无干系"①。在桑德尔看来，这种无羁绊的自我难以解释我们公民负有的忠诚、团结和公民责任等的道德义务和政治义务，因为公民职责和团结义务与如下事实——作为这个家庭、城市、国家或民族的成员，作为某种历史的承担者，作为这个共和国的公民——是分不开的。②这就是桑德尔所认为的作为社群成员所具有的义务，这义务是由你所在的社群赋予的，不取决你的同意与否。他更同意麦金太尔所说的，人是叙事性的自我，自我总是某个共同体的自我，我们所生活的共同体是我们道德义务的源泉。共同体的历史纽带形塑了我的道德特征。虽然我并没有选择自己父母的权力，但家庭养育了我，我也有赡养父母的义务。我从国家继承了前辈的遗产，同时我也对国家有特殊义务。每个人的出生都是有渊源和历史的，个人的生活故事是整个社会和传统宏大叙事的一部分，包括历史上前辈的故事，这是无法隔断也隔断不了的。正因如此，我们应当为历史上祖辈的行为承担责任，为自己祖辈犯下的错误道歉。

在桑德尔看来，道义论的自我观由于剥夺了根本目的和依附联系，过于单薄，难以获得其日常意义上的应得［原则］，而应得要求是以具有深厚构成的自我为前提条件的，所以难以实现两个正义原则的任务。桑德尔尽管同意罗尔斯的两个正义原则，认为这能够更加保障个人的权利，但如果有交互性主体，则更能实现两个正义原则，因为社会联

---

① ［美］迈克尔·桑德尔：《自由主义与正义的局限》，万俊人等译，译林出版社 2011 年版，第 214 页。
② ［美］迈克尔·桑德尔：《民主的不满》，曾纪茂译，中信出版社 2016 年版，第 16 页。

合需要强的构成性的自我观。

  桑德尔认为，追问一个特定的社会正义与否，并不只是去追问大多数社会成员是否有按照正义行动的欲望，而是去追问这个社会本身是否具有正义的社会基本结构，同样，追问一个特定的社会是否是一个共同体，并不只是去追问社会大多数成员是否具有同其他人共同推进共同体目的的欲望，而是去追问这个社会是否按照某种方式有序组织。桑德尔认为，真正严格的共同体必须有参与者所共享的自我理解，并且体现在社会制度安排中。① 罗尔斯在关于正义的问题上是正确的，而在关于共同体的问题上则是错误的。尽管桑德尔对罗尔斯正义观批评不乏深刻之处，其功绩在于成功地揭示了自由主义的个体化道德主体与自由权利理论存在冲突，并指出自由主义正义观的出路在于"交互性主体"的共同体，使其正义观具有更多的社会性，但是桑德尔所指的社会性和马克思主义所主张的正义要受社会历史条件的制约是有本质区别的。他没有充分认识到，自由主义的自由权利根源于"每个个人以物的形式占有社会权力"的社会历史发展阶段的现实，个体化主体的本质是生产资料的私人所有，自由权利贯通的问题实质是生产社会化与生产资料私人所有之间的社会基本矛盾，而这矛盾是由社会生产力水平决定的，而不是由人的意志决定的，也就是它不由我们的道德理论决定。正如马克思批判古典经济学家一样，"好像这里的问题是要对概念作辩证的平衡，而不是解释现实的关系"②。我们只能说桑德尔指出了自由主义的问题，并没有真正解决自由主义的问题，唯有人类生产力的充分发展，才能最终解决自由主义的自由权利贯通问题。

---

① ［美］迈克尔·桑德尔：《自由主义与正义的局限》，万俊人等译，译林出版社 2011 年版，第 195—196 页。
② 同上书，第 13 页。

第三节　沃尔泽正义观的本体论阐释

麦金太尔提出德性正义观，用历史主义的方法揭示当代西方存在互竞和互相冲突的正义理论。桑德尔的《自由主义和正义的局限》以罗尔斯的正义理论为批判对象，对此进行釜底抽薪式的猛烈批判，主要从正义立论基础质疑罗尔斯自我观的前后矛盾和无效性。迈克尔·沃尔泽（Michael Walzer）与麦金太尔、桑德尔一样，都将批判靶子指向新自由主义。但沃尔泽正义观有自己的特色，他汲取了诺齐克对罗尔斯的批评，认为诺齐克的批评提供了重视物品理论的视角，具有启发意义，在此基础上，沃尔泽提出了复合平等的多元主义正义观。

一、社群主义对自由主义的批判

在理解沃尔泽多元主义分配正义观之前，我们先分析一下沃尔泽正义观的本体论问题。丹尼尔·贝尔曾说过，"社群主义的本体论即是，我们首先是一种社会生物，汲汲于在世俗中实现某种生活形式。"[1] 尽管沃尔泽从来没有承认自己是一位社群主义者[2]，他通常将自己视为一位社会民主主义者。[3] 在"社会与个体之间何为本原"的问题上，沃尔泽主张世界是以社群方式而存在的，社群而非个人是社会的基本组成单元，他强调自我是在社会关系中运作的，这可以从他的文献中得知。沃尔泽如此说道："在社会中长大的人，将会发现自己处在各种关系模式、

---

[1] ［美］丹尼尔·贝尔：《社群主义及其批评者》，李琨译，三联书店2002年版，第84页。
[2] 应奇：《从自由主义到后现代主义》，生活·读书·新知三联书店年版2003年版，第6页；
  龚群：《当代自由主义与社群主义：背景与问题域》，载《华中师范大学学报（人文社会科学版）》，2012年第6期。
[3] 刁小行：《多元价值的均衡：沃尔泽政治哲学研究》，中国社会科学出版社2014年版，第202页。

权力网络以及意义共同体之中，这是人类社会的本质属性。"[1] "但这些自我应该明白我们自己都是社会性的存在物。"[2] "教堂、学校、市场和家庭……在任何情况下，它们都不是完全通过个人意愿进行塑造的，因为这些意愿总是在特定的模式内发生。"[3] 如此等等。总而言之，在沃尔泽看来，社群主义承认自我具有社会性，是人与人之间的社会关系中的自我，大千世界芸芸众生无不以社群或共同体形式呈现。分配活动也离不开社群关系，可分配的物品不是人们头脑中想象出来的，而是实际的物品。物品之间的关系表现为人与人之间的某种社会关系。作为分配的前提或者分配的后果并与分配密不可分的各类社会活动与社会现象，"分配正义的思想假定了一个有边界的分配世界：一群人致力于分割、交换和分享社会物品，当然首先是在他们自己中间进行的"[4]。换言之，分配正义是在一个有边界的分配世界中进行的，这个世界就是政治共同体，所以，分配正义离不开社群。沃尔泽在这里明显阐发了一种典型的整体主义本体论的研究路径，并把这运用到他的分配正义理论当中。进而言之，要想揭示分配正义理论的不同以及分配活动的实质区别，只有从本体论层面展开对社群理论的分析，而对社群理论的分析，从本体论上必定会涉及社群与自我（个人）的关系。

所以，我们可以通过沃尔泽一篇论文《社群主义的自由主义批判》展开其对自我观的分析，这篇文章主要对自由主义与社群主义之争作了总体的评价。文章开篇就指出，"对自由主义的社群主义批判就像裤子的褶皱：短暂但肯定会回归。这是自由主义政治和社会组织一贯的间性特征。任何自由主义的成功都不会让它永远失去吸引力。同时，任何社群主义批评，无论多么深入人心，都只会成为自由主义反复无

---

[1] Michael Walzer, "The Communitarian Critique of Liberalism", *Political Theory*, 1990, p.10.
[2] Ibid., pp. 6–23.
[3] Michael Walzer, *Thinking Politically: Essays in Political Theory*, New Haven: Yale University Press, 2007, p.63.
[4] ［美］迈克尔·沃尔泽：《正义诸领域：为多元主义与平等一辩》，褚松燕译，译林出版社2002年版，第11页。

常的特征。"① 沃尔泽认为社群主义批判仍然是一种强有力的批判。于此，他特地在社群主义加前缀"neo"，暗示了社群主义批评的间歇性或反复性。②

社群主义对自由主义展开两个方面的批评，其中一个论点主要针对自由主义实践，另一个主要针对自由主义理论。

第一个论点认为，自由主义政治理论准确地代表了自由社会实践，被认为是极端孤立的个人、理性的自我主义者和存在主义代理人的社会，人们被他们不可剥夺的权利所保护和分离。③ 这里批判自由主义的自我观，其实是一种个人主义的本体论，源自个人主义鼻祖洛克。在洛克看来，这个社会成员没有共享的政治或宗教传统，他们只是从自然状态开始编织故事，把每个人当作绝对自由的、无所羁绊的主体，有自由选择的权利，然后通过订立自愿性契约进入社会，而社会的存在目的就是最大限度地保护每个人的利益和权利，个人不受任何传统、义务和责任的制约。就像早期马克思在《犹太人的问题》（1840年）中所批评的，"一个脱离社会的个人，退缩到自我中，全神贯注于他的私人利益，并按照他的私人利益行事。人与人之间唯一的纽带是自然必要性、需要和私人利益"④。麦金太尔在《德性之后》一书中称，自由主义造成"现代知识和文化生活的断裂以及叙事能力的丧失"，这进一步表明在"自由主义社会中的人们不再有机会却获得应该如何生活的这样简单道德文化"⑤。也就是说他们在关于好生活的本质方面不再能取得共识，也没有公开的思想交流，更不会有民族的认同，社会被简化为孤立的自我的共存，社会变成了如霍布斯所描述的一切人对一切人的战争。

从第一个社群主义批判的角度来看，自由主义社会在实践中是分裂与孤立的。而社群主义的共同体则是融洽的、亲密无间和叙事能力

---

① Michael Walzer, "The Communitarian Critique of Liberalism", *Political Theory*, 1990, p.1.
② Ibid., p.9.
③ Ibid., p.7.
④ Ibid., p.8.
⑤ Ibid.

的家园。在沃尔泽看来,他不关心对两者争论的描述,而是关心"碎片化"现实,当代社群主义的共同主题是:新保守主义的悲叹、新马克思主义的控诉,以及新共和主义的纠结。[①]沃尔泽发问:如果我们必须从众多孤立的自我中创造出一种人造的和非历史的联合,那为什么不能像自由主义那样以自然状态或原始状态作为我们的概念起点呢?既然很难期望在生活中达成共同的善,那为什么不能以自由主义方式接受程序正义优先于实质性的善?桑德尔曾质问道:一个以正义优先的社群是否永远能够不是一群陌生人组成的社群?沃尔泽认为他问得好,但它的反面提问更恰当:如果我们事实上是一群陌生人组成的社群,那我们又何如能够不做别的事情而把正义放在首位呢?[②]

第二种社群主义的批判认为,自由主义理论从根本上歪曲了现实生活。社群主义理论把自由主义的世界描述成人们挣脱了所有的社会纽带,成为无所牵绊的个体,每个人都只是自己生活的创造者,但又没有共同的标准来指导其创造,实际上这种世界是不可能存在的。社群主义认为,每个人都是社会中的一份子,我们是某个父母的孩子、或是某个子女的家长,我们以及我们的父母都有自己的伙伴、亲朋好友和邻居同事,与他们有着千丝万缕的联系,事实上,这种联系与其说是选择,不如说是传承和继承。自由主义很可能会强调纯粹契约关系的重要性,把我们的社会看成充满利益的市场关系,把我们每个人设想成为自私自利的,但我们的社会显然不是这样的。因为,"人类社会的本质是,个人处于各种关系网络模式、权力网络和意义共同体之中"[③]。他们所追求的品质使他们成为某种类型的人。在沃尔泽看来,第二种批评的问题在于它所描绘的自由主义社会的深层结构在事实上也是社群主义的。这种批评类似于罗伯特·N.贝拉(Robert Bellah)在他的著作《心灵的习性》中所强调的,自由主义限制了我们对自己内心习性的理解,剥夺了我们的人格和纽带感,使我们无法形成有凝聚力

---

① Michael Walzer, "The Communitarian Critique of Liberalism", *Political Theory*, 1990, p.8.
② Ibid., p.9.
③ Ibid., p.10.

的团结的信念。沃尔泽认为社群主义没有解决好关于个人信念与公共言论,以及社会纽带与政治孤立之间的关系问题,这种批评也是部分正确的。①

沃尔泽说,"如果第一种批判依赖于庸俗的马克思主义理论,那么第二种批判需要同样庸俗的唯心主义。自由主义理论现在似乎具有超越和反对现实生活的力量,人类历史上很少有理论如此。"② 我们可以总结一下这两点批判:第一,自由主义的理论是虚假的,虚构为"无所牵绊的个体",现实中根本不存在。第二,自由主义的实践是有害的,造成了社会相互分离或分裂、人与人之间相互疏远。沃尔泽认为这两种批评之间存在逻辑裂痕,因为这两种观点是相互矛盾的,无法同时成立。

沃尔泽在这个问题上的确目光如炬:自由主义的理论虚构了不存在的个人,那你就无法谈论虚构之人的任何实践后果。或者,如果你同意自由主义的实践是有害的,那你就必须首先承认它的个人理论真实地反映了现实。换句话说,你不能既批评这种原子化的个人是虚构的,同时又批评这种虚构的个人实际上造成了有害的影响。正如一种现实中根本不存在的人,怎么可能造成有害的现实?这就好像是说,你在故事里虚构了一个小偷,结果这个小偷在现实中偷走了你的钱包。③ 在沃尔泽看来,这两种批评的观点并不全错,但也不全对,各有部分正确的道理。首先,第一种批判是部分正确的,因为我们生活在一个现代社会,这个社会最突出的特征就是不停地移动与变化,即流动性。为此,沃尔泽考察了美国社会状况,他主张社会流动性有以下四种:地理流动性、社会流动性、婚姻流动性和政治流动性。

1. 地理流动性。美国人比历史上任何人都更频繁地改变他们的住所,我们都是自发自愿的移民,而不是难民,更多是因为工作原因。

---

① Michael Walzer, "The Communitarian Critique of Liberalism", *Political Theory*, 1990, p.10.
② Ibid.
③ 刘擎:《西方现代思想讲义》,新星出版社 2021 年版,第 173 页。

社群不单纯是地理概念，社群的归属感也未必固定在一个特定的地域，但是它们永久地固定在一个地方时，它们通常更成功。这种广泛的地理流动性必然大大削弱了地域感，社群感的重要性也随之衰落，因为，社群主义的本质是地方性。①

2. 社会流动性。在美国，现在很少有人会从事他们父辈的工作、与他们父母生活一起，很大程度上过着与父母相当不同的生活，这就意味着对社群的信仰和习俗的传承具有不确定性。如果对自我的理解来自一种叙事，孩子们讲的故事可能与他们父辈讲的故事截然不同。

3. 婚姻流动性。现代社会的离婚率和再婚率比传统社会任何时候都要高。因为家庭是个人的第一个社群，也是最初产生种族认同和宗教信仰的地方，这种破坏必然会产生反社群主义的后果，这意味着孩子们更有可能从属不同的家庭，也就难以从一起生活的成年人那里听到连续或相同的故事。②

4. 政治流动性。因为居住处和社会地位对个人身份的塑造日益式微，人们对各种组织党派、各种形式的俱乐部的忠诚度似乎正在急遽下降。当今社会的公民站在所有政治组织的外面，他们自由地选择最符合其理想或利益的组织。他们对政党或组织的依附性更小，更有可能成为独立的选举人。随着他们人数的增加，会造成选民的不稳定，从而导致政府部门的不稳定，特别是曾经用来加强社群联系有关的政治部门的不稳定。③

这四种流动性都既有积极的一面，也有消极的一面。沃尔泽认为，"自由主义是对这一流动性理论的认可与论证。"④在自由主义看来，流动性是自由行动的表达，任何限制流动性的努力都是不自由的。这四种流动性代表了对自由的规定和对幸福的追求，被大众奉为圭臬。在

---

① Michael Walzer, "The Communitarian Critique of Liberalism", *Political Theory*, 1990, pp.11–12.
② Ibid.
③ Ibid.
④ Ibid., p.12.

沃尔泽看来，这种自由主义的信条背后也有悲伤和失落的一面，它们断断续续地被表达出来，而社群主义就是这些断断续续表达感受的反映。比如，搬家也许可以开启一个新的生活，但在现实生活中却常常造成家庭创伤。重组婚姻也许可以产生新的、更牢固的结合，但也会造成家庭破裂：单亲家庭、分居孤独的男女以及被遗弃的孩子。政治上的独立会使持有观点的个人与有计划的群体相脱离，导致"效能感"下降，并伴随着对奉献承诺和民心士气的影响。[1]

沃尔泽认为，自由主义的理论真实地反映了现实，我们的确是社群的一员，我们比以前更加孤独，没有可依靠的居所，没有与我们亲密的亲戚毗邻，没有工作或运动中的真正同伴。这种孤独的自我与冷落的社会状况确实存在。社群主义这个观点是部分正确的，它的错误在于，没有看到现代社会已经发生了巨大的变化，正是这种新型的社会造就了"孤立的个体"。

第二种社群主义的批评也是部分正确的。即使今天最自由和流动性极强的社会，人们在地域、阶级或地位、家庭甚至政治方面也在很大程度上存在相互联系。比如父母投票给共和党还是民主党，他们行为的预测价值和投票模式都会影响到下一代。无论四种流动性的程度如何，他们似乎都不足以把我们分开甚远，以至于无法相互交谈。麦金太尔为当今哲学的纷争而叹息，并把这种纷争当成社会破裂的标志。在沃尔泽看来，哲学家的争论类似于有骑士的地方就有比赛，这是任何社会都有的正常事情，这恰恰反映了哲学的繁荣。多年大规模的移民给美国社会带来了繁多的种族和宗教信仰，然而，他们大都坚持自由主义。对于欧美国家而言，主张言论自由、自愿结社、宗教宽容和隐私保护等权利的意识已经深深扎根于民众心中。正如第一种社群主义批评所坚持的那样，我们确实是由处境决定的，那么，我们的处境在很大程度上又是由这样的自由主义话语体系决定的，这是第二个批评的正确之处。[2]

---

[1] Michael Walzer, "The Communitarian Critique of Liberalism", *Political Theory*, 1990, p.13.
[2] Ibid., p.14.

自由主义的学说似乎通过蔑视自己的传统而不断削弱自己,每一代人都希望从历史和文化遗产中获得更大的自由。这种永恒的越界自我观试图破坏我们自己的共同体,因为没有一个可以想象的共同体能够永恒地侵犯它自己。如果不存在将我们凝聚起来的纽带,也就不存在共同体这样的东西。从这个意义上说,社群主义就是对抗这种侵犯性的。这是社群主义存在的意义所在,因此,沃尔泽指出,"自由主义是一种自我颠覆的学说,它确实需要社群主义定期进行矫正。"①

沃尔泽认为,反过来说,社群主义批判也是部分错误的,社群主义试图用前自由主义或反自由主义共同体来取代自由主义的国家,这种矫正方式也不是特别合适。② 社群主义希望自由主义接受一个在某些方面是非中立的国家。在沃尔泽看来,社群主义对自由主义的矫正方式,只能是有选择地强化社群的价值观而不能用社群主义的共同体替代自由主义的国家,如果我们能够了解自己是社会存在者,自由价值观是历史的产物的话。对沃尔泽来说,这两种批评之所以是部分错误的,原因在于它们都是外部批评。而沃尔泽认为自己提出的是一种内在批评方式。姚大志教授认为,"从其他社群主义者的外部批评的观点来看,社群提出了一种政治理想,而这种政治理想应该取代自由主义的国家。从沃尔泽的内部批评来看,社群主义的功能是矫正自由主义。"③

那沃尔泽的观点是什么呢?沃尔泽追求的社群是自愿型的社群,对于自愿结社的理念,无论是在自由主义者还是在他们的社群主义批评者中,它都没有得到很好的理解。自由主义者认为现有的结社模式是自愿的和契约性的,即认为是意志的产物,没有认识到人们是生而进入某种群体的,人的身份与其说是选择,不如说是被制定的。社群主义意识到身份认同的重要性,但没有看到,人们可以加入社团,也可以解散社团,人们可以有改变的机会和权利。所以,沃尔泽提出一种"自愿型的社群",这是一种新型的社群,它和传统社群的最大差别

---

① Michael Walzer, "The Communitarian Critique of Liberalism", *Political Theory*, 1990, p.15.
② Ibid.
③ 姚大志:《正义与善——社群主义研究》,人民出版社2014年版,第197页。

在于它是一种"自愿的联合",人们可以有自愿结社的自由,也有退出的权利。例如,你参加一个读书会或参加一个赛马俱乐部,这些都会构成你的社群关系,有形无形中塑造你的身份认同或者归属感,但它们都是你自愿加入的,你也可以自愿地退出。

由于前面所说的四种流动性始终存在,所以现代社会永远都处于运动之中,沃尔泽在把这种特征称作"后社会的状况"(post social condition)。当代自由主义者并不致力于前社会的自我,而只是致力于能够批判性地反思支配其社会化的价值观的自我,他们赞赏的是"后社会的自我",这让大家可以"自愿地联合",追求自己喜欢的生活方式,不停创造新的自我。① 这里的"后社会"并不是独立于社会的传统和生活方式,而是指能够反思已经获得的特定社会传统和生活方式,并与其保持一种距离。所谓原子化的自我并不是自由主义虚构出来的,而是"后社会状况"让人们摆脱和解除了外界的束缚与社会的联系而追求自由的结果,这种自我观反映了社会自由流动的境况,但同时也变得无根基与不确定,因此,社群主义者为此感叹,这种失落感也是真实现实的反映。

那么,有没有可能恢复传统的社群?沃尔泽认为,不可能。原因很简单,除非我们在根本上改变现代社会的基本结构,否则我们无法限制那些自由的流动。而我们的时代是回不去的,必然一直往前走。正是在这个意义上,沃尔泽说自由主义仍然是西方社会主流的思潮,社群主义不可能战胜自由主义,但与此同时,自由流动社会会造成人与人之间关系的疏离、孤独忧伤以及政治冷漠等。所以,社群主义对自由主义的批判不会消失,它注定会周期性地校正。② 这种社群主义的校正可以弥补、强化或扩展自由主义本身的一些价值。

综上所述,沃尔泽的自我观认为人本质上是一种社会性生物,自我之间存在些间隙和分歧也是正常,但并不是彼此不能共融的,通过自我的相互理解和联系可以在一定程度上消除间隙、弥合分歧。"自我

---

① Michael Walzer, "The Communitarian Critique of Liberalism", *Political Theory*, 1990, p.21.
② Ibid.

的构成"通常是自由主义者和社群主义批评者之争的核心问题,但沃尔泽对此并不关心,他更强调的是,"政治理论的核心问题不是自我的构成,而是构成的自我的联系,即社会关系的模式。"① 即社群主义与自由主义之争的关键不是对自我的构成的理解,而是对自我间的联系以及社会关系如何运作的理解。这是沃尔泽本体论的自我观,通过理解这一点,有助于我们更好地理解沃尔泽多元正义观以及社会意义与正义联系的重要性。

二、从简单平等到复合平等

沃尔泽的复合平等观是建立在批判罗尔斯的正义观之上的,他认为罗尔斯所持的是一种简单平等观,所有社会益品在同一原则下按同一种分配标准进行分配。沃尔泽认为这种简单平等观过于浅薄,他发展了"复合平等"的分配正义理论。复合平等观认为:平等不是要以预先设立的总体理想为前提,而是允许不同领域存在不平等,但不平等之间可以相互抵消、均衡,最后达到总体上的"复合平等"。

要了解简单平等与复合平等的区别,我们首先必须了解"垄断"(monopoly)与"支配"(dominance)的区别。垄断是指在某一个特定的领域中,一个人或一群人拥有或占有该领域所有的善,可以打败对手、减少竞争。支配是指一个人或某个群体拥有了某种善,别的东西就会源源不断接踵而来,就会转换成或带来许多别的善。典型的"支配性的善"就是金钱或权力,金钱可以带来地位或荣誉,权力可以带来名誉和财富等。不同的历史阶段有不同的支配性的善物,例如体力、宗教或政治权力、资本金钱以及专业知识等中的每一种都曾被某个群体所垄断。在资本主义社会,资本是支配性的善,为资本家所垄断,容易转换成政治权力,所以资本家能够在金钱领域以外也具有影响力。拥有对支配性的善的垄断如果跨界,就会加剧社会不平等。那些拥有权力的人,会得到其他更多有价值的东西,人们会通过各种"越界交

---

① Michael Walzer, "The Communitarian Critique of Liberalism", *Political Theory*, 1990, p. 21.

易"向那些拥有权力的人靠拢,整个社会的不平等状况只能是愈演愈烈。沃尔泽反对的是支配,并不反对垄断,并允许垄断不平等的存在。例如一位能力和才识卓越的校长,垄断了他所在领域中所有的学术荣誉和行政权力,这并没有什么不恰当,如果他用所在领域中的尊荣去换取其他领域中的利益,这就不符合社会正义原则。

因此,沃尔泽认为,如果依据一元主义的分配原则,在某一领域享有较多资源配置的社会成员,在其他领域也许会得到更大份额的好处,这必然会加剧不平等。就医药报销来说,某人的级别工资越高,报销比例越高,享受的医疗水平越高,那他自费部分费用就相对越小,长此以往必将扩大社会鸿沟!尤其是在自由市场时代,自愿交换无处不在,如果法律机制不健全,那些善于竞争的社会成员就会"脱颖而出",成为"赢者通吃"的赢家。社会不乏这种现象:一些有权势的官员,通过自己掌握的权力到别的领域去获取资源,形成集经济、权力、名誉于一身的垄断,形成权力阶层资本化,一旦任其发展而不被遏制,则会加剧社会矛盾,严重造成社会撕裂。为了消除这样的垄断,国家就不得不加大再分配的力度,依赖国家公共政策或政治权力对社会益品进行再分配。而此时,政治权力又会成为新的争夺对象,形成一种新的垄断。在沃尔泽看来,一元主义分配正义原则不可避免地会导致支配。

沃尔泽指出,以罗尔斯为代表的自由平等主义,是一种简单平等的原则,因为他们主张不管被分配的社会善是什么,都应该尽可能地使人们平等地拥有这些善。罗尔斯所说的"基本善"概念,它不仅指财富、收入等经济方面的基本善,也包含自由、机会、自尊等价值层面的范畴。社会基本善是一个正常理性的人不可或缺的东西,也是实现个人正常生活目标的重要途径。罗尔斯认为,这些自然天赋和社会资源都是偶然的、不应得的,如果社会基本善在社会生活中占据了重要的地位,并且其分配是极不平等的,通过差别原则的调整对这些善进行再分配,使其有利于最少受惠者的利益,促进社会平等与正义,这才是一个正义的社会所应尽的责任。在沃尔泽看来,罗尔斯差别原则就在于打破天才男女对财富的垄断,把限制加于他们身上。这正如一个外科医生，经过多年在医学院艰苦的学习和努力所赢得的资历和证书，毕业后要求获得比他的同辈人更多的财富，但差别原则的实行，将采取行动限制外科手术的价格，这就是通过控制外科手术的技能直接转化为财富，这对外科医生来说是不公平的。① 所以，罗尔斯差别原则向有才能的人提出限制要求，同时消磨了强者的动力，对强者而言，它其实是一种不正义。

在沃尔泽看来，只要存在市场自由交换就会不断产生新的不平等，简单平等就不可能永远维持住。假设人们手里有相同数额的金钱，有人会用来购买衣服，有人会添置家电，有人会投资股票……可供人们购买的商品数不胜数，后来证明教育才是最明智最有潜力的投资，于是，大家纷纷把金钱投资于教育，结果学校就成为竞相争夺的领域。在教育竞争中，自然天赋取代财富成为支配性的善，教育的垄断会导致对其他领域的支配，职位、头衔、特权和财富等也随之而来，这就是"职业向才能的人开放"，即罗尔斯所说的机会平等。罗尔斯承认这一点，但同时也努力限制这一垄断权力，所以他设计出差别原则，其目的是为了确保最少受惠者的社会阶层利益，这种限制必定是由国家来完成的。所以，简单平等需要国家用政治权力持续不断地进行干涉，以此打破早期的垄断，以免产生新的支配形式，但那时，政治权力自身又成为人们激烈竞争的目标。政治权力是一种特殊的善，它不仅仅被人们制造、交换和分享，它还通常是社会物品的管理代理人，用来保卫所有分配领域，总是占据支配地位，也就是支配性的善。所以，各种群体都试图去垄断政治权力，以便将国家用来巩固他们对别的社会物品的控制。"政治权力可能是人类历史上最重要的，但无疑是最危险的善。"② "运用政治权力作为获得别的物品的手段便是专制地滥用权力"③，从而造成一种暴政专制。最高形式的暴政，便是现代极权主义，

---

① ［美］迈克尔·沃尔泽：《正义诸领域：为多元主义与平等一辩》，褚松燕译，译林出版社2002年版，第15页。
② 同上书，第17页。
③ 同上书，第23页。

它的特点正是否定统治的边界与领域，试图在自己的应有范围之外进行统治。

依沃尔泽的逻辑推理，罗尔斯差别原则是一种简单平等，所追求的是一种财富占有上的平等，简单平等会形成垄断和新的不平等，为了消除垄断和新的不平等，必然强化政治权力，但权力本身又会被垄断，权力垄断本身是一种更为严重的不平等。但这种推理是值得商榷的。我们认为，推行差别原则虽然会强化权力，但并不因此必然走向权力的垄断，导致不平等。因为政治权力的垄断或专制在于没有对权力进行有效的约束或制衡，而不是由差别原则所引起的。可见，沃尔泽把经济领域里的垄断与政治领域里的垄断相混淆。

在沃尔泽看来，罗尔斯推行的差别原则必然带来国家权力强化，并且带来严重的不平等，那么，如何摆脱这种困境？沃尔泽认为通过复合平等可以实现，实现复合平等的关键如下：

第一，捍卫差别，限制"支配性的善"。

沃尔泽对"平等"有自己独特的看法。"平等的根本含义是消极的，平等主义就其起源来说是一种废弃主义政见。它的根本含义是消极的，它并不在于消灭全部差别，而是消灭特定的一套差别，以及在不同地点不同时间消灭不同的差别，它的目标是要消除贵族特权、资本主义财富、官僚权力、种族或性别优越性。"[1] 即平等主义的目标不是要消除所有阶级对立，也不是要消除贵族与平民、或官员与普通公民的身份差别，而在于消除一套前者对后者造成支配的社会结构。

沃尔泽主张，政治平等主义的目标是不受支配的社会。"这是冠以平等之名的活生生的愿望：不再需要打躬作揖、谄媚奉承；不再有恐惧的哆嗦；不再有盛气凌人者；不再有主人，不再有奴隶。"[2] 产生平等主义并不是存在富有与贫困并存这一事实，而是富者"碾碎穷人的容

---

[1] [美]迈克尔·沃尔泽："序言"，《正义诸领域：为多元主义与平等一辩》，褚松燕译，译林出版社2002年版，第3页。

[2] 同上书，第4页。

颜",把贫穷强加到他们身上,迫使他们恭顺这一事实。① 对方有权而你无势,所以你会屈膝逢迎、打躬作揖、谄媚奉承,这其实是一些人对另一些人的支配。沃尔泽的平等意识是要消除人与人之间的主奴关系,不必受制于他人的一种非支配性平等,这种非支配性平等观类似于新共和主义的自由观。新共和主义者佩蒂特指出,支配典型地表现在主奴关系上,支配者可以专业地干预被支配者的选择,而无需考虑对方的利益或观点。② 非支配的自由就意味着你不必臣服于任何他人的掌控。当社会消除了控制支配的手段时,男女平等才有可能,从这种意义和条件来看,在《玩偶之家》中,当主人公娜拉在经济上不再受海尔茂支配时,娜拉的人格尊严才得以体现,双方地位才真正实现平等。所以,"沃尔泽的平等观实际上是一种尊严平等观,他向往的是每个人的尊严都能被他人充分尊重的社会。这也就是他的正义平等"③。

第二,阻止跨界交易,反对专制。

沃尔泽认为,每个社会益品都是特殊的,具有各自的社会意义、各自内在分配机构和分配原则,它们都应该被限制在各自的分配领域,反对一种物品逾越或侵占另一个领域的社会益品。

沃尔泽援引了帕斯卡在《思想录》中一番精彩论述,增强自己观点的说服力:"专制的本质是渴望得到统治整个世界、超越自己领域的权力"④,沃尔泽是想表明,帕斯卡所论述的力量转换为信念是错的,超越自己领域的权力就是专制的表现。他还引证了马克思在其早期手稿的类似论述:"如果你想要欣赏艺术,你必须是一个有艺术修养的人;如果你想去影响别人,你必须是一个真正能够鼓舞和鼓励别人的人……"⑤ 马克思进一步补充道,统治者也没有权力来影响我们行使正

---

① [美]迈克尔·沃尔泽:"序言",《正义诸领域:为多元主义与平等一辩》,褚松燕译,译林出版社2002年版,第3页。
② [澳]菲利普·佩蒂特:《共和主义》,刘训练译,江苏人民出版社2012年版,第25页。
③ 龚群:《自由主义与社群主义的比较研究》,人民出版社2014年版,第344页。
④ [美]迈克尔·沃尔泽:"序言",《正义诸领域:为多元主义与平等一辩》,褚松燕译,译林出版社2002年版,第21页。
⑤ 同上书,第22页。

当的权利,除非有令人信服的、有益的、鼓舞人心的理由。通过帕斯卡和马克思两者的观点,沃尔泽是想表明:社会物品有社会意义,各有自己运作的领域,它们在各自的领域中自由、合法地发挥着作用。通过解释它们,我们找到了分配的正义。进一步而言,如果忽视这些原则就是专制。将一种善转换为与之并无内在联系的另一种善,就侵犯了其他群体正当统治的领域,从而造成一种暴政专制。

复合平等的关键是"禁止交易",反对"越界交换",将每一社会物品限制在各自的领域之内。现实生活中,人们总是倾向于将自己在社会分配中得到的物品与别人进行交换,有些交换是合法的,有些交换却是非法的"越界交换"。比如钱权交易,会带来资源垄断和社会不公。为此,沃尔泽列出一个很长的清单,明确标明这14种被阻止的交易:"1)人口买卖,2)政治权力,3)刑事司法,4)言论、新闻、宗教、集会的自由,5)婚姻和生育权交易,6)离开政治共同体的权利,7)服兵役、陪审团职责以及其他有关公共工作的义务,8)政治职位,9)基本福利和基础教育,10)绝望交易,11)奖励和荣誉,12)神的恩宠,13)爱和友谊的交易,14)诸多犯罪性出售。诸如勒索、海洛因、坑蒙拐骗的物品等都被禁止。可自由交易这些物品的市场被称之为黑市。"①

这些都是金钱不能买到的东西,也是不能用金钱进行交易的领域。那么,沃尔泽认为金钱适用的领域是什么呢?金钱可以买到什么呢?他认为:金钱的适用领域是市场,它能够购买的是所有公共供给之外的物品、商品、产品和服务,市场关系反映着一种适用于所有可销售的社会物品的特定的道德共识。②换言之,关于一种社会物品能否用来交换取决于人们对它的共同的理解。如果按照达成的道德共识,大家认为这些物品是禁止交易的,那么通过市场进行的分配就不是正义的。这其实是文化生活问题,而不仅仅是分配正义问题。

---

① [美]迈克尔·沃尔泽:"序言",《正义诸领域:为多元主义与平等一辩》,褚松燕译,译林出版社2002年版,第127—131页。
② 同上书,第133页。

沃尔泽复合平等正义观的关键在于维护社会不同领域之间的界限与不同领域物品的独立,各种社会物品都有其适用范围,只要在各自的领域里合法、独立地发挥作用,就必然是合理的。各领域的自主分配,是防范专制和极权主义的最好办法。要实现各领域的自主分配,各领域都有自己的分配原则,这三个原则是:自由交换、应得和需要,即通过三个原则在各领域的独立作用下进行分配,从而实现社会的分配正义。

沃尔泽的复合平等观有一定的道理,他看到了分配正义具有领域性,不同的领域有不同的分配原则和相应的分配标准,保持各领域的独立性,但我们同时也需要指出,沃尔泽的复合平等观过于理想化,现实生活中各领域之间善品存在相互影响和相互联系,尤其是在法治不健全、制度不完善的国家。因为,影响人类社会生活最重要的善往往会跨界而对别的领域产生侵犯,行政权力往往会渗透到知识界,知识界精英也会影响到政治界,造成"赢者通吃"的局面,这些情况并非鲜见。在我们大家对美好生活都有着执着追求的今天,我们拒绝"赢者通吃",反对强者挤兑别的资源,这就需要促进法律制度的健全和完善,做到程序公平公正,并且结果也达到公正,让更多的人过上美好生活。

第四节 泰勒正义观的本体论阐释

加拿大哲学家泰勒是当今世界学术界举足轻重的人物。将泰勒定义为社群主义者的主要理由是:"他认为任何充分的道德概念、实践推理及人的观念,都必须援用背景性框架,这一框架只能通过语言共同体的成员资格得以建立、保持和养成。如果人类是自我解释的动物,而这种自我解释所需要的语言在根本上是一种社会现象,那么,共同体便是行为(包括道德行为)的结构性前提。"[①] 从泰勒的哲学人类学主

---

① [英]史蒂芬·缪哈尔,亚当·斯威夫特:《自由主义者与社群主义者》,孙晓春译,吉林人民出版社2007年版,第183页。

张即人是一种解释的动物,延伸到他的语言哲学和伦理学主张,解释能力构成了人的行为能力,进而建构了人的认同。我们看到,泰勒一步步论证了社群或共同体对于个人的构成性作用,所以,推至政治哲学他坚持一种特定意义上的共同体主义(社群主义)在逻辑上是连贯一致的。① 所以,泰勒的正义观在本体论上,坚持认为社群或共同体对于个人具有构成作用,强调个人离不开社群或共同体。

一、批评自由主义正义观忽视本体论

在英美哲学界,泰勒是少有的坚持本体论的政治哲学家。他认为社群主义与自由主义的正义观存在差异,以至他们之间经常发生争论,甚至陷入混乱之中,其根本原因是这些评论者不能有效区分本体论论题和辩护性论题,或者将一种本体论议题误解为一种辩护论议题,所以这是一场答非所问的争论。

泰勒认为,要明确自由主义与社群主义之间的纷争所在,需要厘清这两个命题之间实质性的区别。在泰勒的《答非所问:自由主义——社群主义之争》一文中,他提出这两种论题,认为本体论论题是指解释我们社会生活借助的要素是什么,其目的是以一种更清楚的方式解释深层次领域的社会行动、结构,而辩护论论题则是指人们所采取的具体的道德立场和原则,即个人权利和自由、社群生活和集体善,何者优先。这两个术语属于不同的范式,是处于不同层面的问题。泰勒认为:"本体论命题的核心关注的是,解释社会生活所必须认可的要素,或者,换一种比较正式的表达形式,那就是在你自身的解释的序列中你所接受的最为终极的项。"② 为了更清楚地表明他自己本体论的观点,泰勒将其划分为原子主义者和整体主义者。原子主义者通常是

---

① 张容南:《一种解释学的现代性话语:查尔斯·泰勒论现代性》,上海人民出版社 2011 年版,第 196 页。

② Charles Taylor, "Crosspuroses: The Liberal-Communitarian Debate", in *Philosphical Arguments*, Cambridge Mass.: Harvard University Press, 1995, p.181.

指方法论上的个人主义。持原子论观点的人强调应当根据个人的性质来解释社会行动、社会结构和状况，应当根据连续的个人善来解释社会善，认为社会不再是个有文化意义的背景存在，而只是作为工具性的存在。而整体主义者则认为社群构成了文化，社群为人们提供了人生的意义和价值，应当根据社群文化的生活情境来解释自我，应当根据社会的公共善来解释个人善。

泰勒指出，辩护性论题关心的是人们所采纳的道德立场和政策。[①]这会导致两种立场：优先考虑个人权利或自由和优先考虑社群生活和公共善，泰勒把这两者的立场称之为个人主义和集体主义。以诺齐克为代表的自由至上主义者可视为个人主义，恩维尔·霍查的阿尔巴尼亚则可归为集体主义。在泰勒看来，这两个系列的论题是有区别的，因为采取其中某个系列的立场并不必然导致另一个系列的态度；但是，它们也并非完全独立，因为一个本体论层面上的立场是他所推崇政策的根本性背景的一部分。

但是泰勒认为这两种倾向并非截然对立。自由主义坚持价值中立，同时也可以用善来规导人们的价值意义，即认为自由主义和社群主义可以在权利与善之间寻求平衡的"中间道路"，泰勒声明自己倾向于这种中间的立场。"社群主义"不是反对个人自由，而是主张把自由放在其适当的位置；它也不主张取消个人权利，而是为个人权利划定适当的界限；它并非否认自我的个性，而是为这种个性的形成与存在寻找历史和社会的基础。[②]原子论与整体论并不对应于个人主义与集体主义，但原子论与整体论立场能分别与个人主义与集体主义的任一立场结合在一起，于是形成四种可能的复杂立场：原子论的个人主义者（如诺齐克），整体论的个人主义者（如洪堡），整体论的集体主义者（如马

---

① ［加］泰勒：《答非所问：自由主义——社群主义之争》，见应奇、刘训练编：《公民共和主义》，东方出版社 2006 年版，第 371 页。

② 韩震：《查尔斯·泰勒对自由主义的批判》，载《新视野》，1997 年第 5 期。

克思），原子论的集体主义者（如 B.F. 斯金纳）。①泰勒将自己和洪堡一起归于一类，认为这类思潮都珍视人类主体的个人自由，并充分认识到人类主体的社会嵌入性。②

泰勒认为，桑德尔所主张的是一种本体论议题，而自由主义却把这种本体论议题误解为一种辩护论议题，不过，桑德尔的做法其实恰恰是从本体论议题过渡到辩护论议题。③桑德尔认为罗尔斯的正义理论秉承了康德的义务论传统，把自我理解为摆脱善观念束缚的独立而自由的个体，这种正义观的论证方式其实蕴含着一个原子化、非情境化的自我观。这种完全无负荷的、抽象的自我在现实生活中是不可能存在的，与此相应的原子论的社会模式就是一种臆想；桑德尔试图表明，在一种综合性的政治哲学之中，各种要素相互交织彼此联系不是不可能的。整体论与情境化的自我观联系在一起是具有较大的可能性的，而原子论和整体论社会结合在一起也是有可能的，但这两个层次之间的联系却相对会受到限制："高度集体主义社会很难与没有负荷的自我结合在一起，或者，在自我被深度情境化之处，高度个人主义的生活形式就是不可能。"④在泰勒看来，桑德尔对罗尔斯的正义主体的批判无疑具有一定的合理性和洞察力，因为自由主义正义观在此意义上具有原子本体论基础。如同桑德尔一样，泰勒所要批评的是当下处于支配地位的程序自由主义正义观。

程序自由主义正是持原子论的自由主义，无视社群和身份的本体

---

① 菲利普·佩蒂特在《人同此心：论心理、社会与政治》（1993）中提出，原子论和整体论相交叉，可以得出四种可能的立场。纯粹的立场是原子论的个人主义和整体论的集体主义，混合的立场是原子论的集体主义和整体论的个人主义。参见［澳］菲利普·佩蒂特：《人同此心：论心理、社会与政治》，应奇等译，吉林出版集团有限责任公司2010年版，第201页。
② ［加］泰勒：《答非所问：自由主义——社群主义之争》，见应奇、刘训练编：《公民共和主义》，东方出版社2006年版，第375页。
③ 同上书，第372页。
④ Charles Taylor, "Cross-puroses: The Liberal-Communitarian Debate", in *Philosophical Arguments*, Cambridge Mass.: Harvard University Press, 1995, pp.182-183, 或《公民共和主义》第372页。

论论题，将社会视为个体的一种偶然联系，每个人都拥有自己的善观念以及相应的生活计划，社会的功能按照某种平等原则尽可能无偏私地促进这些生活计划，这种促进应当把目标放在结果的平等、资源的平等、机会的平等、能力的平等以及其他的平等上。① 但这都不会影响程序自由主义认为一个自由主义社会不应当坚持某种特定的善观念，自由主义社会的核心伦理是正当的伦理而不是善的伦理，即自由主义的正义观应该坚持中立性原则，坚持权利优先于善，不需要促进什么样的善，而在于如何在诸个人的竞争性要求之间、在包含尊重个体权利的决策制度程序之间以及在最大化推进与平等化推进的原则之间进行仲裁，但不能直接确定社会将促进的善是什么，也不能以间接参照这些善的方式来维护该社会的各种程序。

泰勒认为，程序自由主义模式只在明确关于认同和社群的本体论论题之后，才能得到恰当的阐明，但这都不会影响程序自由主义认为自由社会应该保持一种中立性，不应该建立在某一种具体的善的观念之上。在程序自由主义模式中，不需要界定社会的善是什么，最重要的只是个人善的最大化以及对个人的平等帮助，所以留给人们的，只是一种保障最大化与平等的程序，而不是对实质性善观念的思考。②

泰勒认为，本体论命题与辩护论命题之间的关系是复杂的，两者既存在联系，也有各自的独特性。这并不意味着坚持本体论命题的某一观点就不能坚持辩护论命题的另一观点，即持有本体论的立场并不等于就会辩护某种实质性的价值，这正如某人认为个人离不开社会，个人的发展要在社会中实现，但不意味着他（或她）就赞成社会的政策和道德立场要以社群的价值优先于个人。

在逻辑上，本体论议题与辩护论议题是两回事。泰勒表明，自由主义与社群主义之争完全掩盖了这样两种不同的议题，实际上是一场答非所问的对话，本来属于本体论的议题，却被当成辩护论来对待，

---

① ［加］泰勒：《答非所问：自由主义——社群主义之争》，见应奇、刘训练编：《公民共和主义》，东方出版社 2006 年版，第 376 页。

② Charles Taylor, *Philosophical Arguments*, Harvard University Press, 1995, p.186.

反之亦然。

泰勒认为，人是一种社会性存在，人如果离开他人和社会共同体，不仅不能生存，也无法实现潜能，更不能成为真正意义上的人。这就是蕴含在一套社会性的架构中的强评价，强评价对于个人身份的认同是必需的，从这个意义上来说，个人与社群或共同体的关系并不是像个人自足论所设想的那样。在泰勒看来，只有澄清了本体论和辩护论这两种命题之间区别和联系，才有利于真正认清自由主义与社群主义相互论战的实质，并促进当代政治哲学的进一步发展与繁荣。

二、评价正义离不开强评估框架

前文已述，泰勒厘清了本体论命题和辩护性论题的关系，下一步他提出自己独具特色的道德本体论。泰勒道德本体论提出的最主要目的是回应当代自由主义所倡导的程序正义论。程序自由主义认为，当今是个价值多元的时代，存在多元互竞的善观念，他们具有同等的价值和重要性，为了解决不同善观念之间的冲突，前提就是要建立一套规范性、共同性的规章制度，以保障每个人的平等权利和自由。

泰勒通过回归"传统"的方式来追溯道德冲突的起源，探究当代人的道德困境的背景状况，以期为当今人们的道德寻求可靠的绝对根源（本体论）。"我力图探讨存在于我们当代人的某些道德和精神直觉背后的精神本性和困境的背景状况。在这样做的过程中，我也想试探着弄清背景状况究竟是怎么样的，它在我们的生活中扮演什么样的角色。"[①]泰勒致力于探索当代人道德直觉背后的更本质性的道德困境，从存在论上去探究足以支撑尊重他人生命、使其生活意义完整、获得人之为人的尊严和幸福的东西。

泰勒用人类解释学来批判现代性，其前提是反驳自然主义，自然主义是17世纪科学革命后出现的一种新的世界观，主张根据自然规律

---

① ［加］查尔斯·泰勒：《自我的根源：现代认同的形成》，韩震等译，译林出版社2012年版，第10页。

来观察和思考社会现实。这种世界观认为：人不是伟大存在之链的一环，相反，人就是从万物之中抽身出来的独立自足的、可以算计的理性人，能够以客观化的态度审慎思考这个世界并用理性控制这个世界。自然主义哲学要求用自然科学的原则来研究人类社会，主张以不带任何先入之见的态度对待世界和洞察道德本体，不为人们提供善恶好坏的价值负载，更不为人类预设任何目的，由此得出结论："道德本体论是纯粹的虚构。"①

以功利主义为代表的自然主义伦理学，试图把道德起源归根于对最大多数人的最大幸福的工具理性算计；以康德、罗尔斯为代表的义务伦理学"只狭义地关心我们应当做什么，却不关心什么东西本身就是有价值的或我们应该欣赏或热爱什么"②；以哈贝马斯为代表提出的商谈伦理学仅强调所有人都能自愿接受规范的正当性而避不讨论规则的根据本身；韦伯所说的"世界的祛魅"，已经摧毁了人们赖以存在过的那个构成人们精神生活的视界和有意义的宇宙秩序感。尼采所说的"上帝死了"，导致人们精神视界的丧失。现代性的道德从根本上摒弃了传统的框架。泰勒认为，现代性的道德通过语言的逻辑进行建构，其实是对道德本体论的逃避，而这些对道德本体论的逃避或颠覆，无论是功利主义者还是后现代主义，他们的背后其实都隐含着各自不同的道德框架的逻辑。通过对现代性道德的批判，泰勒展开了他自己对善与自我认同的独特理解。

那么，框架是什么呢？泰勒如此解释框架概念："当我们试图说明，在我们断定某种形式的生活确实有价值，或把我们的尊严置于某种成就或地位中，或以某种方式规定我们的道德责任时，我们发现自己就是在表达我称之为'框架'的东西。"③框架与真正的宇宙结构具有同样的本体论的意义。泰勒把认同框架比作一幅道德地图，这个框架

---

① ［加］查尔斯·泰勒：《自我的根源：现代认同的形成》，韩震等译，译林出版社2012年版，第16页。
② 同上书，第122页。
③ 同上书，第38页。

可以用来定位我们有关"善"在空间中所处的位置，而位置可以通过"定位"和"定向"来确定。定位就如同地图上所处的位置和别人的相对距离，定向就是朝向哪个方向。正如我们拿着一张地图，我们不仅知道自己所处的位置，而且知道应该朝哪个方向前进。有了框架就如同有了道德地图一样，我们的存在有一个深远意义的目标指引着前行。反之，无意义的框架类似于没有道德地图，不知道自己身居何处，不知道"我是谁"，更不知道该往何处行走，毫无方向感。丢失了意义框架，也就丧失了反思与行动的能力，这种状况被泰勒称之为"认同的危机"。所以，框架帮助我们理解什么对我们具有关键的重要性，知道"我是谁"这个问题，然后根据"我是谁"可以思考基本方向感。这种方向感规定了人们的认同问题。比如通过家谱、社会空间、社会地位和关系密切的朋友来定义"我是谁"。泰勒认为，"我的认同是由提供框架或视界的承诺和身份规定的、在这种框架和视界内我能够尝试在不同的情况下决定什么是好的或有价值的，或者什么应当做，或者我应赞同或反对什么，换句话说，这是我能够在其中采取一种立场的视界。"① 框架定义不仅圈定着每个人自我身份的虚拟道德空间，而且为我们提供意义表达，提供着我们对于自我生活的感受，也包括我们对完满生活的理解。没有框架，人们就会失去方向感和归属感，找不到存在的根基和存在的意义，造成情感认同危机，这是现代人最典型的道德困境，可见，框架在我们生活中有着重要意义。

　　对泰勒来说，"我是谁"的问题就是自我认同的问题，认同问题总是与强评价联系在一起的。人除了道德生活之外，还应该去理性思考：思考什么是好生活，如何获得好生活，作为人该具有的责任和尊严，如何获得美善的友谊，该如何度过有意义而丰富的一生等这些属于强评价的问题。而人之为人特有的能力，就是能够理解和认识到人类之善，并且能够主动追求和践行生命中的目标和善，以此确定人生的方向，采取独立于自身的欲望、动机、目标或行动的标准而进行反思性

---

① ［加］查尔斯·泰勒：《自我的根源：现代认同的形成》，韩震等译，译林出版社2012年版，第40页。

价值评价的能力,就是强评价能力。强评价能力就是人可以运用在共同体生活中形成的传统标准、价值依据及精神直觉对自身的欲望、偏好和选择进行评判的能力,从而使人能够赋予其行为以意义,化解共同体生活中存在的道德冲突和精神困境,从而追寻更有深度和更有意义的生活。

在泰勒看来,反思性特征的强评价能力,同时也具有诠释性特征,人们通过语言去发现道德,语言是一个社群文化的担当者,能够对生活经验进行道德诠释,诠释过程也是一个道德评价的过程,了解什么样的生活是可欲的和值得追求的。

泰勒认为,我们必须视自身为一种自我诠释的动物。西方悠久的哲学传统可以追溯到古希腊。亚里士多德在《政治学》中,阐发了人类区别于其他动物的特性在于语言。蚂蚁或蜜蜂等其它群居动物只是靠生物的本能而结合成的共同体,它们只有发声的机能,只有人类可以借助语言表达沟通或区分善恶。"人类所不同于其它动物的特性就在他对善恶和是否合乎正义以及其它类似观念的辨认〔这些都由言语为之互相传达〕,而家庭和城邦的结合正是这类义理的结合。"① 人有语言能力,因而能辨别善恶,这也是我们人的自然本性,这种自然本性是一定能够得到表现和发展的。人的本性就在于我们通过语言能力能够辨别义理。语言能辨别是非、区分善恶,故不仅能聚众,且能趋善避恶,能够传达观念,阐明义理,表达正义,从而能够在一种人群的有机结合中相互理解,并合理地追求更高的善,更好地参与城邦政治生活。语言是人的本性,只能存在于社群或共同体中并得以保持发展。

在泰勒看来,语言不仅具有表达的功能,语言还对人具有实质性的构成作用,通过语言可以辨别哪些是对我们具有重要意义和有价值的事,能够准确地理解主体的义理及意图。"通过语言,我们形成了什么?也就是说,什么东西只有通过语言才能得以形成?"② 泰勒从存在

---

① [古希腊]亚里士多德,《政治学》,吴寿彭译,商务出版社1983年版,第8页。
② Charles Taylor, *Philosophical Arguments*, Cambridge, Massachusetts, London, England: Harvard University Press, 1995, p.3.

论的角度把人理解为通过语言进行自我诠释性的存在。

对泰勒来说，一个人认同的形成和维持是交互的，人们并不是通过孤立地运用语言就可以完成自身的任务，要完成自己的任务，必须通过人际交往的语言媒介和意义空间，通过与他者的互动和对话才能做到。如果强评价的善之框架是身份的构成性条件，那么表达这些善的语言同样也是其构成性条件。

泰勒所说的语言共同体提供了人自身形成自我认同，彰显意义的原初境遇。正是在这种原初境遇中，我们有效地回答了"我是谁"这个问题。这种原初的语境是存在论意义上的，是人类自我和道德生成的结构性的前提。我们也可以把这个语言共同体理解为一种文化社群，这种文化社群往往具有共同的语言、相同的历史文化、一套共同的宗教信仰和道德价值观等要素，这些要素能够在某种程度上界定自我身份、存在的价值和方向的选择。

所以，泰勒从人与语言共同体的存在论意义上分析社群或共同体的价值，把社群或共同体看成是一个意义框架，具有道德价值。泰勒批判当代自由主义把社群或共同体视为个人的简单集合，无法滋养现代主体的道德根源，无法赋予主体以规定性。"我们或许以急剧的变化平衡我们的认同定义，把给定的、历史性的共同体当作极化了的认同加以废黜，只与由固守善所规定的共同体（得救者、真正的信仰者或智者）相联系。但是，这并没有割断我们对对话网络的依赖。变化的只是网络和我们依赖的性质。"[1]这种摆脱了历史和文化传统的自我观，具有抽象性、反文化性和片面性。

综上所述，泰勒认为人总是被嵌入一个特定的生活实践或历史传统的背景框架中，这个背景是人无法逃避的，因为它决定了人类特质、存在状态和价值诉求。

如果我们不依赖于这种背景框架，我们就无法弄清人类行为的意义。相反，人类行为的意义需要通过语言共同体建构起来，它是一个

---

[1] ［加］查尔斯·泰勒：《自我的根源：现代认同的形成》，韩震等译，译林出版社2012年版，第57页。

解释学的问题。它依赖于社群,因为社群是意义母体;它同样依赖于个人,因为个人是解释主体。所以,个人与社群的关系不是二元对立的关系,而是唇齿相依的相互构成的关系。^① 泰勒从人是语言的存在物,语言是人之为人的条件和本质出发,指出人与人之间的对话是通过语言敞开的公共空间而构建起来的,人的强评价能力不是先天的,而是在共同体之中的对话和实践中形成的,提示了自我认同与共同体之间的内在构成性,强调社会或共同体对于个人所具有的本原意蕴,彰显了泰勒社群主义的整体本体论的思想。

三、共同体意义的重建

泰勒认为,现代社会有一个特点,那就是个人性的凸显,在人们的自我认识及其社会计划中,"都逐渐形成一种概念,即认为社会世界是由个人组成的"[②]。当然,这种概念首先是在精英人士那里形成的,然后逐渐扩展到整个社会中,这个过程其实就是祛魅。因为专注于个人的形象,就会发现,周围的世界万物其实从价值上说是低于人的,它们都被还原为了人的日常生活、经济的繁荣等工具性的存在,于是,传统的具有魔力的宇宙、神灵、为上帝献身等观念就被消除了,消除了这些魔力,世界表现出来的就是客观化和从工具主义立场来看待的东西。泰勒把这称为"伟大的抽离",即对具有魔力的东西的抽离。在这个过程中,也重塑着人们的行动和社会形式。宇宙间没有任何神圣的事情,没有任何让人顶礼膜拜的东西,只有平平常常的事情,在人们的视界中,就只有世俗的世界。但有一点需要明白,我们在考察社会问题时,不能采取线性的、单方面的联系的观点,而应该采取复合、迭层的观点。

在"现代性"这个背景中,有三个领域值得我们引导、约束、塑

---

① 张容南:《一种解释学的现代性话语:查尔斯·泰勒论现代性》,上海人民出版社 2011 年版,第 206 页。

② [加] 查尔斯·泰勒:《现代社会想象》,林曼红译,译林出版社 2014 年版,第 55 页。

造。在泰勒看来，这个三个领域就是市场经济、公共领域、人民自治。泰勒说，还有第四个因素，即世俗时代，但是，世俗时代是现代社会的根本特征，也是市场经济、公共领域和人民自治的根本特征，所以，不需要把世俗时代单列出来。

第一，吁求市民社会。

经济领域之所以成为塑造人们的现代社会想象的一个重要领域，显然是因为它与传统社会的经济活动有了很大的不同。（1）在传统社会中，经济活动属于家政范围，而不是重要的社会事务。既然个人成为了自由个体，则经济活动就成为了个人在社会中所要追求的职业活动，一为养命之需，一为获得荣誉，同时，这种经济活动就去除了其封闭性和片面性，而逐渐成为了一种没有限制的普遍活动，这就是市场经济。（2）虽然现代化是一种祛魅化的过程，但是，传统的上帝按照仁慈计划来管理世界的观念，在现代社会中，又会采取一种新的方式表述出来，即以互利的机制表现出来。泰勒认为，这些观念固然一直延续下来，"但18世纪新增的内容是，对旨在促进相互利益的人类生活方式的赞赏。有时候，其重点是放在互惠上，但是这种快乐的设计，经常存在于所谓的'无形之手'的因素中"①。而市场经济是最能实现"互换"的经济交往形式，具有典型的现代性的新特征。"在新的概念中关键点在于，我们的目的相吻合，不管我们每个人的主观意识上它们会是多么的不同。这些目的让我们交换彼此的利益。"②（3）但是请注意，由于基督教对西方社会有重要影响，面对现代社会的新特征，也出现了宗教改革，可以说，这是现代道德秩序渗透、改变我们的社会想象的极好例子。宗教改革把天主教认为是更高层次的独身和修道院生活看作理想而不切实际的，而主张要承认世俗生活的神圣性，过好世俗生活，是我们的天职，"是和任何其他的生活一样神圣的"③。他还发现现代社会中有一种思潮认为，与传统社会寻求军事辉煌而造成

---

① ［加］查尔斯·泰勒：《现代社会想象》，林曼红译，译林出版社2014年版，第61页。
② 同上。
③ 同上书，第64页。

破坏的野蛮相比,商业生活是通过互利网络而和平地逐利,所以,商业生活是优雅文明的,也是爱好和平的,这是因为赚钱的普遍行为"可以帮助控制和抑制暴力的激情"[①]。可以说,这些转变了的观念对西方现代文明的形成有着巨大的影响。

求利行为在传统社会中即使不被鄙视,也无法成为社会上具有高级价值的活动,而在现代社会,肯定经济活动的合法性甚至高尚性越来越成为社会的主流话语,并且成为他们的社会想象的基调。这是一种巨大的改变和转型:"在理论和社会想象方面,在于我们开始把社会看成是一种经济,是一系列相关联的生产、交易和消费的活动,从而形成了一套有自身规律的和原动力的体制。……把经济理解为是一种体制,是18世纪理论的一个成就,也是重农主义和亚当·斯密理论的成就。"[②]

第二,培育公共领域。

公共领域的出现也是现代社会的一件特有之事。其主要特征不只是因为印刷业的大发展而兴起的文人公共交往空间,更是指以元议题为中心的多种公共谈论的共同空间,它也是在18世纪出现的。开始是一种文学共和体,在这个共和体中,文学创作人才辈出,人们的文学品鉴能力得到了发挥、提高、扩展,从而以文学为元议题,聚集了社会的言论焦点,而这种公共空间的构成是完全自愿的、松散的、没有从属关系的,但又是"具有统一组织的共和体",它是游离于政治之外的。这就是公共领域的最初形象。然后,出现了一种对社会事务的公共讨论空间,这就是公共领域,在泰勒看来,"公共领域是每个人都能进行交谈的场地(虽然,在18世纪,这一主张仅仅涉及少数受教育者或'启蒙者'),在这里,社会可以对重要的事情形成一个共识。"[③] 显然,这是一种真知灼见之间的辩论,来自受教育群体,他们的共识来自经过深思熟虑的观点,其中关键的辩论所形成的政策见解将能取得

---

① [加]查尔斯·泰勒:《现代社会想象》,林曼红译,译林出版社2014年版,第65页。
② 同上书,第67页。
③ 同上书,第77页。

一种规范性地位,政府也必须注意倾听它的声音。

泰勒认为,公共领域中真正"新颖和史无前例之处"表现在以下两点上:(1)公共领域的特点就是获得了一种独立于政治权力的公共的理性讨论的场所,形成的理性观点对政府有指导作用。随着历史的发展,公共领域就不再只是受教育者或启蒙者进行理性的公共讨论的场所,广大的普遍人群也参与进来了,就公共事务发表自己的意见,至少有渠道、有空间引导他们表达自己的见解。随着传媒技术的发展,特别是互联网的普及和自媒体时代的到来,人们进行公共参与和公共讨论的渠道越来越多,空间越来越广,某个议题的留言、跟帖、点击的数量,对政府部门都会产生压力。这种情况,被看作是现代社会文明进步的一个标志,也表明政治权力自觉或不自觉地受到理性的公共讨论的驯化。传统社会偶尔有立诽谤木和纳谏的情况,但这只是开明君主的个别性的、偶然的举动,更多的是堵塞言路的专制独裁,把民意表达视为洪水猛兽,极端的情况下会导致"道路以目"(《国语·周语上》)的普遍噤声状态。现代社会与之相比,可以说是发生了巨大的变化。也就是说,现代社会的人们具有了一定的自治、共治能力。(2)公共领域的新颖性的第二个方面"应该是其激进的世俗性"[①]。公共领域有一个前所未有的特点,那就是它很容易被创造出来,即使没有什么媒介技术,人们也可以走到一起进行公共讨论,所以,它所关注的一定是日常的、与人们的生活、思想、情感关系密切的事情,对它们的讨论可以吸引各种各样的人,这就体现了它的高度世俗性。"18世纪的公共领域代表了一种新型的空间:一个元议题性的共同空间,而且没有超验行为参与的公共中介,(只有)完全以其自身的共同行为为基础的中介。"[②]这种激进的世俗化,从哲学上说,实际上就是"对更高时间的拒绝,并假设时间是纯粹属世的"[③]。也就是说,激进世俗性主张,所有正在发生的事情都在同一个时间维度内存在,所以,它们纯粹是

---

① [加]查尔斯·泰勒:《现代社会想象》,林曼红译,译林出版社2014年版,第82页。
② 同上书,第85页。
③ 同上书,第86—87页。

现世的，并没有任何来自更高的神圣时间的意义和价值。公共领域的出现，也是现代社会祛魅化的一个典型表现。

可以说，公共领域就是社会成员可以交换意见并达到共识的新的超政治、世俗的公共空间，决策部分是由参与者的共同理解构成的，培育一个发达的公共领域对于民主和自由是非常重要的，至少某种程度上可以对抗泰勒所谓的"政治碎片化"。

第三，重视政治空间。

第三个要素是具有主权的人民。现代社会在形成和发展过程中，也有复杂的结构，各种因素也相互关联着。前面我们看到一个是经济领域，另一个是公共领域，人民主权论则是政治领域。现代社会在政治领域中也经历了一些巨大变化，出现了人民主权论，"它一开始也只是一种理论，而后渐渐地潜入不同的社会想象里，并且去改变它们"[①]。人民主权论对从传统社会中过来的人来说会相当令人惊讶，比如，日本在明治维新时期，民众对翻译过来的卢梭《社会契约论》中主权在民的观点感到十分吃惊，碰到人就问：民众有权是怎么回事？[②] 可见，"人民主权论"在当时是如何新颖的一个观点。既然这一观点出现了，又符合社会变化发展的客观趋势，则这种理论就将进入到实践之中，对之前的政治结构进行变革，逐渐地塑造着进行这种实践的群体的社会想象。

在具体的史实中，我们可以看到美国独立战争和法国大革命所形成的人民主权思想的理论基础并不一致，塑造大家的社会想象的方式也有差别。美国独立战争后颁布的宪法把新的共和思想完全置于现代道德秩序之中，即直接"根据人民的意愿去立法，人民成了立法的依据"[③]，它之成功，在于以合法性的理念为基础，开始是殖民者以维护"英国人的权利"为口号反对宗主国动辄征税的傲慢统治；后来这些人力争入选立法机构，从而参与立法，通过了一个宣言，"确认普遍的人

[①] ［加］查尔斯·泰勒：《现代社会想象》，林曼红译，译林出版社2014年版，第95页。
[②] ［日］川岛武宜：《现代化与法》，王志安等译，中国政法大学出版社1994年版，第18页。
[③] ［加］查尔斯·泰勒：《现代社会想象》，林曼红译，译林出版社2014年版，第97页。

权，而不再只是英国人的人权"①，这个理论逐渐成为了大家的共识，从而塑造了大家的社会想象，于是，各州的人民都意愿联合成新的联邦政府，并确认了人民主权的政治原则。

法国革命的情形与此迥然不同。在革命中，对人民主权论的论述既有赞成者，也有挑战者，先是对王朝的合法性提出质疑，然后对国家的合法性也提出了质疑，于是"在具有广泛基础上的社会想象中并没有取得共识"。② 另外，它还有一种理论基础，那就是卢梭的公意、公共的大我、质朴的美德等，在大革命中也激起了一种狂暴的激情，掌握政权后就施行了一种美德的暴政，造成了激烈的动荡。随着时间的推移，社会秩序也必然要经历一种逐步的重建过程，其稳定器就是有序的代议制机构，在这里，"唯一可以让人们发展起新的社会想象的办法，就是参与他们的选举"。③

泰勒回顾和重释美国独立战争和法国大革命，目的就是说明，一个理论，如人民主权论，要渗透、改变、塑造人们的社会想象，必须让参与具体实践的人们取得一定的共识才有可能。同时，在不同民族的实践中，由于它们具有不同的传统的合法性资源，所以它们所造成的社会现实会就有不同的特点，这塑造着人们不同的社会想象。因此，泰勒说："借用康德的哲学来做一个类比：理论就像抽象的范畴；它们需要被'图式化'，如果要把它们应用到历史中，就必须在实践的领域里获得一些具体的阐释。"④

小 结

这一章我们对社群主义正义观的本体论进行了阐释。从本体论角

---

① [加]查尔斯·泰勒：《现代社会想象》，林曼红译，译林出版社2014年版，第97页。
② 同上书，第99页。
③ 同上书，第122—123页。
④ [加]查尔斯·泰勒：《自我的根源：现代认同的形成》，韩震等译，译林出版社2012年版，第101页。

度分析，自由主义的哲学根基是个人主义，是从个人原子式的存在方式出发来考察正义实现的路径；社群主义则以社群取代自我个体，将其作为理论的本体立场，强调在本体论上社群优先于个体，社群生活对个人具有构成性影响，认为正义存在于特定的社群之中。

通过考察，我们可以得出结论：麦金太尔阐述的是一种叙事型的自我观，桑德尔阐释的是一种构成型的自我观，沃尔泽描述了一种关联型的自我观，泰勒表达了一种对话式的自我观，这几种自我观的表述有所不同，但内涵上却是相似的，他们都强调了自我是存在于具体的历史文化传统当中的经验型主体，并且自我是与某种共同善观念密切联系着的。新自由主义正义观强调个人本位，个人权利至高无上，社会只不过是一个联合体。如果说社群主义的思想来源于亚里士多德和黑格尔，那么新自由主义思想来源于洛克与康德，他们承袭了西方政治思想史的个人主义传统，逻辑起点是原子主义个人，将单独的个体作为所有理论出发的原点：先有个人，个人之间签订契约，形成社会生活与政治的制度等，一切都从个体延伸展开。社群主义认为个人并不是先于社会存在的一个"原子"，作为个体的"自我"不是凭空产生的，而是在社会关系中被造就的，是被社群生活所塑造的。

罗尔斯借助无知之幕的概念为个人权利优先的社会正义理论奠定基础，将自我剥离开社会的价值和目标，成为拥有独立特性的主体，桑德尔称之为"无所牵绊的个人"，这是不真实的、空洞的。桑德尔认为这种自我观忽视现实中人们价值观的多元性，有违我们的直觉洞察；忽视了我们是被嵌入共同体之中的这一事实。

麦金太尔认为启蒙筹划的失败在于情感主义的自我观，这种自我观摆脱了身份、阶级和出身的束缚，不但在现实生活中不符合日常表现的逻辑，而且缺乏历史连续性，因此具有某种抽象性和虚幻性的特征。麦金太尔认为人本质上是叙事性的动物，自我具有社会身份，这决定了人在社会关系中的角色和位置，脱离了社会关系，自我就什么都不是。麦金太尔在《德性之后》《谁之正义？何种合理性？》中批判了罗尔斯正义观所持的原子式的个人本体论：只从个人出发，而忽视了社群的善。麦金太尔主张正义是根植于社群之中的，其基本的纽带是对人类的善与社群之善的共同认知。

沃尔泽认为，分配正义是在一个有边界的分配世界内进行的，这个世界就是政治共同体，分配正义离不开社群。成员资格是分配正义首要的善，只有获得成员资格的人才享有社群内部分配的权利与利益。沃尔泽在这里明显阐发了一种典型的整体主义本体论的研究路径，并以此运用到他的分配正义理论当中。进而言之，要想揭示分配正义理论的不同以及分配活动的实质区别，只有从本体论层面展开对社群理论的分析才能达到，而对社群理论的分析，从本体论上定会涉及社群与自我（个人）的关系。沃尔泽的自我观认为人本质上是一种社会性生物，自由主义原子式的个人是社会高度流动性的产物。

泰勒认为人类本质上是自我解释的动物，而这种自我解释所需要的语言在根本上是一种社会现象，人们通过语言去发现道德，语言是一个社群文化的担当者，能够对生活经验进行道德诠释，诠释过程也是一个道德评价的过程，了解什么样的生活是可欲的、值得追求的。那么，社群或共同体便是行为（包括道德行为）的结构性前提。所以，泰勒认为人总是被嵌入一个特定的生活实践或历史传统的背景框架中，这个背景是个人所无法逃避的，因为它决定了人类的自我身份，这才使我们能进行意义表达。

综合上述四位社群主义者的批评，我们能够发现在社群主义者的视界中，自由主义的自我观有以下特点："（1）是空洞的；（2）违反了我们的自我感知；（3）无视了我们在社群的实践中的被植入性（Embeddedness）；（4）无视了对我们个人判断的社会认可的必要性；（5）伪称具有一种不可能达到的普遍性或客观性。"[①]但金里卡认为这种批判是可疑的，自由主义自我观更强调一种理性的可修正性的能力，即使我们对"优良生活的本性是什么"有着最根深蒂固的确信，我们仍然留有质疑和再检视这种生活的权利。

从本体论上分析，社群主义者主要批判了自由主义自我观的空洞

---

① ［加］威尔·金里卡：《自由主义、社群与文化》，应奇、葛水林译，上海译文出版社2005年版，第45页。

性，社群主义正义观意识到人是社会性的存在，只有在社群的统一性中自我才能找到存在的根基和生活的意义。为了寻求社群的确定性和整体性，我们也有可能要放弃自我的一部分自由或某些选择的权利，从而将自我的行为植入社群的权威和秩序之中。由于社群主义以新自由主义为批判靶子，导致其只把立论基础置于自由主义的对立面，从而使其学术视野受到限制。其本体论基础只是置于同个人相对立的另一端即社群之上，而无法获得实践（物质生产实践）——历史的宏大场域，从而不能真正理解个人与社群的辩证关系，也不能真正理解正义观具有历史性的真正原因，需要以马克思主义的共在存在论来加以批判。

第三章　社群主义正义观的价值论阐释

价值论（Axiology）是关于最广义的善或价值的理论。它主要从客体能否以及如何满足主体需要和目的的角度，考察和评价社会系统内各种现象及行为对个人、社会和社群的意义。它不仅仅追问世界"是什么"，还要追问世界"应当是什么"。它使哲学的功能不仅表现在描述与解释世界，还表现在批判和规范世界上。政治哲学无法回避人在政治活动中的需要和目的这个问题。政治活动的目的最终是为了实现政治主体的利益和价值，政治活动的主体是参与政治活动的人，而对人的性质和意义的不同理解就决定了政治哲学的价值取向和不同的政治范式。众所周知，自由主义与社群主义的争论之一就是"权利优先于善"还是"善优先于权利"，这属于价值论层面的交锋。本体论决定价值论，本体论是价值论的立论基础或逻辑起点，而价值论是本体论的表现形式和作用目标。自由主义从抽象的个人出发探讨正义问题，必然将维护个人权利的正当性作为社会正义的价值基准，社群主义从社会、历史、整体或人类关系模式等出发探讨正义问题，必然指向以维护共同善为价值目标的公益政治或主张培养个人品性的德性正义。

第一节　麦金太尔：德性正义优先于规则正义

一、批判自由主义的规则正义

罗尔斯主张，社会基本结构就是社会正义的首要主题，因为社会基本结构对"生而入其中，死而出其外"的人们的生活愿望影响极大，在这种正义的社会制度下，人们通过社会合作，能够公平地分配社会合作中的利益，并合理地分配责任。罗尔斯主张一个社会秩序、一种公共的政治制度的正义性对各种具体的善而言具有优先性，正义观念独立并且优先于善观念，正义社会中人们的善观念具有多元性和彼此之间的不一致性，但正义原则能够限制社会个体所接受的善观念，即这些善观念必须遵循和适应这种正义观的框架，"一个正义的社会体系确定了一个范围，个人必须在这一范围内确定他们的目标。它还提供了一个权利、机会和满足手段的结构，人们可以在这一结构中利用所提供的东西来公平地追求他们的目标"①。对于罗尔斯来说，这些社会基本结构制度是指宪法以及基本的经济和社会制度，尤其是法律制度。任何社会秩序如果没有一种正义的规则体系加以衡量分界，没有形成正义规则之标准，那么这个社会秩序就是非正义的，就不具有制度正义的美德。正当优于善就意味着社会的基本规则成为优于善的存在，也即规则正义优先于德性正义。不可否认，罗尔斯所主张的"权利优先于善"的原则是现代社会的基础和应遵循的公共理性，是市场经济中的社会生活所要求和践行的普遍规则，突出了自由选择和自主决定的个人权利，具有一定的历史进步性。

规范伦理涵摄的主旨是"我应当做什么"，关涉的是人的行为应当

---

① John Rawls, *A Theory of Justice (Revised Edition)*, Cambridge Mass.: Harvard University Press, 1999, p.28.

遵循道德规则，可以归结为"我们该如何更好地生活在一起"的问题。德性伦理涵摄的主旨是"我应该成为什么样的人"，关注的是人内在的道德品质，可以归结为"德性人生何以可能"的问题。理论和实践都告诉我们，德性伦理和规范伦理是互补的，同理，德性正义与规则正义也是互补的。外在规则正义和内在德性正义在思想道德建设中都不可或缺。规则正义对人们来说是硬的强制性要求，具有规则的约束力；德性正义是人们内心的软规则，它更注重个体内在品德的培育和追求。但是，前者虽好，人们不一定自觉遵守；只有具备了美德，规则才会得到自觉的、合适的遵守。作为一种个体美德的德性正义，是在撇开并先于强制性规则正义确立的情况下被定义的。

在麦金太尔看来，规则正义主张把正义单纯维系于法律规则之上，强调法律制度意义上的程序正义，这一主流的自由主义正义观是有问题的，它背离了古典传统政治美德。

麦金太尔批判了以罗尔斯为首的规则正义观，认为这种正义观主要依据普遍理性来制定行为的正义原则，貌似合理，却致使当代正义观纷争不断、社会秩序失范、价值虚无主义盛行。因为规则是外在的，它仅仅给人的行为一种约束，而不必去关注和研究人的内在道德品质，忽视了现实生活中人们千姿百态的正当的情感和美好的愿望，缺少一个总体性的道德框架。最终，这种规则只会沦为冷冰冰的条文。"没有人的正义美德或没有具备正义美德的人，正义的秩序和规则就只能是一纸空文。"[①] 在麦金太尔看来，无论规章制度或法律制度多么健全周密，如果人们不具备良好的道德品格或高尚的情操，也不可能影响人的行为，更不用说使之内化为日常的道德行为规范。因此，麦金太尔历史地回顾了亚里士多德的目的论美德伦理学，又针对康德、罗尔斯义务论规范伦理学所无法解决的伦理难题，提出德性正义应当优先于规则正义的主张，主张德性正义是人的自我实现所必须具有的实质性内容，是人的社会性存在获得人生意义的重要价值源泉。

---

① [美]阿拉斯戴尔·麦金太尔：《谁之正义？何种合理性？》，万俊人等译，当代中国出版社1996年版，前言第17页。

麦金太尔质疑罗尔斯的正义观把人的生活的权利与人的好生活目标割裂开,强调规则正义至上,而忽略对人的美德的塑造。麦金太尔认为,解决正义问题,不仅要与德性相连,而且要与一种人生的支配性目标相连,我们对于正义的反思不能合理地脱离我们对于好生活之本质以及人类最高目的的反思。我们不能不涉及那些体现于诸多文化和传统中的道德观念,公民美德从来都是人类社会政治生活中不可或缺的政治文化资源。麦金太尔对罗尔斯的质疑和批评无疑是难以回避的和有意义的。① 正义的确是一个社会制度的最高成就,但是社会制度如何能够不仅具备正义的特性,而且还能够在实际运作中展示并保持其正义的特性?罗尔斯正义理论只解决了关于社会制度的正义安排方面,但他对后者没有给予充分的关注和讨论,罗尔斯只是假设了公民的两种"基本的道德能力",并预先设定每一个正常的社会公民都具备这两种基本的道德能力:一种是每个人都具备应有的"正义感"能力;另一种是每个公民都具备其合宜的"善观念"能力。但是,罗尔斯没有充分解释人们是怎样获得这种正义感的,也没有解释人们又是如何保持其正义感的。正义的原则要求对所有人都是无条件的,但人们践行正义的原则却是有条件的。制度安排对所有人都一样,但是每个人是否都能够做正义之事却并不一样,所以麦金太尔提出人的德性正义是社会制度正义的前提,其意义是颇为深刻的。

值得注意的问题是,麦金太尔指出,自由主义这种规则正义强调的是一种以"权利"为核心的观念,"权利"人为地割裂了人与良善生活目的之间的内在关联,使之成为不可逾越的领域,这种权利观是值得反思的。于是,麦金太尔集中批判了自由主义的权利概念,他通过语言学知识对"权利"一词进行考证,认为"权利"概念直到中世纪临近结束时才出现在古代或中世纪语言中,而在日语中甚至到19世纪中期才出现,之前人们并不知道存在这种人之为人都具有的权利概念,所以,麦金太尔认为自由主义所主张的个人权利是荒谬的,根本不存在此类权利,如果相信这种权利观,就如同相信狐狸精与独角兽那样

---

① 万俊人:《罗尔斯问题》,载《求是学刊》,2007年第1期。

第三章 社群主义正义观的价值论阐释

是虚构的。①

麦金太尔批评的不是法律规定的权利,而是自然权利或抽象的人权。他认为自然权利或人权是道德概念的虚构,以此为人们提供一种客观的、普遍的标准,这注定是要失败的。②在麦金太尔看来,自由主义所宣称的可以普遍适用于不同的种族、性别、宗教、资质和地位的权利观是不存在的,权利一定是以某个特定的社会背景和历史传统为依托的。如果某种权利的观念可以得到理解的话,那它所指的一定是社群成员所具有的权利,而绝非那种基于抽象人格的权利,也就是说,是由社群赋予其成员的权利,作为社群成员就享有只有具有成员资格的个人才配享有的政治、法律和经济等各项权利,不是社群成员就如同一名异乡客,不能得到社群的安全保护,更不能获得社群的福利或权利,所以权利的获得必须存在某种特定的社群或实践为前提条件。

我们有必要对麦金太尔的权利观进行批判性反思。麦金太尔认为,之前社会没有与现代的权利相当的概念,所以根本就不存在权利,这正是麦金太尔的错误所在,他没有看到权利是一个经历了长期的观念化过程之后而形成的概念,只有在出现了观念化的权利之后,人和人的关系才可以被抽象化为自由意志之间的相互对待的关系。③麦金太尔认为自由主义权利是抽象的、原子式的个人权利观,从而以否定权利为代价而主张以紧密的社群生活塑造美德的企图,这"必然抹杀社群的健全价值标准,而权利就是这种标准的基线"④。在一个社群生活中,有一些共同的普遍规范能够被社群成员所接受并且受到约束,因而才是一个健全的社群,否则,没有权利作为标准的基线,则有可能形成压迫式的、家长式的社群。正如斯蒂芬·霍尔姆斯所说:"社群主义的反自由主义者总是忘记的一点在于,对于长大成人来说,社会是个危

---

① Alasdair Macintyre, *After Virtue: A Study In Moral Theory (Third Edition)*, Notre Dame Ind.: University of Notre Dame Press, 2007, p.69.
② Ibid., p.70.
③ 詹世友:《美德政治学的历史类型与现实型构》,中国社会科学出版社 2015 年版,第 314 页。
④ 同上书,第 332 页。

险的地方。比如，只有通过强烈的社会性的相互影响，人们才会形成他们最坏的荒唐作风和狂热举动；在前社会性的隔离状态中，不宽容或种族主义的能力不能变得发达。"① 如果以侵害他人的权利为代价塑造美德，这样的社群生活反而是一种罪恶的渊薮。

所以，正义规则与法律制度的建设固然重要，但人在努力追求自身自由而全面发展之时勇于担当起社会、人类之责任的德性培育和建设也决不能忽视。正如万俊人教授所言，"如果说正义是社会政治制度的首要美德或最高成就，那么这一制度美德的成就首先是以国民是否具有或是否能够成就正义的德性为前提条件的；而且，从道德伦理的层次来看，个人行为动机的正义性是影响，甚至决定社会政治制度的正义力量的重要因素。"② 在笔者看来，麦金太尔重提复兴亚里士多德的德性正义，并不是简单的回归，而是要求我们重新认识德性的内涵以及德性正义的现实意义。麦金太尔认为恢复古希腊规则正义与德性正义相统一的传统，并认为德性正义更为重要，这种正义理论强调从人的内在品性、实践的内在利益的角度来理解正义，不同于主流的正义理论，为现代社会正义理论探究提供了一种独特理路。

二、主张德性正义优先于规则正义

麦金太尔为了佐证德性正义的重要性，他习惯于借助词源学的知识对此进行详细的考察。

"德性"在希腊语中是 άρετή（拉丁写法是 aretê），其词根为 Αρης，是希腊神话中战神阿瑞斯的名字，代表男子（战斗中）的勇敢无畏。③ "德性"的拉丁语是 virtū，本义是指男子汉气概。现代英语中的 virtue，就从这个拉丁词演变而来。廖申白认为，"在《荷马史诗》

---

① ［美］斯蒂芬·霍尔姆斯：《反自由主义剖析》，曦中译，中国社会科学出版社2002年版，第251页。
② 万俊人：《制度的美德及其局限》，载《中国人民大学学报》，2005年第3期。
③ Robert Scott and Henry G. Liddell eds., *Greek-English Lexicon*, Oxford: Clarendon Press, 1926, p.100.

中，aretê 的意义几乎等同于勇敢。"① 根据麦金太尔的分析，"aretê" 在《荷马史诗》中被用来表示任何种类的卓越（excellence），正如马跑得很快，举重运动员力气很大，笛手吹笛很动听等都是 "aretê" 的表现。正是在这个意义上，麦金太尔说："或许我们并不应该将荷马的'aretê'，翻译成英语'virtue'，而应该译成'excellence'。"② 即便只就人的优秀而言，它也不是泛泛而谈，而是要与特定的社会地位及社会角色相关的。③ 本书认为，采用"德性"的译法更贴切，可以较好地体现出一个人的禀性与特质，而如果采用"美德"这一译法，少却了 aretê 或 virtue 原本具有的阳刚之气，多了一份柔美之意。

希腊语的"aretê"（后来被译成"德性"）在《荷马史诗》里，被用来表达任何一种卓越，即功能的完满发挥。德性就是对职责完满的履行。对于希腊英雄社会的德性范畴，我们必须把它置于当时特定的社会秩序中来解释。正义作为最基本的德性之一表示着一种统一的基本秩序。这种秩序既是自然宇宙的，也是社会性的，但更重要的，它也是人类的或人格化的。麦金太尔试图表明，正义这一美德在历史的最初发展中是人格化的，但随着历史发展，它逐渐丧失了人格化的一面，完全变成了一种抽象的规则。"无论'正义'还指别的什么，它都是指一种美德；而无论实践推理还要求别的什么，它都要求在那些能展示它的人身上有某些确定的美德。"④ 这个特点强调了正义是一种德性，强调了正义所蕴涵的人的因素的重要性。如果人没有正义德性，正义秩序将得不到很好的遵守、正义规则将得不到很好的执行。

按照麦金太尔的解释，在《荷马史诗》中，"aretê"一词被用来表示任何种类的优秀或卓越。在《荷马史诗》中反映出古希腊英雄社

---

① ［古希腊］亚里士多德：《尼各马克伦理学》，廖申白译，商务印书馆2003年版，译注者序26页。

② Alasdair Macintyre, *After Virtue: A Study In Moral Theory (Third Edition)*, Notre Dame Ind.: University of Notre Dame Press, 2007, p.181.

③ Ibid., p.122.

④ ［美］阿拉斯戴尔·麦金太尔：《谁之正义？何种合理性？》，万俊人等译，当代中国出版社1996年版，第35页。

会中,英雄社会是家庭和宗族的时代,生活共同体由血缘关系来维系,"德性"是维持某种社会角色所必需的那些品质。当古希腊社会从以英雄和王政为基调的荷马时代发展到以公民为本位的城邦时代①,英雄社会的一些德性被沿袭下来,但由于雅典的社会背景和生活方式变化了,因而对于这些德性观念的理解也就不一致了,在雅典城邦时代,德性更多地是指一个公民因发挥属于公民的功能或角色而呈现出优秀或卓越,这更多地源于生物学意义上的"好"(good)。

在柏拉图的《理想国》中,"优秀善"(excellence)是相对于"有效善"(effectiveness)而言的,优秀善是指个人的道德品质,即给予每一个人以应得的善或按照每个人的功德来给予相应回报的品德,体现了人的自觉性和能动性。有效善指的是对社会合作的公共规则的遵守,体现了人的被动性、非自觉性、外在强制性等。麦金太尔似乎把卓越善当作人生目的,而人生的目的就是达到卓越,从而这种善能够使人们追求卓越;有效善则是达到目的的手段,如财富、权力、地位和声望等,而能够获得这些目标的善就是有效善,麦金太尔显然主张手段服从目的,有效善服从卓越善,但两者常常是相互作用的,有效善有助于卓越善。②

麦金太尔认为,对柏拉图继承者的亚里士多德来说,正义不仅是外在规则和秩序,而且是人的一种内在德性或品质。这种德性正义需要以人的本性和人对真正的善的生活的追求为目标,是维持城邦共同体利益所必须具有的品质,所以它的生成总是同社会共同体密切相关。正因为此,亚里士多德的德性理论很少谈及外在的规则,而十分注重德性的培育和道德主体自身对善的追求。

中世纪的德性具有神学色彩,情况更为复杂,但麦金太尔指出,阿奎那基本继承了亚里士多德的德性论,从一个更为扩展和复杂综合的传统中推进了这一德性传统。中世纪之所以承继古希腊确立的目的

---

① 包利民:《生命与逻各斯》,东方出版社1996年版,第102—105页。
② [美]阿拉斯戴尔·麦金太尔:《谁之正义?何种合理性?》,万俊人等译,当代中国出版社1996年版,第51页。

论道德体系，根本原因在于它的社会结构与古希腊同属一大类型，即都是一个群体本位的身份社会。

随着时代的变迁、文艺复兴的开启，启蒙运动的扩展并随资本主义的成长，古希腊和中世纪的德目表中的正义概念发生了变化。现代自由主义在论及正义时，多以尊重并捍卫个人权利为基本立足点。现代社会区别于既往社会的一个基本特质就是社会成员间的自由和平等，也就是法律权利与义务关系的对等。近代以来权利概念的确立是我们理解美德与规则关系的一个重要维度。在西方近代，封建的地租剥削方式逐渐被废除，代之而起的是以商品交换为中介的新型的社会结构形态。这种新型的社会结构就表现为一种"权利—义务"关系。在商品交换的必然性要求面前，所有人都必须承认对方的主体性地位，即所谓抽象的平等和自由，也就是说在普遍的商品交换的经济体系中，人们都是独立、自由、平等的利益主体，而不是处于既往的等级统治关系之中。在当代社会，人们之间既有同样的权利，又承担着同样的义务，这是一个新的伦理世界。

现代社会特别重视制定一些公共的、系统的普遍规范或原则，如康德的三大"绝对命令"和罗尔斯两大"正义原则"。康德明确地表达了这个意思，他说，在这个领域中的德性就是"把权利的实现成为我的行动准则"①。罗尔斯在《正义论》提出正义是社会制度的首要德性，将正义原则作为人伦日常生活中平等相待的前提性价值，在这个前提下，人们才去追求美好生活或塑造德性。罗尔斯凭一己之力将规则正义推向高潮，罗尔斯与康德的思想是一脉相承的，这是自启蒙运动以来所持的现代观点，"美德的正当性取决于规则和原则的某种在先的正当性"②。麦金太尔认为，此时，正义已经失去了词源学上的词义，正义的规则意义得到进一步加强，而忽视了内在德性的重要性。正是看到了现代正义观的这种改变，麦金太尔力图为解决现代社会的正义问题

---

① 康德：《法的形而上学原理——权利的科学》，沈叔平译，商务印书馆1997年版，第41页。
② Alasdair Macintyre, *After Virtue: A Study In Moral Theory (Third Edition)*, Notre Dame Ind.: University of Notre Dame Press, 2007, p.119.

寻求合理的药方，那就是要回到亚里士多德传统意义上的德性正义观。

麦金太尔认为正义是对人类德性的追寻。正义首要是指一种内在于人的遵守正义规则的能力与品质，麦金太尔把这种品质与能力称之为德性，对德性的追寻要在历史实践中形成和证成。他把正义的重心奠基于德性和实践合理性之上，即人们通过一定的人类协作性活动方式与他人处在一种相互关系中所展现出来的一种德性。正义原则应从特殊共同体和历史传统中人们信奉的那些价值中汲取其道德力量，共同体的价值规定何为正义，何为不正义。一个谨慎遵守社会规则的人未必是正义之人，在某种程度上说，他可能是因为惧怕惩罚而遵守正义规则。麦金太尔说，"因为只有那些拥有正义美德的人才有可能知道如何运用法律。"[①]也就是说，只有内心具备德性之人才能真正去践行正义的规则，不仅规则离不开德性，而且规则的道德力量还源于不同个体所组成的社群。麦金太尔指出现代社会强调个人的自主性，强调独立选择能力的作用，但必须承认人的脆弱性和痛苦以及随之而来的依赖性在道德上的重要性，这一切都要求人类必须有德性。[②]德性正义是人类社会幸福之基、社会之本。

自由主义正义观强调规则正义的重要性，保证人们在公共生活领域中的行为有个基准的、客观的道德要求。规则制度或法律规范的建设固然重要，但如何化他律为自律，让个体善与共同善相一致，在努力追求个人自由而全面发展之时具有社会责任与担当意识也不容忽视。看似合理与严密的制度、法律，终究需要人们自觉认同和遵守。世界金融危机爆发，西方社会的金融监管制度不可谓不严，但仍出现众多金融高管舞弊之现象，便是一个很好的印证与警示。"一种公共的正义观构成了一个良序社会的人类集合体的基本宪章。"[③]实现社会正义从根本上说取决于社会的制度正义，但仅仅确保制度设计和安排的正当合

---

① Alasdair Macintyre, *After Virtue: A Study In Moral Theory (Third Edition)*, Notre Dame Ind.: University of Notre Dame Press, 2007, p.152.
② Alasdair MacIntyre, *Dependent Rational Animals: Why Human Beings Need the Virtues*, Chicago and La Salle, Illinois: Open Court, 1999, p.130, pp.8-9.
③ [美] 英格尔斯：《人的现代化》，四川人民出版社1985年版，第5页。

理性只是必要条件，而非充分条件，还有赖于公民个体通过教育和培养而获得正义德性。我们不是要抛弃规则正义，而是要将人们的视界扩展到德性正义，充分发挥德性正义对规范正义的纠偏意义，铸就健全人格，阐释个体生活的意义和价值，表达人们对幸福生活的期望和向往。德性正义在今日就如同规范正义一样重要且必不可少，这就要求我们在新的历史条件下将德性正义与规范正义有机结合，化外在规则为内在德性，把个人行为之善与德性培育相协调，将个人富有创造性的实践活动与社会、人类的命运之关切相连接，重新取得德性与规范的内在统一，这无疑是麦金太尔强调德性正义的观点对于我们当下社会生活的意义所在。

第二节　桑德尔主张正义内在于善

正当与善是西方政治哲学和伦理学最为重要的两个概念，道义论奉正当为圭臬，目的论以善为关要。正如罗尔斯所说，正当与善这一对概念，"是道德价值理论的两个基本的概念。一种道德学说的结构取决于它在何种程度上把这两个概念联系起来和如何规定它们之间的区别"①。罗尔斯是道义论的自由主义者，他在这个问题上所持的基本观点是：正当优先于善，认为这是自由主义的价值基础，主张一种以权利为基础的自由主义。他为此提供了有力的证明。社群主义者尤其是桑德尔在此观点上与罗尔斯针锋相对。桑德尔的正义理论缺少建构，重在批判，而且这批判始终是与罗尔斯的正义理论密切联系在一起的。桑德尔主要针对罗尔斯的早期作品《正义论》，批判了罗尔斯的道义论自由主义正义观，阐发了他的社群主义正义观；针对罗尔斯的晚期作品《政治自由主义》，桑德尔又对罗尔斯提出的"权利优先性"进行了批判，并且修正了自己的社群主义观点，与早期的批判存在不同。②

---

① ［美］约翰·罗尔斯：《正义论》，何怀宏等译，中国社会科学出版社1988年版，第449页。
② 姚大志：《桑德尔：权利与善》，载《理论探讨》，2012年第6期，第44—46页。

一、对罗尔斯的"正义首要性"的批评

在桑德尔看来,罗尔斯正义观存在的最大问题便是其核心主张,即权利优先于善。"权利优先于善"以立足于康德的人性观念为基础,这种自由主义的人的观念被桑德尔称为对自我的"无羁绊"的设定。[①] 这种自我是先验的占有主体,不受任何未经选择的道德纽带束缚的自我,因为自我优先于目的,所以正当优先于善。

因此,桑德尔首先必须对罗尔斯"自我的优先性"进行批判,即批评罗尔斯的自我观念是被屏蔽了特殊目的而又理性的自我,关于这种意义的批判已经在前面一章"本体论"中加以阐述,在这里,我们只讨论第二种意义的批判,即对"正当的优先性"的批判。

罗尔斯的早期著作《正义论》引发了三种争论,第一种争论发生在功利主义者与当代自由主义者之间,争论的焦点在于正义原则是基于功利原则还是尊重个人权利,把正义作为独立于功利考量之外的前提性价值?《正义论》的问世打破了功利主义在英美政治哲学和道德哲学占支配地位的局面。第二种争论是发生在当代自由主义内部之间关于权利与平等的争论。以诺齐克和哈耶克为代表的激进自由主义者主张个人权利至上,个人权利的不可侵犯性。他们认为平等的自由主义者罗尔斯所主张的差别原则其实就是主张杀富济贫的再分配政策,这种政策侵犯了人们的权利。第三种争论是发生在当代自由主义与当代社群主义对"权利与善"的不同的解释。自由主义主张政府应该对各种相互竞争的善观念保值价值中立,不持有特定的价值倾向,这一理念就是自由主义的"权利优先于善"的主张。这一主张受到桑德尔的批评,也是桑德尔对罗尔斯的《政治自由主义》中提出的对自由主义正义理论的修正作出的回应。[②] 因为桑德尔认为,在第三种争论浪潮中,

---

[①] 龚群:《桑德尔对自由主义自我观的批判》,载《中山大学学报》,2011年第3期,第149—154页。

[②] [美]迈克尔·桑德尔:《自由主义与正义的局限》,万俊人等译,译林出版社2011年版,第208—209页。

自由主义与社群主义之争不是个体要求与共同体要求孰轻孰重,而是权利与善之间的关系问题。①

以康德、罗尔斯为代表的自由主义政治哲学所主张的"权利优先于善"具有以下两种意义:首先,某些个体权利如此重要,以至于普遍福利也不能逾越;其次,在具体规定我们权利的正义原则证明不依赖于任何特殊的"善观念"(conception of the good)的意义上,相反,它为这些特殊的"善观念"划定了不可逾越的界限,从而"正当优先于善"。②第一种是与功利主义相对立的观点,桑德尔主要驳斥的是第二种权利优先性的主张,即主张权利的正义原则证明不依赖于任何特殊的善观念,这是与一般的目的论观念相对立的。罗尔斯认为,个人权利是首先应该被尊重的,然后才能谈论以什么目的或者特定的观念值得被尊重。罗尔斯强调,相较于选择的目的,我们首先应该拥有自由选择的权利。罗尔斯的正义观认为个人权利和自由是优先的,是独立于一切目的的,他为个人权利和自由提供了一种哲学的辩护,这种观点是非常有吸引力的。

那么,正义能否与善的考量分离开来?桑德尔认为,"正义是与善相关的,而不是独立于善之外的","作为一个哲学问题,我们关于正义的反思无法合乎理性地与我们作为善生活的本性和最高的人类目的反思分离开来。作为一个政治问题,我们无法在不诉诸善观念的情况下,开始我们关于正义和权利的慎思,这些善观念表现在许多文化和传统之中,而我们的慎思正是在这些文化和传统中进行的。"③

行为主体不同于构成性的行为主体,这些行为主体在选择之前就已经赋予它了,而构成性的行为主体与唯意志论或契约论的行为主体是对立的。罗尔斯把唯意志论的行为主体看作是与康德的个人概念联系在一起的,"我们是自由而独立的自我,不受各种先定道德联系的约

---

① [美]迈克尔·桑德尔:《自由主义与正义的局限》,万俊人等译,译林出版社 2011 年版,第 211 页。
② 同上书,第 210 页。
③ 同上书,第 211 页。

束，能够为我们自己选择我们的目的"①。要把自我看成独立于自身的各种特殊目的和情感的主体。在这种情况下得出的道德原则，才能够保持中立性的立场，才具有正当性和合理性。权利的优先性为所有人提供了平等选择自由的权利，每个人可以自由地选择自己的善观念。而如果将权利建立在某种善观念的基础之上，就会把某种他人的价值强加在个人权利之上，从而无法尊重每一个人自己有能力选择目的之权利。②

桑德尔从自由主义发展史中认识到，自由和正义的首要性无疑是自由主义政治哲学的共识，存在分歧的是自由和正义在政治哲学中的地位是什么？桑德尔认为，存在着以下两种典范性的自由主义的政治哲学。

一种是密尔式的伦理观。他主张自由是重要的道德价值，但它不是政治哲学的元伦理，它只是元哲学价值的派生物。密尔是自由权利的忠实辩护者，在政治理论上，他以"个人乃是最高主权者"③统领其政治理论代表作《论自由》，在政治实践上，他是自由权利特别是女权运动的倡导者，即使在《功利主义》一文中，他也坚持"正义乃是一切道德的主要部分，而且绝对是最神圣最具约束力部分"④，"构成了正义观念之本质的概念"⑤是个人权利概念，坚决捍卫自由权利。但密尔是功利主义者，功利最大化是根本原则，正义在道德理论上的重要地位来自正义对社会功利的贡献，即正义的终极根据是社会功利，个人自由权利受社会功利制约。在其他道德原则比正义原则更能促进社会功利的情况下，"正义原则必须要向其他的道德原则让步"⑥。桑德尔认同罗尔斯对密尔功利主义批判，认为功利最大化原则允许为了社会普

---

① [美]迈克尔·桑德尔：《自由主义与正义的局限》，万俊人等译，译林出版社 2011 年版，第 212 页。
② 同上。
③ [英]约翰·密尔：《论自由》，许宝骙译，商务印书馆出版社 2012 年版，第 11 页。
④ [英]约翰·穆勒：《功利主义》，徐大建译，上海人民出版社 2012 年版，第 60 页。
⑤ 同上书，第 64 页。
⑥ 同上。

遍福利侵犯个人自由权利,也就是个人自由权利被剥夺,功利主义无法实现自由权利的贯通。

另一种是康德式的伦理观。桑德尔认为,康德对自由权利的贯通问题的认识较为清醒。康德坚定地认为以感性经验为基础的自由权利都不可能实现贯通,原因有二:一是感性欲望或目的会随着现实条件不断变化,以感性欲望或目的为前提的自由权利,只能比感性欲望或目的本身更受限制,这会导致受这些前提制约的自由权利无法具有普遍性,自由权利不能被所有人所享有,也就不能成为道德实践法则;二是感性欲望或目的因人而异,如果以此规导自由权利,必然发生以一部分人的欲望或目的规导另一部分人,也就是一部分人被强制,被强制人的自由权利就会受到剥夺。为此,康德认为自由权利必须诉之于理性,"自由必须被设定为一切有理性东西的意志所固有的性质"[①]。一方面,个人的情况在感性领域总是千差万别,但在理性领域,我们可以把人抽象成没有任何个体差异的"有理性东西的意志",它是哲学本体论意义上的道德主体,完全独立于经验世界,自由成为理性主体意志的自主性表征,能够被所有人共有;另一方面,作为理性意志自主性的自由是意志所固有的性质,无须任何其它前提或条件,道德实践法则只由无差异的理性意志本身构成,每个人的理性意志是能够相同的,它们也就能够无需任何其他条件直接地实现相融,没有相互排斥性。"每个有理性东西的意志的观念都是普遍立法意志的观念"[②],在理性指导下的每个人的自由与所有人的自由是一致的,人人享有自由权利,真正实现自由权利贯通。虽然康德式自由权利能够实现人人享有,但他确认的是形而上学基础上的意志自由,完全否认任何社会经验生活。可没有任何社会经验生活的基础,政治哲学也就失去建构社会制度的可能性,人人享有自由权利只能是纯粹思辨的意志自由,个人自由权利无法在社会政治实践生活中实现。

---

① [德]康德:《道德形而上学原理》,苗力田译,上海人民出版社2012年版,第54页。
② [美]迈克尔·桑德尔:《自由主义与正义的局限》,万俊人等译,译林出版社2011年版,第38页。

政治哲学是实践的，它必须能够建构社会制度。桑德尔认为，罗尔斯对自由权利的两种典范认识较为彻底。首先，罗尔斯从密尔式的自由权利观中洞察到其伦理范式的缺陷，因为在密尔的伦理学中，可以以某种元伦理价值来裁量自由权利，所以无法充分实现自由权利。基于此，罗尔斯"不仅反对功利主义，而且也反对目的论本身"①。因为目的论学说隐含着以终极目的来取舍不同社会目标，而由于社会中不同的人有着不同的生活目标，以终极目的来取舍人的生活目标，就必然导致一部分人的生活目标被摒弃，一部分人被强制过他自己不愿意的生活，"以高于一切善的名义就可以得到否定他人自由的合法性"②，目的论无法保证人人都享有自由权利，也就是一部分人被排斥在自由权利之外，个人自由权利被剥夺。从这一点上说，功利主义是目的论典型。其次，罗尔斯肯定康德政治哲学理念，自由权利的贯通与自由权利获得元伦理的地位具有内在一致性，同时认识到康德的形而上学的基础缺陷，"必须把康德学说的力量和内容与其超验唯心主义的背景分离开来"③，在一种合乎理性的经验生活的框架内予以重铸，这成为罗尔斯理论的原点。

奉信自由权利成为政治哲学的元伦理就成为罗尔斯的必然选择，他宣称："正义是社会制度的首要价值"④。于是，桑德尔首先就具体分析罗尔斯的"正义的首要性"观点。

第一，桑德尔首先对"优先性"进行了分析，他指出，这种优先性有两层含义：第一层含义是正义在道德的意义上是优先的，这是人类的本质多样性和构成人类个体完整性的要求，也就是说要尊重人们的本质差异性和完整性，不能因为照顾普遍的善而牺牲个人的利益或权利："在一个正义的社会里，平等的公民自由是确定不移的，由正义

---

① ［美］迈克尔·桑德尔：《自由主义与正义的局限》，万俊人等译，译林出版社2011年版，第32页。
② 同上。
③ 同上书，第26页。
④ John Rawls, *A Theory of Justice (Revised Edition)*, Cambridge Mass.: Harvard University Press, 1999, p.3.

所保障的权利决不受制于政治的交易或社会利益的权衡。"① 这表明罗尔斯主张正义是社会制度的首要美德，在正义社会里，平等的自由权利是神圣不可侵犯的，即使为了社会普遍利益也不得侵犯。

另一层意思是说正义在认识论的意义上也是优先的，它产生于如何区分评价标准与所要评价之事物的标准，当诸价值间与诸善观念间的相互冲突无法解决时，正义就是用来判断这些价值和观念的是否符合正义的标准。罗尔斯把正义视为评价社会基本结构和社会变化合理性的最重要的考量标准，并且主张，"正义"本身相对于其他价值和善具有某种优先性。正义一般独立于社会诸价值之外，独立于充满争议的各种主张之外，作为一种公平决策的程序置于这些价值和主张之上。②

桑德尔从以下两个方面对罗尔斯的"正义的首要性"进行了驳斥。

第一，正义不是所有社会制度的美德，说"正义是社会制度的首要美德"是有条件的。罗尔斯把社会看作一项互利合作的冒险事业，而正义的环境正是人类社会所具有的永久特征，这是产生正义美德的条件。罗尔斯试图采用休谟对正义环境的一种经验主义的解释，但同时又剔除掉现实存在的人际间的偶然性差异。桑德尔认为把正义的首要性建立在这种经验性的普遍化的基础上是靠不住的，我们可以找到许多不同程度上具有正义之环境的人类联合体，如部落、邻居、乡镇、大学、商贸联合会以及其他诸如种族、宗教、文化和语言的共同体，这些共同体都表现出正义之环境条件的相对缺乏，很难说这些共同体中的正义比其他美德更受人们重视。③ 家庭主要靠仁爱原则和自发情感维系，家庭成员很少有正义和个人权利的诉求。比如，中国古代孔融让梨的故事，就是孔融是出于家庭关系中对兄弟的仁爱之情而让梨的，而不是根据年纪大小来分配梨的，否则就不能被传颂为美德佳话。所

---

① ［美］迈克尔·桑德尔:《自由主义与正义的局限》，万俊人等译，译林出版社2011年版，第4页。
② 同上书，第29页。
③ 同上书，第45—46页。

以，桑德尔认为"正义是社会制度的首要美德，并非像真理之于理论那样绝对，而有条件的，正如身体的勇敢之于战场"①。

第二，正义并非社会的首要美德，而是休谟所说的补救性美德。正义成为首要美德是有条件的，正义在一些共同体中并不总是首要的美德，在某种环境下，它只是一种补救性美德，当社会陷入堕落之时意在用它来补救或矫正不便之处。正义的补救性美德蕴含着另一系列至少是同样重要的美德。正义的增加也并不必然意味着一种绝对的道德进步，当正义不恰当地展示出来时，有时反而是一种恶德，而不是一种美德。桑德尔认为，把正义作为一个独立于其他价值的价值是不存在的，正义只不过是诸善中的一种善而已。我们也可以用其他的善来评价一个社会制度或某一价值，诸如自由、平等、仁爱等。只有在人们丧失其他美德的情况下，正义才能取得首要的地位。

二、驳斥《政治自由主义》权利对善的优先性

罗尔斯《正义论》发表以来，招致多方面的批评，其中之一就是社群主义阵营的批评。罗尔斯后来修正了自己观点，转向"政治自由主义"，把正义理论仅仅局限于政治领域，出版了《政治自由主义》一书。桑德尔在《自由主义与正义的局限》新增的结尾章中，对罗尔斯《政治自由主义》所作的一些修订进行了回应。桑德尔对罗尔斯基于政治的正义概念的自由主义提出了三种反驳。

第一，悬置严肃的道德问题。桑德尔认为罗尔斯对其观点所作的关键修正是：将政治自由主义与整全性学说的自由主义区分开来，出于政治目的，国家不应该支持任何一种宗教、道德或者意识形态等完备性学说的观点。在政治领域与私人领域之间作出严格区分，在政治领域承诺人们的政治价值至上，而在私人领域之中，人们可信奉特定的宗教价值与道德观念。这些在桑德尔看来是极不合情理的，也是不

---

① ［美］迈克尔·桑德尔：《自由主义与正义的局限》，万俊人等译，译林出版社2011年版，第46页。

符合人类理性的。桑德尔试图指出政治正义在道德根本问题上的局限性：政治自由主义撇开宗教的、哲学的、道德的学说，是非完备性自由主义，这是不妥的，因为任何自由主义学说都不可能脱离它的文化背景和严肃的宗教、哲学和道德问题来谈自由主义。桑德尔通过考量两场政治争论来证明政治自由主义宣称"政治价值"优先存在着困难：一场是当代热议的关于堕胎权利的争论；另一场是林肯与道格拉斯之间关于大众主权与奴隶制的纷争。①

第一个例子是关于当代妇女的堕胎隐私权所引起的政治纷争。政治自由主义主张生育或堕胎属于妇女的基本权益，是否堕胎属于妇女的隐私权，只能交给妇女自由地作出选择，而政府官员则对其选择保持中立，不能以强制的手段将其完备性学说的观点强加于公民之上。桑德尔指出，是否尊重妇女关于堕胎的决定，取决于下述情况：在怀孕早期堕胎与杀死婴儿之间，是否存在着一种相关的道德差别。②比如一些法院规定前3个月堕胎不算谋杀婴儿之类等。桑德尔认为要想达到一个比较正义的结论，它就必须介入而不是逃避这些完备性的道德学说和宗教学说。但罗尔斯等新自由主义者却抵制这种介入，认为该介入行动侵犯了权利对善的优先性。桑德尔举出这个例子意在表明：面对各种道德争论和宗教争论，堕胎的权利问题无法做到中立。第二个例子是关于奴隶制的正义与非正义的判断的。道格拉斯捍卫大众主权学说，并不主张评判奴隶制的对错，主张国家政策对此问题保持中立；而林肯把奴隶制看作是不义之举，并禁止扩散。桑德尔认为前者采取回避法，逃避对奴隶制的实质性的道德判断，此种做法"既无道德感也无政治感"③。很明显，桑德尔是赞成林肯这一方的，认为政策应该表达并作出规定，使其不再蔓延。在桑德尔看来，政治正义原则必须植根于宗教和形而上学的观念中，是基于人们在某些具体问题长期

---

① [美]迈克尔·桑德尔：《自由主义与正义的局限》，万俊人等译，译林出版社2011年版，第225页。
② 同上书，第226页。
③ 同上书，第228页。

所形成的共识，所以，政治正义原则也不能随便脱离于宗教和形而上学的观念，正确的宗教或形而上学的人生观也常常影响着政治正义原则。实践表明，人们的行为抉择与判断，往往取决于他们所持的宗教信念或道德观念，所以，借助这些正确的善观念或形而上学的人生观显然比搁置它们更合乎情理。

第二，理性多元论事实的困境。桑德尔认为，政治自由主义的另一个困境，即"理性多元论的事实"，是指在现代民主社会中，具有不同善观念的公民能够在政治权利层面达成一致共同的意见，却存在着理性的，在宗教、哲学或道德学说等形而上学的多样性，难以在这一层面达成共识，公民们理解的善观念在很大程度上存在严重分歧、不可公度，并且这种分歧将长久存在，这是民主自由制度下人类理性实践的正常结果。[1]桑德尔认为理性多元论，不仅存在于宗教和道德学说中，存在于自由主义的政治哲学中，也存在于正义论中，并且正义的分歧是深层次的、根本的。他举例论证，当代美国社会在认肯行动、收入分配、公平纳税、医疗保健、移民、同性恋者的权利、言论自由等问题上都存在争议，而这些争议所展示的正是关于正义的理性多元论的事实。[2]按照桑德尔的推论，如果人们在关于正义的问题上也存在理性多元论的事实，那么就没有理由主张正义的优先性，从而也就没有理由主张权利的优先性。[3]

"政治自由主义可能会通过区分两种不同的关于正义的分歧，来回答我们的质问。一种是关于正义原则应该如何的分歧，另一种是关于正义原则应该如何应用的分歧。他们会认为，我们关于正义的许多分歧都属于第二种分歧。"[4]即政治自由主义认为正义原则分歧不是根本的，人们关于正义的许多分歧大都属于应用层面，也就是属于第二种分歧，但是关于善观念的分歧却是根本的，存在较深程度的分歧，所

---

[1] ［美］迈克尔·桑德尔:《自由主义与正义的局限》，万俊人等译，译林出版社2011年版，第231页。
[2] 同上书，第232页。
[3] 同上。
[4] 同上。

以保持价值中立，就没办法达成一致，这是非对称的。但桑德尔认为关于正义的分歧并不完全是应用层次的分歧，而是更深层次的分歧，主张权利与善的非对称理论是站不住脚的，这与宽容精神背道而驰。罗尔斯的差别原则是出于对经济和社会的不平等的修正，致力于改善社会中最不利的成员的资格。而激进自由主义就反对差别原则，认为这不属于分配正义问题，而是一个慈善问题，政府不应该用它的强制性权力对收入和财富进行重新分配。由此可见，作为平等自由主义者的罗尔斯和激进自由主义者诺齐克关于正义的纷争，表现出了现代民主社会的政治论争的一个特征。这也反映了正义的理性多元论事实，但这并不是运用层面，而是根本性的分歧，所以罗尔斯的权利与善的非对称性主张是站不住脚的，可以休矣。[①]

第三，关于公共理性是否可以脱离完备性学说的争论。桑德尔认为，罗尔斯将公共理性只限制在并运用于政治问题和宪法问题，却不适用于道德问题和宗教问题，这种限制是不合理的。因为在一个多元社会中，公共理性可以运用于哲学、道德、宗教和政治等所有领域，诸如以教会、大学这类联合体之成员身份来进行的各种讨论。桑德尔指出，这种自由主义公共理性的限制是错误的。

首先，排除了道德学说和宗教学说的有效性和重要性的公共理性会造成道德上的代价，从而得不偿失。这些代价的大小会因时因事而发生变化。就堕胎而言，如果天主教的学说是正确的，悬置道德学说和宗教学说的做法的道德代价就很高，反之，则要低得多。[②] 就废奴运动而言，法律的中立性要求，如果废奴主义者要求废奴原因像道格拉斯为大众主权辩护，但又不符合罗尔斯自由主义的中立价值，即与中立性相冲突，此时道德代价就大，也仅因为废奴主义者要求废除奴隶制是因为符合上帝的旨意，正好符合罗尔斯自由主义的中立价值，此时代价才低很多。桑德尔认为罗尔斯正义观不能达成政治上的宽容，

---

① [美] 迈克尔·桑德尔:《自由主义与正义的局限》，万俊人等译，译林出版社 2011 年版，第 233 页。
② 同上书，第 245 页。

所以需要引入"公共慎思"的解决方式，通过慎思和介入的尊重提供比自由主义公共理性更为广阔的空间，从而促进公民的相互尊重与宽容。

其次，桑德尔认为罗尔斯的观点是一种不适当的严格限制，"自由主义的公共理性除了有道德代价之外，还要付出某些政治代价"[①]。抛弃道德和宗教的政治会产生"祛魅效应"，使人们忽视社会的公共价值，不再有参与政治的热情，导致政治话语日益贫乏枯竭，与此同时，它造成了一种道德空白地带，那些非理性的、不宽容的道德和宗教就要填充它、占领它。

在桑德尔看来，自我的边界是模糊的，随时准备说服别人，也可能被别人说服，我们是可以交流的，并且在交流的过程中可以达成正义原则。"按照差异性的尊重观念，对慎思和介入的尊重，更能欣赏我们的不同生活所表现出来的千姿百态的善。"[②] 我们理想的是能够形成的而且应该形成的，这样才有一个目的方向，更好地设置什么是德性，安排我们的社会制度以及正义的框架。然而，在自由主义正义理念看来，现在社会是个理性多元社会，每个人的价值观和善观念不一致，不应该形成共同的善，在公共领域如果进行善的交流就会造成纷争不断，而应该把关于善留到私人领域去。因为推行好生活或者善观念在自由主义看来可能会造成对人们的强迫或压制。美国宪法中有关于政教分离的学说主张政治与宗教、哲学等整全性学说分离，认为我们每个人有两个身份：公民和私人。在私人领域可以有宗教或康德等形而上学的信仰，但在公共领域，公民在建制化公共领域讨论中需要遵循公共理性，法官做判断时，坚决反对把个人信仰写进判决里面。罗尔斯主张不能混淆公共领域和私人领域界限，在公共领域内必须遵守正义二原则以及之下的宪法原则，需要去道德化。但桑德尔认为这不鼓舞人，会产生"祛魅效应"，反而不宽容。桑德尔的担心也有一定的道

---

① [美]迈克尔·桑德尔：《自由主义与正义的局限》，万俊人等译，译林出版社 2011 年版，第 245 页。
② 同上书，第 247 页。

理,认为公共领域与私人领域不能绝对分开,权利不能独立于善,担心不同信仰的人在公共领域参与讨论会不平和,导致只有强权,没有理性,依赖于自己的信仰而相互掐架争论。所以,建议把多元化学说参与进去,让正义内在于善。

三、正义内在于善

在正义观的价值论方面,桑德尔与罗尔斯之间的争论,不在于个体要求与共同体要求孰轻孰重,而是权利与善之间的关系问题。[①]在桑德尔看来,罗尔斯主张正义是可以独立于善之外的,把正当性与良善生活割裂开来,桑德尔认为这是有失偏颇的。

相对于麦金太尔强调权利优先于善的主张而言,桑德尔更强调权利并非独立于善,反而两者之间具有紧密的联系,他认为对权利的反思和审议不能脱离作为共同体的善。桑德尔把自己的基本观点表述为:"正义是与善相关的,而不是独立于善之外的。"[②]桑德尔认为,正义内在于善的观点,意味着权利及其所依据的正义原则是建立在普遍善观念基础之上的,任何对正义的反思都依赖于它所服务的目的的道德重要性。在政治主张方面,他主张,在考量正义与权利的正当合理性时,也要结合历史文化传统共同体的善观念进行。

但桑德尔反对通常意义的社群主义对这一观点的理解,即认为共同体的价值规定着何为正义和不正义。按照这种理解,正义任何时候都要依据传统或共同体中普遍价值或偏好得以确定,就会使正义完全成为一种传统,这样就丧失了正义的批判性特征。如果根据共同体的价值来界定人们的权利,其结果会导致多数人对少数人的压迫。所以,他反对"社群主义"这个别人加给他的标签。在《民主的不满》一书中,桑德尔更乐意使用"共和主义"或"公民共和主义"的正义观念,

---

① [美]迈克尔·桑德尔:《自由主义与正义的局限》,万俊人等译,译林出版社2011年版,第211页。
② 同上书,第二版前言第2—3页。

因为共和主义强调公民德性和政治参与。①

在桑德尔看来，把正义与善联系起来的第二种方式主张："正义原则及其正当性取决于它们所服务的那些目的的道德价值或内在善。依此观点，承认一种权利取决于向人们表明，它能为某种重要的人类善增光添彩，或使之发展。这种善是否恰好得到人们的广泛赞许，或是否隐含在该共同体的传统之中，都是不确定的。"②这种主张将正义与善联系起来的方式，严格地说不是社群主义的，桑德尔认为最好把它描述为目的论，即它使权利及其证明依赖于权利所促进的那些目的或意图的道德重要性。

罗尔斯与桑德尔的正义观在价值论上关于权利与善孰先孰后的争论，根植于不同理论学派在本体论上的分歧。罗尔斯正义论主张个人权利在先，是立足于先占的主体概念和原子化的自我观，能够自主地为自己选择各种目的，权利不以任何特殊善观念为前提条件的方式得到确认和证明。国家和政府的合法权力就在于对个人权利的增进和维护，对个人目的之间的选择保持中立的权力框架。所以，作为裁决人与人之间纷争和矛盾的最终尺度，正义就成了规范社会关系的首要美德，正义原则要能够对该社会公民所信奉的各种价值观和宗教观念保持中立。

而在桑德尔看来，这种自由主义正义观过度夸大了个人的权利，而忽视了社群或共同体的价值和集体责任。桑德尔正义观的基本预设是个人只有在共同体或者与他人的关系中，才能成其为人，才能理解个人的价值和意义，是共同体的文化传统、生活方式、价值信任等共同塑造了个人的成长。权利要以人们的特殊善观念为前提条件而得到确认和证成。当人们处于相互仁爱的环境中，彼此怀有共同的理想，追求共同的价值观，这时如果用正义来调节人与人的关系，就显得过

---

① 朱慧玲：《共同体主义、共和主义以及自由主义的区别——桑德尔访谈录》，载《伦理学与公共事务》，2011年版，第212页。
② [美]迈克尔·桑德尔：《自由主义与正义的局限》，万俊人等译，译林出版社2011年版，第二版前言第2页。

于斤斤计较，会影响或破坏彼此的关系。比如家庭环境之中，家庭主要是依靠爱的情感纽带联结的共同体，个人的边界是模糊的，不会过于吁求个人权利和正义程序。

以罗尔斯为代表的自由主义坚持正当优先于善的价值论研究进路，认为价值是多元的、不可通约的，彼此存在冲突与对立。但是我们认为，如果说政治要在价值论上对这些多元的价值保持中立，那么这并不是在解决问题，而是在回避问题。詹世友教授主张，近代以来以正当来规定善，所造成的深层影响就是：使美德问题淡出了伦理学的中心，正当占据了伦理学的核心部位，这就使人们的整体的心灵品质受到割裂。似乎只有与社会正义秩序相适应的品质才能得到鼓励，而其他的品质则被视为可有可无。[①] 从这个角度来讲，桑德尔的批判具有一定的现实意义。

第三节 沃尔泽的分配正义观及其社会意义

如何看待正义与善的关系，这是区分自由主义与社群主义的重要标志之一。对于个体的权利与社群的权利何者优先的问题，沃尔泽并没有像麦金太尔、桑德尔等社群主义者那样不惜花费大量笔墨去作深入的探讨，也不像其他社群主义者那样热衷于社群的公共利益或善的弘扬，推崇公共利益优先于个人权利，他只是在论证自己的分配正义观的过程中，顺便给出了不超出自己的讨论范围并与自己的分配正义观主旨相融洽的看法与观点——因为沃尔泽关注的重点并不在于此，他的焦点集中在"特定的善对于他所要分配的人的意义"上。[②] 在沃尔泽看来，分配的核心是物品（goods，又译为"善"），一个物品之所

[①] 詹世友：《美德政治学的历史类型与现实型构》，中国社会科学出版社2015年版，第155—156页。

[②] [美]史蒂芬·缪哈尔，[英]亚当·斯威夫特：《自由主义者与社群主义者》，孙晓春译，吉林人民出版社第2007年版，第145—146页。

以有价值,是因为人赋予了其意义才有价值,而物品的社会意义决定着物品的分配原则,分配的标准应当与被分配物品及其社会意义有关,或者说分配原则就是由物品及社会意义所决定的。

一、分配物品的社会意义的多样性与正义

在沃尔泽看来,绝大多数的正义学者们,从柏拉图开始,经由近代功利主义者,以及到当代罗尔斯的正义观,在本体论上具有乌托邦的色彩,在方法论上具有明显的抽象性,根本原因在于,他们在价值论上主张权利优先,而忽视了物品或善的社会意义,正是因为忽视了物品或善的意义,才会得出一元主义的分配正义原则。

在罗尔斯那里,"分配正义的各种理论的焦点都集中在通常被描述为一种仿佛采用这种形式的社会过程:人们向(别的)人们分配物品"[1]。前一个"人们"是指分配主体,后一个"人们"是指分配客体。这把分配简化为人们纯粹分配物品的过程,而忽略了"人们构思和创造出物品,然后在他们自己当中进行分配"[2],沃尔泽认为,罗尔斯的分配模式过于简单,只是关注分配过程中的分配主体和分配对象,却忽视了生产者和消费者的行为等其他更为重要的东西,即忽视了物品背后的意义。他们的分配正义论不是根据"善的意义"摹制出来的,而是他们凭借自己的哲学之思人为地主观建构而成的。

沃尔泽认为构思和创造优先于并控制分配,指人们先是构思和创造,然后才是分配。构思意指人们对社会物品的理解,创造是生产物品。物品或善首先是在人们的观念中生成并存在的,赋予它们以意义,然后通过大家共同制造出来,最后才在分配主体自己当中进行分配。这背后有一个更宽广的构想和创造过程,因为构想和创造都是社会过程,是指分配之前物品就已经形成于人们的头脑中,人们依据共识的

---

[1] [美]迈克尔·沃尔泽:《正义诸领域:为多元主义与平等一辩》,褚松燕译,译林出版社 2002年版,第5页。

[2] 同上。

理解将物品的用途在观念中摹制创造出来,这是由社会关系所决定的。

沃尔泽关注的焦点在于生产出来的物品及其社会意义,所以他更强调整个生产分配和消费过程,其目的是提出关于多元主义的分配理论。因为,多元主义的分配理论基础立足于善的多元论。他指出:"正义原则本身在形式上就是多元的:社会不同善应当基于不同的理由、依据不同的程序、通过不同的机构来分配;并且,所有这些不同都来自对社会诸善本身的不同理解——历史和文化特殊主义的必然产物。"[①] 分配正义关心的是如何分配善,而善则取决于社会意义。由于不同的历史和文化原因,人们对社会诸善的理解是不同的,分配正义也是多元的且与社会意义相关的。在沃尔泽看来,自由主义哲学家力图寻找某种一致性,试图抽象出一种绝对的善和一套单一的分配标准,这种对一致性的寻求,误解了分配正义的主题。

二、分配正义的基本观念

对沃尔泽来说,分配正义的多元性来源于分配物品意义的多样性。于此,他对分配物品的社会意义做出了进一步的分析。社会意义是历史性的,所以,正义的分配和不正义的分配都随时间的推移而变化。

1. 分配与物品的社会意义有关,而非个人偏好

沃尔泽指出,分配的正义所关注的所有物品都是社会物品,所强调的是它们的社会意义,而不是作为个人的偏好来评价。[②] 比如,人们珍爱家里的花瓶,是出于个人和情感的原因,因为能带给人以美的享受和情感的依恋,美丽的黄昏、刚刈过的干草堆的味道、城市街景的体验,这些可以是个人珍视的物品,也可以代表其他文化评价的目标;甚至有人珍视对新发明的物品的感受,同一个东西因不同的原因而珍视,不同的人对同一物品的感受不一样,有人珍视而有人视为一文不

---

① [美]迈克尔·沃尔泽:《正义诸领域:为多元主义与平等一辩》,褚松燕译,译林出版社2002年版,第4页。
② 同上书,第6页。

值，所以，不同的社会物品有不同的含义，与分配正义有关的所有善都是社会的善，而善是社会的，这意味着它的意义是由某种文化赋予的。

2. 占用物品的方式与他人的关系与生活世界有关

人们占有并使用社会物品，是在与他人的关系和生活世界中进行的。"什么是我和什么是我的之间的界线"是不容易划分的。① 分配不能被理解为脑海中或手中尚没有特定物品的人们之间的行为，这一点主要是针对罗尔斯正义观的建构方法。罗尔斯正义观是假想"原初状态"，把各人的特殊信息都屏蔽掉，大家可能只知道人类社会发展的一般规律，以及所选择的是一种平等的分配方式，在这种前提下，大家都作为自由平等的理性自利者自愿订立社会契约。这个过程在沃尔泽看来是一种无意义的假设。因为一旦知道自己是谁、身处何地，这个原则在决定人们将做出什么选择或他们应当做出什么选择这个问题上，就不会有很大帮助。所以，在一个有着特定文化、多元善观念、资源稀缺、需求难以捉摸且繁多的社会里，不可能有一个普适的唯一公式，通过唯一的普遍公认的路径，去找到可适用的一组综合性物品。②

沃尔泽认为，这里有一个对社会契约的更准确的解释：它是对成员的资源进行再分配的一个协议，依据的是成员们对其需要的共识，随具体的政治决定而变化。事实上，人们从出生就已经与物品产生了社会关系，这不仅在相互之间，而且在他们所生活的精神和物质世界之间有着交易史。③ 人们总是受到生活其中社会的文化、宗教、政治安排和地理条件等影响。如果一个社会是以一种忠实于成员们达成共享共同理解的方式生活的，那么，这个社会就是正义的。

3. 物品意义的定位：不存在唯一一组首要的或基本的社会物品

世界丰富多彩，待分配的每一种物品都有其各自的社会意义，不

---

① ［美］迈克尔·沃尔泽：《正义诸领域：为多元主义与平等一辩》，褚松燕译，译林出版社2002年版，第8页。
② 同上书，第100页。
③ 同上书，第417页。

存在唯一一组首要的或基本的社会物品。或者说，这样一组物品被设计得如此抽象而成为社会唯一的基本善，那么对特定的分配，它的作用其实是非常微小的。这明显是针对罗尔斯的社会基本善理论。罗尔斯假想在无知之幕后面人们唯一知道的东西是"社会的基本善"，即权利和自由、权力和机会、收入和财富。这是每个理性人都需要的基本物品，沃尔泽也承认这一点。但他认为即便是必需品，也是种类纷繁复杂、令人眼花缭乱。就拿人们通常最需要的食物来说，不同地方食物承载的意义也不同，比如，面包就是生命的全部、基督的身体、安息日的象征、待客的方法等①，人们通常把"面包即生命的全部"作为首要意义，但对于虔诚的基督徒来说，宁愿将面包烘烤并烤焦而不用来吃掉。所以，要确定其首要善是不容易的，换言之，世界之大，我们难以在世间琳琅满目的物品中决定某种物品的重要意义。在所有的社会物品中，应该有个严格的功能界限，以至于"不存在可想象的跨越全部精神和物质世界的唯一一组首要的或基本善"②，对具体物品的意义应该置于具体的情境中去思考。我们只能在一个非常有限的意义上说，某种物品是某个时刻的首要的善，但不可能确定哪一种是最基本的善。因为罗尔斯虽然指明了基本善，但它们一旦碰到特定社会特定的善时，正义原则就发挥不了作用。更何况，我们要把必需品转向机会、权力和名誉等。倘若把这些益品附加上的意义加以抽象化，作为通用之物，这样做就变得毫无意义。

4. 社会意义决定分配正义

正是物品的含义决定了物品的运动。分配标准和制度安排不是善本身固有的，而是社会善内在所需的。首先人们必须明白一个物品的属性以及意义所在，然后才决定分配的主体、分配客体、分配的过程以及分配原因等，一个物品分配公平与否，与其背后的社会意义是息息相关的。

---

① [美]迈克尔·沃尔泽：《正义诸领域：为多元主义与平等一辩》，褚松燕译，译林出版社2002年版，第8页。
② 同上。

社会意义是指人们在社会中从事实践活动不断创造出的物品所被赋予的意义,或者说是大家所形成的共同理解,代表一种共识。例如,共同体的成员资格这个物品,其社会意义就在于拥有了成员资格就拥有了共同体为我们提供的福利和安全。再如,自由市场中的交换是社会善或物品的交换,因而是一种有意义的分配;应得也是要求特定物品与特定个人之间有一种非常紧密的联系。不能说某个人应得什么,除非我们知道这些人是如何通过他们生产和分配的东西而彼此相联系的;沃尔泽把他分配正义的原则归结为马克思名言的修正版,"各尽所能(或资源),按其获得社会承认的需要进行分配"①。在此,特别强调了需要是以得到社会承认为前提条件的,因为决定社会承认的东西是文化、宗教和政治等。需要原则是建立在不同社会阶层、不同社会成员的理解基础之上的,这就是说,分配原则是与社会意义联系在一起的。"我们(所有的人)都是文化的产物;我们创造并生活在有意义的社会里"②,正义扎根于人们对地位、荣誉、工作以及构成一种共享生活方式的所有东西的不同理解。如果践踏这些不同的理解就是不正义的行为。

所以,分配正义与物品的社会意义相关,而如果我们理解了物品的社会意义,我们通过解释就知道如何分配,应该由谁来分配,每个分配领域的原则是什么,以及出于什么理由进行分配。

5. 社会意义的变化决定分配正义的变化

社会意义具有历史性,分配正义的内涵以及分配正义的标准同样会随着时间的推移而变化。英国哲学家伯纳德·威廉斯论证物品始终应当按物品的相关性或内在目标来分配,例如,职务应当给予合格的候选人,只要具备合格的资格,人们都有同等的机会。但这个观念在不同的社会有不一样的标准。什么样的候选人是合格的?是以财产、血缘,还是以知识和能力为标准?古代社会存在任人唯亲,中世纪有

---

① [美]迈克尔·沃尔泽:《正义诸领域:为多元主义与平等一辩》,褚松燕译,译林出版社2002年版,第115页。
② 同上书,第419页。

买卖圣职,尽管买卖圣职和任人唯亲在现代人眼中基本上都会被认为是不正义的。沃尔泽认为,正义的要求是:"职位持有者应当被严格地限定在他们的职位的目标上。"①

社会历史发展的变化决定了分配正义的变化。不同时期的人们对善的共享理解不同,这导致对分配正义提出不同的要求。人们对医疗保健的态度有一个发展的历史,公共供给的形式也一直发生着变化,比如古希腊热爱运动,将公共浴池作为分配正义的公共供给的主要内容;中世纪的欧洲认为"灵魂的救治是公共的,肉体的救治是个人的"②,所以在中世纪的基督徒中,每个基督徒都有获得救赎和永生平等的机会;在现代社会中,长寿是一种社会认可的需要,每个公民都有平等的机会获得长寿健康的生活,因此,就需要国家将医保纳入公民福利的范畴,对公民进行体检、健康教育和强制免费接种疫苗等。所以,不可能存在任何一种先验的规定,也没有任何一种决定供给水平的先验方法。被认为普遍善的东西,其实也是随着历史观念的变化而变化的,随之分配正义的方法和理念也发生相应的变化。

6. 分配的本质属性是自主的

世界之大,我们所分配的物品是千差万别的,而物品是具有社会意义的,当物品的社会意义清楚明白后,分配就必须是自主的。每种善都构成了一个独立的分配领域,而在这个领域内部,只有某些标准和安排是合适的。没有一种普遍的、抽象的分配正义标准适用于所有的物品,每一种社会善或每一组物品都构成一个分配领域,其中只有某些特定标准和安排是合适的,所以,沃尔泽强调一定领域里的分配正义具有自主性和特殊性。他反对将政治权力扩展到经济领域和社会领域,或者反过来将经济财富扩展到政治领域的权力与职位,如金钱在市场中是起决定作用的,但如果金钱超出其发挥作用的领域,金钱入侵到教会职务领域,用金钱来购买圣职,这就是不正义的。市场对

---

① [美]迈克尔·沃尔泽:《正义诸领域:为多元主义与平等一辩》,褚松燕译,译林出版社 2002 年版,第 176 页。
② 同上书,第 109 页。

所有人开放,而教会却不是这样,教会里需要的是虔诚和信仰而不是金钱。需要是一个在历史文化语境中变动性的原则,"而这些优先考虑的事情和不同程度的需要不仅与他们的人性有关,而且与他们的历史文化有关"①。它是在历史中因共同体经济发展水平不同而具有的不同概念。

当然,在任何社会中,社会意义要完全清晰地确定也不是一件容易的事,分配领域并不完全清晰,从而会导致实现分配领域的独立自主有些困难,所以,我们只能寻求相对的自主性。自主性反对的是入侵,一个领域侵入到另一个独立的领域,影响到别的领域内分配的不平等,就是支配性的善,这时,需要对支配性的善进行调控、均衡。

在沃尔泽分配正义观中,分配正义同被分配的物品有关,物品本身没有内在的价值,其价值取决于它们在这个世界中所处的位置以及人们的理解,来自不同文化的成员共识的理解,即物品具有社会意义,所以,分配正义离不开被分配的善及社会意义。"一个人关注活动的社会意义,那么,在一个特定人群的生活中分配物品的场所,是'约定主义'的解决办法。"②沃尔泽将其理解为约定主义。

沃尔泽所说的"共享理解",是指具有共同背景的社会成员在面对同一种善或东西有共同的理解。这个共同背景大致是指相同的文化背景,在沃尔泽看来,无论这种东西或善多么不正义,只要人们达成"共享理解",就可以视为合法与正义。我们认为,这种观点会导致政治道德上的相对主义。比如,印度的奴隶制,只要该社会成员对它拥有一种共同的理解,或者只要奴隶们承认这种制度,这种奴隶制就是正义的,这显然违背我们的道德直觉。在今天的我们看来,每个人天生应该平等,没有人注定出生就应当为奴。但沃尔泽正义观并不能否定奴隶制的不正义,他最多只能说:"在形成对社会的共同理解时,奴

---

① [美]迈克尔·沃尔泽:《正义诸领域——为多元主义与平等一辩》,褚松燕译,译林出版社2002年版,第82页。
② 同上书,第111页。

隶对奴隶制的被迫同意应该是不算数的。"[1] 分配正义是与社会意义相关的，对这个社会意义的理解又依赖于一定的文化背景，而文化具有特殊性，这就难免有导致相对主义的嫌疑，至少会使他的正义观失去批判社会现实的能力。

第四节 泰勒的构成性之善与"承认的政治"

一、反对权利优先性，主张构成性之善

泰勒认为现代道德哲学的趋势是给道德以非常狭窄的关注。道德只被单纯设想为行动的向导，倾向于关注做什么是正当的（right）而非关心什么是善的（good），并由此聚集于界定"责任的内容"而非"善良生活的本质"。在这种伦理学说的体系中，没有为善的概念留有空间。[2] 所以，现代的道德哲学多是一种有关于责任行为的规则伦理学，即强调遵循什么样的规则或程序才是正当的行为。规则伦理学是现代性的产物，受自然主义思想的影响。自然主义从自然科学的视角出发，不需要预设形而上学的概念，排斥善的客观性，主张主体的独立性。到了近代，以功利主义或康德主义为代表的规则伦理学，关注行为，却不关心什么东西本身是有价值的，不关涉实质性的善。泰勒特别强调，"正当优先于善"的原则，出自康德的道德学说，起初是反对功利主义的，后来逐渐演化成反对一切以善为关注对象的道德学说，这是20世纪以来以罗尔斯为代表的新自由主义学说的主要共识。泰勒指出，功利主义和康德主义虽然都是关注行为，但两者是有区别的。功利主义是后果论，计算什么会使最大多数的人获得最大的幸福，把结果的功效看成是善的，看成是道德评价的标准，而结果往往又依赖于

---

[1] Michael Walzer, *Thick and Thin*, Notre Dame: University Notre Dame Press, 1994, p.27.
[2] ［加］查尔斯·泰勒:《自我的根源：现代认同的形成》，韩震等译，译林出版社2012年版，第114—115页。

人们的欲望,当人们的欲望满足时,结果才是有功效的。所以,功利主义所说的欲望也就是我们所说的善,这种善只有数量上的差别,没有性质的高低区分,但在泰勒看来,这不是强评价的善,所以并不是真正意义上的善。泰勒认为,康德虽然是义务论者,但康德不同于功利主义者。康德认为不能根据道德的效果而应根据道德责任以及义务论的思想来判断道德行为的正当性。但同时康德认为人是理性的存在者,能够根据理性尊重道德法则引导而生活,这彰显了人的尊严与价值。康德并不回避善,他明确提到了善良意志,将善良意志视为对绝对命令的服从。泰勒认为功利主义和康德主义所说的善是完全不同的概念。康德对根据责任所做的行为和根据爱好所做的行为方式进行了区分,认为追求理性、道德律的行为更值得尊重,高于单纯追求幸福即欲望满足的行为方式。所以,在泰勒看来,康德对这种生活方式的区分,以及善良意志的道德学说还是以善为前提的,这才是实质性的善、真正意义上的善。泰勒认为,对"正当优先于善"不能过于简单化地理解,而要分析其背后的语言意义与价值。①

泰勒和桑德尔一样,不愿承认自己是社群主义者,更不愿意说他是一个"公民人文主义者"。相对地,他所批评的也不是所有的自由主义,而是那种主流自由主义,泰勒称其为"程序自由主义"。② 程序主义的政治学说,强调程序化的规范是自由民主主义的重要武器之一,自霍布斯和格劳秀斯、卢梭以来的自由主义者一直持这种观点。"格劳秀斯认为,不管其形式是什么样的,只要它是通过同意而产生的,就完全是正当的。"③ 其最近的变种,就是哈贝马斯的商谈伦理学概念,它也是部分地建立在同样的考虑之上的,认为只有所有人都能自愿接受的规范才是正当的。哈贝马斯把这种程序主义的提议运用到政治理论中,用规范支配着政治权威的强制行为,试图形成社会正义的规范。

---

① [加]查尔斯·泰勒:《自我的根源:现代认同的形成》,韩震等,译林出版社2012年版,第120—121页。

② Charles Taylor, *Philosophical Arguments*, Harvard University Press, 1995, p.187.

③ [加]查尔斯·泰勒:《自我的根源:现代认同的形成》,韩震等,译林出版社2012年版,第125页。

自由主义另一重要代表人物德沃金，把善良生活的概念作为道德选择的关键，但是为了理解把公民平等对待（规定的自由）原则的真实性，力图把任何有关善良生活的考虑从政治评议中排除出去。

泰勒特别批评了罗尔斯关于"权利优先于善"的观点，他认为罗尔斯在《正义论》中，从"善的弱理论"出发的正义论，在最深层次上是不连贯的。这点深受桑德尔的影响。① 罗尔斯正义原则的推导依赖于善的弱理论，而形成正义理论又不需要善的理论，这前后是不连贯的，主张正当概念优先于善。罗尔斯区分了两种善的理论，其中，善的弱理论没有太多的道德含义，类似于人们理性需求的具体或抽象的好东西，或者是价值中立意义上的善的说明；但是由此推导出来的"作为公平的正义"的正义观中，罗尔斯进一步把善的理论发展为善的强理论，由两个正义原则架构的正义社会普遍有助于实现个人的生活之好，这更多是道德意义上的说明，是指在一个自由而正义的社会里，每一个人都可以追求自己想要的生活，只要不违背正义的要求，就没有必要对生活价值进行客观判断或价值排序。无论一个人持有什么样的善观念，只要遵循某种正当原则或正义原则，就可以悬置自己的善观念，而国家的功能就在于保护每个个体的不可转让的权利。泰勒认为，以罗尔斯为首的当代新自由主义正义观在价值论层面上坚持权利优先于善的原则，实际上是这样一种社会现实的反映：现代人在追求个体自由的同时，丧失了个体存在的价值和意义维度，人作为人的丰富性和完整性受到了损害，从而出现了社会碎片化的现象。

那么，泰勒在权利与善的关系上持什么态度呢？他认为应当"坚持善对权利的优先性"②。泰勒强调善具有实质的构成性意义，我们只有拥有某种整体良善生活的本质概念，才能知道我们是谁，以及在这种处境中道德主体应该去做什么，即我们作为人的良善生活的条件首先就是要承认善的概念的至上性。自由和自主的道德主体只有在使自身

---

① ［加］查尔斯·泰勒：《自我的根源：现代认同的形成》，韩震等译，译林出版社2012年版，第129页。
② 同上。

自愿地隶属于某种共享文化内的共同善时，才能实现和确立自己的身份。

他坚持，关于善的客观性的古代信念在日常道德行为中仍在发挥作用，只有我们拥有某种整体良善生活的本质，我们才能知道我们是谁，以及在这种或那种处境中作为一个整体生命应该去做什么，它开启了我们的道德世界，并因此确立了我们作为道德主体的身份。所以，在泰勒看来，道德哲学主要是对人类良善生活本质的探究，在我们日常的概念体系中应为"善的概念的至上性"留下空间。

在本体论一章，我们已介绍了泰勒立足于哲学人类学知识确立了自我的存在论地位，即人是自我解释的动物，但这并不意味着人类所做出的任何解释都是有意义或有效的，而是存在一定限度的，那就是人类的自我解释只有与各种"善"的价值相关联，才有自身存在的意义和价值。"善"是泰勒价值论的核心概念，他把"善"划分为"生活之善"（life goods）、"构成性之善"（constitutive goods）和"超善"（super goods）三类。生活之善是指由不同生活方式的性质差别所规定的善；构成性善是指构成生活之善的基础和依据；超善是指超越于其他的善，能够提供人们判断和决定意义价值的标准和指引生活方向的路标。

具体来说，"生活之善"是指某种行为、情感或生活方式之间的性质差别所规定的善，它是善良生活的组成部分，比如自由、仁慈、正义等。生活之善也是构成性的善，能够指向事物存在方式的某些特征，它使我们的行为或动机具有善的性质，它规定了人们何种行为是善的以及对善的东西的爱。所以说，构成性的善就是道德的根源，赋予了生活之善以地位，指的是在人们的观念或行为中占优先和支配地位的东西，比如价值、意义、动机、独特的习俗文化、生活方式等。对于柏拉图来说，构成性的善是存在的秩序、或秩序的原则，这是善的理念。奥古斯丁把上帝看作道德根源，道德的来源与权威都归于上帝。康德认为理性主体是构成性的善，即依据理性法则而生活的动机。构成性的善对于我们道德理论的建构具有重要意义，如果没有这种善的指导，人就无法界定自我的身份和定位，而伴随着这种失根感的将是道德方向的迷失。同时，构成性的善也会激发我们去做个好人，追求好生活。"构成性的善不只是规定道德理论的内容。对构成性的善的热爱也鼓舞我们去做个好人。"①泰勒其实想表明任何一种关于道德直觉和道德冲突的观点，都不可能真正摆脱其背后的道德框架。

超善具有绝对的价值，在序列上高于其他的善。"我们认可了规定着高等的善的次要的性质差别，在这种基础上我们在其他善中做出区分，把不同的价值或重要性归于它们，或决定什么时候和是否遵循它们。让我称这种高级的善为'超善'，即这种善不仅是比其他的善有更加无与伦比的重要性，而且提供了据此必须对它们进行估量、判断和决定的立场。"②超善为人们提供着用来估量、判断和决定自己的生活方向的路标，它被信奉者理解为走向较高道德意识的台阶。比如亚里士多德将沉思的生活作为最高的善（即超善），城邦的人们要过整体的善良生活，如果缺少它们，生命的价值将会大为逊色。

不同的道德框架具有不同的超善，但人们都会受超善的引导并趋向于这个超善。然而，现代道德哲学却否认超善存在的必要性与现实意义，不为善的概念留下空间。权利优先于善成为证明排斥性质差别正当性的原则。泰勒指出："如果'善'指后果主义理论中的首要目标，而权利单纯由其为这个目的的工具意义所决定，那么我们应当坚持权利优先于善。但是，如果在我们这里讨论的意义上使用'善'，而它意指的是所有被性质差别标明为高级的东西，那么我们可以反过来说，在这个意义上，善总是优先于权利。"③其所以如此，就在于善能给予规定权利的规则以理由。

---

① ［加］查尔斯·泰勒:《自我的根源：现代认同的形成》，韩震等译，译林出版社2012年版，第135页。
② 同上书，第94页。
③ 同上书，第129—130页。

二、承认的政治

黑格尔的"承认理论"开启了以他者和人际关系为焦点的政治议题,受此影响,泰勒在 20 世纪晚期提出的"承认的政治",是对这一理论的时代回应。20 世纪末,"多元文化主义"成为西方政治哲学的热门思潮。60 年代的美国民权运动、非裔美国人为争取身份和公民资格平等而展开的运动、为争取民族独立的民族解放运动、为争取妇女身份平等的妇女运动,以及少数群体要求获得对其差异的接受和肯定的社会运动等,这些运动越来越强调自身的差异性。针对经济等级中的不平等而进行的斗争,他们提出了再分配的政治,而针对身份等级中的不平等而进行的斗争,提出了各种形式的"身份的政治",这些都反应了多元文化主义政治的诉求。之所以称之为"身份的政治",是因为它们不同于早期的基于阶级划分和关涉经济利益的工人或农民运动。①

泰勒首先表明,"认同"和"承认"是有所区别的,前者表示一个人对"我是谁"的人的本质属性的理解,后者表示自身的存在是在与他者的对话中实现的。两者也存在某种联系:对他人的自我认同为"承认的政治"的主张奠定了基础。泰勒进一步提出,承认是人类的需要,"我们的认同部分地是被他人的承认塑造的,或者说得不到他人的的承认与得到他扭曲的承认都会影响我们的认同"。②得不到他人的承认不仅影响到自身的认同,还会对人产生伤害,甚至造成压迫。

泰勒注意到,最初的承认指向等级制的"荣誉"观念,这种荣誉观念是与古代传统社会的等级制相连的,具有不平等性,因为它要求别人不能享有的"优先权",即要求享有不同的身份特权。随着旧的等级制度社会的崩溃和瓦解,现代社会成员不再诉诸自己在社会整体生活中的角色和地位,而是更认同自己个人内在的需要和承认自我的独特性,这就在公共领域内出现一种要求平等承认的身份政治的需要。

---

① [加] 威尔·金里卡:《当代政治哲学》,刘莘译,上海译文出版社 2011 年版,第 342 页。
② Charles Taylor, "The Politics of Recognition", in Charles Taylor, *Philosophical Arguments*, Cambridge: Harvard University Press, 1996, p. 225.

身份之所以出现，首先是由于人真正的内在自我有别于由社会规则来规范的外部世界，且外部世界对内在自我的价值或尊严不予以恰当承认。"内在自我是人类尊严的基础。"① 宗教改革唤醒了个体的"内在自我"，启蒙运动则要求对这一"内在自我"给予外在承认。泰勒的承认理论深受黑格尔的启发，黑格尔认为，驱动人类历史进步的是寻求承认的斗争，泰勒则主张，人渴望得到他人的承认，人类每个成员的尊严都希望得到普遍承认。

针对自由主义平等政治所带来的忽视社群作用，泰勒以文化差异性为基础，提出了"承认的政治"，以弥补政治碎片化的危机。

随着现代社会的到来，自由主义者倡导一种普遍主义的政治。"伴随着从荣誉到尊严的转移而来的是一种普遍主义的政治（politics of universalism）。"② 这种政治强调所有公民享有平等的尊严，其内容是权利和资格的平等化，决不允许"一等"公民和"二等"公民的存在。③ "作为权利的公民资格"旨在为民族国家内部的所有成员提供整齐划一的身份。公民资格意味着个人要在法律面前的平等权利的保护下受到平等对待，公民资格权不可避免地拓展成为基本的社会权利，如医疗保健和受教育权。

"平等尊严的政治"的理论前提是自由主义普遍平等的原则。但是问题在于：平等对待有可能造成不公平的后果。普遍的要求推动了对于特殊性的承认。对此，泰勒提出了差异政治（politics of difference）。差异政治承认个体的独特性，每一个人都有其自身独特的认同以及追求个体独特性之本真性的理想。差异政治认为应当承认每一个人都有他或她的独特的认同，是他们与所有其他人相区别的独特性。④

泰勒认为，平等政治构成其基础的观念具有来自康德人的尊严的

---

① [美]弗朗西斯·福山：《身份政治：对尊严与认同的渴求》，刘芳译，中译出版社2021年版，第11页。
② [加]查尔斯·泰勒：《承认的政治》，董之林、陈燕谷译，见汪晖、陈燕谷主编：《文化与公共性》，生活·读书·新知三联书店1998年版，第300页。
③ 同上书，第300—301页。
④ 同上书，第301页。

形而上学的背景。每一个人都值得尊重，其根据就是人具有依据理性生活的潜能，而差异政治也平等地尊重每一个人身上的这种潜能，尤其是指平等地尊重对每一个人而言都现实存在的文化。

在自由主义阵营内，有一些政治哲学家反对权利至上自由主义，其中的代表是罗尔斯、德沃金、艾克曼曲等。德沃金在《自由主义》一文中，区分了两种不同的道德承诺："一种是有关生活目标的承诺称为'实质性'承诺，即我们每个人都有生活目标，都有我们和其他人应当致力追求的关于好生活的见解。另一种是'程序性'的承诺，即不论我们如何设想自己的目标，都要公正地平等地互相对待。"①德沃金认为自由社会的特点是平等尊重所有人的一种程序性承诺，国家不应支持任何实质性的善观念。哈贝马斯在《民主法治国的承认斗争》中也提出，在复杂社会中，公民的总体性不再是由某种实体性的价值共识来维持的，而只是由有关合法的立法程序和行政程序的共识来保证。②

自由主义有一个基本立场，即对实质性观点采取中立态度，让不同文化背景的人可以在此基础上交往和共存。但自由主义理论和实践并没有真正实现中立，表面上正义却掩盖不了骨子里充满傲慢和对某些特定人群的忽视、歧视。程序自由主义强调权利的首要性，但仅有形式上的平等原则是虚假的、空洞的，而承认的政治要求尊重每一个他者的价值，能够接纳有关好生活的观念。它关注的主要不是权利问题，而是文化的正义问题。权利的正义问题考虑的是公民权有没有平等地赋予每一个人，而文化的正义问题则要求对文化多样性予以正面的承认与尊重。所以，权利的正义着眼于保护个体的自由权利，而承认的政治要求对群体的特殊性予以承认，它捍卫的是群体的自治权，它允许有差别地对待不同的善观念，能更具体入微、更有语境自觉性地讨论这些问题，以实现实质意义上的平等。

---

① ［加］查尔斯·泰勒：《承认的政治》，董之林、陈燕谷译，见汪晖、陈燕谷主编：《文化与公共性》，生活·读书·新知三联书店1998年版，第316页。
② 同上书，第362页。

泰勒在《承认的政治》中，特别提到他所卷入的加拿大魁北克独立运动作为案例：说法语的魁北克人要求保持并发展法定权利，在英语主导的大陆保护自己的语言和教育，因为这有利于增强当地法语居民的文化认同，产生民族的凝聚力，而凝聚力是民族认同的一个重要因素，所以要求当地政府在公共政策中给予积极倾斜与支持，在法律上采取必要的措施予以保护，例如在移民儿童中强制教授法语，禁止使用除法语以外的语言做商业广告等。泰勒认为，魁北克的案例体现了在一个文化多元的社会中某一群体要求保持其自身文化传统的正当性和必须性。① 文化多元化和多样性的出现是当今世界不可回避的现实。但从程序自由主义的角度来看，这些法律或政策严重侵犯了个人权利，因为它要求一种对集体给予社会层面的支持的承认，其实就是偏爱某些群体的特定善观念，这是不中立的，与程序自由主义的价值中立相违背。在泰勒看来，这不利于少数民族文化保存其文化以及产生文化认同，其所谓"中立"，无非是对异文化群体的无视。这种单一的考虑或把道德领域统一起来的趋势，就把非常多样的道德考虑塞进了普洛克路斯忒斯床。② 泰勒认为，这种保持不偏不倚的中立态度，不利于理性公民选择有价值的生活目标，追求各种美好生活，这是当代自由主义虚伪的表现。对此，泰勒指出，"自由主义并不能为所有的文化提供可能的交往基础，它只是某一种文化的政治表述，与其他文化是完全不相容的。"③ 在泰勒看来，普遍主义平等政治主张文化的普适性和绝对性，其实是西方文化霸权的表现，遮蔽了对其他独特群体文化价值的承认，这会造成新的不公正。他认为在当今文化多元愈演愈烈的时代，反抗西方文化霸权还是要"相互承认"：不仅应当承认世界上文化的差异性，还要承认所有不同文化具有平等的价值。文化并没有高低、优劣之分，不同民族不同文化都具有存在的意义和平等的价值，我们

---

① 参考应奇：《从自由民族主义到宪法爱国主义》，载《社会科学战线》，2002年第1期，第79—84页。
② ［加］查尔斯·泰勒：《承认的政治》，董之林、陈燕谷译，见汪晖、陈燕谷主编：《文化与公共性》，生活·读书·新知三联书店1998年版，第135页。
③ 同上书，第320—321页。

应该保持开放的态度，承认文化的多样性、独特性、多元性。我们应该在了解不同文化价值的基础之上，通过伽达默尔的"视域融合"，对各种文化价值形成实质性的意见与正确的评判，在这种判断的基础之上，把所有的文化背景放在一个地平线上，从而正确理解其他文化的价值，通过对话和交往，真正实现不同文化的融合贯通。

从社群主义中吸取资源，批评自由主义的个人自主性，强调文化群体的自主性和群体权利，泰勒"承认政治"的理论其实是自由主义的普遍主义政治的延伸，他在肯定自由主义的个人权利的基础上，通过寻求承认，得到真正的尊重；他主张每一种文化不仅应该得到尊重，也应该得到承认，所以，泰勒的"承认与差异的政治学"具有二元性特征，能够调和普遍主义和特殊主义之间的矛盾，在一定程度上，是对自由主义普遍政治所带来政治碎片化的修补与调整。

小　结

从价值论来看，自由主义坚持正义优先于善，认为个人权利不能为普遍的利益做出牺牲，体现权利的正义规则不允许任何善观念占据优先地位。自由主义把正当放在首位，正当优先的正义观要求的是权利优先、个人优先的原则，而善优先的正义观要求的是社群优先、公益优先的原则。他们认为一个自由主义的国家应当反映人们合理多元的良善生活观念，保证公民的自由和平等，正义规则是普遍的、普适的，首先必须保证在正当的优先的前提下来谈善。自由主义主张权利优先于善，是因为自由主义认为，权利具有道德基础，即人要作为一个具有基本权利的人才能进入到社会契约，而契约制定的目的就是为了获得各种善。如果没有权利这一前提性价值，我们所追求的各种善即使再多，也无法证明其正当性；自由主义对于社群的态度是：权利优先于善，个人的基本权利即使是为了群体的利益也不能被牺牲。所以权利处于前提性的地位，这表明自由主义者认为，权利代表着个人的自主和自由。不管我们所处的社群有一种什么样的传统和文化价值观，个人总是可以自我思考和自我选择。所以他们要求，社群应该保护和实现个人的基本权利，个人的志趣、抱负和善观念都是独特的，善观念的差别甚至冲突对立也是一种正常状态。这样一来，就削弱了社群在长期的公共生活中形成某些统一的精神气质和价值取向的可能性。但从事实上说，社群的这种性质也是实际存在的，处于社群中，个人能够感受并且秉承社群自身独特的共同目标和价值态度。

麦金太尔借助词源学的知识对"正义"一词进行历史的考察，认为从古希腊以来，正义具有规则正义与德性正义两重含义，并且德性正义是优先于规则正义的。只是到了近代，正义逐渐变成了抽象的规则正义。麦金太尔质疑罗尔斯的正义观将人的生活的权利与人的好生活目标割裂开，强调规则正义至上，而忽略对人的德性的塑造。麦金太尔认为，解决正义问题，不仅要与德性相连，而且要与一种人生的支配性目标相连，我们对于正义的反思不能合理地脱离我们对于好生活之本质以及人类最高目的的反思。麦金太尔认为德性正义是人的自我实现而必须具有的实质性内容，是人的社会性存在获得人生意义的重要价值源泉。

相对于其他社群主义者强调权利优先于善的主张而言，桑德尔更强调权利并非独立于善，两者之间具有紧密的联系，对权利的反思和审议不能脱离作为社群或共同体的善。他认为权利及其所依据的正义原则是建立在普遍善观念基础之上的，任何对正义的反思都依赖于它所服务的目的道德重要性。在桑德尔看来，罗尔斯主张正义是可以独立于善之外的，把正当性与良善生活割裂开来，这是有失偏颇的。因此，桑德尔着重批判了罗尔斯《正义论》中"正义的首要性"这一观点，正义不是所有社会制度的美德，最多只是补救性的美德，说"正义是社会制度的首要美德"一定是有条件的。在《政治自由主义》著作中，桑德尔对罗尔斯所设想的基于政治的正义概念的自由主义提出了三种反驳：悬置严肃的道德问题；主张价值中立；公共理性脱离完备性学说等。

沃尔泽并没有像麦金太尔、桑德尔等社群主义者那样不惜花费大量笔墨作深入的探讨，也不像其他社群主义者热衷于社群的公共利益或善的弘扬，推崇公共利益优先于个人权利，他更多是在论证自己的分配正义观的社会意义。在沃尔泽看来，分配的核心是物品，一个物品之所以有价值，是因为人对它赋予了意义。而物品的社会意义决定着物品的分配原则，分配的标准应当与被分配物品及其社会意义有关，或者说分配原则就是由物品及社会意义所决定的。因为分配物品的意义具有多样性和复杂性，所以分配正义也是多元的。

泰勒认为，罗尔斯为首的当代新自由主义正义观在价值论层面上坚持权利优先于善的原则，秉承了康德的意志自由理论，反映了这一社会现实：现代人在追求个体自由的同时，也丧失了个体存在的价值和意义维度，人作为人的丰富性和完整性受到了损害。他坚持善对权利的优先性，并且强调善具有实质的构成性意义，只有拥有某种整体良善生活的本质概念，我们才能知道我们是谁，以及在这种处境中道德主体应该去做什么，即我们作为人的良善生活条件首先就是要承认善的概念的至上。

由此可见，麦金太尔、桑德尔、沃尔泽和泰勒这几位社群主义者在"正当与善"的关系上都有大致的共同点，批判了自由主义的正当优先于善，而主张善优先于正当，原因是认为社群存在的目的就是为了获得各种善，而且，个体的权利和正义也只有在社群中才能得到保障和实现。我们认为，其价值观缺陷在于：认为权利观念是虚构，只抽象地强调公益和公共美德，并主张不同社群有不同的正义观，却不能真正理解自由和平等权利观念得以产生的社会历史原因，也不能理解同一个社会中以阶层利益为基础的不同正义观之所以产生，以及社群存在及其利益分配、协同行动方式在不同历史阶段会采取不同形式的真正原因。

社群主义正义观主张善优先于权利，原因则是社群存在的目的就是为了获得各种善，而且，个体的权利也只有在社群中才能得到保障和实现。人的自我的某种结构性内容的确可以由人们所处的社群生活赋予，但这一点被社群主义者说成是构成性的自我，除此之外，人的自我没有其他成分。他们认为，正是社群的文化传统、社群的价值、社群的成员身份、社群的责任与义务、社群的公益等，构成个体自我的本质内容和成分,所以,个人应该服务于社群的公共善,而且也只有在服务于社群的公共善的过程中,我们的权利才能得到保护和实现。显然,这里的权利不再是那种前提性的价值,而是我们生活所必需的内容,如生命和财产等,于是善必然要优先于权利,并要以善对个人权利进行限制和约束,从而主张应该从权利政治学转向公益政治学。更进一步讲,对个人权利的主张和行使就需要基于特定的社群或共同体。然而,当前世界的现代化进程却会对社群或共同体产生严重的冲击与破坏,由此导致实质性的正义原则日渐式微或趋于边缘化,甚至多只能零星地存在于同历史传统和道德伦理有密切联系的社群或共同体之中,而这必须引起人们的高度警惕。

客观地讲,面对价值多元化的当今社会,社群主义在一个共同体或社群内达成正义共识、形成共同的价值和正义原则时会产生分歧或阻力,同时,即使正义共识得以达成,共同体之善会不会消解个人的特殊性与自主性,从而产生异化,导致专制统治甚至是极权主义的风险,这也是一个潜在隐忧。另外,一旦个体对共同体的善观念或道德理念加以接受和服从,会不会进一步丧失反思和批判的能力?这也是需要警惕的。出于这种考虑,我们需要对社群主义主张善优先于正当的价值论进行批判性的反思。

第四章　社群主义正义观的方法论阐释

政治哲学中的本体论关注政治现象的存在，特别是个体与社群的关系，并形成不同的自我观，不同的自我观会导向不同的正义主体观念，从而导出政治价值追求；政治哲学中的价值论就表现在反思其研究对象为什么如此以及应该如何，它是对本体论内涵的价值判断和意义的延伸，而方法论则是区别不同理论体系的实践境遇的重要尺度。用什么样的方法论来建构理论，直接影响着一个理论的性质，因为这关系到如何认识和解释人类政治现象。本体论、价值论和方法论三者相互依存，相得益彰。本体论决定并影响着世界观和价值观，同时也影响着方法论。方法论的运用隐含着本体论的前提或预设，采用什么样的方法论往往预设了某一种本体论或价值观。从个人出发、还是从群体出发去看待和解释政治哲学体系，也就影响着正义观的构建方式，这表现在其正义观建构方法是采用普遍主义还是历史主义。自由主义正义观大多采用原子主义或普遍主义的方法论，社群主义正义观建构更多的是采用历史主义、解释学或多元主义的方法论。历史主义作为一种认识社会和历史的方法论，产生于18世纪末，并兴盛于19世纪。传统的理解，历史主义通常被看成是从历史的联系和发展的观点去考察历史现象和社会问题的一种原则与方法，它特别着重于要求我们把历史事件、历史人物放到当时具体的历史条件和具体历史背景中去分析、去评价。

第一节 麦金太尔正义观的方法论

麦金太尔知识渊博,是位以史拓论者,惯用历史主义方法用历史主义对抗普遍主义和相对主义,他的历史主义方法论不同于马克思主义的历史唯物主义,又被称为"新历史主义"。麦金太尔是20世纪难得多见的用历史主义观念与方法来分析问题的思想家之一。麦金太尔正义观所采用的历史主义方法体现在《德性之后》《谁之正义?何种合理性?》等著作中。麦金太尔虽然没有正面阐释自己的正义理论,而更多把自己的正义观嵌入正义观念历史演变的宏大叙事中绵延展开。麦金太尔通过对西方正义观念历史脉络的梳理并与它们诞生其间的社会现实相联系,从中寻找客观的内在联系,同时也在重新构建他的德性正义框架。我们认为,麦金太尔对正义历史的回顾,其意义不在纯粹的回归历史,而是通过回溯历史上的正义观,集中批判现代自由主义的正义观,并发展出他的德性正义观。

一、历时性回溯中的构建

黑格尔曾提出"哲学就是哲学史"这个命题,言下之意,今日之哲学,无不是以往哲学传统之延续。理解和把握哲学的问题旨趣,需要了解哲学的历史传统和哲学流派之间的关系和区别。对麦金太尔来说也如此,正义观就是正义观念的历史,要真正理解正义问题,就需要从历史传统脉络中探寻正义的本质及其渊源。当今西方正义观存在多元互竞、不可公约的现象,麦金太尔认为,要清楚地认识当代正义观危机的性质,就必须追述这个传统,在传统中才能消弭正义与实践合理性之间的裂隙,经过探究把握各种正义理论传统和它们诞生于其间的社会现实,我们才能真正理解其正义观。进而言之,正义观的分歧与互竞在其历史和传统的论述中可以得到论证。我们也可以这样理解麦金太尔,即其在对正义观历史追述中也就隐含着其正义观的建构过程,这是从历时性追溯中进行反思建构。

在《谁之正义?何种合理性?》一书中,麦金太尔考察了自古希腊以来各种不同的正义观,可以归为四大类:

第一,前亚里士多德时代正义思想的考察。

在麦金太尔看来,要想深刻洞悉现代道德概念,就必然要回到西方伦理思想的源头:古希腊哲学。而理解古希腊的哲学要从《荷马史诗》开始。《荷马史诗》中的社会是一个等级制的社会,每个人都在一定的社会秩序中生活。《荷马史诗》也是一个英雄社会,几乎任何史诗的主角都是英雄。《荷马史诗》的英雄是在既定的宇宙背景和秩序背景下展开他们活动的。正是这种特定的社会结构以及个人在其中的职位决定了个人的使命和职责。《荷马史诗》中的善概念取决于这个人对自己职责的出色履行。在《荷马史诗》的叙述中,"dike"这个词便一直被译为"正义"(justice)[①]。这个正义概念具有两个特征。"第一个特点是:这些概念中的每一个概念所植根于、并从它内在于其中的更大的概念图式中抽绎出不同特征的那种方式。"[②] 这个特点决定了英雄社会的正义总是在某种程度上与社会性的当地情况和特殊性相关联,正义是不断变化的,且与广阔的历史背景不可分割。"第二个特点是:无论'正义'还指别的什么,它都是指一种美德;而无论实践推理还要求别的什么,它都要求在那些能展示它的人身上有某些确定的美德"[③],第二个特点强调了正义是一种美德,强调了正义所蕴涵的人格化要素的重要性。

麦金太尔认为,雅典时代主要有四种不同且互不相容的理解正义观念的方式,他主要考察了伯里克利、柏拉图、亚里士多德和悲剧作家尤其是索福克勒斯的观点,然后得出结论:古希腊的几个不同的城

---

① [美]阿拉斯戴尔·麦金太尔:《谁之正义?何种合理性?》,万俊人等译,当代中国出版社1996年版,第19页。
② 同上书,第34页。
③ 同上书,第35页。

邦对正义观念和原则理解有所不同,"因此根本不存在一般正义这类东西,而只有在雅典被理解为正义的东西,在底比斯被理解为正义的东西和在斯巴达被理解为正义的东西"[1]。它们各有其特点,但都有一个共同点:做一个好人与做一个好公民紧密相连;德性在城邦的社会背景中有其位置;德性正义的践行都是在城邦中进行的。

麦金太尔认为,在《理想国》中,已经提到正义具有美德与规则的双重内涵,前者的标准依据的是卓越善(goods of excellence),对于后者而言,其标准是有效善(goods of effectiveness)。作为美德的正义概念是首先出现的,是按照卓越或优秀来定义的,即给予每个人应得的善或按照每个人的功劳大小相应地给予奖赏,而作为有效善来定义的正义是指个人遵守社会规则的品质或对社会合作有效的践行。但凡在以有效善定义正义的地方,正义常和契约联系一起,认为正义就是人们订立契约的结果。在《理想国》中,柏拉图心目中的苏格拉底用按优秀善定义的正义来反驳有效善的正义,反驳的武器是具有良好秩序的城邦和精神。但是,柏拉图并没有在《理想国》中构建这种理论的纲领性计划,后继的亚里士多德继承了这一思想,在对其进行部分修正的基础上使之进一步系统化。

伯里克利时代的雅典对正义观念是荷马式的,在伯里克利时代的雅典,虽然优秀善和有效善被区别开来,但对二者的追求并不是不相容的。[2] 在城邦内部,每个公民可以自由地参与城邦生活,同时追求优秀、财富和财力,即个人正义与城邦正义是一致的。古希腊苏格拉底、柏拉图、亚里士多德师徒三人的正义观基本是一脉相承的,都是按着德性正义的思路进行探究并得以发展的。

在其德性理论中,麦金太尔把善分为内在善和外在善,在正义理论中,麦金太尔用卓越善取代了内在善,用有效善取代了外在善,对

---

[1] Alasdair Macintyre, *After Virtue: A Study In Moral Theory (Third Edition)*, Notre Dame Ind.: University of Notre Dame Press, 2007, p.139.

[2] [美]阿拉斯戴尔·麦金太尔:《谁之正义?何种合理性?》,万俊人等译,当代中国出版社1996年版,第71页。

应两者关系,可分为德性正义与规则正义。在麦金太尔看来,优秀善优先于有效善,所以,德性正义优先于规则正义,并以此来批判自由主义正义观。

第二,亚里士多德传统的正义思想的考察。

麦金太尔对亚里士多德社会正义概念的理解包括两种:一是普遍正义,二是特殊正义。普遍正义是指遵守法律,遵守城邦法律的人必定是正义之人。正义作为遵守法律所要求的一种品质,涉及到在公民与他人关系中所要实践的美德,即正义要求我们对自己和他人都要做出有美德的行为。

与普遍正义相对的是一种狭隘意义上的正义即特殊正义,它具有分配正义和矫正正义两种形式。分配正义依据的是某种形式的应得,要做到公正就是要把每人应得的给予他,这是城邦成员的共识,但是,人们对于依据哪种应得进行分配则存在分歧。民主派要求在自由公民之间进行平等的分配,按公民身份进行分配,寡头派认为某些善应只限于因财富和出身而获得特权的那些阶层,所以寡头政治依照财富和门第进行分配;贵族派认为人的德性是促进城邦优良生活的关键,所以贵族政治按照人的德性来进行分配。① 亚里士多德认为,德性、自由、出身和财富将以各自的方式促进城邦目的的实现,它们都可以作为分配正义的依据,但民主派在获取公民资格时没有选择性,即没有区分阶级,寡头派则忽视了德性的联系,只有贵族派是按德性来分配应得,这才是城邦中最佳的分配方式。②

矫正的正义是对不正义分配行为进行矫正,使之恢复正义的秩序。③ 如一个公民对另一个公民在交易关系中实施了冒犯,冒犯者就打破了原初的平衡或平等状态,从受难者身上拿了不该拿的东西。对此,按亚里士多德的理解,正义就要求回复到原初的状态。争吵的双方将

---

① [美]阿拉斯戴尔·麦金太尔:《谁之正义?何种合理性?》,万俊人等译,当代中国出版社 1996 年版,第 149 页。
② 同上。
③ 同上书,第 169 页。

纠纷诉诸法官，法官是正义的体现，而法官把双方看作是平等的，其作用是要恢复双方开始时的状态，让冒犯者放弃不应得的利益，将其返还给受难者。

由此可见，亚里士多德的正义显然是按优秀善定义的，正义不仅仅是外在的规范，而且更重要的是指人的一种内在美德和能力，正义是所有德性的基石，因为没有它，一个人不可能成为有德的人；正义是对每一个不同社会角色的公民给予应得的对待，按德性来分配应得才是城邦中最好的分配方式；并且正义只有在城邦中才能实现，正义的标准只有在城邦中才能得以评价。"正义既作为一种个体的美德，又作为一种社会生活的秩序，只有在某个特殊城邦的具体制度化的形式内才能达到。离开了每一特殊城邦的现实，正义的规范就不复存在。"[①]因为城邦在功能上类似于人类联合体，这个联合体的目的是实现公民的善，实现幸福。一个人离开了某特殊城邦中的成员资格，他就无法实现正义。所以，亚里士多德的正义总是在城邦共同体中实现的。离开了城邦，一个人非神即兽。亚里士多德注重将正义与合理性置于城邦生活的实践情境中进行理解，置于这样情境中的人是具有社会品格角色的城邦公民，而不是现代社会所理解的无文化、无历史感、抽象的个体。亚里士多德关于城邦公民的这些规定正是麦金太尔正义观所推崇的。

第三，对奥古斯丁主义传统的正义思想考察。

中世纪以奥古斯丁为代表的神学正义观虽然与亚里士多德的思想存在共同与差异之处，但我们可以把它作为亚里士多德传统的延伸。如果说古希腊正义范围都限定于一个政治共同体之内，那么到了中世纪，正义范围被扩展到宗教共同体。中世纪的思想家是以《圣经》来理解正义概念的，犹太人和基督徒都是把《摩西十诫》作为教义的，书中提到正义的要义在于使生活服从神法，非正义就是违背神法。奥古斯丁的正义设想的是上帝之城的共同体，这是一种神学共同体，在

[①] [美]阿拉斯戴尔·麦金太尔：《谁之正义？何种合理性？》，万俊人等译，当代中国出版社1996年版，第174页。

这种共同体形式中，正义的基本美德是谦卑，是对上帝的爱。正义绝对不能植根于骄傲，因为骄傲是对上帝意志的违抗。①

阿奎那是在奥古斯丁神学的启发和引导下，通过对亚里士多德的德性与正义思想的解读与杂糅，形成了托马斯主义的传统。阿奎那将德性划分四种基本图式，即"审慎、正义、中庸、勇敢"。这四种基本德性相互依存、相互关联。正义在其间具有特殊地位。在阿奎那看来，正义不仅是遵循自然法，更要遵循神法，接受神法的指导。因为神法会引导人的内心保持正直，追求永恒福祉的目的，超越人的理性，从而赋予正义以一种神学的维度。

麦金太尔指出，阿奎那的正义是指一种"应合理地付予别人，无论是按照自然法还是按照成文法"的美德。②从中可见，他的分配正义也内含着"应得"概念。阿奎那正义的概念融合了亚里士多德、西塞罗和奥古斯丁的正义定义。阿奎那把正义分为分配正义与交换正义。分配的正义是指个人收入与贡献之间的适当比例，也是根据一个人的地位、职务以及对整体的善的贡献来确定应得的内容。③阿奎那用交换正义取代亚里士多德的矫正正义，即交换正义是犯罪者进行惩罚和对受害者进行补偿的正义。同亚里士多德一样，阿奎那认为正义意味着服从法律，人们应该遵守的是正义的法律，而没有义务去遵守不正义的法律（与神法相抵触）。麦金太尔认为阿奎那的学说忠实于亚里士多德的传统，但把它融入了神学体系，使之成为一种新传统。

阿奎那的正义观与现代自由主义的理论存在冲突。阿奎那提倡"最好的政体是一种其秩序最有助于培养人们关心所有人的善之美德的政体"④。即还是主张政府能进行道德上的塑造和培育，而现代自由主义则提倡个人可以自由追求自己的目标，政府较少程度地进行道德干预。另外，阿奎那认同限制私人财产权利的观点，认为世间万物都是上帝

---

① ［美］阿拉斯戴尔·麦金太尔：《谁之正义？何种合理性？》，万俊人等译，当代中国出版社1996年版，第217页。
② 同上书，第271页。
③ 同上。
④ 同上书，第274页。

创造并管理着，出于正义的需要，可以将任何私人财产分给极度匮乏之人享用，这一观点显然与现代自由主义保护私人财产权制度相违背。

第四，苏格兰传统的正义思想考察。

17世纪苏格兰本土文化一直延续着亚里士多德的传统，休谟的出现颠覆了这一传统，他没有延续哈奇逊的德性传统，反而将其推向一个更加英国化的社会语境之中，即发展了自由主义的传统。首先，休谟终结了自然权利学说，开启了关于人类生活的经验主义传统。他说："理智是，而且只应是感情的奴隶，理智除了服务和服从情感外，永远不能自称有任何其他功能。"[1] 休谟明确指出，根本上给予我们的行动以动力的是道德情感或同情，而不是理智或理性。在麦金太尔看来，休谟所主张的是事实与价值的区分，以情感代替理性来解释人们行为的合理性，用情感撼动德性的基础地位，这严重背离了亚里士多德以来的西方德性思想的传统，阻止了人类对美德、目的和实践合理性的追寻。其次，休谟用财产权颠覆了亚里士多德传统的应得。休谟在正义观上区分了"自然正义"与"人为正义"的观点，自然正义是由人的天性自然而然发生的，并天然得到人们的称赞。而依赖于正义的规则和制度并以之为前提所形成的德性，就是"人为正义"。[2] 这是人类在长期行动实践中约定和设计的结果，是因人类长期受苦受难、不断反复受挫而得到的需要运用规则或制度进行自我保护的一种能力。

麦金太尔肯定了休谟的正义观对于财产权的重视，他指出："依休谟之见，正义这一问题，其核心是关于财产规则及其实施问题。"[3] 麦金太尔认为，休谟将正义与财产权紧密联系在一起，休谟主张政府应该制订相应的规则或制度来保护人们通过勤劳和正当交易获取的财富，如果强行施行财产权，这是非正义的，会影响社会稳定。这种观点完全迥异于亚里士多德、阿奎那思想传统，他们认为如果财富或财产悬

---

[1] [美]阿拉斯戴尔·麦金太尔：《谁之正义？何种合理性？》，万俊人等译，当代中国出版社1996年版，第291页。

[2] [英]休谟：《人性论》，关文运译，商务印书馆1980年版，第515—517页。

[3] [美]阿拉斯戴尔·麦金太尔：《谁之正义？何种合理性？》，万俊人等译，当代中国出版社1996年版，第405页。

殊太大会导致不平等，从而产生社会冲突。阿奎那甚至认为一个人身处穷困潦倒的境地而偷取别人的财产，这种行为并不违背正义，而在休谟看来，此种行为显然是不正义的。

依麦金太尔之见，休谟的正义观念完全不同于古希腊式的正义观念，而休谟的语境则是按照愿望的满足方式建构的。休谟抛弃了上帝的意志，认为不需要依赖某个外在动机来行动，而只要从人性出发做我们该做的事情。正义正是源于人性的自私或同情心的缺乏，出于互惠互利的考量而订立的规则，人们遵守社会的协议，促进共同利益的实现和社会的稳定，其实是为了维护个人的财产权，实现个人自我利益。在麦金太尔看来，休谟的正义观将规则正义推广到极致，已经取消了德性正义的内涵，其背后隐藏着对于亚里士多德主义的目的论的人性观点的拒斥，一并也拒斥了规定人之本质目的性的德性，而只是关注实践理性动力与规则正义，这就注定了启蒙筹划的失败。

在麦金太尔看来，以上四种历时性的传统中的每一种都有对正义的独特的解释，都对正义进行了溯源与论证，这四种正义思想相互之间是延续的，也是互相竞争的。麦金太尔认为亚里士多德传统是贯穿其中最具活力、最强力的传统，但遗憾的是，休谟的正义观中止了亚里士多德的德性正义传统，当代自由主义正义观更是彻底颠覆了古典的德性正义传统，这就是以罗尔斯、诺齐克为代表的正义理论的兴起。关于这一点，拟放在下文，从共时性角度展开讨论。

二、共时性批判中的构建

除了前文历时性的批判与建构外，麦金太尔也展开了对同时代自由主义最有影响力的两大正义观的批判，主要对手是罗尔斯和诺齐克，批判中隐含着自己正义理论的建构。罗尔斯正义观与诺齐克正义观已在上文介绍，兹不赘述。

现代自由主义对亚里士多德主义传统颠覆得更彻底，正如万俊人教授在《谁之正义？何种合理性？》的译者序言里所言："如果说，休谟的'英国化颠覆'同时意味着对亚里士多德主义这一在麦金太尔看来最具有理论解释力和合理性的西方伦理传统的颠覆,因而中止了该传统的继续延伸的话,那么,现代自由主义伦理思潮的兴起则是以颠覆和否定整个西方古典伦理学探究为基本前提和目标的。"① 在社群主义者看来,现代自由主义是以 18 世纪的启蒙运动为起点的,这种思潮主要是为了维护现代西方的市场经济秩序和公共政治社会,但是,由于它采取了脱离历史传统的思维方式,造成了非历史与反传统的偏执。在这样的思维方式中所建立起来的正义观,忽视自身与历史传统的背景、根源关系,这样的理论无法解决自由主义关心的自由的自我和社会共同善这两个问题,这两个问题在前文分别从本体论和价值论进行了阐释,现在主要从正义观的方法论角度进行批判。

自由主义者大多采用普遍主义来构建正义观的方式。罗尔斯正义观是将传统的契约论与康德的道义论相结合的一种新的契约论,众所周知,他深受康德影响,通过引入"无知之幕",形成新的契约论证方法,在"无知之幕"下,罗尔斯设想行为主体无法了解对方的背景信息,由此产生的社会契约协商过程才能变得足够公正。罗尔斯认为这样产生的正义原则本身并不代表任何一方的特殊利益,并且在互不相容的利益冲突和善观念中保持中立,因而可以达到一种真正中立的、不偏不倚的从而也是普适的观点。普遍主义方法论就是认定能从某种超时空的抽象前提,推出放之四海而皆准的关于价值标准或制度模式的普遍结论。② 换言之,就是一种把自己信奉的价值、规范视为普遍性东西的方法论。

麦金太尔对这种自由主义的普遍主义方法论进行了批判。麦金太尔认为,根本不存在这样一种放之四海而皆准的超验的普遍的正义原则,我们考查正义应该放在其所处的历史环境中来进行。麦金太尔是一位历史主义者,他不仅从一定的历史背景来看待政治价值,而且认

---

① [美] 阿拉斯戴尔·麦金太尔:《谁之正义? 何种合理性? 》,万俊人等译,当代中国出版社 1996 年版,第 174 页。
② 马德普:《普遍主义还是历史主义——马克思主义与西方传统政治哲学在方法论上的区别》,载《政治学研究》,2005 年第 2 期。

为当代社会存在着各种各样的正义观，也意味着这些正义观之间是相互冲突、不可公度的。

麦金太尔在《德性之后》中就对现代自由主义的正义观念进行了批判。麦金太尔首先假设美国生活中 A 和 B 两个角色代表两种不同的正义观。角色 A 是可能是一家小店主，或是一名警察或是普通工人，他努力工作，辛苦攒钱以便购买房子、供子女上学和为父母看病等，但不断上涨的税收威胁到他的计划，他申言这种威胁是不正义的，任何人都无权剥夺他的合法收入。角色 B 可能是一名自由职业者、社会工作者或遗产继承人。他对当今财富、收入及机会的分配中的各种不平等极为不满，尤其是权力分配的不平等而使穷人和被剥削者无力改善其自身状况。因而他主张再分配税制能够增进公共社会服务才是正义之举。[①]

角色 A 主张保护合法的所得和个人的所有权，认为由此造成的不平等是必须忍受的代价。角色 B 主张限制个人的合法所得，认为由此不得不忍受国家用征税的方式而付出的代价。这两种正义观中任何一方正义的实施需要对方付出代价，不同的社会群体出于各自的利益接受某一原则而排斥别的原则。这里角色 A 和角色 B 所拥有的正义观念不仅在逻辑上彼此不可相容，而且所援引的理由都与对方所提出的那些理由不可公度，即这两种正义观的前提和结论都是互不相容的、不可公度的。角色 A 类似于诺齐克的正义观，而角色 B 类似于罗尔斯的正义观。麦金太尔通过角色 A 和角色 B 的假设，试图说明罗尔斯和诺齐克的自由主义正义观存在以下三个问题。

首先，罗尔斯与诺齐克的正义原则及哲学证明是互不相容、不可公度的。

角色 A 的正义观主张正当的合法所得收入，反对政府增加税收，这类似于诺齐克的正义观。诺齐克捍卫的是每一个体天生具有不可剥夺的权利，尤其是个人的财产权，主张的国家是一个功能最少、权力

[①] Alasdair Macintyre, *After Virtue: A Study In Moral Theory (Third Edition)*, Notre Dame Ind.: University of Notre Dame Press, 2007, pp.244–245.

最小的国家，因而反对国家对财富进行再分配，如果国家从个人那里征税、进行任何形式的再分配，都是对个人劳动的剥夺。诺齐克维护的是个人对经济利益的"持有的权利"的正义性，属于极端自由主义者。角色B的正义观主张限制合法所得而同意国家的再分配原则，这类似于罗尔斯的正义观，罗尔斯正义理论体系的出发点是设定"无知之幕"，不受自然禀赋、个人资质和社会地位等因素的限制，在这种状态下，理性行为者会选择他所主张的正义二原则来行动。在保证平等的自由权利原则下，主张社会一切基本利益都应平等分配，除非对其中任何利益的不平等分配有利于最少受惠者，属于平等的自由主义者。

罗尔斯和诺齐克的正义观互不相容和不可公度，并致使角色A和角色B之间的争论无法在社会冲突的层次上得以解决。麦金太尔认为，这种对立的正义观念既有其思想传统渊源，也有其现实历史根源。从现实历史层面来看，罗尔斯代表了当代西方市民社会在收益、财产和其他利益方面最贫穷人们的观点，所以主张平等的分配正义原则，而诺齐克则代表了社会地位较高的强者、富者的观念，因而反对政府再分配；从思想渊源来看，麦金太尔认为罗尔斯和诺齐克都从自己的社会生活领域内谈分配正义原则，而忽视了古典传统中的德性要素[①]。实际上德性是与人生支配性的目的相关联的，罗尔斯和诺齐克的正义观都缺少如此广泛的共同体生活背景域，所以会造成彼此冲突，并无法调和。

其次，罗尔斯或诺齐克的正义观中都忽视了应得赏罚概念。麦金太尔认为，罗尔斯和诺齐克两人在正义观上的分歧和对立，各自拥有合理性和标准，无法形成统一的标准，他们两人的正义理论没有给应得赏罚留下任何位置。[②]角色A和角色B其实表达了"应得"概念，角色A站在自身立场上，认为靠自己的艰苦劳动所挣得的东西是应得的；角色B站在穷人和被剥削者立场上，认为他们的贫穷和匮乏是非应得

---

① Alasdair Macintyre, *After Virtue: A Study In Moral Theory (Third Edition)*, Notre Dame Ind.: University of Notre Dame Press, 2007, p.249.

② Ibid., p.250.

的。麦金太尔认为罗尔斯没有把正义原则建立在应得基础之上，是反应得的，其理由是罗尔斯认为个人天赋和自然运气都是偶然的因素，所以都是不应得的；而诺齐克正义观关于权利至上性的主张虽然暗含应得的概念，但由于他的正义观是建立在资格权利之上，依据权利来强调获取的正当性，从而确定正义还是不正义，这与麦金太尔所主张与共同体的贡献相关的应得概念不同。麦金太尔认为罗尔斯的应得概念是依赖于正义规则或制度的，即使阐明了正义规则，那也不是应得而是合法期望，而不能按道德的功过与应得赏罚来实施分配正义，这是对传统正义理论的背叛。这是因为麦金太尔眼中的应得概念是依据人们在共同体中追求共同善的过程中所作出的贡献大小来确定的，而自由主义正义观的背景本质上都是个人而不是共同体或社群，故其分配正义抛弃了应得的观念。

第三点是罗尔斯与诺齐克的正义观虽然对立但都有共同的社会预设。麦金太尔认为罗尔斯和诺齐克的正义观虽然互不相容、不可公度，但都有一个共同点，他们的正义观秉承了自霍布斯、洛克以来的个人主义观点，社会是由素不相识的个体组成的，人们像是在海上遇难后被抛到荒岛上的人，为了自身的安全和利益制定若干规则，最大限度地保护自己。[1]在他们的理论中，个体第一、社会第二，而且个人利益的确定优先并独立于人们之间的社会纽带结构。在现代社会中，自由主义的个人主义观念影响着人们的现实生活和思考方式，比如理性的个体如何自愿与别人达成社会契约，如何更好地保护个人的先在利益，尤其在法庭上。他们的这种观点剔除了人类共同体的观念，缺乏共同体关于与个体追求共同善作出贡献相关的应得概念，从而导致无法拥有应得的实质性正义原则，而只能诉诸权利或平等的程序性正义原则。

麦金太尔指出正义在自由主义内部存在着以下四个不同的论战层次。

---

[1] Alasdair Macintyre, *After Virtue: A Study In Moral Theory (Third Edition)*, Notre Dame Ind.: University of Notre Dame Press, 2007, p.251.

第一个层次是关于不同的个人和群体以自己的方式表达自身的观点和态度。①他们每一个人的观念、每一种立场都从自身前提出发，并且都有自己的论证理由和结论，观点不可公度、结论互为攻伐，这些观点只是人们态度和感情的表达，是情感主义的表现。因为他们的主张和观点都是在自由主义的秩序框架内进行的，这种秩序结构无法提供一种人类之善的普遍共识，于是，他们关于人类之善的合理辩论必将是贫乏的。第一个层次的论战没有结果。

在第二个层次上，自由主义的文化将意见的表达变为其政治和道德理论已经说过的那种东西。②自由主义论战者没能达成一个人类之善的普遍共识，所以，这些观点无非是个人偏好的表达而已。论战发展到第二个层次就是以这些偏好表达的权衡和实现为目的。这些偏好的权衡与计算涉及自由主义制度化了的那些方法，如统计票数、回应消费者的选择以及民意测验等，即爱好得到了计算和权衡。于是，主宰这种权衡和计算的规则和程序便成为优先原则。自由主义不断要求对正义原则展开哲学或准哲学的论战，这种论战没有结论，却产生社会效果，即为自由主义社会去发现这种正义原则成了该社会秩序的核心追求目标。

第三个层次是关于正义原则的论战。自由主义个人主义的哲学理论家无法在正义原则的精确阐述上取得共识，但大体上同意正义是平等主义这一目标。③因为在自由主义者看来，正义原则要求在言论自由和实现偏好方面实现平等。自由主义理论家们关于正义意味着平等有着各自不同的观点，如康德认为正义就是要平等尊重每一个人的尊严，阿马蒂亚·森提出正义就是在人的可行能力方面实现平等，罗尔斯主张正义就是要考虑到最少受惠者的最大利益的平等，诺齐克主张正义就是个人权利实现平等以及德沃金认为正义就是要考虑到资源方面如

---

① ［美］阿拉斯戴尔·麦金太尔：《谁之正义？何种合理性？》，万俊人等译，当代中国出版社1996年版，第448页。
② 同上书，第449页。
③ 同上书，第450页。

何平等。他们都作出了贡献但没有结论,然而,这争论本身却更有意义,因为他们的论战为第四个层次提供了基础。

在第四个层次上,自由主义秩序中正义观之间的争论,最终求助于法律的裁判,谁说服了裁判者,谁的正义观便得以流行。[①]法律系统依赖的是一种强制的秩序,不需要对人类善的理论达成共识。自由主义秩序不再对各种互竞的、彼此冲突的观点进行无休无止的论战,而是交给法律系统裁决。

麦金太尔认为,自由主义内部的这四个层次的争论,观点互竞、热闹非凡,他们所争论的是自由主义的观点,但其实质却并没有触及自由主义制度本身。自由主义理论所说的在各种人类善观念保持中立的观点只是一种表象,不可能真正做到中立,他们永远是为自由主义理论服务的。自由主义正义观论战的无结论性无非是表明:自由主义在论证过程中,并没有在正义的道德原则上达成共识,也没有找到某种中立的合理性标准,这样,它们把自己也变成了一种传统,这再一次表明,在各种对立互竞的合理性与正义之间,根本不存在任何中立的标准,合理性与正义概念始终是和特定的传统结合在一起的。[②]

自由主义的正义观是麦金太尔主要的批评对象。他明确指出这种规范的正义与德性的正义是对立的,也是与整个西方正义传统相对立的。麦金太尔用历史主义的方法对自由主义的正义观进行了批驳。

第一,历史传统规定着正义的道德政治观念与原则,罗尔斯从原初状态出发建构的正义观其实是非历史、反传统的。麦金太尔指出,罗尔斯为首的自由主义的原初状态其实是塑造了一个"没有历史的自我"[③]。这种自我观脱离社会属性和文化传统,建立在这种自我观上的正义观是无法理解的。麦金太尔指出人们是通过各种社会身份和关系网络来认同自己和他人的。"我是某人的儿子或女儿,另外某人的表兄或

---

① [美]阿拉斯戴尔·麦金太尔:《谁之正义?何种合理性?》,万俊人等译,当代中国出版社1996年版,第451页。
② 同上书,第440页。
③ 同上书,第220页。

叔叔；我是这个或那个城邦的公民，这个或那个行业或职业的一个成员，我属于这个氏族、那个部落或这个民族。"[1]麦金太尔认为，在探讨正义观时也如此，要了解每个人所处的位置，要了解事物的来龙去脉，要把正义原则放在它们适合的社会历史背景中去理解。

第二，正义原则具有多样性和特殊性，自由主义所谓永恒不变的、普遍适用的正义观是不存在的，纯粹是一种臆想。如前所述，麦金太尔对正义的概念进行了详细的历史考察，通过探究古希腊以来的正义观，表明没有普遍一致的正义理论，认为正义是个历史发展的产物，正义以及关于正义的观念在历史和现实中也是丰富多彩的，并且会随着历史时代的演进而不断地生成。所以，麦金太尔认为，历史、传统和人类实践模式的多样性和特殊性决定了正义原则具有多样性和特殊性，自由主义者相信存在着普遍的政治价值、永恒的正义，麦金太尔认为这其实是理论上的一种虚构。进而言之，当代自由主义的代表罗尔斯和诺齐克之间的正义之争本身就表明正义具有多元性和分歧性，而不存在普遍适用放之四海而皆准的正义观。针对罗尔斯和诺齐克的普遍正义原则，麦金太尔提出了"谁之正义？何种合理性？"的问题，并以此作为自己专著的名称。

第三，正义要立足于传统找到历史渊源和解释力。自由主义认为个人可以自由地选择正义观，我们无法消弭正义观的普遍冲突与分歧，所以政治要对各种价值观持中立态度。麦金太尔认为自由主义正义观脱离历史传统之外而对各种价值保持中立，这根本就难以克服当今正义观的普遍分歧与冲突。"传统"是理解麦金太尔正义观的一个关键词。对于麦金太尔来说，这个传统是一个活的传统，能够始终保持开放状态，具有不断自我修正、自我反思的能力。传统意味着从过去延传到现在的事物，仍然被人类赋予价值和意义的事物。他通过对正义与合理性的历史考察，力图表明各种互竞和分歧的正义观都有历史根源，都有其传统合理性。麦金太尔将西方的正义合理性的探究分为四

---

[1] Alasdair Macintyre, *After Virtue: A Study In Moral Theory (Third Edition)*, Notre Dame Ind.: University of Notre Dame Press, 2007, p.220.

大类型：古典的亚里士多德主义传统，奥古斯丁主义，苏格兰启蒙传统及在现代自由主义传统。麦金太尔指出，这四种传统都是西方文化的历史背景的一部分，正义也是在传统所揭示的社会背景中得到阐述和论证的，各种传统的合理性既通过内在的争论得以维持，也通过各种对立传统之间的论辩交锋得以绵延不息。这种将正义置于历史传统中去解释的方法绝不只是为了弥补现代正义观的某些局限，更重要的是为了甄定正义观的方位，这表明正义观是在历史的碰撞中相互批判而不断发展的。

总之，麦金太尔认为当代社会的正义观都不是凭空产生的，而是对一定的历史传统的继承和发展，只有将不同的正义观念放到各自不同的历史传统中才能真正理解它们。麦金太尔回溯历史的源头，考察了英雄社会、希腊雅典时期、中世纪等各时期的德性正义观，冀望找到拯救西方现代性危机的药方，最终他追寻到亚里士多德的德性正义思想。他在《谁之正义？何种合理性？》中说："启蒙运动使我们在绝大多数情况下盲目无知的、需要我们现在重新发现的，是一种传统，或一种概念。按照这种传统或概念，合理证明的标准本身是从一种历史中突显出来的，也是该历史的一部分。在这一历史中，它们是通过这样一种方式而被证明是正确的：即在同一传统的历史中，它们以此方式而超越了它们前辈的局限，弥补了他们前辈的缺陷。"[1] 这段话表达了麦金太尔对正义探究的基本思路，即他主张把正义放在其赖以产生的历史传统之中，去理解它并对其存在的合理性进行评价。麦金太尔最后选择了亚里士多德德性正义这一良方，冀望通过弘扬这一传统来摆脱自由主义的困境，解决现代社会的各种生活问题。基于这种理解，依据亚里士多德德性正义的传统，麦金太尔在批判启蒙运动及其自由主义正义观基础上形成了他的德性正义观。

麦金太尔历史叙事的正义探究方式，将不同的正义放到历史传统框架之内进行探索，认为正义需要历史的依据，从而赋予正义观以历

---

[1] ［美］阿拉斯戴尔·麦金太尔：《谁之正义？何种合理性？》，万俊人等译，当代中国出版社1996年版，第9—10页。

史性的维度。麦金太尔的政治与道德哲学始终贯彻着历史主义的方法论,这在分析哲学占主导地位的当代英美哲学中是非常难能可贵的。所以,麦金太尔历史叙事的探究方式,立足于人类历史传统,构建了自己独特的理论,别具一格。麦金太尔正义思想的价值不在于他是否为医治西方社会道德危机提供了药方,而在于他对当今规范正义的权威提出了挑战和批判,这种对西方正义传统进行系统梳理和深刻反思的历史主义方法比理论本身更重要。

第二节 桑德尔正义观的方法论

罗尔斯关注的是分配正义,是社会基本结构中各种益品分配的原则,试图通过一套公平的程序原则来确定这些原则。他认为,这套程序是人们在制定理想的社会契约时所必须遵守的。契约的各方都是平等的,都是自由而有理性的个体,商讨共同遵循一套社会契约。罗尔斯把他的正义论归于一种契约论传统,这个传统可上溯到洛克、卢梭和康德。在卢梭、洛克和霍布斯描述的世界里,在自然状态下人们都是自由和平等的人,拥有"自由意志"和"独立精神",他们依据契约组成共同体。但罗尔斯所运用的契约论不同于传统的契约论,他将其理论设置称为"原初状态",取代传统契约中的"自然状态"。

"原初状态"没有赋予任何特殊社会善等目的条件,并不对人的道德水平作出明确的具体要求,故强调其政治哲学理论特性即是"权利独立于善",自由权利是社会建构的唯一基点。"原初状态"的选择只是自由权利主体平等地参与社会生活的契约表征,蕴含了自由权利不依赖于任何善,它是自由权利不受侵犯的根本保证。"无知之幕"表达了人们在不知自己特殊身份的情况下,只能做出理性的普遍选择,这意味着合理建构的社会完全独立于自然、社会等的偶然性因素,人不可能基于自身利益而做出不公正的选择,平等自愿的选择保证实现人人享有自由权利。当事人能够知道的东西是"社会基本善"。"社会基本善"是一些理性的人无论如何都需要的东西,其中包括自由和权利、机会和权力、收入和财富等。这就是同"善的强理论"相区别的所谓"善的弱理论",前者涉及对特殊价值和目的的选择。虽然"原初状态"中的当事人不知道他们的特殊目的,但他们被假定具有"某些善"作为动机。"社会基本善"提供了最低程度的动机以使理性选择能够进行下去。"原初状态"、"无知之幕"保证建构正义原则的程序至上的力量。

桑德尔认为,对于"原初状态"有两种基本的反对意见:一种意见指责"原初状态"离经验太近,没有完全脱离开人的需求与欲望,这种批评主要是针对"善的弱理论",认为其破坏了原始情境的公平性;另一种意见批评"原初状态"离经验太远,完全脱离了人类生活环境,而且它所描述的原始处境太抽象,以至于无法产生出罗尔斯的两个正义原则,这种批评主要是指责"无知之幕"太过厚实,以至于不能得出明确的结果。[①] 桑德尔则主要批判罗尔斯契约论证方法存在内在矛盾。

一、批驳罗尔斯契约达成的正当性问题

桑德尔也认为,"对于罗尔斯来说,正如对于其他契约论的先驱者们一样,原初契约并不是一种实际存在的历史性契约,而仅仅是一种假然契约(hypothetical contract)。"[②] 作为一种假然契约,假设的契约怎么能为它所产生的正义原则提供正当性?或者说社会契约论者所证明的契约都只是一种假设的,契约论是人们用来想象秩序的,是一种思想实验。既然是一种思想实验,究竟有什么合理性呢?这就需要认识到契约达成的条件或道德性。首先双方必须基于自愿而不是强迫而达成契约;其次,表达了互惠的观念,双方都可以公正地获得各自的份额。由此,桑德尔认为,契约论的达成不在于双方一致地达成的公平

---

① [美]迈克尔·桑德尔:《自由主义与正义的局限》,万俊人等译,译林出版社 2011 年版,第 41—43 页。
② 同上书,第 12 页。

性，而在于契约达成背后更深层的正当性问题，存在于它的道德性之中，"一为自律理想，它把契约视为一种意志行为，其道德在于交易的自愿品格。另一种理想是相互性的理想，它将契约视为一种互利的工具，其道德取决于相互交换的潜在的公平性"①。桑德尔将契约的道德性视为由自律理想和相互性理想所构成。

我们说能够达成一项契约，其条件至少是自愿、理性和互利的。自律的理想彰显了这个契约是理性的人们自愿选择的结果，其道德力量源自人们自愿达成的事实，是自己给自己立法，不是别人强加的，所以无论其条款规定是有利的还是有害的，平等或是公平，既然缔结了契约，我们都同意遵守它们，因为这是作为自由而平等的理性的人做出的自愿行为，必须为自己选择承担责任，这也是自律的表现。

相互性的理想突显了契约的公正性，带来公平的结果，强调了从合作性安排的相互利益中推导出契约义务。人们订立契约依据的是公正的道德原则，通过订立契约进行公平的交易，人们更多在乎自己所享受到的利益，而不太在乎人们的同意。所以，相互性理想契约之所以有约束性，并非如前面所述的自律理想一样是人们自愿达成的，而是因为它们往往产生公平的结果。

契约缔结之后，当事人双方有信守契约实现承诺的义务。道德自律理想和相互性理想也具有完全不同的道德基础。从自律的理想来看，契约的道德力量源于缔结者自愿达成的协议，是本人自由意志选择的结果，与功利无关。而从相互性的理想来看，承诺履行契约义务的力量出自契约的功利性质，或者说契约可能带来益处，与自愿无关。这两种契约义务的解释都将契约和正当合理性证明联系起来。"按照自律的理想来看，契约已预示了正当合理性，只要契约是自由达成的，过程本身就可以证明结果的正当合法性。相反，按照相互性理想，契约近似于正义但不保证正义，过程是达到正义结果的手段但

---

① [美]迈克尔·桑德尔:《自由主义与正义的局限》，万俊人等译，译林出版社 2011 年版，第 125 页。

并不规定正义。按照自律的理想，公平的结果被规定为自由过程的结果；而按照相互性理想，自由的过程仅仅是达到一种独立公平结果的手段而已。"①

按照桑德尔的上述分析，每一种理想都在强调另一种理想在道德上的不完善性。契约论的这两种理想之间在道德性上显然存在着不一致，而正是这种不一致揭示了契约论的内在矛盾：按照自律的理想，需要本人服从自己的意愿达成协议，而且必须无条件去履行契约的义务，但是按照相互性的理想，是因为预期到产生的契约于本人是公平而且有利的。

桑德尔进一步论证：自律的理想的契约接近于罗尔斯所提出的纯粹程序正义，因为，在该程序中，凭借产生这一契约的结果，该结果就是公正的，不管是什么样的结果，而相互性理想的契约属于不完善的程序正义，因为它试图接近一个独立存在的正义标准。②罗尔斯的假想契约是一种纯粹程序正义，实际契约是典型的不完善程序正义的实例。实际契约不具有自足的道德工具，而是预设了一种背景条件，可以限制和约束契约产生的义务。虽然一个人同意签订的假想契约的条款是公平的，但在实际契约中，也不能从他的同意中推导该契约的条款本身就是公正的。桑德尔认为罗尔斯必须区分这两种契约：假设契约是纯程序正义，而实际契约是不完善的程序正义。桑德尔由此得出结论：假想契约并不代表实际契约，两者存在冲突，罗尔斯关于契约达成的正当性是存在问题的。

二、批驳罗尔斯契约论证方法的矛盾性

桑德尔不仅认为罗尔斯的契约论道德性是矛盾的，指出契约主义的论证与实际契约应该有所区分，同时也认为"同意"并不等于道德

---

① ［美］迈克尔·桑德尔：《自由主义与正义的局限》，万俊人等译，译林出版社 2011 年版，第 126 页。
② 同上书，第 127 页。

义务，反之亦然，道德义务也不等于同意。

诺齐克主张的观点是：正义原则与契约论的关系不是充分的条件，两个正义原则不是完全由契约所保证的，只有契约论的基础不能检验所达成的原则是否公平，或者说实际契约的论证结果不能作为证明其结果达成正当合理的自明的道德工具。

桑德尔认为，原初状态通过契约达成的一致并没有产生出义务，而是产生出正义原则。义务是建立在正义原则基础之上，正义原则包括"对社会制度的原则和对个人的原则"，前者适用于社会的基本结构，后者是制定人和社会制度之间以及人际之间的义务和职责。前者规定了什么使得一种社会制度或一种社会实践是正当的，而后者明确规定了个人应该遵守的条款。桑德尔将个人的原则进一步划分为自然责任和义务，其目的是排除自然责任，主要探讨义务。因为自然责任就是适用于所有人而不管其认同与否的道德要求，例如扶危济困、不做恶事、做人公正等，这是一种自然而然的属性，它们与特定的社会制度或社会安排没有相关性。而相反，义务则与社会制度相关，指的是我们自愿承担的那些道德规范，可以通过契约或是通过诺言，或是通过其他认同的表达方式而产生，公务员的义务就是一例，强调其义务与职责相关联。义务原则的产生需要更深层次的条件：公正的社会制度和社会实践，只有在这种公正的前提下才能给予个人要遵守的义务，否则个人不需要遵守义务，比如强制性许诺或认同等方式都不具有约束力。

"诺齐克反对说，一种契约论产生了正义原则，而这种正义原则并不能为志愿交换提供充分的正当合理性证明的力量，这种说法多少有些前后不一致。"[①] 桑德尔认为这种反驳忽视了之前阐述的关于实际契约的非完善程序正义和纯程序正义之间的区别，或者说，这个反驳混淆了实际契约和契约论证的区别。而桑德尔基于前面所说的正义理论中的自律理想和相互性理想两种理论的要求，认为区分契约事实和契约

---

① ［美］迈克尔·桑德尔:《自由主义与正义的局限》，万俊人等译，译林出版社2011年版，第131页。

正当合理性证明的基础是很有必要的，因为契约赖以成立的假设不一定能保证契约论产生公正的结果，只有契约是不够的，还需要契约环境限制，如无知之幕的设置。但一旦人们认为契约的环境与其正当合理性证明相关，就等于承认了独立于该契约的道德律令。换言之，桑德尔认为正义的产生不仅跟程序有关，也跟环境相关。

桑德尔延续前面的问题意识，在原初状态之外寻找正义二原则之上的原则。正当合理性在哪？光靠契约不够，谁来保证执行结果呢？桑德尔认为需要考察契约论背后的道德基础。

他主要列举了洛克和康德。洛克明确论述了契约之上有自然法，自然法中人的理性是上帝给定的，所以洛克有实质性的神学背景和形而上学的承诺。康德以基于理性的自由意志来支持原初契约，依赖于一种形而上学的立场。洛克的契约论通过诉诸自然法理论来支持原初契约，强调要以先于具体实践和习俗的正义原则来支持契约。而康德则强调道德律令的优先性。罗尔斯明确表示自己与传统的契约论不一样，是假想的契约、更抽象的契约。通过假设人是一个自由平等的道德主体，放在假设的原初状态里。

什么样的原初状态下的契约（制度安排）才能既避免习俗论又避免任意性？罗尔斯试图在这两者之间寻找一条中间道路，以此作为"阿基米德点"。① 这就是通过设置"无知之幕"下的原初状态。原初状态（假设契约）为什么能行？罗尔斯描述为只有在原初状态中各方共同选择（达成）的假设性契约，才能无恃于外部条件，证明其正当合理性。在这样的契约之下，各方在保持差异性与多元性的同时，为自己赋予义务。他认为，假设契约既和实际契约一样具有选择性和多元性，又能够克服实际契约中所必然包含的：（1）偶然性：不同的境遇带来不同的偶然因素，不同的偶然因素造成权力和知识的差异。（2）习俗性：实际契约不可避免地植根于某一特殊社会的实践和习俗的影响之中。这样一份契约能够保证自己不会再受到实际契约经常受到的"灵

---

① ［美］迈克尔·桑德尔：《自由主义与正义的局限》，万俊人等译，译林出版社2011年版，第138—139页。

第四章 社群主义正义观的方法论阐释

魂拷问":"这为什么是公平的呢?"

通过进一步考察,桑德尔对罗尔斯的契约论提出了以下两个问题。

第一,关于"原初状态"中各方如何寻求正义原则的问题,存在两种解释。一种是"唯意志主义"的解释,即各方通过选择活动或达成协议而得出正义原则。另一种是"认识论"的解释,即各方通过发现活动或集体洞见而达成正义原则。① 具体来说,唯意志论意义上的契约是指要求多个人共同签订契约(一个人或自己不能与自己签订契约),它涉及意图的形成。这种意义上的契约要求一种有意图的行为或一种意志行为。第二种契约是指只要同意一个命题就等于承认它的有效性,即不要求其他人的介入,这种意义上的同意是一个知识而不是意愿的问题,所以可以称之为认知意义上的契约。②

罗尔斯主张程序优先的原则和自我优先于其目的的原则,就类似于正当对善的优先性。由于自我优先于它所规定的目的,所以契约也优先于它所产生的原则。

因为契约是优先的,所以正义原则必须是协议的产物而不是所发现的对象。因此桑德尔认为,自我的优先性和程序的优先性要求罗尔斯的解释只能是"唯意志主义的"。③

第二,契约的达成背后必然隐含着对"人的多元性"的强调。我们知道,人不能同自己订立一份契约。契约论本质上要求处于罗尔斯"原初状态"中的人只能是多样的。④ 即我们首先是有差异的个体,然后才形成关系并且参与签订契约。但是无知之幕剥夺了原初状态各方差异性的特征,那么,人们很难看出他们的多样性。契约正如讨价还价

---

① [美]迈克尔·桑德尔:《自由主义与正义的局限》,万俊人等译,译林出版社2011年版,第141页。
② 同上书,第150—151页。
③ 沃尔泽在《阐释与社会批判》中认为罗尔斯是发明的进路,因为正义原则是原初状态中的各方选择(或者说创造)出来的。从桑德尔这个批评路径看,罗尔斯的正义理论更接近于发明的进路加上解释的进路。
④ [美]迈克尔·桑德尔:《自由主义与正义的局限》,万俊人等译,译林出版社2011年版,148页。

或讨论一样，需要当事人在兴趣、知识和生活愿景等方面存在着差异，要求个人的多元性，而在"原初状态"中所有当事人的处境完全一样，什么差别都没有，那就不会发生任何讨价还价也不会进行任何讨论，也就不会有目标达成一致的协议。进而言之，在"无知之幕"的后面，人的"多元性"也就消解了。①

　　罗尔斯认为，个人理论可以根据道德理论进行任意假设，道德理论从根本意义上说是道德选择，而不是自然事实。基于此，罗尔斯主张承认人与人之间存在无法消除的自然或社会因素差异，但我们可以进行"反思平衡"，通过人的理性选择安排我们的权利和义务，也就是合理地建构社会。桑德尔认为，我们把罗尔斯个人理论与自由权利理论相联系时，发现二者存在根本冲突。罗尔斯认为，每个人都有不同于其他人的自己的生活愿景，这构成社会的"多元"。没有"多元"，就不需要权利，"多元"个人是自由权利存在的前提。可罗尔斯个人理论是多元的吗？桑德尔认为，罗尔斯理论的个人全部被抽象掉具体目的，每个人都与自己目的完全分离，人在选择理论中只有一个共同的属性——社会基本善，社会基本善成为个人唯一本质的特征，每个人在道德理论上都只有此唯一特征，具有丰富特殊性的人的其它特征全部消失。从根本上来说，人就是"一元"，不存在"多元"，这与自由权利理论基础的"多元"相冲突。人是"多元"，还是"一元"？如果是"多元"的个人，我们就必须承认每个人的丰富特殊性，我们每个人就存在不同目的。可是，在罗尔斯那里，人的目的在"原初状态"之前就已确定，我们无法自由选择目的，自由选择理论也就没有存在的前提。也就是说，如果我们是"一元"的，我们每个人就只能失去丰富的特殊性，每个人成为与不同个体目的完全分离的主体，人只剩下一个共同属性——社会基本善，没有"多元"，那么人还需选择吗？选择是以区别为前提的，正如没有冲突，我们就不需要权利一样。

---

① ［美］迈克尔·桑德尔：《自由主义与正义的局限》，万俊人等译，译林出版社 2011 年版，第 152 页。

第四章　社群主义正义观的方法论阐释

"无知之幕"之前其实是预设了人与人之间存在差异的,考虑到了主体的特殊性,但"无知之幕"落下之后就不存在差异,选择时成为一个单一的主体,不再保持多元性和差异性。于是,桑德尔作出结论:"无知之幕"剥除了人的所有特性,当原初状态的唯意志论解释转变到认识论的解释,多元性的假设就成了问题,在桑德尔看来,在罗尔斯的原初状态中所发生的首先不是一个契约,而是逐渐自我意识到一种交互主体的存在。①罗尔斯的正义原则在进入人类社会之后,隐含着依赖于其所明确反对的一种交互性的主体概念,而非依赖于前提之预设的那种自律性的主体概念,这导致了逻辑上的不连贯性,使罗尔斯不能够彻底贯彻道义论自由主义的立场。

那么,我们该如何评价桑德尔对罗尔斯的原初状态的批评?

桑德尔认为罗尔斯夸大了同意与道德义务的因果关系。罗尔斯用"代表设置"一词来强调原初状态是一种理论上的假设,是自由平等的各方立约者代表选择正义原则的过程,只要契约双方一致同意,就具有正当性。桑德尔认为同意并不意味道德正当性。对于唯意志论的主体达成的同意,我们应该这样看:首先,这是哲学上的虚构,永远不具有现实性,"同意"是一种默认同意,是独立的主体,带有个人主义和功利主义色彩的强假设;其次,原初状态下达成的同意并不一定是所有人的同意。因为罗尔斯原初状态的设定隐含平均主义倾向,这并不符合所有人的意愿,比如有人天生爱冒险,追求卓越,所以就会认为这种平均主义倾向会剥夺自己日后成为富翁的潜能。合同虽然体现了自由意志,双方在自由平等情况下达成了同意,但这并不等于对他人付出的尊重,也不意味着可以将同意作为道德义务的基础。

同时,罗尔斯在程序正义和公正结果之间夹着环境因素,契约的背后需要道德支撑,不是那么纯粹化的自我,但罗尔斯其实也承认原初状态背后假设的是一个自由平等的理性人,这实际上是说这是一个自由平等的道德主体,所以人有两种道德能力。但桑德尔认为假设一

---

① [美]迈克尔·桑德尔:《自由主义与正义的局限》,万俊人等译,译林出版社2011年版,第152页。

个自由平等的道德主体是某种独断,因为每个个体都具有其丰富的独特性。

罗尔斯在后期著作《政治自由主义》一书中,基于理性多元化事实,通过公共理性,达成重叠共识,达成正义的两个原则,将自由平等的道德人调整为自由平等的公民,将其理论限制在西方民主政治传统的范围内来讨论。所以笔者认为,罗尔斯对桑德尔的反对意见至少是部分接受的。

第三节 沃尔泽正义观的方法论

沃尔泽批评以罗尔斯为首的自由主义正义观脱离了具体的历史语境和社会意义,其方法论是普遍的和抽象的一元主义,沃尔泽诉诸社会物品的社会意义阐述正义原则的路径,用特殊主义对抗罗尔斯的普遍主义。与其他社群主义者相比,沃尔泽更倾向于对自己正义观的正面构建。他用复合平等挑战罗尔斯的简单平等,用多元主义挑战一元主义的正义论。一元主义分配正义观主张将所有种类的社会益品统一在一种原则下进行分配,如诺齐克的持有正义理论、德沃金的资源平等理论、森的能力平等理论等。沃尔泽针锋相对,提出了与之相抗衡的多元主义分配正义观。

一、多元主义的分配正义

沃尔泽认为罗尔斯的正义观过于简单化,仅仅与社会的基本结构相关,只是与人们的财产、消费和拥有什么有关的事情,而社会现实本身是复杂多变的,因为沃尔泽认为:"分配正义的观念不仅同拥有什么有关,而且也同是什么和做什么有关;不仅同消费有关,而且也同生产有关;不仅同土地、资本和个人财产有关,而且也同身份和地位有关。"① 影响分配正义的因素是多元和复杂的，所以，分配正义问题是多元和复杂的，具体表现为分配内容、分配方式、分配机构和分配标准的多元化，他论证了一种多元主义的正义观。沃尔泽解释道："我的论点完全是特殊主义的，……着手哲学事业的一种方法——可能是最初的方法——是走出洞穴，离开城市，攀登山峰，为自己塑造一个客观的普遍的立场。于是，你就可以在局外描述日常生活领域，这样，日常生活领域就失去了它特有的轮廓而呈现出一种一般形态。但我的意思是站在洞穴里，站在城市里，站在地面上来做描述。研究哲学的另一个方法是向其他公民们阐释我们共享的意义世界。"② 沃尔泽主张哲学家应该留在洞穴中的正当性，道德反思的出发点应是既定共同体的成员对其道德世界如何运作的共享理解。他的正义观的多元主义方法论具体表现如下。

首先是分配的内容。罗尔斯的分配正义中，分配的内容主要是关于社会"基本善"的分配，即权利和自由、权力和机会、收入和财富。而在沃尔泽的分配正义中，分配的内容是多样的。"分配的内容包括成员资格、权力、荣誉、宗教权威、神恩、亲属关系与爱、知识、财富、身体安全、工作与休闲、奖励与惩罚以及一些更狭义和更实际的物品——食物、住所、衣服、交通、医疗、各种商品，还有人们收集的所有稀奇古怪的东西(名画、珍本书、盖有印戳的邮票等)。"③ 可见，沃尔泽分配的内容清单包罗万象，既有物质方面的财富，还有精神性方面的神恩与爱。在沃尔泽看来，任何对人类有价值或有意义的东西都可以用来分配，所以它们都存在分配的问题。人们通常把分配正义问题与物质性的东西相关联，如罗尔斯主要分配的是"基本善"，诺齐克分配的是财产，德沃金分配的是资源。但是，并非所有物质性的东西都可以用来分配，比如博物馆的历史遗物，到底该分给谁呢？更别

---

① ［美］迈克尔·沃尔泽：《正义诸领域：为多元主义与平等一辩》，褚松燕译，译林出版社2002年版，第1页。
② 同上书，第5页。
③ 同上书，第1页。

谈非物质性方面的东西,譬如如何分配亲属关系与爱呢?

其次是分配的方式。沃尔泽认为,自古以来有关分配性的制度安排从来没有一个普遍适用的交换媒介。比如古代的斯巴达人使用铁作为交换媒介,罗马人用铜作为交换媒介,古代中国夏朝用海币来交换物品,而到了资本主义经济时代,金钱成了最常见的交换媒介。"纵观历史,市场是分配社会物品的最为重要的机制之一,但它从来不是,今天在任何地方也不是,一个完善的分配系统。"[1]所以,沃尔泽认为有一些东西是金钱不能买的,金钱能买什么、不能买什么都有特定的规范,市场能分配商品但不能分配爱情和婚姻,金钱可以买到财富但不能买到亲情,善是特殊的和多元的,分配方式应当多元化。他认为事物的本质和目的不同,分配方式也应当不同。在这一点上,沃尔泽持与桑德尔相类似观点,即在日益发展的市场经济时代,金钱确实给我们提供前所未有的便利,但并不是什么东西都可以买卖,比如礼物可以买卖,爱情却不能买卖;私人医学专业护理可以买,但器官不能买卖;有钱可以请最好的家教,但大学的入学资格就不能拿来进行拍卖。[2]市场的分配方式有其特定的适应领域,如果延伸到其他领域如政治权力中,则会造成支配。

再次是分配的机构。沃尔泽的批判所针对的主要是罗尔斯,因为在罗尔斯的正义论视域中,分配的主体只能是政府,其分配模式是一种只有政府进行再分配的模式。而沃尔泽认为罗尔斯的观点过于抽象和单一,不符合现实情况,因为现实总是多元和变化的。所以,沃尔泽认为尽管市场有垄断的能力,但没有一个国家政权具有如此强大的渗透力可以操控社会物品的分配,其他组织和机构更没有这种能力,所以他不主张只有单一的控制所有分配的国家机构,"事物总是从国家控制的缝隙中溜出来,产生出新的模式——家族网络、黑市、官僚

---

[1] [美]迈克尔·沃尔泽:《正义诸领域:为多元主义与平等一辩》,褚松燕译,译林出版社2002年版,第2页。

[2] [美]迈克尔·桑德尔:《金钱不能买什么》,邓正来译,中信出版社2012年版,第108页。

同盟、秘密的政治和宗教组织"①。所以，在沃尔泽看来，在现实生活中存在着无数的分配机构，也因此存在多元的分配模式。但是我们知道，多模式其实就等于无模式，模式太多会让人无所适从。

最后是分配的标准。罗尔斯提出的作为公平的正义观，他的分配标准是平等，是以两个正义原则为核心内容，以差别原则缩小社会贫富差距的一套分配正义系统。但沃尔泽认为从来不存在单一或一套相互联系的分配标准，分配内容、分配方式、分配机构不存在整齐划一的标准，而应该都是多元的，"从来不存在一个适用于所有分配的单一标准或一套相互联系的标准。功绩、资格、出身和血统、友谊、需求、自由交换、政治忠诚、民主决策等等，每个都有它的位置，都与许多别的标准不那么和谐地共存，并被竞争集团所利用，彼此之间混淆在一起。"②沃尔泽认为功绩、资格、出身血统、友谊爱情、需求、自由交换等各有各的位置，应该采取不同的分配标准，不能彼此混淆在一起，所以，分配标准是多元的。

一、批判的阐释主义

沃尔泽的政治哲学论证方式主要体现在《阐释与社会批判》中，但在《批评家群体》《正义诸领域》《正义与非正义战争》中也均有所涉及，强调了政治哲学在共同体中的角色与地位问题，反对抽象的、普适的正义理论，主张根据人们的"生活体验"来确定理论关注，使其理论适应现实社会，明显具有社群主义的特征。正如米勒所说，"沃尔泽并不同于当时流行的政治哲学论证方式，首先提出关于正义的抽象标准或关于好生活的抽象理念，然后再将它们运用于人类共同体之中；相反他首先考察人类在其共同体之中进行道德决断的多元方式，

---

① [美]迈克尔·沃尔泽:《正义诸领域：为多元主义与平等一辩》，褚松燕译，译林出版社2002年版，第2页。
② 同上书，第2—3页。

然后再根据这些历史与社会的现实，形成自己的理论观念。"[1] 本章主要考察沃尔泽在《阐释与社会批判》中的"社会阐释"方法论，他论述了三条常见的和重要的进入道德哲学的道路，分别称之为"发现之路、创造之路和阐释之路"[2]。他反对"发现之路""创造之路"，而认为"阐释之路"最符合我们的日常道德经验、最值得推崇，可以说，社会阐释法既是沃尔泽政治哲学的论证方式，也体现了他的正义观建构的方法。

1. 从事道德论证的第一条道路是"发现"

沃尔泽将发现之路作为第一种道德哲学方式，而发现之路有两种形式：宗教发现与自然发现。宗教发现往往需要借助上帝或神的启示，是上帝或神创造了道德法则，然后在其门徒的帮助下逐渐了解道德、研习道德，在宗教发现中，宗教道德通常表现为文本形式，具有比较新颖和明晰的道德法则，但如果要对人们的日常生活世界发生影响，成为人们日常生活中所接受的，还必须通过阐释，这更符合日常直觉，从而具有批判力量。自然发现是指道德启示来自自然，类似于有某个哲学家"告诉我们存在自然法、自然权利或任何客观道德真理"[3]，哲学家要获得这种发现，需要他退回自己的内心，从精神世界里寻找，做超凡脱俗的静观沉思，才能看清这个道德世界。换言之，他需要摆脱个人狭隘的特殊团体利益和情感忠诚，改变自己看问题的角度和方式才能发现道德法则。[4] 这种哲学发现也具有一种批判的力量，一旦这些道德原则被发现，就应该运用于日常生活之中并得以遵循。对自然法则的阐述会描述一个崭新的道德世界，但这类描述听起来不像是真的。

---

[1] "Philosophy and Democracy," in *Thinking Politically: Essays in Political Theory*, ed. David Miller, New Haven, CT: Yale University Press, 2007, pp.1-21. 以及 "A Critique of Philosophical Conversation," in *Thinking Politically: Essays in Political Theory*, ed. David Miller, New Haven, CT: Yale University Press, 2007, pp.22-37.

[2] ［美］迈克尔·沃尔泽：《阐释和社会批判》，任辉献等译，江苏人民出版社2010年版，第1页。

[3] 同上书，第4页。

[4] 同上。

这种路径的一个典型代表是托马斯·内格尔,他发现的那个重要道德准则是:"我们不应该对别人的苦难漠不关心。"① 内格尔是当代一位世界主义者,致力于推广全球的分配正义的原则,主张不偏不倚、平等考量所有人利益的道德标准。在沃尔泽看来,这很可能是一个批判性原则,但它的效力不太明确,因为一个不在任何特定地方的人却要加强与当时的日常社会实践的联系是有一定难度的。所以,沃尔泽认为像内格尔这样的哲学家提出的普适正义,身居于超然客观之地,同时又想达到效力,这是值得怀疑的。

沃尔泽认为,功利主义是这类道德哲学家的典型代表,他们试图以自然科学的方式来发现人文社会更深刻的真相,边沁将幸福用快乐和痛苦来计算,以为自己发现了一套客观的道德原则,但通常在日常生活中很难运用这些原则,因为不便于计算。即使后来有所修正,与道德直觉进行了融合,比如改动对幸福的计算,但无论功利主义如何修正还是很难做到平等待人,实现正义与功利的兼容,以及有效处理公正与效率的关系。"功利主义不可能形成有说服力甚至表面合理的论证。"② 有意思的是,在这一点上,社群主义者沃尔泽与自由主义者罗尔斯同时都把功利主义作为批判的标靶,罗尔斯作为公平的正义观是在系统批判功利主义的基础之上建立的,沃尔泽批判功利主义是发现之路的典型代表。

沃尔泽认为,"发现之路"方法广泛存在于宗教领域或自然秩序之中,这些思想家认为在神圣启示或自然法中"发现"了某些普遍的和客观的道德规范,这些道德规范是与自然法或上帝的旨意相一致的,具有终极性和权威性,因而值得人们去遵守、去执行。但是,无论是宗教发现还是自然发现都是不适当的,因为这些道德标准一开始在某个共同体内具有批判性,但随着时间的推移,这些启示的洞见会被同化进这个文化共同体的信念结构中,成为这种文化的历史与传统的一

---

① Nagel, *Moral Questions*, Cambridge: Cambridge University Press, 1979, Chapters 5 to 8.
② [美]迈克尔·沃尔泽著,《阐释和社会批判》,任辉献等译,江苏人民出版社2010年版,第25页。

部分,进而失去了批评某些新的或未知的非正义的能力。更为严重的是,这些启示的掌控者,可能运用这些规范去摧毁甚至粗暴地压制特定共同体所持有的"厚重的"价值。①因此,沃尔泽反对哲学家和神学家的这种普遍的道德标准。

2. 从事道德论证的第二条道路是"创造"

道德世界和道德真理不仅可以被发现,还可以被创造出来。因为上帝死了或者自然没有道德意义,或者现存道德世界的知识并不具备充分的批判力,所以他们需要创造一个更好的世界。沃尔泽认为,"创造之路"的首创者是笛卡尔,当代最典型的代表是罗尔斯,可以说,当代自由主义政治哲学家大都属于这一路径。依创造者之见,他们创造出的那个道德世界是个共同生命体,在此共同生命体中,"正义、政治美德、善以及诸如此类的基本价值将得以实现"②。大多数走创造之路的哲学家都是从方法论开始的,具体包括如下方法:(1)设计一个可行的创造程序,这个程序的关键是能够得到意见一致;(2)遵照创造程序,创造出的那个道德结果;(3)如何保证立法的结果与程序公正相匹配,这就需要以某种方式授权立法者代表我们说话。③如果我们授权一个立法者,他代表我们所有人说话,可如何能选出可以代表全人类的代表者?或者我们放弃代表而选择所有人都亲自参加,每个人都发表意见,则导致众说纷纭无法达成一致意见。

如何解决这个悖论性难题?其中最成功最出色的便是罗尔斯正义观方法论的建构。在他的正义理论中,通过"无知之幕"设计了一个原初状态,屏蔽了立法者等的信息,完成道德原则的创造,创造出一个道德世界。这个道德世界是创造者摆脱特殊性的束缚而寻求普遍理性的结果。换言之,这是一个普遍适用于所有人居住的世界,并且认为这个道德世界是正义的,可为什么人们愿意接受这个结果呢?沃尔

---

① [美]迈克尔·沃尔泽著,《阐释和社会批判》,任辉献等译,江苏人民出版社 2010 年版,第 16 页。
② 同上书,第 10 页。
③ 同上。

第四章　社群主义正义观的方法论阐释

泽对罗尔斯正义观构建的方法论进行了多角度的批判。

首先，沃尔泽对罗尔斯的差别原则进行了批判。沃尔泽认为差别原则是罗尔斯创造的结果，之所以有约束力是因为人们亲自参加或想象自己参与了整个创造过程。我们通过创造出的正义原则可以评判或指导整个社会的道德价值观。通过不完善的创造过程而创造出来的标准是有缺陷的，这些价值标准经历了漫长的斗争与冲突的历史过程。罗尔斯通过纯粹程序正义创造出来的原则可以提供上帝或自然法所不能提供的东西，普遍有效适用于纷繁复杂的社会，可以为不同社会的道德提供"普遍的矫正方法"。[①] "创造之路"比"发现之路"产生的道德标准可能更为激进。从这个意义上讲，罗尔斯的差别原则具有批判性的维度和纠正社会道德的力量，罗尔斯的正义原则是新颖和明确的。但对沃尔泽而言，这也是"创造"路径的失败之处。比如，为什么我们参与了这个过程，这个原则就一定是有效的？罗尔斯认为由于我们自己参与了这个创造过程，即便这种创造不尽如人意，但由于自己付出了劳动，也就体现了自己的价值。然而问题是，参与了某件事，并不能就认为这件事必定会符合社会的基本价值共识，如果不符合，正义原则就会要求我们不去执行。比如，如果我们一起参与设计了一款游戏，后来发现这款游戏有违社会的公序良俗，我们还是必须去执行吗？

其次，沃尔泽对罗尔斯的"原初状态"方法论进行了批判。沃尔泽设想一群来自不同国家和道德文化圈的旅行者在新地方（如外太空）相遇，大家需要合作，这时需要大家抹去自己的价值偏好和生活习惯，接受罗尔斯"无知之幕"的设计程序，从而有助于达成一致的原则，这类似于一个出门在外的人遇到一个可以提供遮风避雨并提供生活便利的旅馆房间，但他不可否认的是，一旦这些旅行者回到家乡，如果还要求他们继续遵循这种新的原则，并被迫说世界语而不是本民族的语言，这便不合理。寻求强行实施其原则，也就践踏了民主的过程，

[①] ［美］迈克尔·沃尔泽著，《阐释和社会批判》，任辉献等译，江苏人民出版社2010年版，第15页。

这是非正义的。因为罗尔斯创造的仅仅是一种临时的生存（living）方式，而不是生活（life）方式，生存方式具有被动性和暂时性，而生活方式具有主动性和选择性的意蕴。生存方式无法替代生活方式。即使这个旅馆设计得很有文化品味和文化特色，"无论这个旅馆如何改善，我们还是会渴望回到那个我们知道自己曾拥有而只是想不起来的家。我们在道德上没有义务住在自己参与设计的旅馆里"[①]。在此，沃尔泽并没有否认"旅馆"以及为需要的人提供基本必需品的重要性。然而，他们希冀的不是永远居住在旅馆里，而是能带来归属感、让人的眷恋之心有所归向的家园。

再次，沃尔泽对罗尔斯"代表装置"与"反思平衡"方法论进行了批判。前面所说的是现存世界中没有道德，需要创造道德，除此之外，还有一种情况，现存世界中存在道德，但有所欠缺，不具有批判力量，所以也要创造一个没有因偏见和自我利益干扰而致的程序。沃尔泽此时假想我们不是在外太空，而是在内部或在社会之内与旅行者相遇，这时需要大家抹去知识而遵守原则，并进行合作，用罗尔斯的方法论，需要设计一种程序进行排除工作，"我们放弃了关于自己社会身份、地位的所有知识，以及关于个人归属和所承担义务的所有知识，不过这次不包括我们共享的价值（比如自由和平等）"[②]。沃尔泽所说的程序就是罗尔斯的"代表装置"，通过如此创造，只是将道德现实构造成一个理想的模型。但不可否认，这个被构造成道德模型的道德还是源自于社会和生活，我们所在的地方总是存在着一定价值观和意义的地方，所以"代表装置"过于理想化和虚幻。

哲学家们为了验证其理想模型而求助于道德直觉，从现有的道德开始，先提出某种理想的道德模型，然后用道德直觉进行检验。"我们都是在道德直观和道德抽象之间、在直觉和经过反思的理解之间往来

---

① ［美］迈克尔·沃尔泽：《阐释和社会批判》，任辉献等译，江苏人民出版社 2010 年版，第 17 页。
② 同上书，第 19 页。

反复。"①这个过程就是罗尔斯所说的"反思平衡"。沃尔泽承认这是一种批判性的反思和有目的的再创造。可沃尔泽对此表示怀疑，这经过反思的理解具体是什么？我们对它的理解是如何获得批判效力的？这过于远离他们试图影响的共同体的日常生活。"创造之路"是一般哲学家的典型方法，他们试图通过理性的推理过程，创造某些具有普遍适用性的道德法则，并想有效地运用于实践中。殊不知，这种脱离了现实利益与特定价值的外在的规范强加于某种文化共同体，文化共同体不一定会认同或理解它们，这具有很大的风险。沃尔泽建议我们应把思考焦点投向自己的原则和价值标准，而不是外在神或客观道德，所以这就需要我们把焦点致力于"阐释"，只有通过阐释，我们才能更好地理解道德标准。所以沃尔泽自然要转向阐释之路，独辟蹊径提出他的道德论证方法。

3. 从事道德论证的第三条道路是"阐释"

在沃尔泽看来，发现之路和创造之路都没有必要，唯有对道德论证进行阐释才是正确的，原因在于："我们不必发现道德世界，因为我们已经生活在道德世界中。我们不必创造道德世界，因为道德世界已经被创造出来了。"②我们已经生活在一个道德世界中，即使它是无序的和不确定的，但它满载了记忆和文化，对已经生活在这个共同体的我们都具有权威性，这是由于它给我们提供了道德生活的全部，包括反思和批判的能力，以及作为道德存在物而存在的意义。发现路径和创造路径试图摆脱这种存在，逃避现实。但这种逃避是不必要的，因为对现实的批判要从评判现实生活内部的原则开始，以此判断道德和政治的现实生活才是可能的。那么沃尔泽关于阐释的合法性和内涵到底是什么呢？他从以下两个角度来加以阐释。

（1）道德论证是需要阐释的

在沃尔泽看来，我们的道德论证最好被理解为是阐释性的。正

---

① ［美］迈克尔·沃尔泽：《阐释和社会批判》，任辉献等译，江苏人民出版社2010年版，第21页。
② 同上书，第24页。

如金里卡认为，沃尔泽确定正义原则与其说是哲学论证，不如说是文化阐释。① 因为在沃尔泽看来，自由主义正义观所追求的是一种普遍主义的价值观，脱离了社群或共同体的视野，跳出历史传统和文化视线，这根本是不可能的。因为要明确正义的各种要求，要依赖于特定共同体的人们对社会共识的达成。道德是我们继承下来的传统，而不是来自神启或人为外在的创造。我们把它与司法进行类比；律师和法官在现实司法活动中会碰到许多争论和问题，如何解决这些问题？最好的办法是对法律和宪法文本进行阐释，"依靠解释（exegesis）、评注（commentary）和历史先例（precedent），依靠论证和阐释的传统"②，法律问题才会更具体，具有适用性。道德法典过于简短、抽象，不能有效地回答道德问题和法律问题，而生活是具体、丰富和多元的，与日常生活结合需查找其所规定的社会意义。唯有通过阐释方法，才能让道德原则为日常生活世界提供更多的帮助，便于形成共识、彰显价值。

在沃尔泽看来，发现之路和创造之路都没有必要，它们可能只是伪装的阐释，阐释之路才是更可取的路径，才是最值得倡导的。"哲学发现和创造（暂且不说神创的道德）是经过伪装的阐释；道德哲学其实只有一条道路。"③ 这是因为被发现或被创造出来的道德哲学都需要进一步的"阐释"，比如神创的法律也需要进一步阐释，便于应对所接受的东西的意义所引起的道德问题，因此，"阐释"是不可避免的。道德进步和道德变革都没那么明显，如库恩对自然科学史上的描述，自然科学的进步需要日积月累和工匠精神。道德的历史并不是开创性的"发现"，道德进步更多与阐释的作用和价值有关，正是由于工匠式的社会批评和政治斗争，才有了道德的发展，而不是靠哲学家的理性创造。

根据前文的讨论，罗尔斯的差别原则是"创造"产生的结果，沃

---

① ［加］威尔·金里卡：《当代政治哲学》，刘莘译，上海译文出版社2011年版，第223页。
② ［美］迈克尔·沃尔泽：《阐释和社会批判》，任辉献等译，江苏人民出版社2010年版，第27页。
③ 同上书，第25页。

尔泽认为差别原则还需要进一步阐释，但是它并非明明白白地"在那里"。差别原则的关注实质还是平等问题，但是关于平等的含义是什么存在着争论，比如，为什么实施差别原则的结果是平等主义？为什么这个原则会成为平等主义？为什么它应该是平等主义？等等。差别原则不能提供任何确定和终极的答案，所以我们不得不对此进行阐释。德沃金对此心存疑虑，反驳道："如果没有正确的道德理论我们就永远不能就哪个阐释更好达成一致。"① 为了回应德沃金的这种质疑，沃尔泽进一步论证道，已经存在的正确的道德理论会产生分歧，但没有确定的方法可以结束分歧，发现或创造都不可以结束争论，这样一来，就唯有通过阐释可以澄清事实、澄明文本。而且，对差别原则的最好阐释是要将它与美国其他价值观相吻合，比如平等保护、机会平等、政治自由、个人主义等，还要与某些激励和生产率的观点相联系起来，从而我们才会知道哪个阐释是最好的。②

（2）阐释与特定文化的生活方式和社会意义相关

在沃尔泽看来，发现之路和创造之路都是值得怀疑的，因为一些政治哲学家基于对现存道德的不满，而超然于社群或共同体之外，没有诉诸真实的日常生活世界，去发现或创造某种普遍的规则或原则，并且把它们用作评价现存的特殊道德的标准，这往往忽视了现实生活中复杂多变的价值关系，掩盖了现实生活中的矛盾冲突，从而回避了阐释的历史责任。

"对我而言，日常生活的世界就是一个道德的世界，我们最好先去研究它内在的规律、箴言、惯例和理念，而不是将我们自己从中分离出去以寻求一种普遍的或超然的立场。"③ 所以，他倡导对社会批评应该用阐释的方法，通过运用这种方式，我们可以更好地理解共同体创造道德规则的复杂过程、解释其特定情景的含义，并且去捍卫和遵守

---

① [美]迈克尔·沃尔泽：《阐释和社会批判》，任辉献等译，江苏人民出版社 2010 年版，第 35 页。
② 同上。
③ M. Walzer, *The Company of Critics: Social Criticism and Political Commitment in the Twentieth Century*, New York: Basic Books, 1988, p.ix.

它们。

正义的价值并不是与某种人性或正义的先验概念相关,而是离不开特定的历史文化和共享意义。"道德思考没有任何其他出发点。我们只能从所在的地方出发。可是,我们所在的地方总是有价值的地方,否则我们绝对不会在那里生活。"[①]可见,沃尔泽持特殊主义的伦理价值观,认为道德总是根源于特定的共同体。我们永远活在传统之中,而传统是有社会意义的,发现或创造的道德法则过于抽象,以至于我们无法理解特殊情境的运用。沃尔泽反对罗尔斯正义观的普遍主义方法论,这需要我们加以阐释,这一点显然体现了其社群主义的色彩。

4. 阐释的社会批判才是更可取的路径

《阐释与社会批评》第二章的主题是"社会批评的实践",主要为阐释之路具有社会批判力的观点辩护。道德哲学是一种哲学解释,而哲学解释具有一种批判的功能。社会的进步需要社会性的批判力量,社会不能自己批判自己,而要由社会批评家来推动和完善。社会批评家往往是一些卓越优秀的个人,他们在公共领域与其他社会成员进行对话交流,而他们的话语就构成了公共生活状况的集体反思。[②]沃尔泽承认,批判需要一定的距离,因为过于亲密地认同自己的共同体,就越难发现其错误,保持一定的距离才能作出客观公正的批判。按照传统的看法,批判是一种外部的活动,只有彻底超脱才能批判。超脱包括情感上的脱离和知识上的彻底脱离,前者是指批评家要超脱好恶情感,冷静客观,超脱利害关系,公正无私;后者是指批评家要超脱于他们自己的社会的狭隘观点,保持开明开放,虚心客观。[③]但沃尔泽认为无论是从情感上还是从知识上让一个人彻底与社会分离都是不可能的。人们通常把超脱作为批判的一个条件,其原因是把超脱和处于社会边缘混为一谈。处于社会边缘的人生活在社会里却又不完全属于这

---

① [美]迈克尔·沃尔泽:《阐释和社会批判》,任辉献等译,江苏人民出版社2010年版,第20页。
② 同上书,第187页。
③ 同上书,第44页。

个社会,他们遇到的困难不是难以超脱社会,而是难以融入这个社会,虽有助于批判社会,但并不能产生公正无私、冷静开放的客观判断。①

按照这种传统的看法,能进行这样的批判的必须是一个局外人或旁观者的角色,与社会拉开距离,正是从拉开的距离中获得其批判的权威。正如帝国派往殖民地的法官,他只是将自己置身于当地社会之外,以一种冷静理性方式采用普世的标准实行正义,除此之外,对这个殖民地没有别的利益和兴趣,不带任何感情。"发现之路"和"创造之路"属于外在批判的领域。

沃尔泽赞同的是另外一种批判模式,即内部批评。内部批评者就在我们中间,我们其中的一员比如当地的法官,通过与同伴争论赢得权威的内部批评者。也许他们曾经在国外旅行或学习,但他会援用本地的标准,将所学的知识与本地文化相结合,所以他在知识方面是不超脱的,另外,他在情感方面也不是超脱的,他们会尽力为当地事业而奋斗。所以,他们在知识上和情感上都不是超脱的,认为彻底超脱没有任何益处。由此观之,"批判需要批判的距离",对沃尔泽来说,这个距离其实是要远离社会中的权力结构和统治,而不是远离与社会的联系。②

为了增强观点的说服力,沃尔泽援用马克思在《德意志意识形态》的论证,马克思主义的社会批判是一种基于社会历史规律的科学洞察,马克思主义主张,"所有的统治阶级都不得不将自己表达为一个普遍的阶级"③。换言之,统治阶级往往会掩饰自己的阶级利益,而声称自己代表全社会的普遍阶级的利益,维护全体社会共同的利益,从而保持自己统治的合法性。否则,如果仅仅主张自己的利益,就无法肯定任何政治正当性和统治的合法性。统治阶级的意识形态是由知识分子阐述的,由知识分子为其统治提供辩护,但是这种辩护为后来的社会批

---

① [美]迈克尔·沃尔泽:《阐释和社会批判》,任辉献等译,江苏人民出版社2010年版,第46页。
② 同上书,第29—30页。
③ 同上书,第50页。

评家提供了根据。统治阶级为了维护自身利益，就会把自己伪装成普遍真理和正义形象的化身。"意识形态要获得成功就必须努力使自己普遍化。"①

平等是资产阶级反封建反专制的产物，是资产阶级的信条，但在马克思主义看来，平等意义具有一定的局限性。比如资产季节所谓的"职业向有才能者开放"等，就是表面的、虚伪的口号，它掩盖了掠夺财富和竞争公职的真实状况。资产阶级上升为统治阶级在赋予公民平等的选举权的同时，对财产权进行财产资格的限制。所谓"法律面前人人平等""宣称我们都是同等的公民，没有谁比别人更优越"②，只是意识形态统治的宣传标语，在日常经验中更多地被人们漠视而没有作为规范来遵循。社会批评家就是利用平等的更宽泛的意义来批判资本主义的实践，从而揭露资本主义描绘的社会理想图景和真实的现实状况。所以，沃尔泽强调，"经过重新阐释的平等是无产阶级和普罗大众的战斗口号。"③经过社会批评家重新阐释过的社会理论才能为普遍大众所理解，并使普通大众受到启蒙。社会批判不仅建立在陈述客观的世界事实基础之上，更要对论证的词语进行成功的解读。致力于理解这些词语在不同社会文化和社会环境中的特定意义和价值，才是沃尔泽社会阐释的本质特征。

"历史主义的政治哲学研究所关注的重心是不断发展变化的社会生活实践，它的职责是为解决现实社会问题提供新的可能性选择。"④同理，沃尔泽认为道德法典要批判当时的日常实践，这需要阐释，经过阐释才能与社会实践一致，正义原则也如此。沃尔泽所关注的重心是不断发展变化的社会生活实践，是为了更好地解决现实问题。

就方法论而言，"沃尔泽似乎是一位社群主义者，但他是情境化和

---

① ［美］迈克尔·沃尔泽：《阐释和社会批判》，任辉献等译，江苏人民出版社 2010 年版，第 51 页。
② 同上书，第 54 页。
③ 同上。
④ 马德普：《普遍主义还是历史主义？——马克思主义与西方传统政治哲学在方法论上的区别》，载《政治学研究》2005 年第 1 期，第 6 页。

平等主义式的社群主义者"[1]。沃尔泽的方法论采用解释学或历史主义，这种方法论也是把沃尔泽归为社群主义者的原因之一。

第四节 米勒正义观的方法论

一、社会情境多元主义的方法论

米勒对正义理论的研究方法有自己独特的见解，他认为，构造社会正义理论的方法主要有以下三种。[2]

第一种方法是高度抽象的方法，是指剥除人们日常生活经验和具体的情况，从日常直觉信念出发，通过抽象概念建构出一套普遍有效的正义原则，以此希望达成全体一致的共识，解决正义的分歧。这种方法在政治哲学史上很常见，比如柏拉图到康德以及罗尔斯都承继这一研究方法。米勒认为，这种证成正义原则的方法过于抽象化，不能有效地提供人们所需要的实际指导。

第二种方法是怀疑主义的方法。持怀疑主义方法论的人否认正义内容的实质客观性，拒斥前面所提及的抽象化方法。例如，情感主义史蒂文森主张正义是个人情感的表达，认为正义判断没有合理的或有效的根据，情感的好坏喜怒直接影响到正义的实现，如果情感表现出强烈不满，就会产生非正义。米勒明确表明他不持有社会正义的怀疑论立场。他主张，如果各种正义原则在实质性上分歧太大，程序正义的共识也是难以达成的。

第三种方法是多元主义的方法，是要把高度抽象的正义原则搁置一边，去关注指导人们的直觉信念的实际原则，确定每一种原则都有确定的应用范围，保持正义原则的多元性。

---

[1] 刁小行：《多元价值的均衡：沃尔泽政治哲学研究》，浙江大学博士论文 2013 年，第 159 页。

[2] ［英］戴维·米勒：《社会正义原则》，应奇译，江苏人民出版社 2001 年版，第 22—26 页。

米勒分析了以上两种方法的局限性，表明了自己的观点。社会正义常常是一个批判性的观念，以更大程度公平的名义变革我们的制度和实践挑战的观念，但社会正义不应具有抽象的乌托邦色彩，它更应该指向现实，与政治可行性相结合。他认为需要探讨当代政治哲学论争中正义分歧的根源所在，应当努力去发现指导那些信念的实际原则，这就需要寻找评判正义或不正义所运用的潜在的原则。正义原则也具有多元性，其中每个都有确定的应用范围，"没有一种独一无二的原则似乎能够囊括人们作出的全部判断或者他们所遵循的分配程序"[①]，在社会中没有独一无二的分配机构，也没有待分配的一批固定不变的资源，更没有唯一的标准以确定正义的原则。米勒指出，每时每刻，资源都在被通过不同的机制，以多种多样的方式创造、转让和消费，所以，分配正义随着一定的社会环境而变化，因而正义原则也是情境化的，具有多种标准。米勒将目光更多地转向了正义原则适用的社会情境，提出一种多元主义的方法论，这种多元主义方法论是指不同的正义原则适用于不同的社会情境，其实关注的是正义的经验证据。

米勒的多元主义方法论深受沃尔泽的启发，但能够提供新的视角。沃尔泽的复合平等的分配正义理论是从社会物品及意义开始的，而米勒则是从所谓"人类关系的模式"（modes of human relationship）开始的。现实世界中人类关系常常是复杂和多种多样的。他将人类关系模式分为三种类型，分别称作"团结性社群（solidaristic community）、工具性联合体（instrumental association）以及公民身份（citizenship）"[②]。这三种不同的共同体分别适用于不同的正义原则：按需分配、应得分配和平等原则，米勒根据不同的社会情境应用的范围得出相应的三种正义原则，这样的方法论在赋予理论较少抽象性的同时也提高了理论的政治相关性。[③]他捍卫了社会正义作为一种规范性维度的社会理想的地位。

---

① ［英］戴维·米勒：《社会正义原则》，应奇译，江苏人民出版社2001年版，第86页。
② 同上书，第27页。
③ 同上书，前言第2页。

第四章　社群主义正义观的方法论阐释

米勒假定，社会正义发挥作用至少要满足三个条件：首先，这个社会有确定的成员和确定的边界，能够形成一个分配领域；其次，要有一套可认定的制度；最后，存在一种能够调节基本结构的机构。①

关于第一个条件，米勒指出，分配正义原则发生的领域是一个有边界的社群，这一领域可大可小，大的社群如社会和国家，小的社群如家庭和车间。政治哲学家一般讨论分配正义是在政治组织起来的社群，就是民族国家的边界之内。米勒在这点上，也赞同罗尔斯制订的正义二原则是运用在人们生乎其中、死出其外的这样一个封闭社会之中的。米勒认为民族国家具有很特殊的地位，民族政治共同体就是社会正义应用的边界。民族国家指的是由具有共同的民族认同的公民组成的国家，主要有三个特征：首先，民族国家中的人会产生坚固的团结纽带，进而形成民族认同，能够产生出强大的团结的力量，这种力量强大到能够压倒宗教、族性等差异；其次，民族国家中的人有着共同的民族政治文化的背景，因此容易形成有待分配资源的价值标准和达成共识的理解；最后，民族国家能够让人们确信它实行的公平原则和程序对每个公民都有效。在全球社会中不存在这样的条件，因此他所说的社会正义原则只适用于民族国家。

关于第二个条件，米勒指出，一批可以被普遍认可的制度是按正义原则来制定的，能够明确地说明这样的制度对每个人生活机会的影响。罗尔斯把社会正义的主题确定为社会的基本结构。具体来说，这个社会结构是指国家的政治制度、经济制度和文化制度等，因为这决定如何分配人们的基本权利和义务，这个制度能用正义原则进行调节。米勒也基本赞同罗尔斯的社会基本结构的内容。但是，他更关心罗尔斯"社会基本结构"的分配效应，换言之，"社会基本结构"是指"社会制度和实践结合在一起影响不同的人们享用可获得的资源的方式"。②他认为，社会正义原则要以普遍的公共理性为前提，人们对分配的物品、服务、机会的社会价值能达成广泛共识，社会正义的观念才有意

---

① ［英］戴维·米勒：《社会正义原则》，应奇译，江苏人民出版社2001年版，第5—7页。
② 同上书，第12页。

义。如果社会价值的共识存在分歧，那么人们对于分配的利益和损失哪些可以作为社会正义分配的清单，就会存在争议。

第三个条件是从第二个条件中派生出来的。社会中存在着能够影响每个成员前景的制度结构的某些机构。显然，国家是首要的分配机构，能够以公平的名义进行审慎的公共政策改革和实践，从而促成社会正义和不正义。米勒指出："社会正义理论提出善意（well-intentioned）的国家会采纳立法和政策改革的建议。"① 善意的国家可以通过行政立法、颁布行政命令和提出公共政策等方式保障公民的权利和利益，为了保障改革切实可行，往往也需要公民的合作。对分配正义而言，国家是一个主要机构，但同时，国家也需要其他制度和机构的合作，米勒认为，社会正义原则还可以应用到影响整个社会分配后果的亚国家制度上去。② 比如，大学进行教育资源的分配也会影响社会公正与否；公司也会影响人们的升迁与报酬；医院在为病人分配床位或指派药品方面也存在优先次序。显然，米勒所认为的社会基本结构的范围比罗尔斯更广，还包括能影响社会分配后果的一些实践和机构。只有具备国家的强制力和指导力的机构存在并与其他制度和机构合作，才不至于使正义理论的追求成为一种乌托邦式的幻影。

需要注意，米勒质疑了罗尔斯的"反思平衡"方法的抽象性和普遍性。米勒认为，罗尔斯对正义的探索主要通过两条线索：一方面，正义原则是"无知之幕"背后的理性人的选择，这是假设和非历史的；另一方面，把正义原则视为秩序良好社会中公共证明的理念，这在晚期罗尔斯的著作中，被表达为公共政治文化中的基本理念。如何使这两条线索融贯一致？这就需要引入"反思平衡"这一方法论。在合理性多元主义的现实中，从蕴涵在公共政治文化中的某些基本理念出发得到人们共同接受的公共基础，就需要一种重叠共识，而随着重叠共识的获得，这种观念要在"反思平衡"中得到确认。为了检验正义理论的有效性，我们应当从他所谓的"深思熟虑的判断"（considered

---

① ［英］戴维·米勒：《社会正义原则》，应奇译，江苏人民出版社2001年版，第6页。
② 同上书，第13页。

judgments）开始，这些判断是指在日常生活中，我们总有能力经过深思熟虑作出的可靠判断。但同时，我们尽可能用普遍接受的条件，界定原初状态，看能否产生一些有意义的原则。如果能够，那当然好。如果不能，则有两个选择：我们或者修改对原初情景的解释；或者修改我们现在的判断。通过这样的反复来回，有时改正契约环境的条件；有时又摒弃与之相抵触的特殊判断，我们希望最后能找到一个最合理的立约条件，并使得由此得出的原则和深思熟虑的判断相一致。[①]罗尔斯称这种方法为"反思平衡"。根据罗尔斯，反思平衡是一个有效的方法，它是我们感到能够确信的、没有受到我们的情感或我们的个人利益影响的判断，能够帮助我们检验对原初状态描述的合理程度，确保得出的正义原则合乎我们深思熟虑的判断。但是，米勒提出一连串的质疑："仅仅通过一种唯我论式的审察，我们能否确定一个判断就是深思熟虑的呢？只依靠内在的证据，我们能确定有多少可信度可以赋予这种判断呢？或者这种判断是否已经受到罗尔斯提到的某个不正常因素的影响呢？我们要努力去弄清我们作出的判断是否被我们周围的人共享，如果不是，就要试图去发现什么是潜藏在分歧背后的根源，这些确实是最有实质性的东西。"[②]米勒认为罗尔斯的反思平衡原则只是对先前的研究进行理论反思，或者说是正义观的顶层设计，而非具体的实践标准，这是一种抽象普遍的方法论。而一个正义观的研究需要妥善处理日常性的正义原则，对正义进行考量要汲取人类日常生活经验的证据，并根据不同生活背景和不同社会情景来形成分配物品和资源的规则和机制，比如，不同的人有不同的才华，不同领域应该有不同的分配标准，不同的才华应该用不同的标准加以衡量，分配与他们相匹配的社会资源或物品。在米勒看来，关心正义就应当关心不同社会情境下用来分配物品的规则和机制，如果一个社会的分配原则不是采取一元主义方法而是考虑采用多元主义的方法，即让需要、应得和平等分别适用于不同的社会情境，这才实现了社会正义。

[①] [美]约翰·罗尔斯：《正义论》，何怀宏等译，中国社会科学出版社1988年版，第20页。
[②] [英]戴维·米勒：《社会正义原则》，应奇译，江苏人民出版社2001年版，第59—60页。

二、程序正义和结果正义相互促进

正义分为程序正义和结果正义,两者孰轻孰重?关系究竟如何?米勒对此两者的内涵和关系作了比较深入的探讨。

1. 程序正义和结果正义的区别

要澄清程序正义和结果正义两者的区别之前,米勒认为首先应该分析程序和结果的内涵及差异。那什么是程序呢?米勒指出:"程序指的是一个机构——个人或一种制度——向若干其他人分配利益(或负担)的规则或途径。"[①]这里强调人们分配各种利害或权利的实际过程。米勒举了两个例子:假如老板向所有员工支付工资,应该持相同标准发放固定的薪水;假如医院的管理人员向病人分配床位,应该按照某些优先性规则。当程序满足一系列独立的标准,而这些标准都是尊重所有人的共同意志时,这种程序就是公平的。

与之相对的是结果的概念,"结果指的是在任何时候,不同的个体由此享有各种资源、商品、机会或者权利的事态"[②]。比如,国家医疗保障制度保证病人能得到医疗照顾的类型和数量,或者某个毕业的学生被某个大学授予学位等级等,这就是结果。但是,通常人们认为正义就是指向想要的结果,这其中的过程有没有满足正义的程序并不重要。还有一种观点只是强调实现这个结果的程序要达到正义要求。基于此,米勒讨论了以下两种极端的观点。

(1)纯粹结果正义

如果对一些物品的分配是在必要且充足的前提条件下,此时此景应该关注的是结果正义,而不再关注程序正义,在这种情况下,我们可以称之为纯粹结果正义,可以视同于程序正义。米勒举了一个分配救生衣的案例:假定我们身处一艘即将沉没的船上,并且能保证人人都分到足够的救生衣。正义程序要求每个人都有一件救生衣,这时结果正义也能满足;但如果救生衣的数量少于乘客的数量,那么,这时

---

① [英]戴维·米勒:《社会正义原则》,应奇译,江苏人民出版社2001年版,第102页。
② 同上。

就会出现程序不正义的情况,从而影响结果的不正义。换言之,如果纯粹结果是正义的,程序也是正义的。

(2)纯粹程序正义

除了纯粹结果正义以外,米勒认为也存在纯粹意义上的程序正义。这种程序正义与程序有可能达致的结果之间无必然联系,二者之间也不存在因果联系。但程序正义在某种意义上就是结果正义:如果对某一类物品进行分配,又没有指定专门的分配对象,这就类似于罗尔斯的"纯粹程序正义"所举的例子,诸如抽奖、赌博或拍卖等。只有拍卖是公平地进行的,参与者被适当地告知了关于拍卖物品的信息,而他们也具有正当的权利进行竞买资源,那么,只要遵循拍卖的规则,大家都要服从最终的结果:正如你拍到了中国象棋,我拍到了水果篮,这种分配结果都是正义的。

米勒认为以上两种观点都走了极端,他更强调程序正义与结果正义的联系。他指出,如果仅仅关注结果正义,即关注人们在分配时应该得到什么物品,这是远远不够的;或者仅仅关注程序正义而忽视结果正义也是不可取、不全面的。他认为,结果正义可以影响程序正义,程序正义也会影响结果正义。所以,一方面,要坚持结果正义的优先性,同时,也不可忽视程序正义的重要性,并且有时需要以对程序正义的尊重进行调节,以便保证理想的结果正义的实现。

2. 程序正义与结果正义存在冲突

我们知道,程序正义不一定会产生结果正义;而有些实现了结果正义的分配方式,可能会以违反某些程序正义为代价,而运用公平的程序不一定能产生我们想要的结果。米勒分析了程序正义与结果正义存在冲突的三个理由。

(1)认知上的偏差。这是指由于人们的价值观念具有多元性,对同一个事实的看法也会不同。人们认知的不同,使得对相关程序的评价具有不确定性。比如,大学自主招生选拔人才的考试制度,需要进行一系列的能力测试,假设这些测试题确实能够反映考生的知识结构和能力水平,老师也是凭良心公正地打分数的,但在具体的考试过程中,考生的书面测试或口语表达有可能被测试的老师所误解,打出来的分数就不一定能真实反映每位考生的真实水平，于是，被大学选拔的考生并不一定是具有才能的申请人。因此，在程序操作的具体过程中，由于存在着不可避免的"认知错误"，程序正义往往并不能保证最终的结果正义。

（2）背景条件的不同。米勒认为外在于程序的背景条件会对最终的结果产生影响。[①] 所谓"背景条件"，是指程序参与者各自不同的情况。比如，医生本着医学伦理原则，都会平等待患、一视同仁，让每一位患者都具有康复的机会。假设这位医生给同样病情的病人开药，希望病人早日康复，但病人康复的情况会受到诸如饮食或病人的体质以及病房的质量等外在因素的影响，便会出现有些病人康复快，有些病人康复较慢，可见，公正的程序未必能达到正义的结果。

（3）程序的交叉。当两种或更多的程序相互交叉，导致不同程度的联合结果时，程序和结果出现分歧。比如一位从前失业的人找到一份新的工作并有了收入，但同时失去了他领取国家救济金的机会，在这里，按应得取酬制度和社会保障制度，虽然都使用公平的程序，但这两种程序在交叉作用下的结果却很难说是正义的。一些人不再愿意工作，这既增添了其他社会成员的负担，也不利于失业人员自己的发展。[②]

3. 程序正义具有内在价值

因此，米勒强调程序正义的判断必须要有标准规范。什么标准呢？他提出四个标准：平等（equality）、准确（accuracy）、公开（publicity）及尊严（dignity）。[③]

（1）平等。程序公正要求平等待人，用同一把尺子作为衡量标准，其目的就是保护所有社会成员的利益得到平等地对待，意味着形式上要平等。程序正义特别强调规则的重要性，要保护申请者免遭暗箱操作和专断行为的侵害。除此之外，对规则的遵守不仅要考虑形式上的

---

① ［英］戴维·米勒：《社会正义原则》，应奇译，江苏人民出版社2001年版，第104—105页。
② 同上。
③ 同上书，第109—111页。

平等，还应考虑到道德维度，比如根据年龄来分配肾脏有较高的移植成功率，实现了形式上的平等，但也要考虑这种分配方案对年纪大的病人是不公平的，忽略了他们同样对肾脏的正当要求。所以程序平等还要考虑到对所有具有同样要求的人给予同样的对待。

（2）准确。程序公正必须准确地揭示与所进行的分配相关的全部信息，信息会影响到分配的决策，所以，决策主体在作出公共决策之前应该尽可能地掌握丰富全面的信息，同时，也要把与分配结果相关的事实尽可能地让社会成员知晓，以便知道规则制度在适用过程中的程序是否具有正当性，他们会认识到自身的建议或情况是否被关注和采纳，从而意识到自己是否得到了公正的对待。[1]

（3）公开。程序公正必须是公开、透明的，其运用的规则及标准都应当是透明的，对决策的理由要作出尽可能详细的解释或说明，倾听公众意见，让公众参与，让所有相关人员知悉并理解，所以，信息都必须公开。这种公开不仅实现了公众了解政府相关公共政策信息的权利，也是实现公众有效监督、科学决策的保证。如果决策进行暗箱操作不敢公开，公众既然无从知晓政策制定过程中的每个程序是否正当，是否规范，那就更难以实现对政策及其程序发表意见、参政议政的机会，这就违背了政策制定方面的程序正义的要求。

（4）尊严。程序公正要求不得使用侵犯人们尊严的方式。有些程序原则上会产生正义的结果，但是为了达到这些结果，接受者的人格尊严就会受到侮辱或侵犯。米勒认为尊严是对程序的一种约束，而不是程序本身表现的特征。[2] 例如学校资助贫困学生以贫困助学金，也许会对这些学生的个人条件和家庭条件进行了解，并以一种冒犯他们尊严的方式进行核查，这种程序是不公正的。

综上所述，程序本身可以具有四个基本的标准，即平等、准确、公开、尊严，它们同时也是程序正义所体现的四种重要的道德原则，即程序正义可以超越和独立于它们产生的结果而具有的内在价值，这

---

[1] ［英］戴维·米勒：《社会正义原则》，应奇译，江苏人民出版社2001年版，第109—111页。
[2] 同上书，第108—111页。

种内在价值是指该事物因其本身而值得追求的价值,其本身就是目的,而不是工具。这四种价值体现了要给予每个人平等对待,信息要准确全面,决策要公开透明,维护人们的尊严,让他们感觉到得到了公平的对待。米勒相信,遵守这四个标准会令结果正义得到改善。

从中我们可以得出结论,米勒的多元主义分配正义观,以需要、应得和平等的三种原则适用于不同的人类关系模式的分配,而人类关系模式是不断变化和不断发展的,所以,实际的分配程序也要不断调整,以趋于合理,符合正义的要求。同时,对正义结果的追寻却不能破坏程序正义的原则。

4. 程序公正与结果公正的关系

程序正义和结果正义关系复杂,虽然程序正义具有内在价值,但不一定能保证结果正义。在现代社会,人们越来越重视程序正义,这是社会进步的表现。但如果过于看重程序正义,有时会出现矫枉过正的现象,尤其是在新自由主义者强调程序至上原则的情况下。我们知道,罗尔斯提出"纯粹程序正义",强调程序公正的重要性,他认为不存在独立于程序的判断结果是否正义的标准,只存在一种正确的程序,只要严格遵循这一程序,就能保证结果正义。[①] 罗尔斯将"赌博"作为纯粹程序正义的例子,只要自愿参与赌博的人都接受"愿赌服输"这个规则,则所有的赌博结果就是正义的。罗尔斯的"纯粹的程序正义",在一定程度上将程序正义视为可以脱离结果正义而独立存在之物,这使程序正义失去了赖以存在的根基,失去了基本的判断标准。诺齐克将社会分配过程视为纯粹程序正义过程,而这程序是在自由市场内完成的。因为市场交换是以"自愿"为基础的,而市场的分配结果仅仅是无数次自愿行为的叠加,只要人们是"自愿"的,那对交换的结果就必须无条件地接受,国家和政府无须通过税收政策再调整和矫正。这种论证看似有道理,但"自愿"的交换行为不一定是道德的,其间会存在非法交易和不当交易,所以需要国家法律的规范和道德的

---

① [美]约翰·罗尔斯:《正义论》,何怀宏、何包钢、廖申白译,中国社会科学出版社1988年版,第86页。

约束。因此，新自由主义重视程序正义的观点固然有其合理的成分，对于只注重结果正义的观点有一定纠偏作用，但过度看重程序正义而轻视结果正义在实践中会引起诸多弊端，这需要国家通过税收和法律等手段对分配结果进行某些调节和矫正，以保证更好地实现结果正义。如果脱离了结果正义，那么程序正义也就缺少了赖以存在的实际意义，缺少了赖以检验的最终标准。

从这个意义上，"一种程序的正义总是依赖（除赌博这种特殊情况之外）于其可能性结果的正义，或依赖于实质性正义。因此，程序正义与实质正义是相互联系而非相互分离的"①。正是因为看到新自由主义程序正义的缺陷和弊端，所以米勒将需要、应得和平等作为社会正义的基本原则，他更希望把正义观的焦点放在结果上，而不是某种程序上。他论证道："我希望为一种把焦点主要集中在结果上的社会正义观进行辩护：一种把第一位的重要性指派给在个人之间对资源的最终分配，而只赋予用来达到那种分配的机制以次一等的重要性的社会正义观（或者用艾尔斯特的更为简洁的陈述，'程序正义的马车不应当停在实质正义这匹马前面'）。"② 因为在他看来，如果不预先知道我们想达成什么样的分配结果，就无法确定公平分配的程序。如果大家在结果正义方面不存在太多的分歧，那么程序正义共识的达成就不是问题。

第五节　泰勒正义观的方法论

一、历史主义方法论

在价值观上，泰勒并不否认自由主义的自由观和权利观。但在方法论上，他不赞同自由主义所采用的抽象的原子主义论证方式。泰勒在纪念 C. B. 麦克弗森教授的文集《权力、占有和自由》（*Powers*,

---

① ［美］约翰·罗尔斯：《政治自由主义》，万俊人等译，译林出版社2000年版，第449页。
② ［英］戴维·米勒：《社会正义原则》，应奇译，江苏人民出版社2001年版，第116页。

Possessions and Freedom)中撰写了《原子主义》一文,该文后收入其文集《哲学与人文科学》之中,这是社群主义批判新自由主义的经典文献之一。①

泰勒批判原子主义,主要批判以诺齐克为代表的主张权利优先的思想。原子主义概念出现于17世纪,是伴随着资本主义发展而形成的学说,即从对自然状态的特征的设想和对自然权利的界定出发,通过订立社会契约来构建国家。虽然格劳修斯、洛克、霍布斯、卢梭和康德等人在这些问题上存在不少差异,但是,权利概念进入了近代以来的西方政治哲学和道德哲学的核心地带②,这是事实。虽然在近代人们对这种模式也有质疑,但是自然权利和契约论的话语仍然是思想主流。直到当代,仍然还有不少契约论者,如罗尔斯、斯坎伦等人。实际上,近代以来,虽然有学者会反对组成国家的契约论立场(如黑格尔等人),但是权利(法权)问题却是大家都会捍卫的,因为现代社会有一个很重要的功能,那就是因个人的互利而存在,所以,必须捍卫这些权利。

泰勒指出,原子主义体现了一种关于人性和人类状态的观点,正是这种观点使得权利先行论言之成理,即个人权利是有价值的,这是与现代人追求自由分不开的,是社会进步的表现。这种自由价值的实现无需借助社会的帮助。泰勒主要通过以下三个层次反驳这一观点。

第一个层次,权利的观念是与人的某种特殊能力相关联的。泰勒敏锐地察觉到,自由主义的权利至上理论不依赖任何形而上学的前提预设,而是立足于理性人的自由平等基础上从而宣称它是普遍的、根本的学说,这种追求个人权利观的背后的自由其实是一种单向度的自由,并没有实现真正的自由。"权利的首要性"的论断是经不起推敲的。泰勒质疑,为什么只有人具有权利而那些动物、植物甚至地球上的其它无机物没有要求权利呢?那是因为人具有人之为人的气质和属性,具有不同于无机物所具有的某种特殊的能力,比如逻辑思维能力、

---

① 韩升:《查尔斯·泰勒对共同体生活的追求》,复旦大学博士论文2008年,第53页。
② 詹世友:《美德政治学的历史类型与现实型构》,中国社会科学出版社2015年版,第10页。

自我筹划的能力和审美情操能力等。正是因为人的这种特质和能力彰显了人类尊严和本质的至高无上性，这一点可以对他人施加一种要求，从而具有一种权利。所以，在泰勒看来，权利的观念不是社会想象或契约达成的，权利观念的形成必然要关联到某种人性的概念和人的某种特殊能力。如此看来，泰勒是把权利与人的能力联系一起，并以人的能力为前置条件来批判自由主义权利学说的虚幻性。

第二个层次，忽略了运用自由权利能力所需要的社会性议题。人的能力需要培育才能成熟，这种能力的成熟需要一定的背景条件，能力的行为者必然具有社会属性，它不仅离不开家庭的培育，还与历史传统和文化观念的塑造和影响分不开。泰勒引用亚里士多德的名言"人是社会的动物"对原子主义观点进行反驳，强调人的能力的发展只能在社会中进行。这样，泰勒就把一种政治哲学上的概念与一种社会性议题（the social thesis）联系起来。正是社会性论题使人具有区别于动物的本质，使人得以完善。比如，我们假设人的权利是基于人的理性反思的能力，而这种能力的行使，必定需要通过人在社会实践和历史文化中得以塑造并逐步完善。离开了社会实践和文化传统，人不可能发展和行使人所具有的能力，而权利的形成正是依赖于这些能力，由此得出权利先行论是前后矛盾的。泰勒认为，即使是自由主义者，他们也并不否认，只有在一个适当的社会和环境中，那些能力才能得到有效的发展和行使，所以，自由主义对政治中立性原则的承诺不可能充分保证自我决定所需要的社会和文化环境。[①] 所以，原子主义所预设的社会性议题是不成立的，"权利的首要性"论断是站不住脚的，因为它忽视了论断得以成立的先决条件。

第三个层次，即运用自由权力的行为者在实践层面如何进行有意义的选择问题。人是自我解释的动物，人的行为意义是离不开背景框架的。金里卡说："自由主义者们认为我们有一种把我们自己从任何特殊的社群实践中分离出来的能力。没有什么特定的任务是社会为我们

---

① 参见 Charles Taylor, *Philosophy and the Human Sciences*, Cambridge: Cambridge University Press, 1985。

指定的,也没有什么特定的文化实践具有超出个人判断和可能反对之外的权威。"① 金里卡虽然承认自我的观念来源于他的社群,但认为社群并不能成为价值权威,个人可以从社群分离出来,唯有个人才是真实的。泰勒并不反对现代个人主义,但他显然不同意金里卡的这种论调,在泰勒看来,由于忽视了先验条件,自由主义者往往简单地把自由理解为自由选择,而没有意识到自主性能力后面的背景框架,那就是自主性对本真性的依赖,一种有意义的自我抉择能力需要建立在一个本真的、成熟的人格基础之上。

通过以上三个层次的论证,我们可以得知泰勒对自由主义的批评是从本体论层面,而不是从经验层面进行的,否则,就会如金里卡所得出的结论,认为泰勒的立场是保守的,维护一切现存实践的。

泰勒认为,对大多数政治理论和社会政治政策与实践而言,其预设都是将个人的利益和权利之首要性视为基本和不可置疑的,同时忽视甚至否定我们作为人对社会义务的首要性这个前现代预设。这种将权利作为政治制度和政治行动的核心的学说其实是原子主义的政治哲学,其观点认为,社会是由不相关的个体所组成,每个个体都拥有不可转让的优先权利;社会的唯一功能就是保护这些权利。② 因此,泰勒反对自由主义正义观的原子论的方法论,而采取的是一种历史主义的方法论。

泰勒在其早期著作《行为的解释》展现了行动者概念总是存在于它与历史的关系之中。③ 泰勒更近的著作,尤其是《自我的根源》,把他思想中的历史主义因素推向了前沿。在《自我的根源》中,他明确加入了麦金太尔等当代社群主义者的行列之中,论证道,在不解释我们的行动者理念所嵌入的各种历史时,关于行动者的种种理性哲学的解

---

① Will Kymlicka, *Liberalism, Community, and Culture*, Oxford: Oxford University Press, 1989, p.50.
② Charles Taylor, *Philosophy and the Human Sciences*, Cambridge: Cambridge University Press, 1985, pp.187-188.
③ 这是泰勒的自我界定,见 Charles Taylor, *The Malaise of Modernity*, Concord, Ontario: Anansi Press, 1991。

释是不可能的。因为正在被分析的行动者概念只有根据其自身的复杂历史才能被理解,所以对行动者的单纯分析将不可能给予我们一种对行动者的充分理解。①

在泰勒的著作中,尤其是在《自我的根源》中,泰勒对哲学史的各时代差异特征进行了"地形图"考察,对历史上具有代表性且存在深刻冲突的道德根源进行了深入的探讨,其目的是为了解释现代伦理形成的条件和原因以及如何面对当代伦理所讨论的问题。泰勒向我们展现了一条"从柏拉图开始,经由奥古斯丁向内转向,再到笛卡尔开创,洛克强化的新的分解态度"的自我形成线索。②古典传统的西方社会是个追求荣誉观念的时代。荣誉观念存在于等级制的社会里,与不平等有着内在联系。在荷马时代,武士、公民为了荣誉,甚至不惜拿自己的平静、财富甚至生命冒险,这是以宇宙中的等级秩序为背景加以规定的。柏拉图认为人类生活着,就是为了过优良生活或高级的生活的,这就必须追求由理性指导,使理性占统治地位,理性控制或支配着冲突的欲望,高级部分支配低级部分,而理性本身又与宇宙秩序相联系,这样一种心灵秩序就是有德性。因理性而认可的道德根源并非在我们内部的某种东西,而是我们与身处其中的宇宙秩序的联系。

在古代,由于生产物质财富的劳动处于受鄙视的地位,所以,关于如何组织社会财富的生产并制定这方面的规则,就不是当时伦理学所致力于从事的主要工作。于是,我们可以看到,在古代伦理学中,关于生产的道德理论是难以出现的;但在分配领域则不是这样,在古代,财富的分配以社会地位、军功、高贵美德等为标准进行,在这方面当然也有一定的规则,其核心是把社会地位、军功、美德这些高贵的东西作为道德应得的根据,认为这样分配是合乎道德的。用亚里士多德的话说,这是几何比例公正,所以,这样的分配带上了浓重的道德色彩。在这样的文化视野中,由于物质生产被轻视,加上存在着人

---

① [澳]露丝·阿比编:《查尔斯·泰勒》韩升译,复旦大学出版社2013年版,第212页。
② [加]查尔斯·泰勒:《自我的根源:现代认同的形成》,韩震等译,译林出版社2012年版,第252页。

身拥有（奴隶社会）或人身依附（封建社会）关系，所以在那时，人格平等、自由意识等都不可能出现，这方面的规则也不能出现。在这样的时代，把人们分为等级，并关注所谓"高贵的人们"如何获得品质之好就是十分自然的。在他们看来，所谓内在品质之好，就是要使我们的自然禀赋发展得好，运用得好，并使各种禀赋形成一种正常的秩序，达到一种协调和谐的状态。比如柏拉图就认为，人有三种内在要素，即理智、激情、欲望，我们所能追求到的灵魂的完善状态就是：这三者都得到提升，而且理智在其中起领导作用，而欲望、激情听命，三者和谐一致。

在犹太教和基督教思想中，奥古斯丁明确区分内部和外部概念，人们过高级生活是来自意志的某种方向，是通过神学加以规定的。上帝之光并非如柏拉图认为的那样，"照亮存在的秩序"，它是内在于灵魂之中的光。世俗的现实生活是短暂和不值得欲求的，人们的心灵和信仰才是永恒和可追求的，真理和知识的最终原则来自上帝。

笛卡尔之"思"从"我"出发，开始彻底改变了奥古斯丁内在性的方向，认为宇宙是中立的，要通过人的理性思考能力去发现道德根源，"理性不再被实体性地，按照存在的秩序来规定，而毋宁是程序性地，按照我们在科学和生活中赖以构建秩序的标准来规定"[①]。在笛卡尔看来，知识不是来自外部秩序或上帝意志，而是人们的理性可以建构的东西。这种理性支配的观念反映了道德根源内在化的过程，在这个过程中，自我主体性成长起来，人类尊严得以确立，它通过分解获得控制。伴随着可分解的自我便是人类主体性思想的确立，在私人生活领域，表现为个人生而自由、生而平等，可以按照"自我"的意愿选择自己的生活方式，并且自我负责。在社会层面上，表现为社会契约论思想的诞生。个体在不放弃作为一个自由平等的道德人的前提下，愿意让渡部分权利而形成政府权力。政府存在的目的是为了更好地保护人们的权利和利益，如果政府滥用公权力或者不能有效地提供安全

---

① ［加］查尔斯·泰勒：《自我的根源：现代认同的形成》，韩震等译，译林出版社2012年版，第223页。

与保护，公民就有不服从的义务，甚至还有反抗的权利。这时，政府或社会被理解为工具性的，成为自我达成自己目的的手段。泰勒反对笛卡尔的认识论所带来的"点状的自我"（punctual self）概念，因为其实这是原子化的、个体化的，与其历史文化传统没有必然的关系，脱离了特定文化背景的关联，将个人从社会中孤立开来。在这种自我观影响下产生的社会契约论，是一种原子主义的社会联合体，社会现象通过个人行为来解释。泰勒称之为现代隐忧的个人主义，事实上就是原子主义的方法论在政治哲学上的表现，它同权利至上的个人主义相连，其过度的个人主义摧毁了世界的意义，授予工具理性以总体的规范性权威，从而消解了我们同社群和历史的更深层联系。

从代表作《自我的根源：现代认同的形成》到后期长篇巨著《世俗时代》，一以贯之的是泰勒的历史主义方法论。泰勒用历史主义的方法来揭示现代性问题的复杂性，其意图就是分析现代性问题背后的意义框架，通过历史不同阶段之间的对照，厘清其中的差异和变迁，剖析西方现代性的精神实质，挖掘西方传统丰富的理论资源，从而力图正确理解和关照当代现实。

在泰勒的著名阐述中，人是自我解释的动物。吃饭、睡觉只是动物性的一面。也许有些动物会显示出很高的智力，比如海豚和更高级的灵长类动物就是这样，但它们却不会追问"作为这样一种被造物意味着什么"这样的问题。海豚虽然拥有智力和社会性，但永远不会去询问自身作为一只海豚意味着什么。然而，对于人类而言，"作为一个人意味着什么"总是一个开放性的问题，总是对解释保持开放。他是上帝的影子还是奴仆？作为一个行动者，其本体的实在是超验性的自由吗？他是这样一种存在，其本质和实现是以城邦为先决条件的吗？或者，他是一种基于进化心理学而被理解的动物？人之为人的根本特征就在于他是一种自我解释的动物，也是会追求意义的生灵。而自我解释的能力来自人作为语言共同体的成员这种社会性，这种社会性是离不开既定的文化和历史传统的，它告诉我们，我们从何而来，我们又往何处去。所以要考察人们生活在共同体和传统中的价值地图，我们采用的方法不再是理性的论证，而是通过解释，我们才能复活隐藏着具有性质差别的意义框架和道德背景。

二、社会想象的方法论

泰勒不仅把世俗性理解为社会想象，他认为传统社会里的人也能进行社会想象（在本体框架中，从更高时间、神圣时间中进行想象，而现代性中的时间是世俗时间，即同质的、空洞的时间）。

对泰勒来说，现代性是他的学术研究工作所关注的主题。他认为现代社会之区别于传统社会的关键在于现代性。现代社会凸显了一种道德秩序，它以个人为中心，以互利关系作为社会联系的基本结构，这是人们形塑社会面貌的基本价值纲领。然而，关于人类的现代化进程，我们平时的历史认知和自我认识对此并不能形成十分清晰的理性概念，达到某种确切的知识，而只能是以想象的方式，即借助某种形象性的方式来参与到社会生活中来。这种想象，查尔斯·泰勒名之为"社会想象"，它以道德秩序为基准，聚焦于现代社会的三个特定领域，即经济、公共领域、主权人民，来进行社会想象，参与塑造社会形态。由于其基准和三个特定领域都具有社会历史的现代性特征，所以，这种社会想象是"现代社会想象"。可以说，"现代社会想象"的提出，使得泰勒在描述现代社会的产生和现状以及未来发展时，提出了一种富有弹性的、有较大空间和型塑能力的解释工具，对我们有重要的启示意义，同时，也表现出了其局限性。

查尔斯泰勒之所以提出"现代社会想象"这个概念，他明确地说，是从安德森的《想象的共同体》一书中得到的启发。最主要的原因是，在社会领域中的想象，首先它不是虚构、捏造的，而是会指向集体认同的认知和理解层面，因为一个群体要能够产生共同行动，或者获得某些共同体验，就必须对他们某些共有的东西形成理解，并且能够把那些也许与自己从不谋面的同一社群中的人在心理情感上关联起来（所以只能是"想象"），获得某种共同的历史宿命感，并能激发为这种社群的存在和发展而献身的行为。当安德森以这个概念来考察"民族"时，就认为民族"是一种想象的政治共同体——并且，它是被想象为本质上有限的（limited），同时也享有主权的共同体"①。想象这个概念用以解释现代社会，有相当的适应性，故查尔斯·泰勒沿袭了这个词，创造了"现代社会想象"这一概念。

当然，对查尔斯·泰勒来说，使用"社会想象"这个概念，其目的还是要对进入现代时代的社会塑造过程给出一种解释。由于想象一词是指在某些原则的基础上，对一种人们将会经历的具有具体形象的实践过程的设想，所以它将会在某种社会现实中，逐渐促使人们形成对某种社会形式的认同，从而使大家自觉地归属于这个社会形式。在泰勒看来，人类历史的变革莫剧于现代性之变，现代社会的一切进步性源于此，同时，现代社会的一系列问题、隐忧、困境亦源于此，它使得我们的社会处于剧烈的变动之中，比如，出现了前所未有的新型实践及与其相应的制度的结合，科学技术的兴旺发达，日新月异，并且加速并入生产力，出现了工业化浪潮，人们群居聚集的趋势与现实日益显著，出现了越来越明显的城市化趋势等，所有这些都十分深刻地改变了人们熟悉的传统的慢节奏、人际联系紧密的生活模式；由此，还出现了一种新的生活模式和道德秩序，即个人主义成为了人们奉行的价值观念，出现了以互利为目标的市场经济体系，以获得实效、产生实利为目的的工具主义理性盛行，并且日益脱离了一种神圣的生存背景，如传统的等级秩序和上帝创造万物的存在巨链，而生活于袪魅化的世俗时间之中；同时，人们在此之中感觉难以安若家居，而是总是感到不适，比如造成了异化、无意义、人际的冷漠感、社会的离散之感等。对这样的社会、现代性，人们无法形成一种稳定的认识，也难以产生一种稳定的依赖和归属感；还有，在西方的现代化过程中，也出现了不同的现代化类型，如法国的现代化和美国的现代化就有诸多的不同。况且，在东亚的现代化进程中，更是出现了多种现代性的类型，用西方现代化的单一模型是无法解释这多种多样的现代化的，何况西方的现代化本身也并没有单一模型。

---

① ［美］本尼迪克特·安德森：《想象的共同体：民族主义的起源和散布》，吴叡人译，上海世纪出版集团2011年版，第6页。

那么，我们应该如何去理解这多种多样的现代化呢？单纯的理性理念、知性的范畴都是无法圆满地囊括现代性的这种多样性和变动性的，总有一些变化出人预料，总有一些交错融合给不出边界，泰勒认为，要对现代性形成某种理解，必须使用社会想象的方法。他说："社会想象并非是一系列的理念，相反，它是使社会的实践通过被人理解而得以落实的。"① 许多人在解释"现代性"问题时，强调其"理念"而忽略其制度，也就是只是强调现代性理念的强制性，而并没有看到现代性在制度中的表现的多样性，总是构造单一模式的理想型的现代化，这在思想方法上是有问题的，在实践中也是有害的。而社会想象的方法，则从人们的社会实践出发，考察其中的社会道德秩序、人的自我意识、社会关系结构、政治运作模式等如何为人们所认同，从而形成某些共识，这样的现代社会的现实才能在人们的想象中得以持存并得到主动参与，从而成为现代化的一种样式。

泰勒认为，现代性理论起源于格劳修斯和洛克。他们理论的出发点是：如我们从社会组成及其功能出发来看人和人的行为的特点，则人是理性的、群居的个体，有着基本权利，必须互利、和平合作。因此，从理论上看，必须提出我们应该如何在社会里共同生活的规范——这就是道德秩序。他认为，这种道德秩序的根本性质是：前提是要捍卫这些权利，核心是互利，这是现代社会的基本理念。为什么道德秩序这样重要？这是因为，"社会的图景是这样的：一群带着特定目的的个人，在某种既存的道德背景之中，走在一起，共同建立一个政治实体"②。在近代的政治理论中，我们的道德背景实际上是一种自然权利，也就是说，因为大家要获得社会合作的好处，就必须彼此都负有一定的道德义务，只有在这种道德背景下，人们的互相关系才有了一种大家都能认可的合法性和正当性。

第一，就人们的现代社会想象而言，与现代道德秩序相关的理论起初是对个人之间的互利秩序的理想化，是对权利的设定和合法规则

---

① ［加］查尔斯·泰勒：《现代社会想象》，林曼红译，译林出版社2014年版，第1—2页。
② 同上书，第3页。

的推定。这首先否决了传统社会中占主导地位的等级观念。格劳修斯首先这么做,霍布斯、洛克等人继续发展这种理论,可以说,他们一道塑造了一种古典自由主义的政治形式,他们强调个人权利优先,似乎社会的存在就是为了保卫并实现他们的这些个人权利。但是,通过对个人与社会的关系进行切合实际的考察,有些人还是重温了古代的人是社会动物的观念,对个人主义观念提出了反驳。他们认为,"人无法自行行使道德责任"①,所以把社会想象为是平等的个人之间的相互服务关系,并认为人不可能脱离开社群而获得自己的更高本质。如卢梭、黑格尔等人的学说都是这样。所以,关于现代道德秩序的理论也会有不同的发展,人们的现代社会想象也可能有不同。但从总体的精神气质来说,这些思想家都共享一种价值前提,那就是在现代社会中,人们都是平等的个体,有着同等的人格尊严。就连黑格尔也说,法权的命令:尊重一个人为人。②

第二,我们这样想象一个政治社会,即它存在的目的是让大家为了促进彼此的利益而相互服务,这个目的是平凡的,服务于人们的日常生活的需要,如提供安全保障、促进交易和繁荣等,而不是为人们培养最高美德提供条件。然而,这种思想也会让人感觉不满足,也不够高尚,所以也希望现代社会以自由为基础来培养人们的美德。泰勒观察到,卢梭虽然服膺于自由平等的理念,但是,他对古希腊、罗马的那种等级秩序下的高尚美德也倾情回望,但把它的基础重置在现代自由观念上:"在卢梭看来,自由本身成为重新界定美德的基础,而真正的互利秩序与保障自我依赖之美德的秩序不可分割。"③

第三,现代道德秩序中对个人权利的尊重和保护占据了前提性的位置,而"自由对这些权利来说是至关重要的"④,有了自由,才能行使权利,而权利又必须得到政治国家的保护,同时又要遵守国家法律,

---

① [加]查尔斯·泰勒:《现代社会想象》,林曼红译,译林出版社2014年版,第15页。
② [德]黑格尔:《法哲学原理》,范扬等译,商务印书馆1961年版,第46页。
③ [加]查尔斯·泰勒:《现代社会想象》,林曼红译,译林出版社2014年版,第16页。
④ 同上书,第16页。

所以国家的成立应该得到受其法律约束的人们的同意。我们还看到，对自由，大家也会有不同的看法，比如有所谓消极自由和积极自由；人们除了把自由看作可以任意选择之外，更重视自由的教养、老成的自我约束，以及自由作为主体的意志能动性特征等。所以，在以权利和自由为前提而展开的伦理学中，大家最为关注的就是自由和互利的达成。这就要求人们的赞同，即对这种道德秩序及其实践模式形成某种认同和共识。

第四，在现代道德秩序中，有一些根本要素，比如权利、自由、互利要能够为社会的所有参与者平等地获得，这是现代道德秩序的实质特征。其中，虽然人们对平等的解释可能会有不同，但是平等中的"以某种形式去拒绝等级秩序"[①]的含义能得到大家的一致同意。

以上四点，泰勒把它们看作是现代道德秩序中的"不变的常量"，当然，这也是经过不断的研究讨论、修正之后得到的。可以说，我们的现代社会想象就是以此为基准的，这就是社会想象中的理论，这种理论会逐渐渗透、转变人们的现代社会想象。

泰勒认为，我们将能形成的共识就是平等的社会交往模式和个人主义的价值观。因为现代社会废除了等级，就废除了各种等级依托关系，于是人们之间就是平等的；同时，现代社会驱逐了各种中介，而且这些中介即使还存在，但重要性已经显著降低，个人逐渐成为平等、独立的个体，从而具有了不断提高的自我意识，故而形成了现代的个人主义。显然，这样的个人主义不是要把自己孤立起来，而是"把自己想象成属于更广大的、更加没有个人色彩的实体：国家、运动、人类的社群"[②]。他明确地反对古典自由主义的个人原子主义观念，但他并不否认原子主义出现的必然性。然而，他及时地提醒大家，人们在现代社会中把自己想象成一个自由、独立、平等的个体，目前是为了带着这种主体意识去组成或进入社会共同体。所以，平等和现代个人主义如果不是通过大家的想象而成为了绝大多数人平常持有的观念，那

[①] ［加］查尔斯·泰勒：《现代社会想象》，林曼红译，译林出版社2014年版，第17页。
[②] 同上书，第138页。

么这个社会就并没有真正成为了现代的。着力进行这样的论证，才是泰勒发展"现代社会想象"概念的根本用意所在。

但"现代社会想象"方法论也有其局限性。在泰勒那里，对西方现代性的讨论是从道德秩序的理念开始的。泰勒对现代社会的出现、成长、成熟的过程的理解是：也许首先是某些精英，以现代社会道德秩序为基准，在三大领域中进行社会想象，最后这种想象逐渐扩展到大众，积累到了一定的阶段，大家对这个社会的人际关系是平等的、经济生活是互利的、政治生活是主权在民的平等观念逐渐形成了共识，这样，现代社会就真的形成了。显然，这是一种"自我概念和认识模式"[1]。当然，泰勒也不否认，一种物质秩序也是很重要的，但是他又认为，观念秩序和物质秩序是结合在一起的，不可分离的，其理由是，"人类实践是那种有意义的实践，是由一些内在的理念支撑着的；我们无法为了询问什么是因、什么是果这样的问题来分清此二者"[2]。也就是说，人类实践是一种不明晰的、变动的、逐渐成长成熟的过程，所以在对社会历史的研究中，无法形成一种具有清晰边界的知识性的观念，于是，就只能诉诸想象，即以道德秩序为基准，并根据一些形象、故事、传说去预想社会的未来情形。

在泰勒看来，唯物主义的原则是这样的：要理解现代社会秩序，经济模式如"商人的涌现、农业的资本主义形式的出现、市场的扩大"是很重要的。[3] 他仅仅这样来理解唯物主义：即"在生产模式、合法的形式以及理念等要素中，前者才是最主要的解释性的要素"[4]。正是生产模式的变化使得我们要接受新的合法形式，并获得一些新的理念。他认为，这种解释是基于形式与目的的关系，而不是基于动力因果的关系。这种目的论的阐述，使唯物主义变得条理清晰，即似乎为社会发展过程给出了一种清晰的理论解释。但是，泰勒说，这种理论"作为

---

[1] ［加］查尔斯·泰勒：《现代社会想象》，林曼红译，译林出版社 2014 年版，第 26 页。
[2] 同上。
[3] 同上。
[4] 同上书，第 27 页。

一条普遍原则以令人难以置信为代价"①。也就是说,这种理论可以较好解释经济动因的主导性,并认为这是人们采取某种道德理念的原因,然而,"以经济术语来叙述宗教改革中因信救世的教义之传播,就显得不是很合理了"②。他得出结论说:"历史上唯一的总则,就是没有一个可以把一种动力的秩序当作一切驱动力的总则。"③泰勒的观点是:历史发展是基于多种动力的。

我们认为,泰勒对历史唯物主义的社会历史观的理解是片面的,主要是因为他误解了历史唯物主义的物质观。历史唯物主义基本原理是社会存在决定社会意识,社会意识对社会存在有反作用力。社会生产方式包括生产力和生产关系是物质性的,它的性质对社会生活的面貌有最终的决定性作用,同时社会意识形式和社会意识形态都是对它的反映,并反作用于它。这是从总体性质上说的。也就是说,社会形态的转变和社会思想意识(当然包括道德思想、价值理念等)的性质归根到底都由社会生产方式决定。这样我们就能理解,为什么只有大机器工业、社会化大生产能够把封建庄园主和骑士贵族送进古物陈列馆,同纺车和青铜斧陈列在一起④。泰勒也知道,社会化大生产必然带来"商人的涌现、农业的资本主义形式的出现、市场的扩大"等,这些都是必然的,而且那种个人平等、抽象法权意识、个人主义等思想观念也将出现在社会之中。泰勒还明白,各个国家的现代工业生产方式及价值观念、思想意识都会带有自己民族的特点,现代化也不只有某一种形式。但显然,泰勒把物质秩序和观念秩序视为同等重要的因素,并且把观念性的道德秩序作为我们的社会想象的基准,所以,我们可以断定,泰勒对历史唯物主义的基本原理的质疑是错误的。实际上,历史唯物主义强调社会发展形态和社会思想意识归根到底决定于社会生产方式的性质特别是生产力发展水平,这是对历史发展的一种

---

① [加]查尔斯·泰勒:《现代社会想象》,林曼红译,译林出版社2014年版,第27页。
② 同上。
③ 同上。
④ 《马克思恩格斯文集》(第四卷),人民出版社1995年版,第193页。

规律性的认识，这是一种科学知识。我们应该以历史唯物主义基本原理为基准进行社会想象，才能始终把握历史发展的正确方向，才能想象社会发展必须经历哪些阶段，才能想象我们怎样才能始终站在历史正确的一边。否则，如果像泰勒那样仅仅以观念性的道德秩序作为基准，则其社会想象就无法超出这个时代，并且只能是一种被动的想象，这就是他为什么把这个学说称为"现代社会想象"。其实，泰勒所强调的现代性、现代道德秩序、市场经济、公共领域、人民主权、世俗时间等渗透、改变我们的社会想象的因素，都是由资本主义生产方式所决定的。由于泰勒不理解这点，所以他也无法想象资本主义社会必然发展到社会主义社会、共产主义社会。

小　结

　　自由主义试图建构恒久不变的正义理念，历经千秋万代而不失色泽，其正义观所持的是一种普遍主义的方法论。一般采用契约主义的论证方式，即参加契约的人必须是自由而平等的人们，他们在自然状态或原初状态要通过博弈而理性地约定大家都认为是正当的正义原则，因为预先排除了今后社会生活中的具体的各种可能情况，所以其正义原则就具有普遍性。罗尔斯在《正义论》中就表明他的普遍主义的立场，通过原初状态所论证的两个正义原则，是可以放之四海而皆准的能够普遍适用的永恒真理。显然，自由主义的正义观是抽象的，但是，它明显具有社会时代的背景。古典自由主义是以资本主义社会的人们都是独立自主的平等的利益主体这一历史条件为背景的（等级制度的社会是无法推出普遍的正义原则的），其正义原则的主要内容是关于国家对人们的自由平等权利的保护的；新自由主义则还有容纳对弱势群体的利益进行照顾的内容，用罗尔斯的话来说，其正义原则不仅要体现自由和平等,还要体现某种制度性的博爱①。然而,他们都是以生产资料的私有制为前提的,从而并不能真正把人们的各种实质性权利的实现作为目标,只能集中关注人们的形式性权利的保障问题。

麦金太尔虽然没有正面阐释自己的正义观,更多的把自己的正义观嵌入正义观念历史演变的宏大叙事中,绵延展开。麦金太尔通过对西方正义观念历史脉络的梳理并与它们诞生其间的社会现实相联系,从中寻找客观的内在联系,同时也在重新确证与构建他的德性正义框架,这是从历时性角度所进行的分析。麦金太尔考察了自古希腊以来各种不同的正义观,把它们归为四大类:前亚里士多德时代正义思想的考察;亚里士多德传统的正义思想的考察;对奥古斯丁主义传统的正义思想考察;苏格兰传统的正义思想考察。麦金太尔对正义历史的回顾,其意义不在纯粹地回归历史,而是通过回溯历史上的正义观,重在批判现代自由主义的正义观,而得出他的德性正义观。从共时性角度分析,麦金太尔也展开了对同时代自由主义最有影响力的两大正义观的批判,主要对手是罗尔斯和诺齐克。

在方法论上,桑德尔主要认为罗尔斯的契约论证的正当性存在问题,其契约论证方式是矛盾的,假想契约与实际契约应该有所区分,同意并不等于道德义务,反之亦然,道德义务也不等于同意。

沃尔泽认为影响分配正义的因素是多元和复杂的,所以,分配正义问题也是多元和复杂的,具体表现为分配内容、分配方式、分配机构和分配标准的多元化,他论证了一种多元主义的正义观。同时,沃尔泽还采用"社会阐释"方法论,他论述了三条常见和重要的进入道德哲学的道路,称之为"发现之路、创造之路和阐释之路"②。他反对"发现之路""创造之路",而认为"阐释之路"最符合我们的日常道德经验、最值得推崇。可以说,社会阐释法既是沃尔泽政治哲学的论证

---

① John Rawls, *A Theory of Justice (Revised Edition)*. Cambridge Mass.: Harvard University Press, 1999, p.91.
② [美]迈克尔·沃尔泽著,任辉献等译,《阐释和社会批判》,江苏人民出版社 2010 年版,第 1 页。

方式，也体现了他正义观建构的方法。采用解释学方法，这也是社群主义方法论的一个鲜明特征。

泰勒认为，考察人们生活在共同体和传统中的价值地图，我们采用的方法不再是理性的论证，而是通过解释，我们才能复活隐藏着具有性质差别的意义框架和道德背景。在泰勒那里，对西方现代性的讨论是从道德秩序的理念开始的。泰勒对现代社会的出现、成长、成熟的过程的理解是：也许首先是某些精英，以现代社会道德秩序为基准，在三大领域中进行社会想象，最后这种想象逐渐扩展到大众，最后形成了现代社会。泰勒认为，要理解现代社会秩序，在生产模式、合法的形式以及理念等要素中，前者才是最主要的解释性的要素。正是生产模式的变化使得我们要接受新的合法形式，并获得一些新的理念。他认为，这种解释是基于形式与目的的关系，而不是基于动力因果的关系。这是泰勒强调的唯物主义思想。但马克思主义的历史唯物主义强调社会发展形态和社会思想意识归根到底决定于社会生产方式的性质特别是生产力发展水平，这是对历史发展的一种规律性的认识，这是一种科学知识。我们应该以历史唯物主义基本原理为基准进行社会想象，才能始终把握历史发展的正确方向。否则像泰勒那样进行社会想象就无法超出这个时代，并且只能是一种被动的想象。

社群主义认为正义是历史性地发展着的，即认为正义原则没有普遍适用性，而是具有领域性的，即不同领域中会形成不同的正义观，所以不存在所谓普遍的分配正义原则，只有多元的分配正义，这些观点都有重要意义。但是，他们忘记了正义、权利等是都是理性概念，是数学定理性的东西，而不是从经验中得出的概念。它们在现实生活中的确会有不同的事项和内容。事实上，本体的正义原则要能得到实现，必须在长期的历史发展过程中，把各种阻碍正义实现的经验要素革除以后才有望实现，也许永远也不能完全实现。比如资源的有限性及其连带而来的人的有限的慷慨确实是正义的背景条件，只要人类的财富还没有极大涌流，私有制还没有废除，正义就不可能完全实现。但是，我们认为，正义原则的形式规定虽然在现实中还不能得到实质性的实现，但它仍然有范导作用。社群主义的历史性、情境化的社群观念、价值、公善等就成为了前提性价值，因为他们认为这些观念对个体有塑造性的影响，正因为如此，社群主义极有可能泯灭个体的自主性及自由的资格。社群主义者认为，个人的价值观甚至是人格都是由社群生活塑造的，个人的生命和发展空间都是由社群提供保护的，所以，个人对社群必须具有一种忠诚情感。[1]

自由主义正义观所持的是一种普遍主义的方法论，如果过分夸大了这种普遍性，普遍主义的正义观难免会遮蔽正义的多样性和历史性，造成现实与理论的鸿沟难以逾越的局面。因为这种普遍的正义不预设目的和权威，脱离了具体情境，难以直接用于实践操作的方案，其与现实问题的分裂就越突出，正义越难以实现。相对而言，社群主义强调正义作为社群生活中的基本价值追求，有着特定社群的历史文化背景，着眼于日常生活实践与特殊社会情境，所秉持的是一种多元主义与历史主义方法论。但是，多元主义与特殊主义虽然对自由主义的普遍主义正义观的局限性进行了批判与揭露，但我们也要对社群主义正义观的方法论进行批判性的考察，看到他们的缺陷所在：一方面，其方法论过于强调正义的特殊性和多元性，坚持"多元标准"，无形中消解了正义的标准和规范，有滑向相对主义的危险；另一方面，其方法论缺少辩证性和整体联系性，其历史主义只是强调社群价值观的历史承传性，而不能秉持判断社群传统价值是否合理的标准。由于缺乏共在存在论的本体论立场，他们也缺少正确处理个人如何能够获得自由而全面的发展以及人与自然和谐协调共进的价值追求的方法工具。

---

[1] 达巍等编：《消极自由有什么错》，文化艺术出版社2001年版，第135页。

第五章　社群主义与全球正义

21世纪以来，随着全球化进程的加速以及世界一体化的推进，全球治理和全球正义日益成为当代政治哲学最引人瞩目的议题。罗尔斯正义理论因其自身具有的开放性而扩展至全球层面，一些世界主义者从罗尔斯的正义理论内部开出一种全球正义的进路，全球正义也就顺理成章地成为我们当今学术界的主流话语。在全球化世界中，探讨全球正义的路径大多数是世界主义的视角。社群主义者更多是从批判视角对世界主义的全球正义观展开诘难。不管是民族国家主义者，还是世界主义者，当代学者在探讨"全球正义"时，都离不开罗尔斯的正义观。首先，有必要介绍下罗尔斯晚期著作《万民法》的全球正义思想。

第一节　罗尔斯的全球正义观

一、万民法的提出及适用范围

罗尔斯的《正义论》和《政治自由主义》这两部著作主要将正义原则运于一种封闭和自足的国内社会，聚焦于受到自身社会基本结构约束的自由民主社会，关于阐述国际正义理论的内容非常狭隘和有限。在《正义论》第58节中，罗尔斯曾简要探讨了正义论如何扩展到国际法中去，即探讨了一个国家如何反对侵略、国家之间如何平等相处以及公民不服从的问题，但仅限于判断正义战争的目标及限制等内容，这也是后来所说的"万民法"的最初体现。[①] 政治自由主义将目标建立于公共的政治性正义观念之上，而不是依赖于某一完备性宗教学说、哲学学说或道德学说。[②] 由政治自由主义发展和延伸而来的万民法，就是一种基于不同"人民"之间的合理多元主义的现实去探求一种可行的国际正义理论。万民社会并不全是由自由人民组成，那些正派而非自由的人民也可以是万民社会的合格成员，并应当得到自由人民的宽容，只要他们遵循万民法的理想和原则。

1993 年，罗尔斯发表了"万民法"的论文。1999 年，他将该论文扩充为《万民法》一书，更加详细和深入地阐述了国际正义理论。罗尔斯将其思想定位为：自由人民的外交政策；自由主义和合宜人民之间现实的乌托邦，以及那种在政治限度之内可以达到的、基于现实基础去探求一种可行的国际正义理论，他称之为现实乌托邦。

万民法（ius gentium）这个概念自罗马以来就是用来处理罗马公民与异邦人之间的各种法律关系。而市民法（ius civile）则是调整罗马市民之间的法律关系。像罗马公民这样的概念就是集体性的，不同于市民法处理不同罗马公民之间的法律关系。罗尔斯的"people"，是指根据某种政治性的正义观念或共同善的正义理念有序地组织起来的、具有由相应的正义观给予的目的、利益和结构的、通过能够代表它的政府而在内外事务中表现其能动性的主体和行动者。[③] 这里的人民（people）不同于国家（state），因为国家是以传统主权为中心、具有明确的地域界限、对某个人民实施管理的权力机构，而人民则缺乏传统主权，着重强调其道德特征及政治权力的行使具有合法性；国家总是被其基本利益所驱动，关注自身的权力、财富和地位，而人民关注的是承担某种道德角色，在道德上强调平等性。

除此以外，人民还需具备一种道德特征，即人民是合理的和理性的。虽然罗尔斯也提到"people"具有共同文化心理，但这对于

---

① ［美］约翰·罗尔斯：《正义论》，何怀宏等译，中国社会科学出版社 1988 年版，第 378 页。
② ［美］约翰·罗尔斯：《万民法》，陈肖生译，吉林出版集团有限责任公司 2013 年版，第 44 页。
③ 同上书，第 3 页。

"people"而言不是构成性;"people"也不是国民,以"国"来框定"people"问题多多。综上所述,罗尔斯"人民"的概念强调一种其对政治权力的行使具有"合法性"和具有道德属性的行动者,从而可以成为万民社会的一员。罗尔斯认为他的万民法是指用于规制各人民间彼此政治关系的特殊政治原则。① 既可以适用于自由主义的宪政民主的政府,也可能是非自由但正派(decent)的政府。

所以,罗尔斯国际正义理论的主体既不是国内正义理论中的自由、平等和理性的"个人",也不是其在"万民法"中所言的"国家",而是"人民"。具体来说,"人民"指的是基于文化或历史原因形成的集体性身份,并且他们由其所在的社会政治制度组织起来。在民主社会中,这些人被称为公民;在等级社会或其他社会中,他们可以被称为成员。

二、考察五种类型的域内社会

罗尔斯的万民法理论由两个阶段组成,分别是"理想理论"和"非理想理论"。第一个阶段称为"理想理论",或严格服从理论,即假定内部是组织有序的社会,包括合乎情理的自由人民(reasonable liberal peoples)和正派的等级制的人民(decent hierarchical peoples),这两类是万民法的主体,这一部分是基础。第二个阶段是"非理想理论",它是关键,更多关注的是如何从不完满的现实社会过渡到组织有序的社会,如何实践万民法的原则,是非理想理论的任务,包括三类:法外国家(outlaw states)、因不利状况而负担沉重社会(societies burdened by unfavorable conditions)、仁慈的专制主义社会(benevolent absolutism)。② 这三类并不适用于万民法的范围,它们并不是组织有序的社会。

罗尔斯在《万民法》中首先考察了五种类型的域内社会:

---

① [美]约翰·罗尔斯:《万民法》,陈肖生译,吉林出版集团有限责任公司2013年版,第45页。
② 同上书,第14页。

第一类，即域内的自由社会，它是诸民主人民所组成的正义的宪政民主社会。罗尔斯认为，域内的自由社会成为现实乌托邦必须具备以下七个条件：（1）它把对万民法的忠诚的道德动机赋予作为行动者的人民，而不是国家。（2）万民法是切实可行的，且可运用于各人民间持久的、合作性的政治社会安排以及相互关系上。（3）万民法使用政治的（道德的）理想、原则以及概念为万民社会界定了正当和正义的政治和社会安排。（4）其合理的政治自由观念包含在政治范畴之内。（5）一个正义的和有效的制度会发展出一种正义感，社会成员会支持他们的政府，形成对万民法的尊崇。（6）万民法为一个合乎情理的万民社会提供了公共理性的内容，因而其统一并不需要各种整全性学说。（7）万民社会的各成员在处理他们之间的相互关系时遵循公共理性，随之就有拥有宽容的合理性观念。

第二类，即正派的协商等级制的社会。正派的协商等级制的社会虽然是非自由社会，但如正义的协商等级制的社会一样属于良序社会。自由社会要宽容正义的协商等级制的社会，要相信后者通过自身的改革可以变得更加自由和民主，从而成为万民社会的合格的成员。正派的协商等级制的社会除了满足自由社会的六个条件和三个特征之外，同时还必须具有侵略性且其法律体系能够与共同善的正义理念相一致，确保不会侵犯人权，换言之，正派的协商等级制社会中的任何一个成员都被确保享有最普遍的权利，这体现了万民法的内在要求和道德属性。退一步说，即使这个社会缺乏充分民主和自由的权利，但只要仍然尊重人权，就应当得到自由人民在政治上的宽容。罗尔斯通过假设一个伊斯兰人民"卡赞尼斯坦"的例子来说明这种情形：其法律体系并没有规定政教分离，而且只有穆斯林占据较高的政治权威地位和掌握主要公共决策权，但同时，其他的宗教也都会被宽容，其他的宗教和共同体也允许有属于自己的宗教生活和公共文化而不必担心失去公民权利，这样的等级制的社会同样是可以被宽容的。①

---

① John Rawls, *The Law of Peoples*, Cambridge, Mass.: Harvard University Press, 1999, p.18. 参见［美］约翰·罗尔斯：《万民法》，陈肖生译，吉林出版集团有限责任公司 2013 年版，第 54—58 页。

第三类，即法外国家。法外国家是指那些对内不尊重本国人民主权，对外不尊重别国人民主权的国家，这是突破人类底线的最糟糕的国家。在考察五种域内社会中，这是罗尔斯唯一用"国家"而不用"社会"的概念。罗尔斯认为，在万民法之下，良序国家（自由民主制的国家和合宜等级制的国家）有权利拒绝宽容法外国家，侵犯基本人权的法外国家将受到谴责，在严重情形下可能遭到制裁甚至干涉，不过这种干预在手段和程度上需要克制与谨慎使用。在罗尔斯看来，法外国家具有侵略性和危险性。把法外国家带入良序国民共同体之列，这是良序国民共同体的一个长期目标。

第四类，即负担沉重的社会。该社会由于存在一些因其历史、社会和经济环境而缺乏必需的人力资源、专门技能以及通常是必要的物质和技术资源，它们不具有侵略扩张性。组织有序社会的人民有责任去为该社会提供必要的援助义务。罗尔斯认为，有关援助责任应有以下三项指导方针：（1）建立组织有序的社会并不需要是一个富裕的社会，大量的财富并不是建立起一种正义的制度的必要条件，而是取决于一个社会的特殊历史及其正义观，组织有序人民间的财富水平是不一样的。罗尔斯认为，援助的目的不侧重于经济援助，更关心的是人权状况。（2）要认识到发展一个负担沉重的社会的政治文化是非常重要的，其成员的政治德行和公民德性起着关键的作用，自然资源丰裕水平并不是关键因素，自然资源分配上的任意性并不会带来任何问题。（3）援助的目的是帮助负担沉重的社会变成万民社会的成员。这个目标实现后，就不再要求进一步的援助，即使这个现在变得组织有序的社会依然相对贫穷。

第五类，即仁慈专制主义社会。该社会也尊重绝大多数人权，但是，由于这个社会有时会剥夺其成员在作出政治决策中的作用，因此也不是良序社会。

三、万民法的方法及原则

在国内正义方法论上，罗尔斯采用的是社会契约论的方法，原初状态中的契约各方是自由和平等、理性而合乎情理的"公民"的代表。在国际正义理论中,再次将社会契约观念延伸到人民社会,被设想为自由"人民"在公平的环境下达成的协议。所以,原初状态的第二次运用与第一次运用在方式上是完全相同的,但不同的是行动者从"公民"到"人民"的转向,这一转向是罗尔斯的国际正义理论遭到世界主义者不断批判的主要原因所在。

原初状态的第二次应用又分为两个阶段。第一个阶段是论证自由民主的人民所接受的万民法,此时的原初状态可以被称为"第一种国际原初状态"。当原初状态被用作将自由主义观念扩展至万民法时,它也是一种代表设置,是自由民主社会中的公民,但并非同一个自由民主社会。如果说在国内层面自由和平等的自由人民具有自身的根本利益,有着共享的政治文化,可以通过自由主义的正义观念来调整,那么在国际层面,人民不具有共享的政治文化,最多具有共享的国际公共理性,这是"一种互利的合作事业"的关系。在无知之幕下,屏蔽了各国领土面积、自然资源、经济发展状况和人口多寡等相关信息。自由人民的代表在第二次原初立场设计中会选择哪种"万民法"呢?在罗尔斯看来,第一种国际原初状态中的合乎情理的自由人民的代表会接受以下的正义原则:

①各人民是自由且独立的,并且它们的自由独立将得到其他人民的尊重;②各人民要遵守协议和承诺;③各人民是平等的,必须是那些约束它们的协议的订约方;④各人民要遵守互不干涉的义务。⑤各人民有自卫权,但无基于自卫之外的理由发动战争的权利;⑥各人民都要尊重人权;⑦各人民在战争中要遵守对战争行为的特定限制。⑧各人民对那些生活在不利状况下、因此无法拥有一个正义或正派的政治和社会制度的其他人民负有一种援助的责任。①

---

① [美]约翰·罗尔斯:《万民法》,陈肖生译,吉林出版集团有限责任公司2013年版,第79页。

第五章　社群主义与全球正义

罗尔斯假定：在制定万民法的过程中，结果将是一些人们熟悉的正义原则，这也为各民主的人民合作预留空间，但不主张一个世界国家。在此，罗尔斯追随康德《永久和平论》中的思想，"我的基本观念，遵循了康德在《永久和平论》中的论述以及他的和平联盟的观念。"① 康德不主张世界国家学说，因为他认为，这背离了原则，世界国家要么蜕变成全球范围内普遍的专制主义，要么成为被寻求政治独立的地区所撕裂成的摇摇欲坠的帝国。康德所追求的是自由国家的联盟，这一联盟以追求和平为目的，坚持国家的独立和主权，肯定公民的民主主权。罗尔斯受康德这一思想的影响，拒斥世界政府的理论。

罗尔斯的"万民法"是在国际政治处于"原始状态"的情形下被设想出来的，主张全人类的共同责任和共同利益，因而能够适应不同的社会制度。罗尔斯一直致力于将现实乌托邦理论从自由社会推广到非自由社会，罗尔斯认为在这个过程中自由社会必须主动承担相应的责任，必要时可以采取直接干涉和经济援助等各种手段来推动非自由社会向自由社会的过渡，最终共同步入自由民主的"大同世界"，让万民法成为以普世的正义理念来处理国际关系的出发点。但是需要注意的是罗尔斯的全球正义学说是从西方文化视角出发，以西方政治制度为参照标准的。

罗尔斯将万民法理论分为了理想理论和非理想理论，理想理论中处理的是自由民主人民与正派等级制人民之间会形成何种正义观念这一问题，而非理想理论中则是处理在现实这样极端不正义的境况下，良序人民（也就是受正义观念调整的自由民主人民和正派等级制人民）如何对待法外国家、负担沉重国家和仁慈专制社会，从而真正实现世界和平与正义理念这一问题。

罗尔斯认为，人权是判断一个社会政治制度是否是组织有序的必要标准。进而言之，人权是一个社会成为人民社会合格成员的最低资格。而任何对这些权利的系统侵犯都是严重的事件。同时因为罗尔斯

---

① ［美］约翰·罗尔斯：《万民法》，陈肖生译，吉林出版集团有限责任公司2013年版，第10页。

希望将宽容应用到正派等级制人民之中,他开出了一个非常短的人权清单,并指出在正派等级制人民的政治文化中,也能找到和这份人权清单相匹配的观点。这一人权清单仅仅包括生存权、安全保障权、法治权、自由权、个人财产权以及自然公正规则所体现的形式上的平等(即类似的情况应得到类似的处理),甚至远小于联合国人权宣言和数个权利公约中的权利。

四、主张援助义务和反对全球分配

针对状况不利而负担沉重的社会,罗尔斯不建议用差别原则以及其他一些自由主义的分配正义原则来应对此问题,他认为自由人民和正派的等级制人民有一种责任为负担沉重的社会提供"援助"。因为"组织有序社会的长期目标,是要把负担沉重的社会带入那个由组织有序人民所组成的社会,正如要把法外国家带进去一样。"① 然而,这种援助是有限度的。罗尔斯的援助义务的目标并不是针对社会的不平等,而是使负担沉重的社会成为良序社会的合格成员,超过该援助目标就可以停止。自然资源和财富程度并不是成为组织有序社会的决定性或关键的因素,或者说两者并不存在必然关系,正如罗尔斯所说:"并非所有组织有序社会都是富裕的一样,并非所有的负担沉重社会都是贫穷的。"② 所以即使该社会自然资源和财富都很少,但如果这个社会的政治制度和阶级结构及宗教观念、道德文化足以支撑其成为良序社会,那么,也不妨碍它们可能成为组织有序的社会。因此,罗尔斯并不赞成有些学者所提出的"资源再分配原则"和"全球分配原则",不主张把用于国内正义的"差别原则"简单套用于世界正义领域。

可以说,罗尔斯的援助义务是罗尔斯万民法八原则中最核心的全球分配正义原则,但是,它遭到来自贝兹(Beitz)和博格(Pogge)等

---

① [美]约翰·罗尔斯:《万民法》,陈肖生译,吉林出版集团有限责任公司2013年版,第148页。
② 同上。

世界主义者的批判。世界主义关于全球正义分配主要有两类,一类是强世界主义者,全球平等主义,如博格、贝兹等,主张世界一种原初状态,要求全球平等分配资源;另一类是弱世界主义者,属于全球充足主义,要求条件充足就可以,如罗尔斯要求基本人格的满足,米勒要求基本需求的满足。

贝兹区分了两条原则,即资源分配原则和全球分配原则。"资源分配原则":(1)假设国家自给自足;(2)国家间财富水平极度不平等;(3)由于各个国家的资源的自然分配是不公平的;(4)因此,需要对自然资源进行再分配。"全球分配原则":(1)假设国家并非自给自足,存在着贸易;(2)那么,存在一种全球性的合作体系;(3)因此,需要将域内社会的正义原则应用到全球情形中。[1]

世界主义全球正义观的落脚点是个体福祉,而不是社会正义。即便援助义务已经完成了任务,建立了正义制度,但仍然需要进一步处理全球分配正义问题。例如,A 国和 B 国都建立了正义的制度,不同社会中人们的福利还是可以进行比较的,特别是他们的最不利者群体福利水平可能是非常不平等的;由此,产生了两种分配方案,(1)保持原初分配;(2)进行再分配,提升社会间比较的更不利者群体。全球平等主义主张后一种再分配方案。因为世界主义关注的是个体福祉水平,而万民法对此保持中立,对于万民法重要的是,"自由和正派社会的正义和基于正当理由的稳定性,以及它们作为一个由诸组织有序的人民所组成"[2]。

但罗尔斯认为决定一个国家经历、进展如何的关键是其政治文化、其成员的政治德性和公民德性而不是其资源丰裕水平,自然资源分配的任意性并没有带来任何问题。[3] 在"极端不正义、后果极严重的贫困和不平等"现象存在时这种原则是可以理解的,但它应该有所目的,有

---

[1] [美]约翰·罗尔斯:《万民法》,陈肖生译,吉林出版集团有限责任公司 2013 年版,第 160 页。
[2] 同上书,第 161 页。
[3] 同上书,第 158 页。

所终止，否则，将会产生不可接受的结果。这里有两个例子：两个财富和人口规模相同的国家，A选择了工业化，B选择了田园牧歌，最后导致A国财富水平远远高于B国，A需要征税以补偿B国吗？显然，在这种情况下B国负有责任；另外，妇女平等和人口政策的影响导致不同的人口增长，由此带来的补偿也是不可接受的。所以，在罗尔斯看来，关键在于，援助责任具有过渡性，之所以有这种过渡性，是因为它由一个目标来界定，超过了这目标，这些责任就不再存在；其作用在于帮助负担沉重的社会变为万民社会的正式成员，并且使其有能力去决定他们未来的发展路径。万民社会的正式成员基于平等的代表，应该给予政治自主性，并且对人民自足性予以尊重，过多的干涉结局不会太好。所以，罗尔斯的国际正义理论承认对于全球范围穷人的帮助，但是有一个目标或终点，上述目标达成了，援助原则在那个曾经是负担沉重的社会中的应用便终止，这明显体现了罗尔斯全球正义观与世界主义全球正义观的区别。

罗尔斯拒绝将差别原则应用到全球层面。罗尔斯强调，在国内正义中，正义目标的任务在引导社会进步，并且能够合理地实现，差别原则适用于这种情形：社会成员享有同一个共同的政治文化和信任纽带，彼此参与社会政治生活，能够指导社会成员实现发展或利益达成的共同关切目标以及存在社会合作体系。但是，国际社会缺少这样共同的一般的道德心理和政治文化传统，即便存在全球合作和制约国际关系的制度，但这些都不是基本制度，确切地说，全球政治、法律和经济安排是次要的制度和惯例，相比国内社会单薄很多。这个唯一的脆弱的全球基本结构即使实际存在，也是次要的和伴生的。在理想情况下，它只是"万民社会的基本结构"，它的治理原则是万民法。[1] 罗尔斯认为，我们有义务给予负担过重的国家人道主义援助但反对全球分配原则。罗尔斯拒斥对其正义理论进行世界主义的诠释，他只愿意将其社会正义理论适用于以国家为边界的社会。他提出的人道主义援助原则遭到一些世界主义者的批评，说他理论不够彻底，国内社会正义

---

[1] [美]萨缪尔·弗雷曼：《罗尔斯》，张国清译，华夏出版社2013年版，第454页。

与国际分配正义问题不一致。下文将进一步探讨社群主义代表米勒的社会正义与全球正义观。

第二节 米勒论社会正义与全球正义

米勒作为社群主义者探讨全球正义具有代表性。一方面，就米勒关于社会正义与全球正义的联系及区别的观点进行梳理、辨析，有利于厘清米勒正义思想的理论脉络。米勒反对全球平等主义，坚持民族身份和爱国主义的承诺，为民族国家主义的全球正义提供了一种独特的阐释；另一方面有利于澄清以米勒为代表的社群主义者和全球平等主义者的看法在全球正义的问题上的具体分歧与争论。他们对正义原则适用的界限和终极目标都不尽相同，对正义的理解存在冲突、对抗，充满了内在思辨张力，正是这种内在张力推动着当代政治哲学的发展、丰富了全球正义理论。

米勒在1999年出版《社会正义原则》提出了需要原则、应得原则、平等原则这三个社会正义原则。随着全球化的发展和世界一体化进程，加剧了全球的贫富差距与全球不平等，这引起了许多有良知的政治哲学家开始思考全球正义问题，米勒就是其中之一。全球正义究竟意味着什么？在什么意义上全球不平等就是一个正义问题？适用于国内背景的社会正义理论能否扩展运用于全球正义？社会正义与全球正义存在哪些张力？这些问题都需要深入地探讨。2007年，米勒出版了代表作《民主责任与全球正义》，提出基于保障基本权的底线原则和基于民族自决原则的全球正义理论，从早期的社会正义走向后期的全球正义是他理论发展的必然趋向。

一、全球正义不等于全球平等主义

当前的全球正义理论处于持续激烈的争论中，其争论的核心问题是全球正义是否要求全球平等，这就形成了两种主要的全球正义观：

全球平等主义和民族国家主义。从理论传统来看，它们分别是世界主义和共同体主义。世界主义又与古老的平等观念联系在一起，或者说世界主义的核心观念是普遍的平等主义。世界主义这个词在词源学上是由"cosmos"（世界）和"polites"（公民）这两个词根构成的，其字面含义是"世界公民"。世界主义的观念早在古希腊就已出现，并在斯多亚学派那得到了明确阐述。斯多亚派学派认为整个人类应看成是平等的世界公民，不论是罗马人还是外邦人，在法律上一律平等，在道德上具有平等的地位。

当代世界主义从其思想渊源上继承了其核心的平等主义理念，代表者有查尔斯·拜兹、托马斯·博格、欧诺拉·奥内尔等。布莱恩·巴里最早最直接提出，世界主义混合了三种元素：人类个体才（最终地）具有价值；每一个人都有同等的道德价值；并且这两条款项适用于全体人类。[①] 即世界主义具有个体主义、普世性、普遍性三要素。博格也对世界主义作了类似的说明，他认为具有自由而理性能动性的人类个体具有人之为人的尊严和价值，不管人们具有什么样的种族、文化、国籍，都应在道德上得到平等尊重，他们的基本权利和自由能够得到平等关怀与确保。分配正义原则应当无偏私、平等地适用于所有的人，主张无国界的正义。这既要求国家内部的平等，也要求国家之间的平等。这一世界主义的主张实际上表达了一种平等主义的观点（米勒称之为"强式世界主义"）。

当代政治哲学讨论正义问题一定绕不开罗尔斯的《正义论》，罗尔斯通过原初状态的设置，论证了两条主要正义原则：平等的基本自由原则和差别原则。在《正义论》中，罗尔斯关注的重点是用来约束封闭的共同体（典型的是民族国家）。世界主义者（先是查尔斯·拜兹、后有托马斯·博格）认为这两个原则可以适用于全球，国内正义可以扩展至全球层面正义。托马斯·博格认为这两条正义原则不仅仅适用于某一社会内部，也适用于不同社会之间的关系，可以作为"相关的

[①] Brian Barry, *Statism and Nationalism: A Cosmoplitan Critique,* in Ian Shapiro and Lea Brilmayer (eds.), Nomos, *Global Justice*, New York University Press, 1999, pp.35–36.

封闭体系"而适用于"作为整体的全世界"。拜兹认为,全球体系已满足了罗尔斯关于共享的互利合作体系的条件,罗尔斯的正义原则也应超越国家边界而适用于一种世界性的分配原则。

其实,罗尔斯本人提供了反对把他的分配原则全球化的理据。他明确拒斥拜兹和博格这类罗尔斯主义者所构想的世界主义全球正义理论。[1]罗尔斯晚年的著作《万民法》关注全球正义问题,探讨了国际领域的承认援助责任和一些最基本的人权,但拒绝把他的国内正义理论扩展到国际层面上,认为世界社会中存在的合理多元论事实是限制差别原则向全球扩展的重要原因。[2]

米勒吸收了罗尔斯在《万民法》中反对世界主义全球平等的观点,重点思考平等与正义之间的关系这一哲学问题:国内正义能否扩展于全球正义?在什么意义上全球不平等就是一个正义问题?米勒立足于文化的多元性和民族国家观念批判了全球平等主义的哲学缺陷,反对全球平等主义是米勒全球正义理论的重要内容之一。

米勒考察了全球平等主义者提出的自然资源平等原则和机会平等原则,分别就如何衡量全球资源或机会的是否公平的"标准"问题和"动力"问题提出反对理据。

第一,就自然资源平等原则而言,在社会正义中,对基于平等的公民身份联合体而言,社会分配正义的主要依据是平等原则,让每个人都享有平等的资源、自由和权利。[3]但在全球背景下,资源的价值标准受制于多种社会因素,无法被精确地计算出来。它会受到诸如地理位置、政治决策、文化价值以及人们的行为方式等社会特征的影响。例如曼哈顿城区或东京市中心的一英亩土地与撒哈拉沙漠中一英亩土地的价值肯定有天壤之别。所以,在米勒看来,全球平等主义者斯蒂纲提出的"全球基金"方案,博格提出的"全球资源红利"的构想都

---

[1] [美]科克-肖·谭:《没有国界的正义:世界主义、民族主义与爱国主义》,杨通进译,重庆出版社2014年版,第65页。
[2] John Rawls, *The Law of Peoples*, Cambridge: Harvard University Press, 1999, pp.37, 78-79.
[3] [英]戴维·米勒:《社会正义原则》,应奇译,江苏人民出版社2008年版,第32页。

无法真正有效实施自然资源的公正分配。

　　第二，就机会平等原则而言，要求拥有同样天赋和动力的人应当具有同等的机会也是非常复杂的，比如个人的安全、教育和医疗等各种重要且不可替代的衡量标准，当这种复杂的机会平等观念运用于多元文化的全球正义层面，就会遭遇到一些严重困难。莫伦多夫有一个经典论述："一个成长于莫桑比克农村的孩子将能够在统计上和一个父母在瑞士银行担任高管的孩子毫无分别。"① 来自莫桑比克农村的孩子和来自父母在瑞士银行担任高管的孩子很难说具有同等的机会，除非有无限的移民权和不受限制地获得公民资格的权利。对米勒来说，在文化多元化的全球化的时代，不同社会的不同文化影响着人们的善观念，并赋予其不同的社会意义，所以，机会平等原则的标准在全球正义层面很难判断。

　　第三，从动力方面考察政治共同体作出的决策对人们在未来能够获得资源或机会的影响。这就是说，每一个国家所拥有的民族自决权会影响到人们在未来能够获得哪些资源或机会。② 米勒设想了具有同等资源发展起点的两个国家，在它们之间进行了比较："多育社会"和"限育社会"，若干年后，"限育社会"的人均资源占有量会多于"多育社会"。这说明，除了偶然性的运气会造成国家间贫富差异外，国家的文化自决、政治自决和制度抉择等因素也会造成国家间不平等。米勒只是想表明，作为一种社会正义概念，即使像德沃金所持"基于选择的初始平等"的平等主义是合理的，但如果将这种平等主义的运用范围从个人层面扩展到集体层面就会产生许多明显的问题。民族共同体有机会决定其在经济政策、环境政策、人口政策等方面的优先考虑事项，但随着时间的推移，这些集体选择不可避免在某些领域产生不平等，也会影响个人对之承担责任的自主权和决策权。正如出生在由前辈决定的优势资源的与出生在自主选择社会的人们，两者的平等是有区别的，前者被参与决策的人消耗掉了，丧失了基于选择的起点平等。

---

① Darrel Moellendorf, *Cosmopolitan Justice*, Boulder, Colo: Westview Press, 2002, p.49.
② ［英］戴维·米勒：《民族责任与全球正义》，杨通进等译，重庆出版社 2014 年版，第 57 页。

所以起点平等随着时间的推移在集体层面会失去真正意义上的平等。

通过分析"标准"问题与"动力"问题的理据对全球平等主义进行批判,米勒得出结论,全球正义并不是要期望所有国家都一样的富裕,也不是要求成员都享有平等的机会,全球不平等并不是不正义的,这只是实行分配正义的充分条件,并不是必要条件。从全球正义上说,我们对世界上的穷人所负有的义务与我们对自己同胞负有的义务并不完全相同,不能要求在资源、机会、福利等方面达到全球层面的平等。所以,我们没有义务要以完全拉平各个国家之间的不平等的方式来改变全球秩序。①但这并不代表他真的忽视全球的不平等,彻底拒绝全球正义的概念,相反,米勒有他全球正义的道德关切,认为"各国特别是富裕国可能尤其要承担相当艰巨的全球正义的义务"②。

二、全球正义产生的时代背景不同于社会正义

米勒在反对全球平等主义的同时,认为全球正义不能简单等同于社会正义,并对社会正义与全球正义进行了比较与区分,从而阐述了他的共同体主义正义理论。米勒通过对社会正义和全球正义的概念进行阐释,比较了全球正义不同于社会正义产生的时代背景。

米勒在《社会正义原则》一书前面两章对社会正义的历史、内涵和范围进行了较为详细的阐述。正义概念源远流长,正义观念在某种程度上是指分配正义,最早奠基于亚里士多德的关于普遍正义与特殊正义的经典划分(分配正义属于特殊正义中一种),并通过阿奎那和其他学者汇入基督教传统。③亚里士多德心目中的分配正义对象仅限于自由民,是在共同体中对利益的分配,不包括贫民和奴隶。中世纪阿奎那所指的正义是在一个政治共同体中对教职的任命和荣誉与财富的分

---

① [英]戴维·米勒:《民族责任与全球正义》,杨通进等译,重庆出版社 2014 年版,第 229 页。
② David Miller, "Social Justice versus Global Justice?", *Justice for Earthlings Essays in Political Philosophy*, Cambridge: Cambridge University Press, 2012, p.174.
③ [英]戴维·米勒:《社会正义原则》,应奇译,江苏人民出版社 2008 年版,第 2 页。

配。而社会正义一般指社会领域内的分配正义，首先出现于19世纪末期，并在20世纪初成为社会政治和民主运动中最具核心和重要影响力的理念。这是独立的国家内部争取民主权利、机会平等、福利保障等诸如此类目标的旗帜。此时，哲学家们各抒己见、精彩纷呈，出现了不少社会正义理论，其中最有影响力的是约翰·罗尔斯《正义论》提出的自由平等和社会差别原则的社会正义理论。米勒所讨论的社会正义则是指在共同体之内生活中的基本物品在社会成员间的分配问题。

相比而言，全球正义是个较新颖的理念，大约在20世纪90年代才被广泛使用。20世纪80年代以来，全球资本流动、世界贸易以及劳务输出推动了全球经济一体化以及世界经济国际化格局的形成，由此产生了全球性的正义问题。世界发展的不公平在客观上推动了全球正义理论的研究。我国学者龚群教授指出：全球正义所关注的世界范围内的分配正义问题并不是一个新问题。① 亚当·斯密在其《对国民财富的性质和原因的研究》（简称《国富论》）中就已经提出了绝对成本国际贸易理论与国内市场的问题。马克思在《德意志意识形态》中也谈到了世界市场的生产、分配、交换和消费问题，多次涉及英国的贸易对远东国家民族经济的影响，这已蕴含着丰富的经济全球化和全球分配正义的思想。

米勒全球正义理论的提出也有着深刻的时代背景。他在《民族责任与全球正义》一书的导言中以三条新闻报道引出全球正义的问题，第一，频发的地区战争。第二，全球饥饿和贫穷问题。第三，移民问题。② 而这三条新闻报道恰恰是当前的全球问题。随着全球化的到来，人们之间的经济交往主要受市场经济的驱动，贫富国家差距不断拉大导致的难民问题、世界性的儿童饥荒、人口贩卖与全球贫困，气候变化、自然生存和可持续发展的问题，这些问题都超越了民族国家之间的边界，需要寻求国际之间的解决方案。哪些国家应当承担正义义务

---

① 龚群：《世界主义与全球正义》，载《中国人民大学学报》，2013第5期，第33页。
② ［英］戴维·米勒：《民族责任与全球正义》，杨通进等译，重庆出版社2014年版，导言第7页。

以及在何种程度上承担这种责任,如何从理论上解释这些问题就是全球正义的探讨范围。

米勒在其新著《地球众生的正义:政治哲学的论文集》(2013)(*Justice for Earthlings Essays in Political Philosophy*)中有一篇文章《社会正义与全球正义》提出如下观点:社会正义得以适用的背景并不适合国际背景,全球正义不是扩大版的社会正义,社会正义与全球正义不能像俄罗斯套娃一样[①]。社会正义原则的提出是在19世纪末市场经济不断发展社会政治经济权益纷争和资源分配日益成为影响社会稳定因素的时代背景下,而全球正义的提出是现在的国际社会处于全球化联系日益加强而又不充分地发展的背景之下,这两种正义理论产生的时代背景之间存在巨大差别,所以全球正义不能简单等同于社会正义。

三、全球正义不是社会正义范围的简单扩大

从全球平等主义的角度看,正义原则应当超越民族身份和公民身份,社会正义原则可以扩至全球层面以实现全球正义,社会分配正义应平等地、毫无偏私地应用于所有的人,而不应当受到国家边界的限制,所以主张是无国界的正义。但米勒认为,这种试图把适用于国家边界内的正义理念扩展应用于全球层面的观点是不正确的,因为社会正义是有边界社会内的正义,而全球正义是整个人类的正义。全球正义并不是社会正义原则在更大范围的应用。

米勒从他所谓的"人类关系模式"入手,认为对正义的考量必须界定它的适合范围。他认为,要让社会正义发挥作用,必须提供一定的社会环境。这种社会环境需要满足的最重要条件就是分配正义的领域应该有确定的社会成员和确定的边界。不管是早期社会正义理论假定的"政治社群"还是罗尔斯提出的正义原则适用于一个封闭系统的社会,这两者其实都是在民族国家的边界之内讨论正义问题。政治社

---

① David Miller, "Social Justice versus Global Justice?", *Justice for Earthlings Essays in Political Philosophy*, Cambridge: Cambridge University Press, 2012, p.166.

群是必需的前提，因为只有具备政治社群公民资格的人才会拥有政治权利，才能进行分配、交换及分享社会的各种善。

米勒其实是把社会正义理论范围界定在民族国家中，而不适用于无国家或尚未建立国家的体制中，当然也不能在全球层面上适用。因为民族国家是由有共同民族认同的公民组成的，主要有三个特征：首先，民族国家能够产生出强大的团结力量，这种力量强大到能够压倒宗教等差异；其次，民族国家中的人有着共同的民族政治文化，因此容易形成分配资源的共同价值标准；最后，民族国家能够让人们确信它实行的公平原则和程序对每个公民都有效。社会正义是在同一个政治共同体的公民之间实行的正义，正义能够为本共同体的自由而平等的公民提供行动的条件，这些条件包括提供一系列的权利，诸如自由表达的权利、确定公民身份的投票权以及获得最低限度收入的资源的帮助。通过这些资源和条件的提供与帮助，可以让本政治共同体的成员更好地履行其作为公民的政治角色和政治权利。

但在全球社会中不存在这样的条件，因此他所说的社会正义原则只适用于民族国家。在现在及可预见的未来，这个世界是由独立且相互作用的政治社群组成，每一个政治社群对人类生活核心价值和国家目标的应然性都有不同的共享理解。大多数民族国家在国内存在着多元文化，而且各民族国家之间也有着政治多样性。所以把世界主义公民身份简单理解为民族国家之公民身份的扩张的做法也是不可信的，因为民族认同和公民特殊纽带要求国内实行平等的社会正义，这是分配正义的一个必要和充分条件，全球领域不具备与国内领域相似的特征，所以不应扩展至全球领域。

米勒经常提及一个关于人们寻找一位失踪小孩的责任的案例。小孩失踪后，此时会有几个行动者：孩子的父母、与孩子处于同一村庄的村民、该管辖区的警察。米勒认为由于这三个行动者寻找小孩急切的心情与责任也不尽相同，对这个家庭的情感依附关系是逐渐递减的，因此，他们的责任呈逐渐递减趋势。米勒这种全球分配正义的要求似乎应符合"同心圆图景"：与自己的亲近之人相比，人们对遥远的外国人的责任似乎随着距离的增加而减弱，对本民族同胞具有的义务要优先于对外国人所负有的义务。因为我们与自己的民族同胞共享许多文化特征和身份认同。但一些全球平等主义者明确反对同心圆的立场①，而主张地球上的所有人类的命运在某种意义上都应当平等对待，平等原则应当适用于全球范围。

米勒进一步论证，在国际层面，人们是作为独立的民族共同体的公民交往的，尽管一个民族国家之成员的决策有时会对其他国家的人民产生某种影响，但这种影响毕竟不同于一个政治共同体成员之间所拥有的公民关系那样稳定与密切。所以，至少在目前这两者的关系还没有接近某个临界点，所以很有必要对社会正义和全球正义作出区分。②我们不能想当然地认为那个在国内背景（情境）有意义的原则将继续适用国际领域，我们的全球正义理论必须独立于现有的社会正义理论。米勒一以贯之的还是他的共同体主义思想，共同体主义眼中的共同体小至家族，大至民族国家。所以他认为社会正义和全球正义所处理的是不同性质的共同体内部及之间的关系。社会正义层面关注的是社会国家对个人的优先性和作用；国际层面强调的是民族国家利益的至上性和优先性，拒绝世界主义的政治制度安排和平等至上的原则。

四、全球正义适用的正义原则不同于社会正义

米勒认为国内领域与国际领域的差别是如此巨大，二者之间不存在任何内在的联系，以致我们不能把适用于前一领域的正义原则扩展应用于后一领域，同样地，国内社会正义原则也不能适用于全球层面的正义。

米勒反对用单一的标准来考察社会正义原则分配的多样性。在《社会正义原则》一书中，米勒把人类的基本关系模式分成三种：团

---

① 如希拉韦特认为人们之间休戚与共的圈子是弹性的，是动态的，距离不会成为影响人们履行责任的原因。参考 Henry Shue, "Mediating Duties", *Ethics*, 1988, 98(4). p.693。

② ［英］戴维·米勒：《民族责任与全球正义》，杨通进等译，重庆出版社2014年版，第15页。

结的联合体、工具性联合体和公民身份联合体，其所适用的社会正义分别是需要原则、应得原则和平等原则。① 在"团结的联合体"中，人们之间有着相互理解和相互信任的关系，有着共同精神信仰和民族认同，主要实行按需分配的社会正义原则。这里的需要指的是最低限度的必要的需要，以资源相对匮乏为前提。在"工具性的联合体"中，人们之间的关系主要是经济关系，人们因为追求经济利益而联系在一起。参与者是为了特定的目标而进行合作的，相互之间是陌生的关系。相应的正义原则是依据应得分配的，每一个人得到的与其贡献相等时，也就实现了正义。在"公民身份联合体"中，公民的地位是一种平等的地位，每个人都享有平等的自由和权利，是权利和职责的承担者，所以平等原则是首要的分配原则，而以需要原则与应得原则作为补充。这三条社会正义原则并不是孤立地适用于特定的社会情境，而是相互影响并相互渗透的。

但在全球化和文化多元的影响下，政治共同体不断地突破文化的界线，而国家则越来越无力改变全球市场产生的资源分配。彼此独立的民族国家是米勒全球正义的基本单元。国内社会正义的多元正义原则不再适用于全球层面的正义模式，这时需要确立新的原则。于此，他引入了全球正义底线原则与民族责任原则以取代平等原则与需要原则。

首先，全球正义底线原则。米勒的全球正义底线原则就是要求对基本人权的尊重与保障，要让任何社会中的成员过上最低限度的体面生活所需要的条件，包括"食物和水、衣服和居所、人身安全、医疗保健、教育、工作和休闲、迁徙、良心和表达自由等"。② 米勒从正义的角度对全球底线主义的原则进行了辩护，因为目前还有许多国家不能确保其成员享有这些基本人权，所以这义务便可能落在外部机构身上，那些富裕国家有义务承担起保护他们权利的责任。但值得一提的是，米勒所理解的最基本的人权仅限于能够满足人们基本需求的物品的拥

---

① ［英］戴维·米勒：《社会正义原则》，应奇译，江苏人民出版社 2008 年版，第 31—39 页。
② ［英］戴维·米勒：《民族责任与全球正义》，杨通进等译，重庆出版社 2014 年版，第 177 页。

有，如维持生命所需的粮食、食品以及必要的衣服①。米勒所主张的消除全球严重贫困，满足全球范围内人们的基本需要，能够让所有人获得最低限度的体面生活所需要的基本人权。这就是米勒所支持的"弱式世界主义"。米勒将世界主义分为强式世界主义与弱式世界主义。弱式世界主义只承认个体的道德平等，确保人类过上最低限度的体面生活。强式世界主义要求实质性地平等对待所有人的资源、权利和利益，不一定要求建立世界政府或世界国家，但需要有某种恰当的分配原则来调节人们之间的不平等和某种形式的分配制度②。主张强式世界主义的代表科克-肖·谭认为，米勒和罗尔斯主张这种全球底线人权原则只要求一些富裕国家尽人道主义的援助，这种分配原则的理论应用不彻底，目标太低。一个理想的正义的世界不仅要满足人们的基本需要，还要求富人和穷人的贫富差距不能过于巨大，这需要重新评估现存的制度架构和建构目前的全球基本结构制度，只要这两者不平等，还存在鸿沟，就仍需要不断进行调整，直至彻底消除全球贫困，实现一种平等主义的全球分配正义观。③这反映全球平等主义与共同体主义正义目标和正义诉求之间存在冲突与对抗，充满了内在思辨张力。

其次，民族责任原则。米勒不仅提出我们对人类同胞负有人道主义义务，还提出实现这一目标的最佳方式是民族责任，这是基于人的两重性：一方面人是能作出选择并对自己的生活承担责任的行为者，另一方面人又是脆弱而需要帮助的存在物，米勒分别提出了"后果责任"和"补救责任"原则。后果责任反映的是作为负责任的行为者对自己的行为和决定所负有的责任；补救责任是有能力的人类或国家有责任去援助那些需要帮助的对象，并有消除伤害和痛苦的责任。④补救

---

① 米勒对基本人权的理解没有包括阿马蒂亚·森以及玛莎·纳斯鲍姆对能力人权的理解。即使处于饥饿状态下的贫民有维持生存的能力。
② ［英］戴维·米勒：《民族责任与全球正义》，杨通进等译，重庆出版社 2014 年版，第 55 页。
③ ［美］科克-肖·谭：《没有国界的正义：世界主义、民族主义与爱国主义》，杨通进译，重庆出版社 2014 年版，第 29—34 页。
④ 同上书，第 229 页。

责任有三种情形,全球正义在每一种情况下都有所不同。篇幅所限,这里不作展开。

在以上分析的基础上,我们可以对此作出进一步的讨论。全球正义中米勒所青睐的人道主义策略,实际上诉诸人类的基本需要,即对来自不同国家的陌生人之间采用需要原则,这同他早期在社会正义理论分配原则的适用不一致,基于团结性社群内部,采取的按需分配的原则存在前后不一致。

当社会正义的分配原则与全球正义的分配原则发生冲突时,应该如何选择?米勒认为首要任务是促进国内正义,落实公民的基本人权,尽到公民身份的义务,之后才能积极地追求全球正义,所以全球正义就不再是一项紧迫的任务。米勒之所以主张国内正义的实施具有优先性,是因为他反对在国际上重新分配资源。

五、全球正义的责任主体不同于社会正义

米勒进一步指出,关于社会正义与全球正义需要引起注意的是,负有主要责任去促进分配正义任务的机构或行为者(agent)。促进社会正义的这个机构主要是国家,国家通过立法机构、公共政策和其他途径间接促进社会公正,鼓励公民遵守社会规范。国家的职责是通过权威机构保证每一位公民行社会正义之事,而不遵守的人们则会受到制裁。国家中存在着某些机构,它们能够或多或少地按成员们赞成的理论来改变制度的结构。社会正义原则可以普遍地应用到社会、家庭和车间等。米勒讲道,"社会正义理论提出善意(well-intentioned)的国家会采纳的立法和政策改革的建议。"① 国家是首要的分配机构,其政策和实践会导致社会正义与不正义。一个良善的国家只有颁布立法、提出政策和进行改革保障公民的权利和利益,才会具有内在的动力,才会不断地发展进步,这样社会正义就不至于成为道德乌托邦的理论。

在这一点上,米勒持类似于罗尔斯的观点。罗尔斯在《万民法》

---

① [英]戴维·米勒:《社会正义原则》,应奇译,江苏人民出版社2008年版,第7页。

中指出，正义的实施要求一种强制性的社会制度，例如可以用法律手段来强化的制度。然而全球正义的情况却不是如此，因为没有一个机构能够在保护人权或确保国际交易系统公平性方面承担责任。比如关于人道主义干预、贸易规则和应对气候变化措施方面的谈判，很难达成有效的协议和一致的目标，美国拒绝签订京都协定就是一个很明显的例子。即使达成了，也不能有效地实施，因为没有权威的机构有实际权力去惩罚一个顽固不化的国家。

我们知道，内格尔持有简单二元论的观点，他认为国内领域和国际领域（二元领域）是完全不同的领域，在国内领域坚持平等主义的分配正义原则，在全球范围内则否定分配正义，认为国家之外无正义。他将国家的特殊性归结为国家法律体系的强制，并认为全球领域中不存在类似的强制，因而反对全球平等主义。在他看来，国家的强制性法律体系保证公民间的合作，而法律体系是由公民共同制定并遵守的。① 这是他将国家的强制性视为应将平等主义限制在国内领域的理由。米勒赞同内格尔认为的国内正义责任主体具有强制性这一特征，但他进一步指出，民族国家与个人可以在全球层面实现互动，有足够的张力来发挥正义原则的作用。② 于是，他提出保障基本人权的全球正义底线原则，这就是米勒的复杂二元论结构与内格尔简单二元论结构的不同之处。

全球平等主义者试图说明全球领域具有与国内领域类似的强制性等特征，人们的道德考量和正义关切也要扩展至全球领域。这种不相似并不具有可以将平等主义限制在国内的重要道德意义。③ 还有一些学者认为，即使全球领域的强制与国内领域的强制不同，但这不表明平等主义的分配正义不适用于全球领域。国家法律的影响并不停留在国

---

① 俞丽霞：《全球正义：国家主义与全球平等主义》，上海社会科学院出版社 2018 年版，第 16 页。

② David Miller, "Social Justice versus Global Justice?", *Justice for Earthlings Essays in Political Philosophy*, Cambridge: Cambridge University Press, 2012, p.175.

③ S. Caney, "Global Distributive Justice and the State, Workshop on Ethical Norms", Political Agency and the State Conference, 2006.

界以内，也可以延伸到国际领域。国内领域的强制或合作不是平等主义正义的必要条件，只是正义的充分条件①，全球平等主义不取决于全球领域是否具有与国内类似的特殊关系，应该重新思考平等主义的基础。那么平等主义的基础到底是什么？以米勒为代表的共同体主义者和以博格为代表的全球平等主义者在两个领域是否相似的问题上争论不休。

在全球化不断发展但又不充分的背景下，尽管全球相互联系日益密切，但双方很难就何时在全球领域达到平等主义达成一致。民族国家正面临着全球化的挑战，经济全球化使人们越来越看清了民族国家的局限性、风险的共同性和集体命运的相关性，需要民族国家做出调整，但无论如何，在当前以至今后相当长的历史时期，我们不可否认的是，尽管各种国际组织会日益增多并在某种程度上替代民族国家的某些功能，但民族国家仍会是国际政治组织的主要形式，是引发也是解决诸多全球正义问题的主要依靠力量。

以上探讨了米勒关于全球正义和社会正义在产生的时代背景、适用范围、适用的原则和责任主体等方面的不同，认为这是米勒反对全球平等主义的理据。同时，我们梳理了米勒正义思想的理论脉络，也展示了米勒与全球平等主义的激烈纷争，通过对米勒的正义理论进行批判性的考察，我们得出下述结论：

第一，米勒所着力阐述的社会正义与全球正义的不同，反映了道德情境主义与普遍主义的正义之间存在张力。

米勒国内社会正义原则是社会情境多元正义理论，根据人们处于不同的社会情境（公民身份、团结性的社群、工具性的社群）而分别适用不同的社会原则（平等、需要、应得）。米勒的全球正义原则是复杂的二元论，《全球正义研究丛书》主编杨通进教授认为米勒的这种二元论正义理念自相矛盾。②一方面反对全球平等主义，一方面又认为人

---

① ［美］科克－肖·谭：《没有国界的正义：世界主义、民族主义与爱国主义》，杨通进译，重庆出版社 2014 年版，第 33 页。
② 杨通进：《社群主义的全球正义困境——以戴维·米勒为中心的讨论》，载《马克思主义与现实》，2016 年第 3 期，第 91 页。

人享有最低限度的基本人权。享有最低限度的基本人权实际上认可了某种形式的全球平等主义,即米勒所支持的"弱式的世界主义",世界主义就是立足于普遍主义的道德标准之上。普遍主义采用对所有人都相同对等的不偏不倚的普遍的道德标准,适用于这个社会情境的正义原则同时也适用于其他不同质的社会,适用于国内的社会正义原则同样也适用于全球领域的正义原则。米勒所着力阐述的社会正义与全球正义的不同反映了道德情境主义与普遍主义的正义之间存在张力。他主张全球正义是发达国家对贫困国家以自愿的形式的援助,这是出于人道主义义务。他提出的基本限度的人权,从抽象层面看与他本人的理论前提是有矛盾的,难以保持理论的自洽和价值观的一致。但是米勒认可最低限度的人权,与他的共同体主义观念并不矛盾。问题的核心在于,如何让这种最低限度的人权得到遵守,由什么力量来强制各国特别是强国遵守?这是值得深思的。

第二,立足于现实乌托邦的全球正义与立足于道德乌托邦的全球正义之间存在张力。

立足于道德乌托邦的全球正义即世界主义的逻辑出发点是抽象的理想个体,要求对所有人平等相待,参加分配的人们获得实质的完全相同的权利、资源或其他权益。它的道德关注点落实在每一个活生生的个人身上,而不是家族、部落、种族或民族这样的基本单元。世界主义认为要解决全球贫困问题,必须变革目前的全球制度与全球安排,致力于构建一个理想的正义的世界。从这一点上来看,全球平等主义在道德理想上是可期待的,但在实践中却存在着更多的困难。全球平等主义的正义观似乎难免陷入"道德乌托邦"理念,这种"道德乌托邦"形而上的构建让人觉得正义的实现遥不可及,从而可能会放弃成就正义的努力。[①]

米勒的全球正义提供了一种相对现实的辩护进路,以主权国家和民族情感为基础,立足于现实,根据人性状况及人性规律,努力实现

---

① 徐向东编:《全球正义》,浙江大学出版社2010年版,第210—229页。

更美好的世界,这类似于罗尔斯的"现实主义的乌托邦"。① 罗尔斯当然不是共同体主义者,他只是在从国内社会正义走向全球正义时,发生了正义规范的转向,其立场倾向"共同体主义"。所以,米勒和罗尔斯似乎提供了一种相对现实的辩护进路,立足于现状把握未来,以确保基本人权和避免系统性的贫困为目标而进行理论建构。

以米勒为代表的民族国家主义者的正义理论与全球平等主义者的争论,本质是社群主义精神和自由主义之争,这两种正义理论之争在理论上往往是难以协调的。无可否认,当今世界,主权国家这一特定的社会背景在现在以至很长时间内都将存在着,它是社会正义的理论前提,而全球平等主义主张的全球分配则不存在一个单一的全球主权国家作为分配主体。对此,全球平等主义者也无从作出正面的回应。

第三,"人类命运共同体"是走出这个困局的途径。

以米勒为代表的社群主义者与全球平等主义的正义理论之间的张力,根源在于人存在两重性的本质,人既是社会的存在物,又是个体存在物,人的社会性和个体性存在矛盾的对立统一,但这并不是一种无法化解的张力。党的十八大以来,习近平总书记立足于中国传统"和合"文化基础上,放眼于世界和人类长远发展,提出构建"人类命运共同体"这一时代命题。"人类命运共同体"是超越国家、超越民族、超越地域的外延上最大的共同体,奉行的是相互尊重、合作共赢的新理念,既凸显了全世界人民最为关心最为迫切的问题,又强调了人类休戚与共生死相连的关系,成为中国为世界提供的超越国家和意识形态的追求全球正义的中国方案、中国智慧。这个理念没有全球平等主义的抽象性,但又有人类共生共存于只有一个的地球上(正是这一点成为了约束各国行为的事实基础)的现实关怀和道德约束;它没有国家主义的那种狭隘性,又尊重各民族国家的独立自主的地位。在当今世界,不管人类命运共同体这个理念能否得到完全的实现,都不能否定其价值和指导意义。

---

① 徐向东编:《全球正义》,浙江大学出版社2010年版,第15页。

第三节　社群主义对世界主义正义观的三重批判

经典的世界主义立足于抽象的个人概念,把个体视为道德关切单位,主张一种世界范围内的平等主义正义原则,本质上表达的是一种理性普遍主义和道德普遍主义,这就引起了与之相对立的社群主义三重挑战。第一重挑战来自米勒的观点：正义根植于历史语境和民族文化,民族性的伦理共同体要求在本国公民之间建立一套独特的义务,而对其他国家只有慈善义务并不存在正义之事。第二重挑战来自沃尔泽的观点：由于各个社会都有不同的历史、文化和现实实践特征,所以,每个社会都有自己独特的道德标准,期望一个对全人类普遍适用的道德标准是不现实的,也就不存在跨领域的国际正义。第三重挑战来自麦金太尔的观点：世界主义信守道德普遍主义的承诺而采取无偏袒的原则,否认本国同胞的利益优先原则,而不能承认人们因为同属于一个社会、一个国家,相互之间具有某些特殊的纽带和共享的文化。我们可以把第一个挑战称为"国家主义挑战",把第二个挑战称为"多元主义挑战",第三个挑战称为"爱国主义挑战",这三者我们都可以归于社群主义阵营,尽管这些作者不愿意承认自己是"社群主义者",他们之间也存在着差别或分歧,但对自由主义（本文特指经典的世界主义）展开的质疑与批判使他们团结在一起。鉴于上述分析,本章主要探讨社群主义对世界主义的全球正义理论展开的三种有代表性的批判,最后对社群主义三个批判理路进行分析与审视。

一、民族主义的批判理路：民族身份和民族责任

米勒认为世界主义试图把适用于国家边界内的正义理念扩展应用

于全球层面的观点是不正确的①，他明确反对全球平等主义，他捍卫的是以民族身份和民族责任为基准的批判理路，主要包括以下三个方面。

首先，世界主义的全球正义观削弱了民族认同。大体来说，民族认同的理念是指：在一个特定民族共同体中生活的社会成员，形成了对本民族的文化传统的情感归属和自觉认同，分享了本民族共同体的普遍价值观和行为型式。米勒认为民族认同至少包含五个方面的含义。第一，民族共同体是由信念构成的；第二，民族身份认同体现了一种特定的历史连续性；第三，民族是积极的共同体；第四，与特定的地理位置联结一起；第五，要求共享其独特公共文化。②简言之，米勒认为民族成员使用同一种语言，共享共同的资源，诉诸共同的历史文化，通过这种共有的民族纽带作用，可以增强人们对社会主流价值的认同，可以增强人们的民族认同感和归属感。而这种民族认同感和归属感反过来又可以帮助维系彼此间信任和团结的关系。所以，民族是个伦理共同体③，通过承认民族认同也意味着承认对同胞更多的特别义务，即对同胞有着对其他人所没有的特别义务，这是因为"我对国家和同胞的义务来自我们共同参与到每个人都可以期待获益的实践之中"④。而且，人们在这样的群体实践中实现了互惠。假如日后自己陷入贫困的境地时，也能获得相应的援助，于是，人们给彼此提供的帮助就维系了相互间的有益联系。⑤

然而，在米勒看来，在全球层面上并不存在类似的民族认同，没有共享的民族纽带和共同的文化传统，人们就像一种被抛入救生艇的纯粹的偶然性存在者，只是采用契约形式才能使大家合作起来。这就

---

① ［英］戴维·米勒：《反对全球平等主义》，自徐向东主编《全球正义》，浙江大学出版社2011年版，第210页。
② David Miller, *"In defence of nationality"*, *Debates In Contemporary Political Philosophy*, London: The Open University, 2003, pp.305-306.
③ ［英］戴维·米勒：《论民族性》，刘曙辉译，译林出版社2010年版，第27页。
④ 同上书，第61页。
⑤ ［新西兰］吉莉安·布洛克：《全球正义：世界主义的视角》，王珀、丁祎译，重庆出版社2014年版，第2页。

是世界主义所持的伦理普遍主义的观念，这种观念削弱了人们的民族认同，他认为，从伦理普遍主义的视角证明民族性原则的企图注定是要失败的。①

其次，世界主义的全球正义观削弱了民族自决。米勒认为，每个民族共同体在政治上有集体自决的诉求和权利。"每个民族应该尽可能拥有自己的一套政治制度，这套制度允许它集体地决定其成员主要关注的问题。"②在《论民族性》中，米勒提供了至少三条辩护理由：第一个也是最重要的理由是关乎社会正义的。民族是个义务共同体，每个民族在自己的领域内，通过社会保障或贫穷救助项目等来推进社会正义。社会正义可以成为调节民族内部关系的有效力量。这样，重要的政府职能被转交到民族层面，相当程度的民族自决就得以实现；第二个理由是，支持民族共同体自决对民族文化的保护是有利的。民族文化面临日趋严峻的市场经济冲击可能会导致衰败，防止这种现象发生的唯一方式是利用国家权力加以保护，给文化提供自由发展而不会被个人主义的市场经济自利行为所侵蚀的环境，最可靠的方式是将民族文化保存交到与你共享文化的同胞手中；第三个理由考虑了民族自决是作为集体自治的表达。因为公民们有共享的文化特征以及共享其自决的地域共同体，他们相互之间的信任会产生于此，从而有利于社会合作，这对于国家民主制的有效运作和理想的政治共同体目标的一致达成起着关键作用。③

基于上面几个原因，米勒认为全球正义的考量离不开民族历史、语言习惯和文化传统诸类，实际上，民族自决是一项不容否定的权利。但全球平等主义却要求不断地转移资源直至完全平等，这会损害一个国家民族自决权以及接下来要讨论的民族责任，所以米勒反对在全球层面进行重新分配资源。

再次，世界主义的全球正义观削弱了民族责任。米勒认为世界主

---

① ［英］戴维·米勒：《论民族性》，刘曙辉译，译林出版社2010年版，第64页。
② 同上书，第81页。
③ 同上。

义的全球正义观不仅削弱了各民族的民族认同和民族自决权,还削弱了民族责任。民族认同包含着民族责任,人们通过认同于自己的同胞,共享他们的价值观,接受民族共同体所提供的好处,并共同为本民族的所作所为承担着集体责任——民族责任包括了对本民族过去的所作所为的责任。① 米勒从民族责任又派生出两种责任:后果责任和补救责任。这两种责任的关注点不同,后果责任关注的是行为者,即由我们的行为导致的收益和损失所负有的责任;补救责任则首先关注受害者,是我们面对贫困或剥削时需要承担起的责任。② 这两种责任在全球正义理论中都发挥着重要作用。从责任主体的角度来说,米勒认为,既存在着个体责任,也存在着集体责任。民族责任作为集体责任的一类,要求组成一个民族的人们对其民族所作出的行为承担责任,并要求他们在全球共同体中对他们所造成的收益和损失承担责任,扮演负责任的主体,这既是民族自决权的表现,也是满足代际正义延续的要求。

世界主义捍卫这样一种观点:对世界上的穷人所负的责任与对我们自己同胞所负的责任完全相同。③ 米勒认为这种观点是值得批判的,他明确表示反对全球平等主义,无论全球正义意味着什么,它都不意味着在全球范围内获得实质的完全相同的资源、机会、福利。米勒所捍卫的是有差异之世界的正义,人们也很看重依据自己的道德规则和文化信念而生活。④ 当然,援助贫穷的人们是全球正义赋予我们的责任,但在这方面,他所要辩护的是一种全球底线主义的理论,即认为世界上任何一个地方的人们的基本人权都必须得到保障,但基本人权不包括不受限制的移民权利。⑤ 米勒继续论证道,世界主义者辛格只是把贫困看成是自然现象并认为每个人应担负起力所能及消除贫困的补救责任,却没有认真探讨全球贫困的后果责任问题,更没有追问全球贫困

---

① [英]戴维·米勒:《民族责任与全球正义》,杨通进等译,重庆出版社 2014 年版,第 262 页。
② David Miller, *National Responsibility and Global Justice*, Oxford: Oxford University Press, 2007, p.108.
③ Ibid., p.229.
④ Ibid., p.20.
⑤ Ibid., p.262.

的深层根源，相比之下，博格的论点确实认真对待了后果责任，但他又认为贫困是全球秩序的产物，而富裕社会及其政府对全球穷人的困境负有集体责任。在米勒看来，这两种方法都是行不通的，他主张，解决全球贫困需要"不仅在经验上还要在道德上追问贫困发生的原因。那些要对贫困负有后果责任的行动者，还可要求他们承担消除贫困的补救责任"[1]。如果按照贝兹和博格等世界主义者的全球正义理论，不追问贫困国家贫困的根源，只要求富裕国家的公民承担补救责任，而忽视贫困国家的国内政治和经济体制所导致的贫困却不负起本该承担的责任，这一方面是不正义的，另一方面也恰恰侵犯了民族自决权以及民族责任感。

二、多元主义的批判理路：成员资格及领域正义

以贝兹和博格为代表的世界主义者认为，国家边界不具有根本的道德重要性，全球正义原则不应受其特定国家成员身份的约束，他们主张把罗尔斯的契约主义方法运用到全球层面[2]。迈克尔·沃尔泽的成员资格及领域正义理论无疑对此构成严重的挑战。沃尔泽虽然在著作中未正面提及他的多元正义理论与全球正义思想的源流关系，但通过对他政治思想的串联，在内在理路上是可以成立的。首先，沃尔泽在《正义诸领域》中提出多元主义正义理论，主张在一个政治共同体，正义原则在内容和形式上都是多元的，每个领域都有自己的正义原则，全球社会也不例外。因为他承认全球社会是一个包含不同领域的社会，而且在政治、经济、文化等领域所指涉的社会诸善也是各异的。其次，在沃尔泽看来，既然社会诸善的意义是不断发展演化的，那么全球社会诸善的社会意义也会随着历史的发展而不断发展或改进。最后，在

---

[1] David Miller, *National Responsibility and Global Justice*, Oxford: Oxford University Press, 2007, p.234.

[2] Charles R. Beitz. "Justice and International Relations.Philosophy and Public Affairs", *Philosophy and Public Affairs*, Vol.4, No.4, 1975; Thomas W. Pogge, *Realizing Rawls*, Ithaca, NY: Cornell University Press, 1989.

方法论上，沃尔泽以特殊主义对抗世界主义的普遍主义正义原则，以多元主义反对世界主义一元论的思维方式。所以，沃尔泽从多元主义的特殊正义中可以推导出对全球正义的普遍正义的批判。

其一，多元主义的正义特殊性反对世界主义的普遍正义主张。沃尔泽指出每一种关于分配正义的重要理论都是一种有限的理论，并不存在适用于整个世界放之四海而皆准的分配正义理论。他提出的多元主义分配正义理论，就是指"社会不同善应当基于不同的理由、依据不同的程序、通过不同的机构来分配；并且，所有这些不同都来自对社会诸善本身的不同理解——历史和文化特殊主义的必然产物"①，从本质上说，沃尔泽的正义观是多元主义的，认为每一类正义问题都构成一个拥有内在分配原则的独立领域，"所有分配公平与否是与利益攸关的物品的社会意义相关的"②。社会成员赋予物品的意义决定了正义的分配标准。而社会意义又依赖于共同体成员之间人们的共识，善在一种文化内部，其意义可以是共享的。从这一点看，沃尔泽所持的一种社群主义观点具有特殊主义性质，具体说来，它是一种历史和文化的特殊主义。他认为正义标准不存在于超越政治共同体的历史和文化标准，而是植根于平等的政治共同体的共享理解。这个世界存在各种各样的文化，即文化也是具有特殊性的，不存在跨文化的、任何人都能提出普遍适用的正义主张。显然，当今国际社会中的许多共同体都有自己的特殊性，它们在分配善的过程中采取着不同的方式，所以，不存在一种对所有分配都适用的单一标准或一套相互关联的标准。凌驾于某种共识之上的行为是非正义的，普遍性的道德价值必定侵害到现实世界各个特定的共同体。如果说存在一种普遍适用的道德观念或文化价值，那也只是因为世界主义把自身偏爱的道德观念强加于其他不同文化的成员身上。③他批评了世界主义者贝兹的观点，认为贝兹想把罗尔

---

① ［美］迈克尔·沃尔泽：《正义诸领域：为多元主义与平等一辩》，褚松燕译，译林出版社2002年版，第4页。
② 同上书，第9页。
③ ［加］查尔斯·琼斯：《全球正义：捍卫世界主义》，李丽丽译，重庆出版社2014年版，第208页。

斯的社会正义的契约主义方法和正义原则应用到全球层面，所导致的不是复合平等而是简单平等。①

沃尔泽用多元正义理论反对自由主义普遍正义原则。沃尔泽的多元主义分配正义观难免有相对主义之嫌，但他也承认最低限度的普遍道德原则，即"稀薄"的道德原则，如禁止杀人、欺骗、背叛以及极端残忍的基本禁律。②因此，在我们看来，沃尔泽的反驳是有一定道理的。因为各个国家的历史传统和文化背景存在差异，不管一个分配正义原则多么"稀薄"，但它都会面临着各种政治共同体独特的历史和文化特点，从而都要作出适度甚至是根本上的调整与修正。

其二，世界共同体不适宜作为全球分配正义的背景。从正义理论上说，沃尔泽立足于现实中的政治共同体，他认为政治共同体是这项事业的合适背景，这是因为在政治共同体中，长期形成的文化、历史、语言传统使人们结合更紧密，人们可以"通用意义"形成共识，同时，政治共同体也能够创造或提供"安全、福利、荣誉、职务和权力"等特殊物品。③

所以，"如果把整个地球作为我们的背景，那么，我们就不得不想象尚不存在的东西：一个包括每个地方的所有男人和女人在内的共同体"④。在沃尔泽看来，整个地球是不适合作为全球正义分配的背景的，这其实是人为地取消了业已存在的政治共同体，而假想一种把全世界的所有男人和女人包括在内的共同体。世界共同体形成的前提条件是所有成员都要形成共享理解，即形成适用于所有的男人和女人的"通用的意义"以及基本的善观念，以避免把自己特殊的价值观强加给他们，而且还不止于此，还必须让假定的世界共同体的成员或他们的代

---

① ［美］迈克尔·沃尔泽：《正义诸领域：为多元主义与平等一辩》，褚松燕译，译林出版社2002年版，第3页。

② Michael Walzer, *Interpretation and Social Criticism*, Cambridge: Harvard University Press, 1987, pp.23–24.

③ ［美］迈克尔·沃尔泽：《正义诸领域：为多元主义与平等一辩》，褚松燕译，译林出版社2002年版，第35页。

④ 同上书，第36页。

表对分配安排和分配模式达成一致意见，这已经非常不现实了；而且，即便能够对分配达成一致的意见，在实际执行中也会遭遇到困难。这就是说，那种想要形成世界共同体的想法是不可能实现的。因此，"世界共同体"不适于作为分配正义的背景，因为缺少在全世界范围内由一群共享社会物品意义的人所能达成的社会共识，所以，不存在适用于整个世界的分配正义理论。

其三，成员资格理据反对无边界的全球正义。世界主义最早源于斯多葛学派"世界公民"的观点，主张消除公民身份的偶然性或空间距离等因素而要求世界各地的人被平等对待，这其实是主张无边界的全球分配正义。沃尔泽主张公民身份只在一个有限的政治共同体内才有效，至少到目前为止是如此。他的多元主义正义原则为正义领域确立恰当的边界，同时也预设了在有限的政治共同体中确立正式的平等成员资格。"在人类某些共同体里，我们互相分配的首要善是成员资格。而我们在成员资格方面所做的一切建构着我们所有其他的分配选择。"[1] 成员资格是指获得一个国家的成员资格，一个人有了成员资格，在某种程度上就能使得这个人变成道德关切的对象。正义理论必须考虑到领土国家和成员资格，明确其公民的权利、集体的准入和拒绝权利。[2] 倘若某个人没有进入共同体并获得成员资格，则他就像一个被本邦拒绝、因而只能流浪的外邦人，无法得到分配正义的对待。所以，沃尔泽主张控制人们的跨境活动，对移民加以限制。一方面，限制移民入境有利于保护本地文化的独特性，使群体公民相互信任，信守共同的生活。另一方面，对移民的限制有利于实现本共同体的集体自决权和维护国家社会内部对正义的最大化共识。

沃尔泽也主张接纳大量难民通常是道德上必须的，但全球国家的社会不可能出现可用来分配的成员资格的身份，对外邦人所能采取的是互助原则，"互助作为一个分配成员资格的（可能的）外部原则，并

---

[1] [美]迈克尔·沃尔泽：《正义诸领域：为多元主义与平等一辩》，褚松燕译，译林出版社 2002 年版，第 38 页。

[2] 同上书，第 55 页。

不依赖于一个特定社会内关于成员资格的普遍看法"①。所以沃尔泽对待难民的态度是采取人道主义原则和尽互助义务，他认为，对待移民政策唯一相关的标准是慈善性的而非正义性的，这是沃尔泽思想中一个明显的社群主义特征。

三、爱国主义的批判理路：爱国主义是一种美德及同胞优先

在当代的全球正义争论中，还有一个对世界主义立场进行批判的典型理路是来自爱国主义的。他们认为，某些世界主义立场采取不偏不倚的视角，倾向于把抽象原则的承诺优先于对人们之间特定的关系及特殊的承诺。实际上，世界主义立场未能认真地考虑爱国主义关切的独立道德价值。②在这方面，具有代表性的是麦金太尔提出的爱国主义是一种美德的理据。

首先，世界主义的全球正义观没有认真对待爱国主义的承诺。爱国主义通常意义是指个人或集体对自己所属国家的热爱和忠诚，希望保留本国的民族特色和文化基础。在麦金太尔看来，爱国主义是一种能够代表道德规范的美德。他认为，个人是共同体的成员，我们的每一个生活方式其实都被嵌入了更大的叙事整体中，我理解自己的人生意义和目标是通过我所在的家庭、农场或学校等的历史，我们与他们共处在同一个历史叙事中而分享共同的利益与悲喜。③换言之，麦金太尔认为，一个人的行为或生活只有在叙事整体中才能被正确理解，他的身份和社会角色是由他在共同体中所占据的位置或社会地位决定的。只有叙事的统一性才能产生民族成员的一种自觉性的认同，即对本民族文化和历史的认同，但这种自觉性的认同不是先天就有的，而是如

---

① ［美］沃尔泽：《正义诸领域：为多元主义与平等一辩》，褚松燕译，译林出版社2002年版，第41页。
② ［美］科克-肖·谭：《没有国界的正义：世界主义、民族主义与爱国主义》，杨通进译，重庆出版社2014年版，第189页。
③ Alasdair MacIntyre, "Is Patriotism a Virtue?", *The Lindley Lecture*, The University of Kansas, 1984, p.297.

泰勒所说的在一种共同的背景性框架结构下形成的。国家作为一个政治共同体是在长期的历史实践中形成的，是联系各民族成员共同的纽带，它构成了我们思考和行动的理由。你人生的意义无法从个人独立的自由意志中产生。所以，在麦金太尔等社群主义看来，社群、国家具有构成性的特征，实际上构成你这一个人，规定了你这个人的本质所在，你的故事是在社群的关系中塑造形成的。也正因为如此，爱国才成其为一种美德。爱国主义不仅是一种美德，而且是一种核心美德。① 爱国主义可以培养人们之间的团结感和同胞之间的相互承诺，而这种培养人们之间的特殊承诺的实践在人们的日常生活中具有非常重要的地位，人们通过与其具有同样生活方式之人的特殊关系而得以积极繁荣。

麦金太尔认为："自由主义道德倾向于消解社会纽带。"② 自由主义道德假定人是抽象和虚假的，认为自己是可以脱离社会母体的理性行动者。所以，自由主义道德实践绝不能使公民的爱国情怀得以塑造成型。人不可能成为亚当·斯密所言的公正的旁观者，因为这注定会让人成为无依无靠的没有家园的漂泊者，如果一个人抛开这些社会关系之网，他就什么也不是。世界主义未能重视民族纽带的作用，没有认真对待爱国主义的承诺，否认爱国主义的道德价值在生活中的地位。所以，世界主义的立场是站不住脚的，甚至是荒谬的。③

其次，世界主义的全球正义观缺少爱国主义的忠诚美德。如前所述，麦金太尔认为社群具有构成性属性，国家不只是维护个人权利的工具，国家也不是中立的机构。国家之所以具有合法性，是因为其本质上是全体社会成员共同利益的反映，也就是他所说的具有国家政治生活实践的内在利益。所以，国家本质上是具有道德意义的，爱国主义是一种政治美德，也是民主政治和社会合作的必要条件。公民有共

---

① Alasdair MacIntyre, "Is Patriotism a Virtue?", *The Lindley Lecture*, The University of Kansas, 1984, p.293.
② Ibid., p.299.
③ ［美］科克-肖·谭：《没有国界的正义：世界主义、民族主义与爱国主义》，杨通进译，重庆出版社2014年版，第157页。

同的历史传统和文化习俗等作为纽带而团结在一起，爱国主义会给人们提供强大的民族认同感，在社会合作和民主商谈中增加人们的相互信任，培养起对国家的宪法和制度的忠诚。丹尼尔·贝尔也说，"没有人能怀疑一个民族应忠于自己的政治目的。这种忠诚在战争时期可以最清楚地体现出来。我们深深地关怀我们民族的命运。作为个人，我们情愿为了民族冲锋陷阵，并在必要时保护它的核心价值。"[1] 爱国主义忠诚的体现就是要热爱自己的祖国，维护本国的利益，暗示着个体应将国家利益置于个人和团体利益之上，捍卫民主秩序有时会要求人们作出巨大的牺牲。麦金太尔还质疑了自由主义的不偏不倚公道理念的可行性。由于这种道德学说的特征非常符合世界主义理念，我们可以把它归于世界主义正义理论。在麦金太尔看来，这种世界主义的正义理论同爱国主义是正相冲突的，于是，他把这样两个共同体描述为"由于重要资源之稀缺而引发冲突"的鲜明例子：假设有两个为自身的生存或者繁荣而需要同种重要资源的共同体，每个共同体都应该在这个问题上设法实现自身的利益，并且在高度冲突的情况下，"爱国主义包含一种为了各自共同体的利益而发动战争的意志"。[2] 换言之，基于爱国主义的理由在极端情况下可以通过发动战争来获取稀缺资源。麦金太尔认为，在这场与另一个国家的资源争夺战当中，要么选择支持自己的国家，要么选择放弃爱国主义者的立场，在面对特定类型的棘手选择时，爱国主义的忠诚就体现在支持自己国家的利益，拿起武器为国家而战。由此，麦金太尔断言，世界主义必定无法达到对自己国家的忠诚美德。

再次，人们应该对自己的同胞负有特殊义务，而世界主义则漠视这一点。麦金太尔继续论证道，爱国主义不光表现为对自己祖国的热爱与忠诚，也表现为对自己同胞的义务。这种义务不同于基于个人自愿同意签订而形成的道德个人主义的义务，而是与同类型的群体（家庭、邻里、政治共同体）之成员身份结合在一起的特殊义务，因为共

---

[1] ［美］丹尼尔·贝尔：《社群主义及其批评者》，李琨译，三联书店2002年版，第158页。
[2] 同上书，第289页。

同体的成员在特定的文化和环境语境中发展了自己的认识能力、社交能力和情感能力，通过与本国成员的这种特殊纽带关系，人们将会对自己的同胞产生特殊的感情；也因为和自己的同胞拥有相同的公民身份，彼此对某些相关的社会、政治和政治机构以及对这些机构所创造的效益作出了贡献，所以人们能够对于同样分担义务的其他成员表现出特殊的关切。

爱国主义是一种道德规范，要求人们为自己的同胞尽更多的义务和责任，或者，他们相信自己为同胞履行的义务多于为非同胞或外国人履行的义务，所以"同胞具有优先地位"的正当性是可以获得辩护的。在爱国主义者看来，同情是有边界的，我们不可能对世界上所有的人都表现出同等的关切和尽同等的义务。事实上，我们只能通过关爱和帮助那些与我们关系密切的人来学会关爱和帮助他人。我们会爱自己的亲人、朋友多一点，自然我们对陌生人只会有更少的关爱。这就类似于同心圆模型，我们对那些位于内部圆圈的人们的义务是最强的，随着我们从圆心移动到最外围，我们的义务将逐渐减弱。世界主义立足于抽象平等的个人理念，主张每个人对所有人类的道德义务都是一样的，不管他们的身份或公民身份如何，在履行分配正义时可以超越国界。然而，在爱国主义者那里，世界主义所持的不偏不倚理念是在倡导一种没有边界或国界的泛爱与博爱思想，其实是无法实现的，也无法承担支持这类制度的责任，更不利于培养人们的关切之心和爱国主义情愫。

小　结

这一章，主要分析了社群主义质疑世界主义的全球正义观的三重依据。从本体论意义上说，社群主义坚持社群本位，而断言世界主义有一种道德任意性特征，其核心在于，世界主义拒绝认同社群生活对个人的本质具有"构成主义"的功能。世界主义者基本上认为自然资源的分配状况以及一个人所属的国籍属于道德上任意的因素。贝兹认为自然资源的分布是不均衡的，有些地区因为自然资源匮乏而贫困，有些地区因为自然资源丰富而走向繁荣，这些资源的自然分配在道德上是任意的，国家边界不具有根本的道德重要性，全球正义原则不应受其特定国家成员身份的约束。① 在博格那里，国籍因素不应影响人们命运的好差，"出生于国界哪一边所导致的差别，与性别、肤色或父母的财富差别一样，都具有道德上的任意性"②。而社群主义认为国家的自主与社会正义之间不是简单的工具关系，国家、民族等共同体也不是任意性的道德因素，不是可以随便放弃的。他们立足于社群本位理论，认为民族、村庄、国家等大小社群具有道德构成性，具有内在价值，能够满足个人归属和认同的需要。尽管他们对社群理想的含义的理解有所不同，如米勒主张民族成员理念、沃尔泽主张共享的社会意义、麦金太尔主张爱国主义是一种美德，但他们都认为人们共享一种共同的民族语言、文化及民族身份，正是他们构成了一个政治共同体。所以在全球伦理观上，本国要对国内社会正义承担责任，反对在国际层面上重新平等分配资源；社群主义主张本国同胞优先原则，对移民进行控制。而主流的世界主义坚持的是个体本位思想，个体具有优先性，主张每个个体都应该得到平等尊重，所有人的权利和利益在道德地位应该得到平等的关切和考量，从而与社群主义的社群本位观有着明确区分。

其次，从价值观上说，社群主义主张公共利益或共同善具有最高价值，由此他们坚持一种同胞优先的原则。社群主义在国际层面关注本国利益和权利，强调国家利益的至上性，维护本民族身份和历史文化，捍卫本民族价值的优先性，拒绝世界主义不偏不倚的关切理念。这其实涉及到伦理学中"正当与善"优先性的争论，在国内分配正义中表现为社群主义与新自由主义的对峙，而在全球正义问题上，社群

---

① ［美］查尔斯·贝兹：《政治理论与国际关系》，丛占修译，上海译文出版社 2012 年版，第 125 页。
② Thomas W. Pogge, "An Egalitarian Law of Peoples", *Philosophy and Public Affairs*, Vol.23, No.3, 1994, p.198.

主义也构成了对世界主义的挑战。世界主义的核心观点给个人权利和公平正义以优先的地位，主张给每一个人以一种不偏不倚的关怀。因此，世界主义认为，首先应该为整个社会整个世界努力提供一种公正的框架，然后才能主张爱国同胞优先的目标。社群主义把社群的共同善当作其自己的目标，主张只有拥有成员资格的人才可以参与相互分配，因为成员资格决定了我们是谁、向谁服从，社群主义强调对本国同胞公民应有更多的关切。社群主义支持采纳能够降低全球范围内的不平等的改革措施，从而提高全球弱势者的绝对地位。社群主义也关注全球弱势者地位和难民的命运，支持改善全球范围内的不平等境况，但是反对全球平等主义的进一步再分配，因为这将挫伤民族成员承担民族前途命运的责任心和积极性，从而影响到民族自决权。出于不同的原因，沃尔泽、米勒与麦金太尔都主张分配公平方案只适用于国家内部，超越这些范围，就只是人道主义援助的义务而不是分配正义的范围。世界主义认为全球贫困不仅仅是第三世界国家自身的问题，也与发达国家历史上的殖民主义、当前不公正的国际秩序有关，所以，对外援助不仅是一种慈善事业，更是发达国家必需履行的一项正义的要求。[①]

其次，在方法论上，社群主义坚持以特殊主义对抗世界主义的契约主义方法论。社群主义强调社群本位的理由在于他们认为个人不可能成为本位，所以契约主义为个人权利进行辩护的方法存在根本性错误。罗尔斯在《正义论》中使用契约主义方法建构了国内正义理论，并且推广至后期《万民法》中的国际正义理论，但明确拒斥把差别原则运用到国际层面。然而，世界主义者不仅依照契约主义的方法，而且主张将平等主义正义原则从国内领域推广至国际领域，认为相同的正义原则可以适用于所有的场合，不管这原则是否应用于其中的人际关系。原初状态下的各方在选择全球原则时，不应受其作为特定国家成员身份的影响。这从实质上说是一种理性普遍主义。契约主义假定

---

① Pogge Thomas, "Priorities of Global Justice", in Thomas Pogge (ed.), *Global Justice,* Oxford: Blackwell Publishing, 2001, pp.13–16.

每个人都具有理性,特别是实践理性能力。然而,在社群主义看来,人们能够进入分配正义的前提条件是共同体的成员身份或资格,而非所谓的实践理性能力。所以,社群主义认为正义具有特殊性、有限性,即社会正义存在于政治共同体内,将全球正义限制在本国内,不存在无边界的分配方式,反对在国际层面进行资源再分配。沃尔泽质疑跨文化的道德标准是不存在的,复合平等不能在全球领域范围内推广;米勒反对全球平等主义,认为国内正义与国际正义不具有可类比性,全球领域不具备与国内领域相似的特征,所以不应扩展至全球领域。在这个意义上,社群主义可以把特殊主义作为一种方法来批判世界主义的契约主义。

我们认为,社群主义质疑世界主义的全球正义观的三重依据,都有一定的合理性,他们激发了全球正义的思维方式,提供了不同分析问题的视角,但并没有对世界主义构成一种实质性的颠覆,也并没有彻底否定世界主义,只是揭示了世界主义的薄弱之处,值得我们认真加以考量。

下面,我们进一步反思了社群主义对世界主义全球正义观的挑战的价值及其局限。

首先,我们应批判地吸收社群主义全球伦理思想积极的一面。虽然我们正处于全球化的和文化多元主义的时代背景中,但社群主义重视民族国家的观念并没有过时。[①] 社群主义强调人是历史和文化的产物,个体在社会关系中被造就,为生活共同体所塑造。社群纽带塑造了我们的身份认同、生活理想、道德责任。社群主义将民族国家视为最大的社群,民族国家具有重要的道德价值,人们对本国公民承担着特殊的义务。显然,在当今世界秩序激烈变化时,国家的作用反而得到凸显,从而为社群主义批判世界主义提供了新的事实依据,社群主义的解释力和影响也得到了增强。在我们看来,"民族国家在可见的将来不

[①] 艾四林,曲伟杰:《民族国家是否已经过时——对全球正义的一种批判性考察》,载《清华大学学报(哲学社会科学版)》,2012年第2期,第31页。

仅不可能消失，而且仍将发挥不可替代的重要作用"①。民族国家在解决全球不平等等诸多问题，对人类生活核心价值和国家发展目标等方面仍然发挥积极的、不可替代的作用。"国家的公民权仍然是最重要的成员资格权。"② 虽然在全球化背景下，人口流动性大大加强，民族国家的边界受到挑战，但每个国家仍然严格控制着移民权，捍卫本国公民的福利、教育和政治自治。从这个意义上说，社群主义的全球伦理主张具有一定的现实合理性，也更符合我们的常识道德。

其次，防止社群主义全球伦理的陷阱。在肯定社群主义对当今国际政治生活特点具有相当强的解释力量的同时，我们也要看到社群主义全球伦理观点的狭隘性和保守性的一面，防止社群主义全球伦理陷阱。③ 社群主义的主要危险来自"善优先于权利"的命题：国家利益至上，为了国家的公共善而抹杀甚至牺牲个人利益，过分强调国家利益而忽视人类整体的普遍利益，这存在着极大的危险，所以，我们应该对社群主义全球伦理本身进行必要的反思。社群主义强调维护本民族文化的稳定性和特殊性，会不会排斥其他非主流文化？沃尔泽所说的，分配正义的衡量尺度是共同体内部成员所达成的共识，我们也应当对成员的共识进行再审视，这个共识会不会造成对少数成员的压迫？我们如何坚持个体道德自主性或主张个体的权利和利益？麦金太尔所说的爱国主义是一种美德，是值得称赞的品质，但极端爱国主义忠诚会不会发展成为一种排他性的狭隘的民族主义？米勒以保护民族自决的价值为由、沃尔泽以成员资格为由拒绝开放边界，主张限制移民，对移民或难民只尽人道主义义务而没有肩负起维护全球正义的公民职责，这会不会制约经济全球化的发展？我们必须承认全球化已不可逆转，全世界人们的相互依赖日益增强，全人类的共同利益不断地加强与彰显，任何人都不可回避全球化时代给人类的生存与发展所带来的挑战。

---

① 俞可平：《论全球化与国家主权》，载《马克思主义与现实》，2004年第1期，第17页。
② 同上。
③ 蔡拓：《世界主义的新视角：从个体主义走向全球主义》，载《世界经济与政治》，2017年9期，第34页。

最后，我们认为，只有构建"人类命运共同体"才是超越狭隘的社群主义和普泛的世界主义的正确选择。从反思的角度看，社群主义质疑世界主义全球正义观的核心理据在于人具有两重性的本质，正如沃尔泽所说，"我们既是社会也是个体所建构成的"[①]。显然，人既是社会性的存在者，又是个体性的存在者，虽然社会性和个体性始终有着较为明显的张力，但也不是完全无法化解的。在我们看来，社群主义和世界主义可以相互支撑，一方面，世界主义为社群主义提供了一种不可逾越的道德边界和正义约束，至少可以确保社群主义不蜕变成极权政治和专制独裁，比如爱国主义忠诚的实践需要接受正义之要求的约束；另一方面，对世界主义而言，社群主义有助于它们在面对具体问题时，接受国家能力提升的现实性要求。"全球公民概念的建立以国家公民和价值为基础，这两种信仰和实践是连续的。"[②] 在拥护本国利益和价值的基础之上也可以怀抱兼济天下的全球意识。中国提出的构建"人类命运共同体"的理念，就是既强调重视和维护本民族的国家利益，又强调人类休戚与共的共同利益，所以，在当今国际社会，只有构建"人类命运共同体"才是超越狭隘的社群主义和世界主义各自局限的正确选择。

---

① Michael Walzer, *Thick and Thin: Moral Argument at Home and Abroad*, Notre Dame: University of Notre Deme Press, 1994, p.98.

② April Carter, "Nationalism and Global Citizenship", *Australian Journal of Politics and History*, Vol.43, No.1, 1997, p.76.

第六章　社群主义正义观类型的阐释——基于应得原则的视角

社群主义是一个相对松散的学术思想流派，但其共同标靶一致指向自由主义，他们对自由主义正义观的批判一直非常激烈，但对于自身的正义观却缺少全面和系统的理论建构，也没有明确和统一的正义观范式，所以，社群主义关于正义观的内容和观点仍旧处于零散与模糊状况，但社群主义作为一个流派，除了具有批判自由主义这个共同标靶之外，还有着其家族内部的相似性，至少表现为以下两点：第一，社群主义强调一个社群的心理、社会和伦理的重要性，并认为要在一个社群的传统和文化理解的语境下才可以获得对正义的理解。[1] 第二，社群主义正义观一般将应得作为正义原则。"正义在于应得"的观念自古就是西方政治哲学的优良传统，社群主义正义观一般将应得作为正义原则，当代西方新自由主义正义观一般将应得排除在正义原则之外。本章从社群主义的应得原则出发，致力于全面梳理和提炼社群主义正义观的类型，将麦金太尔的德性正义观、桑德尔的公益正义观、沃尔泽的社会物品多元正义观、米勒的社会情境多元正义观等作为分析模式的范例，对社群主义不同类型的正义观的内容进行批判性阐释。

---

[1] D. Bell, *Communitarianism and Its Critics*, Oxford: Clarendon Press, 1993, pp.24–45.

第六章 社群主义正义观类型的阐释——基于应得原则的视角

第一节 麦金太尔的德性正义观

一、正义的标准：道德应得

应得（desert）原则在政治哲学和政治思想史中作为分配原则是讨论较多的一个范畴，是否将应得作为正义原则是社群主义正义观与自由主义正义观争论的焦点之一。一般而言，社群主义主张把应得作为正义的原则之一，而自由主义则反对将应得运用于分配领域，如罗尔斯和德沃金。正如桑德尔所言，"从政治上和哲学上来说，我们不可能使关于正义的论证，像罗尔斯和德沃金认为的那样，决然地脱离于关于应得的争论。"[①]

应得概念历经时代嬗变又亘古弥新。在分配理论中，应得作为一种分配原则，要求某主体基于某种相关的理由而应得某种善或某种对待。古典的应得观念往往指道德应得，与道德优劣或道德评价相关。近代启蒙运动以来，休谟提出事实与价值的分离，私有财产权是人为的、制度的产物，身份和财产与应得无关的观念，终止了古典亚里士多德传统以来的道德应得秉性，罗尔斯受休谟的影响，他提出应得需要背景制度的预设，以制度规定应得，从而排除道德应得的观念。

麦金太尔认为，正义的观念随着历史时代变化而变化，德性、应得也一样。据麦金太尔的考察，最早在《荷马史诗》中，正义来源于 dike，而 dike 在古希腊语中是指 desert。[②]使用"dike"一词时，预设了其背后是宇宙所遵循的唯一的基本秩序，这一秩序既规定了自然界的

[①] ［美］迈克尔·桑德尔：《公正：该如何做是好？》，朱慧玲译，中信出版社 2011 年版，第 210 页。

[②] ［美］阿拉斯戴尔·麦金太尔：《谁之正义？何种合理性？》，万俊人等译，当代中国出版社 1996 年版，第 48 页。

基本结构，也规定了人类社会遵循的基本结构。统一的基本秩序是指神、人、自然都服从的等级制，通过各自的位置、角色来体现，从而也决定了人在社会中的角色位置和自己应该去做的事情，履行了相应的社会角色，展现出一种优秀品质即德性，也就实践了正义。

在古希腊哲学家那里，"应得"是分配正义的一个核心词汇。据麦金太尔考察，在《理想国》中，分别有按照"优秀善"和按照"有效善"来定义的正义，所谓"有效善"的立场，是指一种行为和价值目标能够给自己带来好处就是善的，比如权力、财富和名声等。正义就是获得自己应得的利益，反之，不正义就是总要获得多于自己所应得的好处。所谓"优秀善"是指在人的行为和能力中所表现出来的卓越品质，麦金太尔没有具体指明"优秀善"是哪些善物。雅典人把善区分为优秀善和有效善，其作用在于强调好品质之于应得的绝对意义。从正义来看，优秀善指向德性正义，而有效善指向规则正义。在古希腊，"正义的概念是按照功绩（merit）和应得（desert）来定义的"[①]。德性正义是用卓越来界定的，意指个人公正、正直的道德品质，如果说正义意味着应得，那么正义也就是按照人们好的品质给与其相应的应得。柏拉图也认为，正义是"每个公民必须在其所属的地位上尽自己的义务，做与其本性最相适合的事情"[②]。政治社会应当把这些不同的智慧、勇敢、节制和勤劳等美德，以王者、武士、公民和奴隶等不同社会角色进行分配，各司其职、各安其分。社会角色也是柏拉图定义什么是正义的尺度，是用来强调一个完美和谐社会共同体如何有机进行合作的条件。

亚里士多德在分配正义中谈到应得的原则，每个人的行为和能力必须与其应得相符，这才是正义的，"分配必须符合某种形式的应得"[③]，

---

① ［美］阿拉斯戴尔·麦金太尔：《谁之正义？何种合理性？》，万俊人等译，当代中国出版社1996年版，第48页。

② ［美］E.博登海默：《法理学——法律哲学与法律方法》，邓正来译，中国政法大学出版社2004年版，第262页。

③ ［美］阿拉斯戴尔·麦金太尔：《谁之正义？何种合理性？》，万俊人等译，当代中国出版社1996年版，第148页。

第六章 社群主义正义观类型的阐释——基于应得原则的视角

这种形式往往与才能与贡献相匹配,这是雅典城邦公民的共识,但他们的分歧则在于"分配正义必须符合哪种应得",具体涉及如何分配社会荣誉、财富和其它有价值的东西。"民主派人士是从自由看配得,寡头派人士是从财富看配得,而另一些人是从高贵的出身看配得,贵族派人士是从德性看配得。"[①] 这是作为城邦政体分配官职的标准。同样,在矫正公正和回报公正之中,在违反对方意愿而使其蒙受损失的私人交易中,行不公正之事的人以被法官裁决归还对方财物为应得。

尽管,柏拉图和亚里士多德正义观并不一致,但在应得概念上,有许多共同之处,我们可以把古典应得的特征归纳如下。

首先,古典的应得是一种品质,本质上是一种道德应得。麦金太尔指出,"正义是给每个人——包括给予者本人——应得的本分,并且是不用一种与他们的应得不相容的方式来对待任何人的一种品质。"[②] 在一个德性为主导的社会里,应得作为正义之本源意义,正义首先是按照人们好的品质给与其相应的应得。在分配过程中,每一个人和每一种实际的行为都必须与他的应得相符,应当与其功绩或贡献相当,这才是正义的。有德性的人知道自己所应得的,绝不会拿取多于自己所应得的。一个人所得大于其应得,则是不正义的,若所得小于其应得,则无所谓正义不正义,而是一种牺牲性美德,可以按应得的标准通过矫正正义加以补偿恢复。根据麦金太尔的详细考察和分析,"优秀善"通过与"有效善"相比较而得以理解,"优秀善"是人的行为中所表现出来的一种美德,"有效善"追求的是能给自己带来外在利益的善。如果将"有效善"看作手段,那么"优秀善"才是目的本身。按正义标准来理解,"有效善"指的是一种规则正义的话,那么"优秀善"是一种德性正义。因此,在古典的正义观念中,正义首先指的是一种德性,应得作为正义原则,也就意味着正义是按照好人的品质和德性给与其

---

① [古希腊]亚里士多德:《尼各马克伦理学》(注释导读本),邓安庆译,商务印书馆2010年版,第175页。

② [美]阿拉斯戴尔·麦金太尔:《谁之正义?何种合理性?》,万俊人等译,当代中国出版社1996年版,第56页。

相应的应得。[①]

第二，应得概念与某种社会角色相关。应得首先是与品质相关，但如何定义品质呢？在整个雅典的道德哲学中，应得的分配标准也不是任意的，而是与其社会角色密切相关的。我们知道，《荷马史诗》中的社会是一个等级制结构的社会，每一位个体都在一个系统内部拥有着既定的角色和地位，而这一系统内部的角色和地位是清晰而确定的，《荷马史诗》的英雄是在既定的宇宙背景和秩序等级背景下展开他们的活动的。正是通过这种特定的社会结构秩序，每个人认识到自身所处的位置和角色，从而决定了个人的职责和理应占有的东西。如果个人出色地履行了自己的职责就是善的，就可得到所应拥有的事物，无论是精神层面的荣誉抑或物质层面的财富。《理想国》中描写了由哲学王、护卫者和生产者组成的等级社会，各有自己的分工与职责，柏拉图创造了一个"高贵的谎言"：大地是所有人的母亲，每个人在本性上是不同的，有高低之分，当被创造时，分别加入黄金、白银和铁铜等铸就而成，所以这些后代被安置在不同的社会位置，从事不同的社会工作。当每个人有在社会中的角色位置和自己应该去做的事情，履行了相应的社会角色，也就实践了正义。所以，柏拉图用社会角色来定义什么是正义的尺度。可见，古典应得概念的理解要依赖于其特定的社会角色。

第三，共同体为应得确立了标准。正义就是给与其相应的应得，关于这一点容易达成共识，但人们究竟应该按什么应得标准进行分配，却难以确认，在不同的环境下，不同的人得出的标准不一样，这必然导致相对性的问题。如何解决应得的相对性问题？麦金太尔认为，形成一种共享的标准是可能的，这种可能性只能在一种共同体和共同的善业中才能实现。这个共识的标准就在于共同体的至善之中，共同体为应得哪些事物和应得多少确立了标准。由此，古典应得的证成还需依赖共同体，这是应得概念的第三个重要内涵。

正义的德性并非一朝一夕造就而成的，而是在共同体生活中习惯

[①] 王立：《正义与应得》，中国社会科学出版社2019年版，第30页。

养成的结果。共同体生活赋予公民应得的内容及标准,培养公民运用应得秉性的经验和智慧,它为公民实现应得秉性提供了充分的条件。正义的人能正确判断其应得的东西,但这一点不能脱离城邦伦理共同体来理解。分配正义的应得最终诉诸城邦的目的,同时也表明了应得只有在城邦共同体中才能得以实现。麦金太尔说,"应得的概念只有在下面两个条件得到满足的情景中才能得到应用,即必定有某种共同的事业是这样一些人想成就的目标,他们被看作是比那些没有这种目标的人更应该多作贡献的;而且,对于怎样来评价这些贡献并怎样给予相应的奖赏,人们也必定有一种共享的观点。这两个条件都只有在城邦的生活中才能得到满足。"[1] 城邦的存在为客观的应得原则准备了两个条件:共同的奋斗目标和共享的德性标准。城邦既然以德性的实现为优良生活,人们追求共同的善,城邦的公共益品唯有根据各派对德性的贡献进行分配。共同体的价值规定何为正义,何为不正义,并且按照每个人对社群共同利益的贡献的多少来分配正义,那些对共同善贡献更多的人应当获得更多,而那些对共同善贡献更少的人应该获取更少。按照麦金太尔的理解,满足这些理想条件和特征的共同体就是古希腊城邦,共同体是"它的成员按照这样一种形式的活动来构造他们的生活,……而城邦则是这样一种制度;它关注的不是这种或那种特殊的善,而是人类善本身;不是某一特殊实践的应得和成就,而是应得和成就本身"[2]。在这个共同体内,人们只有在对共同体的善和个体的善达成一种共识的基础上,并且人们依据这种共识来追求和实现共同的善,确定个体的利益时,应得的观念才会出现。所以,麦金太尔所推崇的正义及应得标准必须与共同体紧密联系在一起,并以此作为批评自由主义最有力的武器。

综上所述,麦金太尔所理解的正义即应得,是一种古典意义上亚里士多德传统的应得观念,古典应得的证成依赖于道德应得、社会角

---

[1] [美]阿拉斯戴尔·麦金太尔:《谁之正义?何种合理性?》,万俊人等译,当代中国出版社1996年版,第152页。

[2] 同上书,第48—49页。

色和共同体。应得首先与品质相关,是一种道德评价的标准,正义就是按照好人的品质和德性给以相应的应得。同时,品质的运用是与其人在当时的社会等级制中所处的社会角色相关的,依赖于社会角色才得以理解其德性。最后,共同体定义了应得的标准。人总是镶嵌于一定社会结构(共同体)之中,通过自身的社会角色来认识自己。

二、批判罗尔斯应得观念

通常,正义的分配原则需要一定的标准,如自由至上主义者诺齐克将正义分配原则定位于个人权利至上,作为平等的自由主义者,罗尔斯将平等作为正义分配原则,多元主义者米勒将需要、应得和平等三者作为正义原则,麦金太尔所持的是一种德性正义观,他认为正义的分配原则标准只能是"应得",而且是指"道德应得"。

罗尔斯或诺齐克的理论中都忽视了应得赏罚概念。麦金太尔认为,罗尔斯和诺齐克两人在正义观上存在分歧和对立,各自拥有合理性和标准,无法形成统一的标准,他们两人的正义观都没有给应得赏罚留下任何位置。[①] 麦金太尔认为罗尔斯没有把正义原则建立在应得基础之上,是反应得的,是因为他认为天赋和自然运气都具有道德的任意性,都是不应得的。而诺齐克正义观强调权利至上性的主张暗含应得的概念,但由于他把正义观建立在资格权利之上,依据权利来强调获取的正当性,并以此确定正义还是不正义,这与麦金太尔所主张的应得与共同体的贡献相关的应得概念不同。麦金太尔认为罗尔斯的应得概念是依赖于正义规则或制度的,即使阐明了正义规则,那也不是应得而是合法期望,而不能按道德的功过与应得赏罚来实施分配正义,这是对传统正义思想的背叛。

麦金太尔的应得概念,是古典时代亚里士多德传统的道德应得,将正义及应得标准与共同体紧密联系在一起,共同体为应得提供了判

---

① [美]阿拉斯戴尔·麦金太尔:《谁之正义?何种合理性?》,万俊人等译,当代中国出版社 1996 年版,第 314 页。

第六章 社群主义正义观类型的阐释——基于应得原则的视角

断的标准和尺度,也就是说,应得概念只有诉诸共同体的语境才得以证成。"在这样的一种共同体中,与对共同体在追求共同利益中的共同使命作出贡献相关之应得概念,能够为有关美德与非正义的判断提供基础"①,即应得的分配要依据人们在共同体中追求共同善的过程中所作出贡献大小来确定,自由主义的正义观本质上是个人主义的正义观,本体论基础是个人而不是共同体,强调的是规则优先而不是德性优先,所以自由主义者的分配正义原则抛弃了应得的观念,而代之以合法期望或资格观念。

另外,麦金太尔批判罗尔斯反应得的另一个因素:"罗尔斯的分配原则怎样将对过去的指涉排除在外,从而也排除了依据过去的行为与损害要求应得之申言。"②将应得原则视为与过去行为无关的概念,同时一并排除了过去的事实与利害,这对颇有保守主义意蕴的麦金太尔是难以接受的。因为在罗尔斯看来,一个人的所得与其过去所作出贡献没有关系,道德价值不能作为分配正义的理由,他的无知之幕的设定就屏蔽了与公正无关的具体信息,当然包括过去发生的事实以及人们的品质,所以,罗尔斯的分配原则只考虑将来,社会基本善将如何合理平等地分配,分配给哪些人等;诺齐克的分配原则只考虑现在,如何维护现有的私人合法财产权,从而也排除了应得。③

那么,罗尔斯到底是不是反应得?我们可以从其《正义论》中得到不少证据,全面考察他的思想演变及其思想的总体逻辑。罗尔斯在晚期著作《作为公平的正义——正义新论》中比较全面阐述了关于道德应得的概念,"在我们的统合性观点内部,我们有一种道德应得(moral desert)的概念,而这一概念是独立于现存制度规则来加以规定的。说作为公平的正义拒绝这个概念是不正确的。至少承认三种观念,而这三种观念在日常生活中都被视为道德应得的观念。首先,严格意

---

① Alasdair Macintyre, *After Virtue: A Study In Moral Theory (Third Edition)*, Notre Dame Ind.: University of Notre Dame Press, 2007, p.251.
② Ibid.
③ Ibid.

义上的道德应得观念，即人作为一个整体之品质的道德价值（以及一个人特有的美德），而这道德价值是由统合性学说所赋予的；以及具体行为的道德价值；第二，合法期望的观念（以及伴随它的资格观念），这些观念是公平原则的另外一面（《正义论》第 8 节）；以及第三，由公共规则体制所规定的应得（deservingness）观念，而这种公共规则体制是为了达到某些目的而被设计出来的"①。

罗尔斯将应得分为三种：道德应得、合法期望和正义二原则所体现出来的应得观念。从道德的角度来看，人自然资质的分布只是偶然的，才能、品质的分配都是任意的，但社会制度如何对待人的自然资质和社会资源却体现了一个社会的正义与否。一个正义的社会应该补偿人们由于出身、残疾或天赋不足而在生活中遭受的不幸，好的优质的资源要用来增进大家的福祉。由此可见，罗尔斯并不反对应得观念，他反对的是强道德应得观念，即基于道德品质来分配应得，因为道德应得和整全性学说有关。在罗尔斯看来，像天赋、才能、社会环境和家庭出身等这些因素在道德上具有随机性，他凭借这些自然赋予他的偶然因素获得的收益就不能说是不证自明的，而且罗尔斯还主张这些天赋才能应该视作公共的社会资源，用来帮助才能欠佳者。所以，罗尔斯认为应得不是建立在天赋、才能和道德的基础上，而是建立在依靠制度设计的"合法期望"上，所以，它要设计正义的社会制度，保证人的合法应得，所以他赞成的是合法期望和资格观念。这个正义制度赋予了应得正当性，如果缺少了这个制度，我们就不能说某人应得什么。正如一名篮球运动员应得某场比赛，那一定是因为有篮球比赛的规则，规定了如果获胜可以得到物质奖励或精神奖励。所以，罗尔斯是否主张应得，必须放在他的整个思想体系中，才能做出客观、准确的回答。

麦金太尔批判自由主义正义观忽视了应得的要素，因为他秉持的是亚里士多德式的应得观念，站在社群主义的立场批判自由主义，从

---

① ［美］约翰·罗尔斯：《作为公平的正义——正义新论》，姚大志译，中国社会科学出版社 2011 年版，第 91 页。

社群主义的角度看,是完全正确的。但罗尔斯反对道德应得,主张在制度基础上进行应得分配;诺齐克主张将维护现在的权利作为正义分配的原则,他们两者也有自己的合理之处。现代社会毕竟不同于古时社会,应得概念嬗变莫测,对应得概念的理解也需要保持一种开放的态度。

古典时代的正义原则是根据共同体中人的社会角色的价值差异而进行道德应得评判,随着欧洲文艺复兴运动的繁荣以及理性主义占上风,取而代之的是人们越来越重视社会契约的作用,以及对个体自由权利的保障。随之,原来以道德应得为中心的正义原则也逐步转移为以权利应得为中心。人们从较古老的道德视野中挣脱出来赢得现代自由和权利,人们有权利为自己选择各自的生活方式,有权利以良知决定他们的生活的形态并配有一套相应的法律体系,这种个人主义思想也被许多人称为现代文明的最高成就。

然而,现代社会的多元化导致道德视野的褪色和伦理的淡薄,世界的祛魅导致工具主义理性的猖獗,他们设计的人生目标不再是德性的实现,而只为了满足个人私利的欲望,现代化也侵蚀了古典社会的共同体,应得的观念不断式微,走向凋零。麦金太尔呼吁当代政治哲学家应重视应得观念,并以此作为其正义观的根据,这一观点有一定的可取之处。其实,伦理性的应得概念没有消失,在任何社会都是客观存在的,如果人人都得其所应得,这个社会不就是正义的社会吗?如果人人取其适分,这个社会不就是一个互利互惠的社会吗?

第二节 桑德尔的公益正义观

一、主张"道德应得"之正义原则

麦金太尔认为罗尔斯和诺齐克的正义观没有给应得留下位置,有关这方面的内容在前文论述麦金太尔"批判罗尔斯的应得观念"时已讨论过,兹不再述。

桑德尔也继承和发扬了麦金太尔的道德应得观，主张分配正义观应当反映道德上的应得，否则便是不正义。因为在他看来，罗尔斯的差别原则至多只是补救原则，而不是正义原则，"机会均等是对不正义在道德上的必要纠正，但这是补救原则，而不是美好社会的恰当理想"①。为了佐证自己的观点，桑德尔考察了三种正义论进路：第一种进路是功利主义的正义观，第二种进路是自由主义的正义观，第三种进路是亚里士多德的正义观。在桑德尔看来，前面两种正义观都是错误的，功利主义正义观仅仅通过效益最大化，不免造成对少数人利益的侵犯，难以形成一个正义的社会；自由主义正义观将人们所追求目的的道德价值、生活的意义以及共享的价值都排除在正义领域之外。

桑德尔表明自己的立场，他支持第三种亚里士多德的正义观。因为，在他看来，一个正义的社会关涉到对良善生活的追求。② 正义问题不可能保持中立，关于正义的争论不可避免地会涉及到荣誉、德性和好生活的本质。对亚里士多德而言，正义意味着给予每个人应得的东西。在亚里士多德看来，正义的分配应该是符合几何比例的分配，人们身上的某种品质使得他们配得到相应的份额，也就是说，分配应该根据每个人符合其成就和相关的卓越而有差别地对待，而同等之人应当分配同等之物，这就是应得。亚里士多德说，"民主制依据的是自由身份，寡头制依据的是财富，有时也依据高贵的出生，贵族制则依据德行。"③ 而他更赞同的是贵族派的观点，应该依据"德行"而分配给人们相应的份额。亚里士多德所阐述的这种依据人们的"德行"来分配荣誉、钱物和安全的思想一直延续到今天，成为当代分配正义理论中一种非常重要的分配原则——应得原则。

桑德尔举了一个有关如何分配长笛的案例。谁应当得到长笛呢？是给制造长笛的人，还是给最擅于吹长笛的人，或是给演奏水平最差

---

① ［美］迈克尔·桑德尔：《精英的傲慢》，曾纪茂译，中信出版集团2021年版，第252页。
② ［美］迈克尔·桑德尔：《公正：该如何做是好？》，朱慧玲译，中信出版社2011年版，第308—309页。
③ ［古希腊］亚里士多德：《尼各马可伦理学》，廖申白译注，商务印书馆2003年版，第135页。

第六章 社群主义正义观类型的阐释——基于应得原则的视角

的人？如果将长笛给制造者，因为他是笛子所有物的主人，这符合人们的道德直觉；如果给演奏水平最差的人，则可以补齐短板，提升整体水平。亚里士多德的回答是：应当将笛子给最擅长吹笛子的人，这才是正确的分配正义的方式。如果基于财富、身份、美貌或努力程度等其他因素进行分配，这些都不是正义的分配方式。为什么亚里士多德会有这种看法呢？这就要涉及到亚里士多德的目的论。他认为"长笛的目的在于产生动听的音乐，那些能够最佳地实现这一目的的人，就应当拥有最好的长笛"[①]。亚里士多德认为，万事万物的成长或存在都有其目的或意图，人们所处的自然界是一种有意义的等级秩序，要理解自然界以及我们身处的位置，就要了解它的意图和本质性的意义。同样，要决定所分配物品的原则或方式，我们需要研究被分配对象的目的或意图。"应得"的关键在于，行为主体和行为目的具有道德的关联度。

对亚里士多德而言，正义并不涉及财富与机会的分配，而是涉及荣誉。亚里士多德认为正义与良善生活紧密相关，亚里士多德所主张的政治的目的并不在于建立一套中立的关于各种目的的权利框架，而是要塑造好公民，培育好品质。[②] 政治关系到某种更高的善，它关系到人们怎样去过一种好生活，这就决定了政治的目的在于培养良好的品质和塑造能够关心作为整体共同体命运的好公民。所以，政治共同体的存在是为了促进良善生活，如同分配长笛一样，政治共同体内的职位和荣誉应该分配给具有最高德性的公民，并且能够为整个共同体的命运承担责任，比如伯里克利、西塞罗等。桑德尔正是通过援引亚里士多德的正义观，来论证分配正义无法脱离道德目的。

随着近代科学革命的到来，人们不再把宇宙世界看成是有机生命目的论的秩序，而是看成机械论的物理法则及其数学奠基的结果。政治不再具有某种特定的目的或目标，而成为一种程序，旨在保证每个人能够自由选择自己的生活目的，而不应将彼此不同的价值观强加于

---

① [美]迈克尔·桑德尔：《公正：该如何做是好？》，朱慧玲译，中信出版社 2011 年版，第 224 页。
② 同上书，第 229 页。

他人，这种观点后来发展成自由主义国家中立观，要求国家在中立的框架内尊重人们的权利，而不是促进某种善。

　　桑德尔认为，人们在思考分配正义问题时，不仅要考虑谁应得什么，还需要考虑行为主体的目的是否有道德基础。"正义原则及其证明取决于它们所服务的那些目的的道德价值或内在善"[1]。由此可见，桑德尔社群主义正义观强调了正义离不开善，界定公民的权利和义务时不能搁置各种不同的良善生活的观念，所以我们也可以认为桑德尔持的是一种亚里士多德式目的论的共和主义，也是一种新型的"共同善的政治观"。于此，他设定了以下四个方面的可能性主题：（1）一个正义的社会需要培育公民关心共同体和共同善的意识，这就需要国家或政府去培养公民德性，养成公民们热爱公共生活的态度、参与公共精神的倾向以及其他种种良好的"心灵习惯"。（2）市场的扩张和市场逻辑至上的思维方式，可能会腐蚀或破坏社会制度的规范，需要对市场的道德局限作出正确评估并公开讨论市场的道德限制。（3）社会贫富差距急剧扩大，不平等问题日益凸显，这会破坏民主社会公民身份所需要的团结，致使富人和穷人的生活进一步分离，相互之间的距离越来越远，造成公共服务的衰落和公共领域的虚空。为了形成一种共同善的政治，桑德尔建议向富人征税来重建公共机构和公共服务，提供民主社会公民共享的公共场所。（4）多元社会中的公民对于道德和宗教问题存在分歧，不应该采取回避的态度，而建议对道德分歧进行讨论，通过公共参与论辩的政治才能为一个正义社会提供一种更有希望的基础。[2]

　　桑德尔的新著《精英的傲慢》一书，是其社群主义思想的最新延展，该书对优绩主义（meritocracy）进行了辩证的分析，提出"贡献正义"以及关注公共利益的正义思想。优绩主义是指社会与经济的奖赏应当依据才能、努力和成就这些优绩（merit）来决定，他们主张一

---

[1] ［美］迈克尔·桑德尔：《自由主义与正义的局限》，万俊人等译，译林出版社2011年版，第3页。
[2] ［美］迈克尔·桑德尔《公正：该如何做是好？》，朱慧玲译，中信出版社2011年版，第312—317页。

第六章　社群主义正义观类型的阐释——基于应得原则的视角

个正义的社会就是让每个人都有平等的机会,通过发挥才能和自身努力就能得到提升或获得成功。优绩主义基于应得理念,认为正义就是根据人们的优绩及其在取得优绩时所展现出来的品质或德性而给予相应的报酬或机会。桑德尔对优绩主义原则进行了批评:第一,认为优绩主义作为分配正义的原则,所依据的更多地是经济方面的贡献。他反对这一点,因为经济贡献并不一定是对共同体最好的。比如一名化学老师收入微薄,但后来成为一名冰毒制造者,由此获得丰厚的收入,如果单纯根据经济贡献考量,根据优绩主义原则,这种丰厚的收入就是这名化学老师所应得的,但这显然是不正确的。第二,优绩主义会进一步加剧阶级固化,导致贫富差距扩大,这主要体现在教育领域和工作领域。"优绩至上时代的高等教育并没有成为社会流动的引擎;相反,高等教育强化了享有特权的父母赋予子女的优势。"[①] 优绩主义原则并没有创造社会流动性,反而进一步固化不平等。第三,优绩主义侵蚀着公共利益。因为优绩主义认为人们凭自己的努力得到市场赋予他们才能的任何报酬和财富,这一切具有道德的正当性因而是应得的,而忽视了时代机遇、他人帮助的重要性等,这会导致精英者的傲慢和失败者的屈辱,助长阶级对抗,造成社会撕裂,引起公共空间萎缩,侵蚀社会共同的善,也侵蚀了人与人之间的情感纽带。

所以,在桑德尔看来,优绩主义如果作为分配正义的原则,需要将优绩主义与德性以及与公共利益联系起来。桑德尔提出"贡献正义"的概念,这是人类依赖性和人类繁荣的需要,要求我们对公共利益作出有价值的贡献。他指出,"从亚里士多德、美国共和主义传统到黑格尔和天主教的社会训导,贡献正义的理论教导我们,当我们为公共利益做出贡献,并因所做贡献而赢得同胞尊重的时候,我们是最完整的人。"[②] 参与政治是人的义务和事业,只有和他人一起实现自治,为公共利益做出有价值的贡献,这种正义观才是值得提倡的。

那么,如何才能更好地实现公共利益呢?桑德尔指出,这需要我

---

① [美]迈克尔·桑德尔:《精英的傲慢》,曾纪茂译,中信出版集团2021年版,第184页。
② 同上,第239页。

们认识到只有我们与自己的公民同胞能团结一致,实现我们政治共同体的目的和目标,复兴公共生活才有可能。桑德尔将道德应得作为分配正义的原则,其用意是鼓励一个人通过努力而获得报酬,这才是一个人的应得,事实上的拥有并不等于道德上的拥有。我们需要谨慎赋予任何结果以道德价值。对于成功的定义,我们应该意识到除了运气、才能之外,还需要谦卑精神和公民美德,这才是我们人生意义的方向和源泉。桑德尔剖析了优绩思维的危害,对于当下的我们无疑极具有警醒和反思意义。

二、公益正义观

20世纪90年代以后,桑德尔倡导社群主义的共和主义理想。共和主义是自由主义与社群主义之争的一种深化与发展。从政治思想传统来定义共和主义,共和主义可分为古典共和主义(classic republicanism)和当代的新共和主义(new republicanism),古典共和主义泛指20世纪之前的共和主义。[①] 古典共和主义又称公民人文主义(civic republicanism),源于古希腊、古罗马的政治思想,代表人物有亚里士多德、西塞罗、马基雅维利以及托克维尔,即从社会人(或政治人)的人性假定出发,共同体(城邦、国家)的人们在长期的实践生活中形成共识意义,追求共同目标,并追求公益的民主政治观,为了达成公益的政治,需要培养公民的美德以及对群体性政治生活的参与。公民的美德被理解为将公众的福祉优先于个人私利,公民的自由恰恰在于通过参与政治、民主审议,献身公共利益而达到自由,所以,共和主义传统强调对共同体的忠诚、公民德性、公民的政治参与以及增进社会公益的观念。

桑德尔共和主义思想深受亚里士多德的影响,也深受托克维尔的影响。他在著作中多次引用托克维尔的话语,对其共和主义思想表示推崇。他指出,卢梭的共和主义力图抹杀人与人之间的距离,不能忍

---

① 刘训练:《共和主义:从古典到当代》,人民出版社2013年版,第22页。

受不和谐,公民们将自己视为一个整体,没有必要进行政治论辩,这具有强制倾向。而"托克维尔所描述的共和主义政治显得喧闹,而非意见一致。它并不摈弃分歧。它不是消弭人际空间,而是用公共机构来填补这些空间,从而使能力各异的人们聚集一起,使他们既分隔又相连。这些机构包括社区、学校、教派以及维持美德的各种职业,它们培养了民主共和国所需要的'思想品德'和'心灵习性'。无论其具体目的如何,这些公民教育的实施机构都致力于培养公民参与公共事务的习惯,而且出于它们的多样性,这些机构都在防止公共生活消融到无差别的整体中去"。① 托克维尔试图通过公民的积极参与来弥合个人和国家之间的鸿沟。公民的积极参与集体活动的方式主要依靠自愿性社团的作用,如通过家庭、宗教机构和各种团体这些中间性社团展开活动,"无论年龄大小、地位高低、志趣如何,美国人时时刻刻都在组织社团。那里不仅有人人都可以参加的工商业社团,且还有数以千计的其他类型的团体——宗教的、道德的、严肃的、无聊的、宗旨一般的、目的有限的、庞大无比的和规模很小的"②。人们通过参与各种规模不等的地方自愿组织,融入其中,就能激发增进公共利益的责任心,能够超越个人狭隘的私利,涵养公共情怀,促使个体将个人利益与公共利益或集体命运紧密联系在一起。"他们在力所能及的有限范围内,试着去管理社会,使自己习惯于自由赖以实现的组织形式,而没有这些组织形式,自由只有靠革命来实现。他们体会到这些组织形式的好处,产生了遵守秩序的志趣,理解权力和谐的优点,并对他们的义务的性质和权利范围终于形成明确和切合实际的概念。"③ 美国的民主长期以来一直依靠这些联合体参与社会治理、行使权力、参与自治、培养公共精神,以对抗自由市场经济的腐蚀与官僚专断主义。

桑德尔认为,自由主义正义观的出发点是自由选择的、独立的自

---

① [美]迈克尔·桑德尔:《公共哲学——政治中的道德问题》,朱东华等译,中国人民大学出版社 2013 年版,第 19 页。

② [美]罗伯特·N.贝拉:《心灵的习性》,周穗明等译,中国社会科学出版社 2011 年版,第 223 页。

③ [法]托克维尔:《美国的民主》,董果良译,商务印书馆 2013 年版,第 84 页。

我,丝毫不受先于选择的道德纽带或公民纽带的束缚。这种公民概念无法解释大范围的道德义务和政治职责,诸如忠诚、团结等义务。退一步来说,即使承认有义务约束,那这些义务只适用于私人生活领域,与政治毫无瓜葛。①他称之为程序共和国的公民概念。程序共和国主张在理论上保持中立,对有关正义和权利的主张,并不依赖于任何特定的好生活观念,对政治思考也不必体现对人类目的和价值的理解。与之相比,桑德尔正义观以社群之实践和传统、情境化的自我作为基础,认为权利与正义是充满着道德分歧的。程序共和国对正义原则保持中立的正当性理由,实际上排除了政治自身的道德基础。"政治若将道德与宗教排除得干干净净,很快就会造成自我祛魅效应。……基督教联盟等一类的组织试图用狭隘、不宽容的道德主义来覆盖赤裸的公共广场。基要主义者则在自由主义者不敢涉足的地方横冲直撞。……自由主义视野中的政治话语过于贫乏,难以容纳民主生活的道德能量。它造成了某种道德真空,为不宽容以及其他误入歧途的道德主义打开了方便之门。"②所以,政治话语没有了道德内涵和共同理想,人们变得不再关心公共生活,反倒给不宽容打开了方便之门。

程序自由主义理论虽然具有一定的吸引力,但有其缺陷,在实践中暴露出诸多问题。在《民主的不满》一书中,桑德尔回溯了自"二战"以来美国面临的重大政治争论和现实社会问题。自建国以来的美国,经济上空前繁荣、贫富差距急剧扩大、不平等问题日益凸显,社会不断撕裂,这些反映在公共生活领域,市场行为和商业利益败坏公民体制,腐蚀公共领域,导致公共生活枯萎,人们共同参与感消失。桑德尔认为,对自治的丧失和共同体的侵蚀的担心,是导致民主不满的核心。

在桑德尔看来,自由主义正义观主张价值中立,政治不追求任何良善目的,这是造成现代道德衰败的根源所在,"公共生活应该表达道

---

① [美]迈克尔·桑德尔:《公共哲学——政治中的道德问题》,朱东华等译,中国人民大学出版社2013年版,第21页。
② 同上。

德信念以及型塑公民的道德品质"①。人们应当反思公共生活对于型塑公民品质所应具有的实践意义。桑德尔认为,当前最紧迫的道德与政治的谋划就是复兴我们传统当中日渐式微的公民共和主义的可能性。亚里士多德的古典共和主义思想,无疑提供了很好的思想资源。

与程序共和国的自由主义不同,强势共和主义具有以下两个方面特征:一是,在权利与善的关系上,共和主义从良善生活角度去诠释权利,肯定一种公共善的政治,在公民中实现自治的共同善所必需的如承诺、归属、认同等这些道德特质作为公共关注的重心。二是,共和主义认为,自由不再是指自我选择,自由理解为自治的结果,我之所以是自由的,是因为我是一个掌握自己命运的政治共同体的成员,并且参与了支配其事物的决策。②在桑德尔看来,程序共和国具有两大弊端,主张正义的程序优先于特定的目的,自由仅在保护个人权利。而要消除这两大弊端,走出程序共和国的实践窘境,根本的出路是要复兴公共生活,重振强势共和主义的正义观。

第一,培育公民美德,形塑公民品质。

桑德尔认为一个正义的社会需要培育公民关心公共利益以及为公共善作奉献。桑德尔精辟地指出,"处于共和主义理论核心的是这样一种观念:自由需要自治,自治又有赖于公民德行。"③要参与自治,就要让公民具备某种公民道德,它需要一种陶冶的政治,一种培养自治所需之公民品德的政治。这就不可能像自由主义政治那样采取价值中立的立场。共和主义有两个方面,一个是人们共同治理国家;另一个则是公民共同培养德性,形成好的心灵习性,向"共同善"靠近。④所以,一个关注共同善的正义社会需要培育公民德性,形塑良好公民品质。

美德是一种高尚卓越的品质。一方面,美德有着其目的性的价值,

---

① [美]迈克尔·桑德尔:《民主的不满:美国在寻求一种公共哲学》,曾纪茂译,江苏人民出版社 2008 年版,第 381 页。
② 同上书,第 28—29 页。
③ 同上书,第 148 页。
④ 刘瑜、周濂:《对话迈克尔·桑德尔——理解"善"才能追求正义》,载《南方周末》,2011 年 5 月 26 日。

拥有优秀的内在品质即美德就是好生活本身的最为重要的组成部分。当然，好生活本身还需要有其他的要素，如基本正义的社会制度、必要的物质财富和良好的人际关系或公民友谊等。另一方面，美德还有工具性的价值，也就是说，美德也是一种能力，它是"一种好的品质，或者更特定地说是以卓越的（或足够好的）方式应对或响应各种事项的气质"①。有美德，当然也要运用，要致力于使现实生活中的难题得到较好解决。

德性本身是一个"禀赋"（disposition）性概念，它指的是主体在外部条件下所展现出来的具有正面价值的行为倾向。亚里士多德认为德性具备"实践智慧"（phronesis），是在特定条件下以正确的行为方式将善良意图予以贯彻的能力。例如亚里士多德认为，"行为者，并不是由于他做了这些事而成为公正和节制的，而是由于他像公正和节制的人那样做这些事情。"②当然，这样的说法有一个缺陷，那就是：一个公正的人是有公正美德的人，但是我们如果要模仿、学习他，我们就只能学习他的行为模式，而难以观察和学习到他的内在品质，这表明，人们的内在品质并不纯粹是通过模仿某种外在行为模式就能得到塑造的。所以，亚里士多德的看法其实低估了美德成形问题的复杂性和内在性。其次，他们认为，规则当然也是需要的，因为在具体的行为处境中，我们也必须有所遵循，然而，他们却认为，规则应该是基于美德而做出现实行为时所需要遵守的，这些规则是有美德的心灵品质的外在表现，也就是说，规则并不是先在的、外在的社会行为规范，而是美德的自身要求和外在表现。

然而，当社会进入一个经济时代，并且自由和平等权利概念成为了社会的核心概念，那么，人们的规则意识就必定会日益明显起来。在这样的时代，美德问题会退居到人的内心之中，成为个人主观修养的事务，而道德规范问题必定要成为伦理学的主角。因为规范伦理学

---

① Christine Swanton, *Virtue Ethics: A Pluralistic View*, Oxford: Oxford University Press, 2003, p.19.
② 苗力田主编：《亚里士多德全集》（第八卷），中国人民大学出版社 2016 年版，第 33 页。

第六章 社群主义正义观类型的阐释——基于应得原则的视角

致力于一些外在的社会目标,包括制度、秩序,要求提供安全与和平,并能够增进社会的福利,以及要求达到自然环境与人和谐相处等。这样一些善,对于当代人类来说是迫在眉睫的,所以,规则所维护的价值就是我们所要追求的道德价值。于是,人们便会认为,所谓德性就是能够实现这些价值的品质,从而是从工具或手段的意义上得到理解和追求的。正如霍布斯所指明的:"和平是善,因而达成和平的方式或手段,如我在前面所说的正义、感恩、谦谨、公道、仁慈以及其他自然法也是善……,道德哲学方面的著作家虽然也承认同样的美德与恶行,但由于他们没有看到这些美德的善何在,也没有看到它们是作为取得和平、友善和舒适的生活的手段而被称誉的,于是便认为美德在于激情的适度。意思好像是说:毅勇不在于勇敢无畏的动机,而在其程度;慷慨大度不在于馈赠的动机,而在于赠物的数量一样。"① 也就是说,美德并没有独立的意义,其内容是由社会道德规范所赋予的。

在亚里士多德看来,在政治城邦中的优良生活最重要的要素是德性。所谓德性,就是灵魂的功能为了实现团体的稳定存在和公共利益而发挥到优秀、卓越的状态。公民德性是指公民积极参与公共事务来增进共同善的意愿和能力,即以公共利益为重,将公共利益置于私人利益之上的品质和德行。② 公民德性并不意味忽视或否定公民的私人利益,而是说具有公民德性的人格能够克服自然,通过参与政治自治,通过对公共服务的投入能够脱离自然宰制的状态而臻于自由。"如果我们不把个人自由的价值置于共同善之上,我们却会享受到最多的个人自由;获得个人自由的唯一途径就是通过公共服务的办法。"③ 所以,公民德性的培育可以利用公共节庆、公共娱乐或宗教活动等多种形式进行,鼓励公民积极参与公共事务的决议,通过沟通论辩,破除个人狭隘利益的眼界,而获得公共立场与胸怀,形成扩大了的自我,从而培

---

① [英]霍布斯:《利维坦》,黎思复等译,商务印书馆1986年版,第121—122页。
② [法]孟德斯鸠:《论法的精神》,张雁深译,商务印书馆1995年版,第34页。
③ [英]斯金纳:《论正义、共同善与自由的优先性》,达巍等编:《消极自由有什么错》,文化艺术出版社2001年版,第137页。

育为公的德行，塑造公民的德性。

公民德性是一种获得性的品质，需要培育和实践养成。亚里士多德早就教导我们，德性是通过实践而养成的东西，"我们是经由做公正的事成为公正的人，通过节制成为节制的人，通过做事勇敢成为勇敢的人"①。卢梭也精辟地指出"在一个秩序良好的城市中，每个人都乐于参与公共生活，而在一个不良政府的统治下，没有人会对公共生活感兴趣"②，国家的体制愈良好，愈有利于培养公民的公共精神，因为公民会感到自己与国家的命运休戚相关，通过履行义务或行使权利而去参与管理，公民对国家的奉献也就越大，公民美德可以得到良性建构，而非恶性耗竭。

第二，拓展公共空间，加强中间社群的建设。

桑德尔剖析了美国当今社会种种不文明的现象，认为各种共同体正在瓦解，"共同体的道德织体正在我们身边分崩离析。从家庭、邻里到城市、城镇再到学校、聚会场所和贸易同盟，这些机构一直以来都在为人们提供道德支柱和归属感，而今却变得岌岌可危了"③。诸如此类的共同体可以被描述为"公民社会"的中间组织，这些组织既可以制约政府的力量，还可以通过所提倡的习惯、技巧和品德使社会的公民充满活力。这些组织——乡镇、学校、宗教团体、慈善团体以及各种维持德性的其他团体——为人们集体商议和参与公益活动提供对话的平台，发挥着重要的功能。正如托克维尔在《美国的民主》书中揭示出乡镇自治与社群对于维护自由和实现民主的重要性，即美国民间社会有大量人民自发组成的"志愿性组织"，关心公共事务，以此实现美国式的民主。到了现代，则表现为"非营利组织"（Non-Profit Organization，简称 NPO）的兴起与壮大。

桑德尔所赞同的是托克维尔式而不是卢梭式培养公民德性的方式。

---

① ［古希腊］亚里士多德：《尼各马可伦理学》，廖申白译，商务印书馆 2003 年版，第 37 页。
② Jean-Jacques Rousseau, *The Social Contract, trans.Christopher Betts*, New York: Oxford University Press, 1994, Book III, chap.15, p.126.
③ ［美］迈克尔·桑德尔：《公共哲学——政治中的道德问题》，朱东华等译，中国人民大学出版社 2013 年版，第 47 页。

第六章 社群主义正义观类型的阐释——基于应得原则的视角

这些中间组织不是依靠强制,而是依靠说服与养成习性的践行方式,需要长期的缓慢、平稳的过程,它不是摧毁人们之间的空间,而是用公共制度来填补这一空间。罗伯特·帕特对此指出:"有效的负责任的制度取决于共和的美德和实践。托克维尔是对的,当存在强健的公民参与网络时,民主政治会得到加强,而不是削弱。"[①] 学校旨在教书育人,教会和堂会是为了崇拜,如此等等。而每当我们上了学或参加了聚会之后,我们也就培养了公民美德,我们拥有了好公民应有的品质,比如我们学会了如何顾念整体的利益,如何承担起自己的责任,如何协调人际纷争,如何获得别人的承认与认同等。总之,公民社会的这些机构使我们摆脱了自私自利的心态,为我们培养了参与公益的习惯。

第三,参与政治,关注公共利益。

共和主义理论的核心思想是:"自由取决于共享自治……它意味着与公民伙伴就共同善(the common good)展开协商,并致力于塑造政治共同体的命运。"[②] 公民参与政治,共同审议,关心政治共同体的命运,可以为一个公正社会提供一种更有希望的基础。

桑德尔的公益正义观强调公民应积极参与政治生活,投身于公共事业。这至少有以下两个方面的作用:首先,积极参与政治是公民自我潜能得以实现的重要途径。桑德尔认为,自由主义者和功利主义者强调"选择的自由"是一种"消极自由",忽略了我们作为人类去追求实现潜能的能力。因为人的能力和权利的实现离不开社会实践。与之相对的,亚里士多德、托克维尔的共和主义的传统将自由理解为自由要以参与自治为基础,最大程度地促进人们实现自己的潜能,参与到公共生活中去,才是自由的,这是桑德尔所支持的公益正义观。它不是要否定公民权利的重要性,而且还要求与民众一起商议公共善,培养休戚与共的政治共同体。在他看来,公民培养自治能力,实在是比

---

① [美] 帕特南:《使民主运转起来:现代意大利的公民传统》,王列、赖海榕译,江西人民出版社2001年版,第214页。
② [美] 迈克尔·桑德尔:《民主的不满:美国在寻求一种公共哲学》,曾纪茂译,江苏人民出版社2008年版,第6页。

分配正义更高一层的目标。"我们美国人,不仅要致力于社会正义,也就是说,要避免……财富的非正义分配;而且,我们还要集中精力搞民主。"他说,"为民主而奋斗"与"为人类发展而奋斗"是密不可分的。"丰衣足食、安居乐业很重要,有合适的教育机会和生育机会也很重要,这样人类才会有所发展。没有这些东西,我们便难以实现我们的目标。但也有可能,我们在拥有这一切的同时,也拥有了一个奴隶之国。"①

其次,积极参与政治是预防集权主义的重要手段。自由主义者认为亚里士多德式的政治伦理是怀旧的甚至危险的,而主张国家价值中立的原则可以避免政治上的极权主义的思想。但在桑德尔看来,这种主张国家价值中立的态度,将会导致公民在政治生活和公共生活中的疏离与冷漠,不仅不能在真正意义上保护个体权利,反而给偏见和不宽容留有余地,给集权主义埋下隐患。桑德尔认为,要使公民的个人权利真正得以实现,就需要政府鼓励公民积极地参与政治。公民只有积极地参与政治,才能从根本上预防政治上的专断思想,公民积极参与政治不是限制其个人权利和自由,而是有利于实现个人价值和抱负,预防集权主义最重要的手段。

所以,桑德尔呼吁培养公民德性和对公众利益进行理性思考的实践智慧,加强中间社群的建设,复兴公共生活等,都反映出桑德尔强调公共善、强调公民参与的共和主义政治形式,是一种倡导公益的正义观。这种公益正义观的自由概念是一种积极自由,即理解为自治,而自治需要公民美德,公民美德需要共同体的公共善来制定,而公共善又需要公民在公共生活中通过共享自治达成。所以在桑德尔公益正义观中,自治、德性和公共善是分不开的。虽然桑德尔的公益正义观对于当下的美国有一定警醒和反思作用,但并不等于他构建起了成熟和系统的正义理论框架。

---

① [美]迈克尔·桑德尔:《公共哲学——政治中的道德问题》,朱东华等译,中国人民大学出版社2013年版,第10页。

第三节　沃尔泽的社会物品多元正义观

沃尔泽和罗尔斯争论的焦点之一是，是否存在一个单一普遍的分配正义原则。显然，罗尔斯主张一个贯通其中、适用所有领域的正义原则。而沃尔泽认为，社会生活物品及社会意义是多样化的，由于在不同的社会领域内，其利益分配方式会有不同，因此不同领域的正义诉求也会有所不同，比如，选举权领域的分配原则就不同于就业机会的分配原则，卫生保健服务的分配也不同于市场领域的分配原则。适合不同社会领域的分配原则是由社会和历史条件所决定的，不同领域所认同的正义是在公共过程中产生的，各领域有适合自己的正义原则，所以相应地，分配正义原则也应该是多元的。在诸多的分配正义原则当中，有三个标准是核心的，它们分别是：自由交换、应得和需要，三者在各自的分配领域中发挥着真正的力量，但它们没有一个可以逾越所有分配领域的作用，而单独完成分配所有物品的使命。

一、自由交换原则

迄今为止，市场交易被认为是人类最普遍、最有效的分配方式。沃尔泽认为，市场的分配方式是按照自由交换原则进行，在一个成熟的市民社会和健全的法治环境下，所有的物品经过货币的中介进行等价和自由交换、互通有无，自由交换创造出一个市场。因为交换的主体之间地位是平等的，不同的劳动物品按照等价进行，并不能保证每次交换都是绝对公正的，每件商品都能卖到一个公正的价格，但每次交换都是市场主体之间进行自愿地讨价还价的结果，而不存在服从和命令的关系。这是沃尔泽所理解的正义的市场交换观念，市场关系反映着一种适用于所有那些被认为可以销售的社会物品（而不适用于那些不可销售的物品）的特定道德共识。① 人们对物品达成道德共识是物品交易得以进行的前提条件。每次交换都代表着物品的社会意义，也许物品的社会意义是交易者自愿达成的共识。正如有些人宁愿省吃俭用也愿意花高价去买奢侈品，你买 LV 包，我就买 GUCCI 包，彼此心照不宣，在他们看来，也许拥有了这些名贵包代表的是一种身份地位、精致的生活或者获得别人的认同，而在那些朝不保夕的人看来简直是不可思议。

人们的收入也是按照自由交换的原则来交换的。所谓收入通常是指我们所说的工资。通过市场交易所积累的工资或财富是很正常的事情，也是允许的，只要不去侵犯别的领域，就不应该对其进行干预和控制。所以，沃尔泽并不反对垄断，他反对的是跨界支配。沃尔泽认为，"市场越完美，收入的不平等就越小，失败就越少。"② 沃尔泽认为自由市场不会产生不平等，根据市场的价格调节机制，只会缩小不平等，而生活中存在大量源于地位的等级制、组织结构和权力关系的不平等。但市场关系具有扩张性，极度自由放任经济就像极权主义政权一样，侵犯其他每一个领域，支配其他的分配过程，这是极其危险的。所以当市场分配不再维持在适当的范围内时，沃尔泽主张此时需要政治再分配。需要指出的是，沃尔泽所指的再分配不是讨论福利国家的再分配问题，他担心的是货币在其他领域的支配作用。我们需要对其观点给予关注："第一，从市场中提取的不只是财富，还有声望和影响；第二，由其所带来的权力配置。"③ 换言之，财富的积累会增加成功者获取声望、影响乃至权力的机会，造成"赢者通吃"局面，这是沃尔泽严加拒绝和担心的现象。

自由市场的运行不能侵犯人们的基本权利，因此，沃尔泽认为市场必须受到限制和规范，采取一定的措施防止其进一步恶化。沃尔泽

---

① ［美］迈克尔·沃尔泽：《正义诸领域：为多元主义与平等一辩》，褚松燕译，译林出版社 2002 年版，第 133 页。
② 同上书，第 150 页。
③ 同上书，第 141 页。

列举了14种应该被禁止的交易,对自由市场的运行进行了程序性的限制,规范货币适当运用的领域。从根本上来说,政治权力的行使属于政治领域,不属于市场交换的领域,我们必须确保市场领域内的不平等不延伸到政治权力领域。

二、应得原则

同麦金太尔、桑德尔一样,在分配原则中,沃尔泽同样将应得作为关键要素。不过,沃尔泽对应得的理解独辟蹊径,他将应得作为一个基本的分配原则。但是,沃尔泽没有给应得下个简明扼要的定义,而是将应得的问题纳入社会历史和社会生活领域进行考察。

第一,市场不承认应得。资本主义的捍卫者主张市场经济的市场交换是自由且开放的,市场所给予我们的回报或者说市场结果与彼此所做的努力是一致的,因而认为这是应得的。沃尔泽指出,如果这么理解就误解了应得的意义。[①] 从理论上说,货币只是交换的中介,人们是自由地在市场上进行交换,无法保证特定的分配结果。比如一个小说家写了一部尽量迎合流行风尚的小说,碰到萧条时期,书的销量寥寥无几,他的酬劳就少;年景好转,此书再次发行并畅销,他的版税就多。你能说这位小说家所得版税是应得吗?显然不一定,应得不能仅凭经济状况而定。这里其实涉及运气、进取心、努力程度、议价能力以及冒险精神等诸多因素。所以,沃尔泽认为市场领域的道德基础是自由交换,而不是应得概念。沃尔泽指出市场不承认应得,那应得适用的领域或标准是什么呢?

第二,公共荣誉的关键标准是应得。在沃尔泽看来,除了市场领域不适合运用应得原则之外,其他场合运用应得原则也并不很多,但是,沃尔泽认为,有一个领域必须要运用应得原则,这个领域就是公共荣誉领域。比如有关奖章、嘉奖、桂冠或其他物质性的报酬或奖金

[①] [美]迈克尔·沃尔泽:《正义诸领域:为多元主义与平等一辩》,褚松燕译,译林出版社2002年版,第138页。

等由集体组织进行分配的奖励,这些物品分配的标准是按照应得原则。这些分配的集体性组织可以是国家官员、民间个人组织的协会、基金会和委员会等。公共荣誉分配的对象不给亲朋好友,也不给应得的穷人,只给应得的人。所以,这里有一个客观衡量尺度,得到奖赏是根据功绩,是否做出有益于国家、有益于社会的行为表现,以及是否做出了出色的工作或卓越的成就等。沃尔泽把应得作为分配正义的一个原则,依据的是功绩表现,适用于公共荣誉领域。

另外,沃尔泽还强调,应得原则要求物品与其承受者之间具有严格的对称性关系。如果物品与其承受者不具有严格的对称性关系,就不能说是应得的。比如评选"三好学生"的标准是学生本身的优秀而非某种金钱或亲属关系等。

第三,应得不等同于资格。沃尔泽发现,精英统治思想家在论述职位的分配时,"资格"与"应得"通常作为同义的概念而重叠使用。"公职应该由最有资格的人来担任,因为资格是应得的一种特殊情况。"[1]因此,分配职位是按照应得原则的标准,比如才能、优点等,而不是根据他们的品质好坏。但在沃尔泽看来,这条论证线索忽视了应得和资格之间的重要差别,"应得表示一种非常严格的权利,因此,所有权先于选择并决定选择;而资格是一个松散得多的概念"[2]。应得的权利是一种严格的要求,难以判断,只有在非常特定的情形下才会产生特定的分配。例如,张三具有教师资格证,并不等于张三就拥有教师这个职位;李四拿到律师资格证书,并不等于李四应得律师这个职位。某人拥有资格使之有寻找一个职位和执业的机会,但并不确保他值得担任一个职位。所以,职位不应该是应得的,而应该属于那些服务它的人,必须考虑相关的品质。由此,沃尔泽进一步区分出资格的意义是突出的品质或与一个特定职位有关的品质。

---

[1] [美]迈克尔·沃尔泽:《正义诸领域:为多元主义与平等一辩》,褚松燕译,译林出版社2002年版,第176页。

[2] 同上书,第178页。

第六章 社群主义正义观类型的阐释——基于应得原则的视角

三、需要原则

我们必须明确,首先,沃尔泽提出的"需要原则"是一种保底性而非无限性的分配原则。众所周知,马克思在对共产主义社会生活的描述中,提出"各尽所能,按需分配"的共产主义分配原则,是指在一个物质资料丰富的社会,人人尽全力地为社会施展其才能,社会按每个人的需要分配生活资料。沃尔泽对此提出质疑,主张这个分配原则前后两部分分配条件不一致,"需要原则"解释太宽泛,应该有所限定,"各尽所能"意味着以个人的资格条件为基础来分配工作,限制过于狭隘。"按需分配"是指我们要分配共同体的财富给其成员以满足其需要,但并不是指所有物品都可以满足人们的需要,所以,"马克思的格言对于政治权力、荣誉和名声、游艇、珍贵书籍、各种漂亮东西的分配来说,根本就不起作用"[①],因为这些并非人人都需要的东西。按照金里卡的解释,需要可以视作"利益"一词,人的需要是由他们"无限可塑的本性"决定的,并不仅限于物质方面的基本必需品,还包括在生产和消费上实现自己的丰富个性的益品。[②] 也就是说,人的需求并非狭义上的仅仅满足基本益品需要的生存平等,而是包括欲望与志向在内,要在生产和消费上全面展示自己的个性。但这样理解仍然无法给人们提供具体指导,因为需求价值高低既与选择有关又与环境有关,如何认定一个需求是正当的?况且,马克思主义者认为,人们的选择是社会物质境况或文化环境的产物,因而人们不应该为他们的选择承担责任。

所以,沃尔泽所说的"满足需求"原则是从特殊意义上讲的,而马克思的"按需分配"原则是从普遍意义上讲的。沃尔泽"满足需要"原则主要是或者更多的是为了保障人们"做人的底线与尊严",它是一

---

① [美]迈克尔·沃尔泽:《正义诸领域:为多元主义与平等一辩》,褚松燕译,译林出版社 2002 年版,第 31 页。

② Will Kymlicka, *Contemporary Political Philosophy: An Introduction* (Second Edition), London: Oxford University Press, 2002, pp.187–188.

种"保底性"而非"无限性"的分配原则。①

在沃尔泽看来,人的一生总是离不开各式各样的善,有些是一般性的善,有些是特殊性的善或必需的善。一般性的善不会对人的生活产生重要的影响,而特殊性的善则会对人的一生产生实质性的影响,是每个人应该得到的,也是人之为人的最基本的底线要求,如果这些善被剥夺,就会影响到一个人是否能正常过有尊严的体面生活。当前社会的善总体上是不够丰富的,没有马克思所说物质的极大丰富和生产力的无限发展,所以不允许用"满足需要"的原则来进行分配。特殊的善尽管也比较稀缺,但如果没有它们,则会根本上影响作为人的最基本的生存需要和人的底线尊严,因此,国家必须尽力提供分配以满足其需求。

其次,需要是在政治共同体内的分配原则,成员资格是需要的首要善。"需要产生了一个特殊的分配领域,其中需要本身就是正当的分配原则。"②沃尔泽认为分配正义发生在有边界限制的地域之内,即封闭的一国之内,沃尔泽开门见山地指出,"分配正义的思想假定了一个有边界的分配世界:一群人致力于分割、交换和分享社会物品,当然首先是在他们自己中间进行的。正如我已经论证过的,这个世界是政治共同体,其成员互相分配权力,并且如果可能的话,避免与别的人一起分享权力。"③也就是说,沃尔泽分配正义是发生在共同生活在一起的政治共同体成员之中,这就是分配的"成员资格"问题。沃尔泽将"成员资格"与善的分配始终联系在一起,"在人类某些共同体里,我们互相分配的首要善(primary good)是成员资格"④,是否具备成员资格将决定一个人是否有资格参与分配,如果不具备成员资格的话,那就不能参与分配。进而言之,成员资格是决定一个政治共同体的分配的必要和前提条件,也正由于有了成员资格同时也就建构着分配的对象、

---

① 张晒:《沃尔泽多元主义分配正义论研究》,武汉大学博士论文2015年,第147页。
② [美]迈克尔·沃尔泽:《正义诸领域:为多元主义与平等一辩》,褚松燕译,译林出版社2002年版,第31页。
③ 同上书,第38页。
④ 同上。

第六章 社群主义正义观类型的阐释——基于应得原则的视角

分配的范围以及分配的抉择,同时,其他相应的诸善也随之而来。

为什么成员资格如此重要,成为一个政治共同体分配的前提条件呢?这是因为,第一,成员资格彼此承担义务。一个政治共同体的成员彼此之间相互承担义务,第一种义务便是安全与福利的共同供给,一起构建和维系政治共同体的存在与发展。[①]第二,成员资格具有共识理解。"只有共同体的文化、特色、普遍共识才能界定应该满足的'需要'。"[②]沃尔泽的分配正义是建立在共同体成员的"共享理解"基础之上的,这个需要不仅仅是一个人的生理或心理上的概念,而是与社群的民族文化、历史传统、宗教信仰和成员共识密切相关的,在不同的文化环境中也表现为不同的形式。比如人们对食品的需要,在犹太人共同体中、在宗教节日前对食品的一般分配是为了仪式的而非生理的需要。重要的不仅是穷人应当吃,而且还表现在他们应当吃正确类别的食品,因为如果不这样的话,他们就被摒弃在共同体之外,这些无不体现了沃尔泽的社群主义色彩。

再次,需要是一个很难作出一般性界定的原则,需要考察整个社会领域。基于以上所述,成员资格是一个政治共同体首要的善,安全与福利的共同供给便成为成员彼此承担的首要义务。所以,在需要这一分配领域中,安全和福利是相当重要的善,也是政治共同体成员的第一种义务。"从来没有一个政治共同体不提供、或不试图提供或不主张提供其成员已达成共识的需要,也从来没有哪个政治共同体不将其集体力量——其指导、管制、施压和强制的能力——投入这项事业。"[③]政治共同体旨在为拥有成员资格的成员提供安全和福利,因为他们需要它们,同时这种供给必须维持公民的成员资格,服务于整个共同体,也是这个政治共同体存在的价值所在,这个过程是相互的。

从人类历史来看,人类在自然状态签订社会契约,其目的就是满

[①] [美]迈克尔·沃尔泽:《正义诸领域:为多元主义与平等一辩》,褚松燕译,译林出版社 2002年版,第79页。
[②] 同上书,第88页。
[③] 同上书,第84页。

足彼此的安全需求和提供必要的物品。"我们走到一起，形成一个共同体，目的是为了应付我们独自无法应付的困难和危险。"① 而提供安全保障则是第一位和根本性的需要，这也是人类共同体不可推卸的责任，如果没能提供安全保障，国家就会陷入严重的恐慌和危机之中，这个政治共同体就失去了其存在合法性的基础和正当性的理由。"对于每一个公民来说，都有一个最低保证且不需要个人为之支付费用。"② 对于社会中的弱势群体或丧失劳动能力的残疾人，国家也有义务为他们提供最基本的生存救助和福利保障，以解决他们的基本生活之需，维持人之为人最底线的尊严，这也是国家义不容辞的责任。纵观历史，在不同时期不同地点要求不同种类的供给。原始共同体是提供一个安全和福利的共同供给的系统；古希腊城邦会采取许多措施谋求公民整体的福利，实行谷物的实际分配和国家的防御，提供公共浴场和体育馆等；中世纪基督教的共同体本身通过捐助或慈善获取公共资金，然后进行特殊的再分配，发放失业救助金和提供免费教育；近现代资本主义民主国家，则为社会成员提供社会保险等。

沃尔泽将公共供给分为两种：一般的和特殊的。如果将公共资金的花费用于全体或绝大多数成员的利益，这时公共供给就是一般的供给。如果物品交给了特定社会成员，这时公共供给就是特殊的。保证食品供应是一般的，对寡妇和孤儿分配食品则是特殊的。公共保健通常是一般的，对病人的照料却通常是特殊的。③ 在沃尔泽看来，需要是与必需、紧缺联系在一起的概念。因此在这个领域里合乎正义的分配应是需要的原则，分配应根据不同的人按照不同的程序进行。

除此之外，沃尔泽还提到教育是一种特殊的善，让每个拥有成员资格的公民都有接受教育的权利，从而实现教育领域内的分配正义。学校教育一般分为基础教育与专业教育。基础教育是指社会成员都必

---

① [美]迈克尔·沃尔泽：《正义诸领域：为多元主义与平等一辩》，褚松燕译，译林出版社2002年版，第100页。
② 同上书，第130页。
③ 同上书，第83页。

须接受的最基本最正常的教育,这为整个国民素质的提升打下基础,如果不能接受基础教育就不能成长为一名合格的公民。基础教育面前要人人平等、一视同仁,不能依据父母的社会地位或经济能力来决定,所以,基础教育应成为一种福利和一种公共供给。在一定程度上说,基础教育也需要强制性,所以基础教育与需要原则相联系,以便每一位潜在的孩子都能接受基础教育,掌握公民必备的知识,正如沃尔泽所说,在基础教育领域,把孩子们聚集起来的理由是需要,这里至关重要的是每个孩子都需要在这个民主共同体中长大,并成为胜任的公民[①]。教育先从基础教育开始,继而上升到更高阶段的专业教育。专业教育的目的不再是为国家培养合格的公民,而是为未来造就各行各业的精英或创新性人才。因为有不同的社会分工,需要有不同的社会角色,专业教育不能按需要来进行分配,而应该根据学生的兴趣和能力进行分配,做到因材施教、人尽其才,把接受专业教育的机会给予最有资格的学生,所以,专业教育按应得原则分配才是正义的体现。每个人所接受的专业教育虽不同,在不同领域获得的诸善也不一样,有得有失,但总体上仍然是平等的。由此可见,沃尔泽主张基础教育按需要原则分配,高等教育按应得原则分配,基础教育和专业教育都属于教育领域,事关国家总体培养人才目标和社会阶级的流动性,所以不能按照自由交换原则进行自由买卖,否则教育资源必将流向富豪阶级手中,造成阶级固化,形成新的不平等,这也是沃尔泽复合平等观加以拒斥的。

第四节 米勒的人际关系多元正义观

米勒研究兴趣广泛,但他始终关注当代政治论争的正义问题,可以说正义及社会正义是他一贯的主题。米勒在他写的《社会正义原则》

[①] [美]迈克尔·沃尔泽:《正义诸领域:为多元主义与平等一辩》,褚松燕译,译林出版社 2002 年版,第 269 页。

一书中，关注的是社会正义而不是一般的正义，将正义与社会学、人类学密切联系。如果说沃尔泽从物品及社会意义角度提出不同领域适应相应的分配原则，从而实现复合平等的多元主义正义理论，米勒则更为密切地关注正义原则适用的社会情境，将社会情境纳入社会正义的范畴，从"人类关系样式"出发构建其社会正义理论，把焦点放在应得、需要和平等原则上，特别是应得观念上。① 米勒以此质疑罗尔斯的一元主义正义观遮蔽了其他同等重要的社会环境。

大多数当代政治哲学家都把社会正义视为分配正义的一个方向或两者经常交替使用，米勒把社会正义界定为"生活中好的东西和坏的东西应当如何在人类社会的成员之间进行分配"②，即强调了分配正义是社会正义的核心。米勒是基于"人类关系的模式"（modes of human relationship）来确定社会正义的多元化原则，他认为，现实世界中人类关系常常是复杂的和多种多样的。他将人类关系模式分为三种类型，分别称作"团结性社群（solidaristic community）、工具性联合体（instrumental association）以及公民身份（citizenship）"③。适用的社会正义原则分别是需要原则、应得原则和平等原则。

一、团结的社群与需要原则

在"团结的联合体"中，这样的联合体往往比较小而紧密，社会成员之间彼此都很熟悉，人们之间相互了解充满信任，具有很强的责任感。比如，家庭、村落、社区、职业团体、俱乐部、宗教协会甚至大至民族。"团结性联合体"形式类似于麦金太尔的社群形式。米勒认为，在团结的社群内部按需要原则进行分配才是正义，并且这种需要和责任的分配视社群成员的紧密程度而定，对自己的父母兄弟姐妹的责任付出或获得的帮助当然会多于陌生人。

---

① ［英］戴维·米勒：《社会正义原则》，应奇译，江苏人民出版社2001年版，前言第2页。
② 同上书，第1页。
③ 同上书，第27页。

第一，如何理解按需分配的内涵？

在社会情形中，公正地对待每个人与把别人的痛苦减少到最低限度的人道主义，这两者并不总是一致，甚至是相互抵牾的。如果把需要作为社会正义的分配原则，为正义的要求奠定基础，要有两个约束条件：

第一个条件是把需要原则放在相对匮乏的环境即资源供不应求的环境中发挥作用。马克思在《哥达纲领批判》中所指的物质资源极大丰裕而确立的"按需分配"原则，是在"集体财富的一切源泉都充分涌流之后"的环境之中确立的①，而不满足于休谟所说的正义存在于资源相对匮乏的客观环境之中。罗尔斯认可休谟关于正义的社会环境学说，即正义存在于社会冲突状态之中，共产主义社会因为摒弃了各种冲突，使正义的背景条件不复存在，即物质极大丰裕的共产主义社会就不需要正义原则调节。米勒在此所说的需要正是在资源相对匮乏的环境之中出现的。

第二个约束条件是把需要原则放在一个社会或社会中的某些较小团体内发挥作用。需要的物品千差万别，于是如何确定需要内容的标准就存在争议，这就应当有用来确定需要的标准。"各取所需"体现了不仅要体现人们追求好生活观念的需要观，它还必须能够根据所有相关的各方都能同意的标准得到确认。②而这种确认是在相互信任和团结紧密的社群之中才能发挥作用，这是需要原则作为分配正义一个原则的背景性条件。对"需要"的概念的理解需要把握以下几点：首先，需要是指"内在的需要"或"基本的需要"，满足人必要的最低限度需要。任何一个行动都带有偏好或充满欲求，而人的欲求是无穷的，有人偏好美味佳肴，有人偏好豪车别墅，有人偏好音乐话剧，有人还有其他更奢侈的偏好……等等，我们应该首先让那些最紧迫的欲求得到满足。比如有一个人在沙漠中很饥渴，这时可能需要水和面包来解决基本需要，而不是用诸如鲍鱼燕窝之类的美味佳肴来满足他的欲求。

---

① [英]休谟：《人性论》（下），关文运译，商务印书馆1996年版，第536页。
② [英]戴维·米勒：《社会正义原则》，应奇译，江苏人民出版社2001年版，第228页。

所以，需要（needs）不同于欲求（desires）。进一步说，米勒所指的需要只是基本的需要（"A 需要 X"），不是工具性的需要（"A 为了 Y 需要 X"），工具性的需要指这种力量来自其所追求的目的。比如某人需要一辆车以便周末去看赛马，一般的情况下，赛马不会被当作是一种内在的需要，而是当作工具性的需要。第三，米勒所说的需要仅限于当时社会内的最低限度的标准，不是对所有社会资源提出的一个要求。米勒对罗尔斯所持的差别原则主张——应当努力把处境差的群体的地位最大程度地加以提高的观念——这一点是持质疑态度的，而他不会把需要持续不断最大程度地加以满足。

第二，如何确定需要的内容？

根据前面所阐述的伤害，米勒认为可从以下三个方面界定需要的内容：生物学的需要、自我发展的需要、体面生活的需要。

首先，应该满足人类生物学的需要。如果不能满足人类最基本的生物学方面的需要，身体就会受到某些方面的伤害，例如，如果缺乏足够的维生素，就会导致机能失调。亚伯拉罕·马斯洛把人类需要分为五个层次，分别为：生理（食物和衣服），安全（工作保障），社交需要（友谊），尊重和自我实现。其中生物学的需要是最基础最底线的需要，是人们过上最低限度差强人意的生活的普遍必要条件，分配正义首先应该满足人类生物学的需要。

其次，是自我发展的需要。每个人的自我实现目标尽管不同，但应该促进每个人实现目标所需要的基本条件或资料。例如，如果想成为一名登山员，那么绳子和氧气设备就是需要品。

再次，存在着判断人类最低限度的体面生活的共享的社会规范。指的是每一个社群内部存在着共同形成一种正常的人类生活的活动范围的共享观念。比如说住房是一种基本需要，风餐露宿则不是体面的生活。①

根据以上三个方面内容，米勒列出这样一套基本需要的清单。"生活所需要的物质和社会条件，这样一些需要的清单将包括（但不限

---

① ［英］戴维·米勒：《社会正义原则》，应奇译，江苏人民出版社 2001 年版，第 231 页。

于）：食物和水、衣服和居所、人身安全、医疗保健、教育、工作和闲暇、迁徙、良心和表达自由。"①

米勒特别强调应当根据"共享的社会规范"来确定人的需要。遵循阿马蒂亚·森的观点，这个共享的社会规范是指预期每个人去完成活动的能力。例如每个人有获得读写能力的需要、有获得一份工作的需要以及想结婚和建立家庭的需要，但米勒指出，有人会为了自由而宁愿选择不结婚。所以，需要是根据多种方式活动的能力来综合看待的，而不是根据关于是否行使一种特定能力的个人的选择来判断的。②如果说森用一种能力尺度来衡量个人幸福，而米勒更强调以需要及诸如贫穷这类相关的概念来衡量。在这里，米勒援引了亚当·斯密著名的关于"必需品"应当被理解成维持体面生活习俗的观点。根据当时英格兰的习俗，如果不穿上亚麻衬衫和皮鞋是不好意思出现在公共场所的。因此，米勒指出，应该以被社会承认的方式来衡量人们的能力，对需要进行判断。这种必需品不仅来自肉体意义上的障碍，更要考虑社会的障碍。③所以，不同的社会有不同的社会规范，不同的社会规范又带来各不相同的需要，社会规范会随着社会变化而变化，需要原则应该参照当时社会的规范加以理解，所以，"各取所需"如果成为一个可行的正义原则，那么实行这种原则的是"社群内部关于需要的共识"④，即是根据相关的社群的当前生活标准加以理解的，人们要过一种最低限度的体面生活，这里强调了需要原则要依赖于社会规范，并与社群目的紧密相关，这充分体现了米勒分配正义观的社群主义色彩。

第三，需要原则遇到资源冲突该如何解决？如何确定需要的优先次序？

社群主义的"按需分配"原则，不是处于如马克思主义所说的物质产品极大丰富的社会环境下，他们认为，在这种背景下产生正义问

---

① ［英］戴维·米勒：《社会正义原则》，应奇译，江苏人民出版社2001年版，第178页。
② 同上书，第234页。
③ 同上。
④ 同上书，第237页。

题的条件失效了，只有在资源稀缺或匮乏的背景下才会出现正义问题。现实生活中，不同的人有不同的需要，这就存在资源相互冲突的要求，这时，该如何确定需要的优先次序呢？

米勒首先探讨了两种分配方案："严格的优先性"和"治疗类选法"。针对第一种"严格优先性"的观点，米勒指出，"按需分配首要考虑到最贫穷的人，帮助他们的需要不再比下一个群体的需要更为迫切，然后再考虑两个群体余下的需要，如此这般直到资源被用尽。"① "严格优先性"的观点只是优先考虑处境最差者的需要，但没有考虑同一处境下相对较差者的需要，没能在它们之间进行很好的权衡，所以，这对于处境较差者来说有失公允。

另一种是"治疗类选法"的观点，这种观点来自由军医创始的对战争受伤者治疗的实践：第一类是受重伤以至于即使进行大量的治疗其康复的机会也微乎其微的伤员；第二类也是严重受伤但只要有限的医疗资源就能使他得到挽救并重返战场的伤员；第三类则是毋需治疗，到一定时候会自动康复的伤员。按照治疗类选法，第二部分伤员应被给予治疗优先权，即使他们的需要没有第一类伤员来得大。"如果时间或资源已经用尽，就只好让最严重的伤员死去。"② "治疗类选法"其实注重的是效率而不是正义，其目的是最大限度地挽救生命并重返战场，这符合功利主义的原则，但剥夺了其他受重伤的伤员得到治疗的机会，不符合每一个人的生命都应该得到平等珍视的原则，这也是非正义的。

米勒指出，"严格的优先性"体现的是人道主义原则，要求把贫困或痛苦最小化，"治疗类选法"体现的是功利主义原则，并且总是意味着把最大的资源提供给痛苦或贫困程度最强烈的人，这两种分配观其实是不可比较的正义，都存在缺陷，由于资源所限，难以做到绝对公平，此时我们可以进行权衡和比较，尽量使用对结果非正义最小的分配方案。通过计算彼此之间的差距，如果产生的差距总和是最低的，就可以断定它最为平等并因此在这种情境中最为公平的分配方法。这

---

① ［英］戴维·米勒：《社会正义原则》，应奇译，江苏人民出版社2001年版，第240页。
② 同上。

就是米勒所谓的"权衡的优先性"（a weighted priority principle），这种原则要求我们根据人们起初境况不好的程度权衡对他们的地位的改善。①

所以，在资源有限的条件下，我们该如何确定需要的优先次序，根据米勒的需要分配原则，我们可以得出启示：应该根据需要的迫切程度以及维持人的健康生命的重要性而定，生物学需要应优先于自我发展的需要和"体面生活"的需要。

米勒还提出针对可比较的不正义情形，如果没有确定哪一种正义形式应当优先，缓和冲突的一个解决办法是程序正义分配原则。假定只有唯一的肾，有几个人需要它，就是说，他们的需要是一样的。无论我们把肾给谁，都将会产生一种可比较的不正义，而扔掉肾就是严重的非正义。因此我们可以通过一种公平的程序：在病人中间进行抽签或通过达成共识去解决这个问题。②

在这种分配中，常常是最需要的人具有优先权，这一点体现在特定的伦理信条的社群（如沃尔泽在《正义诸领域》中描述的中古犹太社群）中，对需要是依据它与宗教理想的关系来理解的；比如教育被视作对男孩是需要的，而女孩则不需要；食物则在宗教节日的前夜被分配给社群中最穷的成员。③这也是根据社群共享意义的背景来理解的。所以，这种需要的分配是以信任和亲密关系为前提的，具有天然的目的性。

二、工具性的联合体与应得原则

在"工具性的联合体"中，人们之间的关系模式主要是经济关系，参与者是出于经济目标或其他功利目标而进行合作的，彼此之间是买方和卖方的关系、或者是彼此合作生产商品的关系，这种模式的关系

---

① ［英］戴维·米勒：《社会正义原则》，应奇译，江苏人民出版社2001年版，第249页。
② 同上书，第246页。
③ 同上书，第28页。

是自愿的并且随时可以退出。常见的工具性组织主要是指经济性组织，不过一些普遍的组织也可被视作工具性联合体的一种，例如政府官僚机构，虽然是提供公共产品和公共政策的组织，但如果人们把其工作看作获取报酬、升迁或其他追求私人目标的手段，并将同事看作追求目标的合作者，这类组织就可以视作工具性联合体。①正如《蜜蜂的寓言》一书所描述的，每个人在集体中追求自己的私人利益时通过合作也会促进公共利益的实现。因此，工具性联合体也可以理解为对于带着自己特殊目标的理性之人，这种联合体是可以实现其特殊目标的一个场域。

在工具性联合体中，正义的分配原则是按应得分配，即他的所得应该与他的贡献相匹配。分配的主要依据是业绩，次要的依据是品德。米勒认为，每一位有技术或才能之人加入到联合体中，当其所得与其贡献相匹配时，也就实现了正义。换言之，一个人的应得是根据其在联合体目标所作的贡献得以评判的。这一原则在经济事业中容易操作，企业的产出能够以货币化的手段加以衡量，而每个参与者则以收入的形式获得他作出贡献的那个份额。②

因为工具性联合体是一种契约关系，人们可以自愿地选择加入或退出，所以米勒认为，分配时可以包含"每一方合法地具有控制和施展他或她自己的技能和才能的权利"③，米勒建议将个人的天赋、才能纳入分配正义的应得范围，这点迥异于罗尔斯的看法。罗尔斯认为由于天赋具有道德的任意性，所以应当把它视为公共资产，按差别原则来处理，即在社会、经济领域中最大限度地促进天赋最低、贡献最小者的利益。按照米勒的观点，在工具性联合体中，根据应得原则，天赋较高者获得比天赋较低者更多的资源，与他们的贡献成比例，这本身并非不正义，但只是由于担心这会破坏人们"团结友爱"的气氛，这些不平等才会受到某种限制。在金里卡看来，"它之所以有吸引力并非

---

① ［英］戴维·米勒：《社会正义原则》，应奇译，江苏人民出版社2001年版，第29页。
② 同上。
③ 同上书，第31—32页。

第六章 社群主义正义观类型的阐释——基于应得原则的视角

出于分配正义的理由,而是出于别的考虑,如对共同体的考虑。"①

但现实生活中,确定贡献大小的评判标准就非常困难,其理由如下:

第一个理由是生产的互补性。在许多情况下,每个人擅长不同技能和具有不同的禀赋,在团体中所起的作用大小不一,难以评定每个人的贡献大小,不过可以通过劳动市场评定其普遍价值,如在同类生产中的平均贡献。第二个理由是,工具性联合体都倾向于采用等级化的科层制的结构形式,薪水或报酬可以根据他或她所在的位置计算出来。②但所从事的工作是否应得那份报酬,占有位置的人是否应得那份工作?似乎不能简单地根据目前的贡献估价应得。第三个理由是,困难在于对联合体的目的存在分歧,即当相应的应得要求被评价时,对应得的基础持有异议。③比如医学专业将会给那些发展了最新的外科技术的专家以最高的声誉,而公共舆论则会认为最高的奖赏应给予那些给病人以无微不至关怀的普通医生。

所以,考虑工具性联合体领域中的分配正义问题时,单纯用贡献作为衡量应得的尺度,存在着以上三点困难,所以还要考虑人们的努力和选择。对米勒来说,"必须从析出所有来自内在品质的因素着手"④。分配根据除了行为和业绩外,品德也可以作为一个派生的、次要的依据。

米勒指出,关于应得的概念一般有三种不同的观点:

①积极的观点:确认存在一种唯一的和融贯的应得概念;②消极的观点:不确认存在一种融贯应得的正义观念,需要被转换成别的形式如功利主义等;③多元主义的观点:应得的概念被用来提出多种多样的要求,但在这些要求之中,并没有一以贯之、核心的应得概念。⑤

---

① Will Kymlicka, *Contemporary Political Philosophy: An Introduction (Second Edition)*, Oxford University Press, 2002, p.197.
② [英]戴维·米勒:《社会正义原则》,应奇译,江苏人民出版社2001年版,第31页。
③ 同上。
④ 同上。
⑤ 同上书,第145页。

与此相对应，在应得和正义的关系上，人们也持有三种不同的观点：

①积极的观点：认为正义主要根据应得来理解，正义的分配就是各方得到自己应得的那部分的分配；②消极的观点：认为应得概念没有意义或即使有意义也只具有道德力量，与正义不相干；③多元主义的观点：认为应得与正义有关，但应得不是唯一的或者不是主要的正义标准。①

在正义和应得的关系上，积极观点的代表者如麦金太尔，认为正义意味着应得，应得强调的是德性的实践，是在共同体追求一种社会角色的内在善的实践，应得具有道德价值，在德性正义观中占有重要的位置，离开了德性以及它所伴随的价值观念，人们就无法理解正义。消极观点的代表者罗尔斯，认为正义与应得无关，理由是应得概念同分配正义没有关系，应得主要体现为一种道德应得，具有道德价值的意蕴，道德价值在分配正义原则不起任何作用，罗尔斯用正义的原则规定应得，准确地说他的应得是"制度规定的应得"，当制度是恰当（或得体）的时候，应得的标准也就得到了确定，人们得到他应得的东西也就实现了正义。应得是从形塑制度的原则中获得其伦理正当性，本身并没有前制度的力量。一个人应得的东西是他在正义的制度中有资格拥有的东西，而不是现实的制度中拥有的东西。罗尔斯是根据正当的期望而不是实际的期望来分析应得。米勒认为这两种资格的概念是不能等同的，一种是现存的规则上具有对某物的资格，另一种是根据一种正义的制度所体现的公平规则应得某物的资格。正义制度意义上的"资格"具有一种判断标准，而现存的规则制度意义上的"资格"并不具有这种标准意义。

米勒援引费因柏格的观点，主张应得是用于社会的自然的道德观

---

① [英]戴维·米勒：《社会正义原则》，应奇译，江苏人民出版社2001年版，第146页。

第六章 社群主义正义观类型的阐释——基于应得原则的视角

念,而非由社会产生的道德观念。它在逻辑上要优先于和独立于公共制度和它们的规则;它不是作为一个有关我们公共制度的空洞的道德对应物的工具。① 罗尔斯的"制度规定的应得",在逻辑上也不正确,因为应得比公正更普遍。也正是基于此,应得可以作为现存规则的判断标准。

在"应得概念"上,米勒持的是第一种观点即为积极应得的概念辩护,在"应得和正义"的关系上,米勒持第三种即多元主义的观点,认为应得可以作为其中的一种正义标准,但除应得原则外,他还认为需要、平等都可以作为分配正义的标准,三种正义原则的运用取决于社群的构成性质。

应得在正义理论中扮演着重要的角色,它到底是一个制度性的概念,还是一个前制度的概念?我们首先必须明白什么是制度。米勒指出,所谓制度"指的是人类活动的任何正规的模式,人们在其中被给予要去完成的任务,被鼓励以这种或那种方式行动,被指定权利和职责"。② 简言之,制度是社会基本结构中被给定的法律或规则体系。制度应得和前制度应得的根本区别是这种应得的根据是来自规则还是来自行为或其他。③ 即一个以行为本身为根据,一个以外在规则为基础。但是,行动的应得与规则的应得往往交织在一起,存在某些模糊性,行动的应得至少从以下两个方面表现出需要依赖规则或制度。

首先,在适当的制度付之阙如的情况下,就不可能存在据称是人们应得的许多利益。④ 例如,颁给一位学生以"三好学生""优秀班干部"之类的奖状,那是因为有"三好学生""优秀班干部"的奖励制度与规则。也就是说,如果没有在先的规则,人们就不会有相关的行为表现;如果没有在先的制度,就不可能应得相关的利益。

其次,在许多情况下,业绩之所以具有这种构成应得的基础的资

---

① Joel Feinberg, *Doing Deserving*, New Jersey: Princeton University Press, 1970, p.87.
② [英]戴维·米勒:《社会正义原则》,应奇译,江苏人民出版社2001年版,第152页。
③ 王立:《正义与应得》,中国社会科学出版社2019年版,第170页。
④ [英]戴维·米勒:《社会正义原则》,应奇译,江苏人民出版社2001年版,第152页。

格只是因为存在着相关的制度。① 例如，小明掌握了拉丁文法，并能娴熟地展现出来，然后顺利地通过拉丁文考试，并且获得高分。根据小明获得的高分，学校给予小明评分等级为 A+，并且还有相应的奖学金或者其他好处。显然，如果没有拉丁文考试这种制度，小明就不会有他应得的评分等级和奖学金以及相关的利益。正是现有制度的存在才认可业绩成为应得的一种标准。

因此，米勒把应得当作次要的和衍生性的伦理观念。② 换言之，米勒认为应得主要是指一个前制度的概念。"前制度"是说应得原则独立于制度，并非由制度来决定或起作用。如果应得是在正义的制度背景下来谈论，则某种应得是正当合理的。但在有些地方，应得可以作为一种伦理批判性概念，即对现行的制度和规则作出批判性的评价，比如"他应得这个"或"她不应得那个"。这种对现行制度的批判是超越的，是独立于现存制度的，可称之为"前制度"。

精英管理就是这样一种适当的辩护。米勒指出，"所谓精英管理是指这样一种社会理想，每个人获得有利的地位以及与之相一致的报酬的机会完全取决于他或她的才能和努力。"③ 社会制度要设计成保证人们的成功是取决于自己的努力和才能，而不是随机分配的，或者并不依赖于种族或性别的差异、职务的高低、家庭的背景。精英管理体现的是一种择优原则，基于他们的能力以及努力工作的程度，人们应得不平等的收入，允许社会中不同人们的生活机会的不平等，米勒主张，在为精英管理辩护的同时，也要允许收入和其他的不平等的幅度在某种程度上降低，这两者是相容的。

三、公民身份与平等原则

从古代到当代，公民身份的含义一直在嬗变着，却始终体现为个

---

① ［英］戴维·米勒：《社会正义原则》，应奇译，江苏人民出版社 2001 年版，第 153 页。
② 同上。
③ 同上书，第 197 页。

体和政治共同体之间的关系，它决定和反映着共同体的社会结构。在古希腊、古罗马以及中世纪，公民身份是与等级社会中的特权相关的，它标志着一个人在政治共同体中的身份位置以及相伴的资格和义务。拥有政治共同体的成员资格，就意味着享有该政治共同体保护的权利以及所分配的资源和利益，同时伴随着公民对共同体的责任、忠诚和义务等。到了近代，随着文艺复兴和启蒙运动的兴起，个体意识开始觉醒，平等观念开始复苏，人们逐渐意识到人之为人具有的理性和独立的尊严和价值。尤其是16至17世纪以后一些法学家在立法层面上确立人人在法律面前平等的原则，不论男女，不论有无财产，公民都享有一系列的经济、政治和社会权利。近代自由主义的公民身份理论更多地体现个人主义倾向，现代以罗尔斯为首的新自由主义则将个体正义扩展至社会正义，强调以一种普遍平等的公民身份观念来论证当今多元正义，却忽略了差异性文化身份带来的权利平等观念，因此遭到以沃尔泽、米勒为代表的多元主义的挑战。沃尔泽提出的复合平等观，承认文化差异，将公民资格纳入政治共同体的首要善，将正义考虑范围限制在政治共同体的边界之内；米勒基于人类关系模式提出了公民身份平等理论，他认为，公民身份是在法律中得到正式规定的，但存在着各种不同的公民身份概念，它们在把积极参与社会政治事务视作公民的本质属性这个问题上存在不同程度的差别。①

在"公民身份联合体"中，公民的地位在法律上和政治上是平等的，每个人都享有平等政治参与的自由和权利，所以平等原则是首要的分配原则。虽然具有公民身份，如果不能得到同等对待，这往往是不正义的。公民身份地位的平等性可以多大程度实现却存在争议：有人只希望限定在形式权利的平等，即政治与法律形式上的平等，而没有实质性的份额；有人认为可以扩充至公民享有社会平等的实质性的份额，即平等的公民身份可以分配财产、收入和其他社会资源。甚至还有更宽泛的理解，认为公民身份可以被视作抵制市场经济中形成并

---

① ［英］戴维·米勒:《社会正义原则》，应奇译，江苏人民出版社2001年版，第32页。

合法化的不平等。①平等是公民身份的首要原则,但并不能一概而论,有时公民身份也要考虑正义原则,比如有些公民身体残疾或身患重疾,缺乏基本生活资源,这时政府给他们提供额外的、必要的资助就是正当的。

米勒提出两种不同的平等观。"第一种平等是分配性的。它确定了某种利益——例如权利——应当平等地加以分配,因为正义要求这样做。第二种平等则并非在这种意义上是分配性的。它并不直接确定对权利或资源的任何分配。相反,它确定了一种社会理想,即一个人们相互把对方当作平等的来对待的社会——换句话说,一个不把人们放到诸如阶级这样等级化地排列的范畴中去的社会的理想。我们把第二种平等称作地位的平等,或简称社会平等。"②按照米勒的分析,第一种是自由主义的分配平等,主要对权利或资源进行平等分配。第二种是指地位平等或社会平等,主要来自社会主义与社群主义。

在全球化和价值多元的时代背景下,米勒的社会正义观是指一个政治共同体内,根据不同的社会情景,运用不同的分配原则进行调节,目的是运用当代自由民主制度中的公民评价社会的基本结构制度,社会中的制度如果能够符合需要、应得和平等的原则,这个社会便是理想的社会、正义的社会。但这几个原则也是有优先次序的:首先必须遵守需要原则,其次必须遵守应得原则,再次,必须遵守平等原则。具体来说,首先,制度结构必须保证充分的社会资源根据需要分配给个人。这种需要的满足以社会最低限度的体面生活为准,可以通过最低工资法规、失业者的利益保障以及养老金之类的措施保证对食物的需要得到满足。其次,市场经济领域内要求以应得作为分配原则。市场必须在平等的机会背景下运作,只要进入市场,就都有平等发展他们的技能和天赋的机会,按照贡献业绩得到酬劳才是正义之举。让每个进入社会的人依靠自己的才能和努力都有机会获得相应的回报,也就实现了正义。再次,公民身份权利要求以平等作为分配原则。在一

---

① [英]戴维·米勒:《社会正义原则》,应奇译,江苏人民出版社2001年版,第32页。
② 同上书,第259页。

定的社会组织中,作为公民资格的人们必须被当作平等者来对待,享有平等的法律、政治和社会权利,这些权利通过国家的宪法加以确立。除此之外,公共政策必须给予同等的考虑。

米勒认为,这三条社会正义原则并不是孤立地只针对某一特定领域适用,而是相互交叉、相互渗透并相互作用的。社会正义原则的正确适用必须以特定的社会情境为依据。在某些特殊情况下,分配正义的"应得原则"与"需要原则"是可以相互促进的。当我们试图通过社会再分配机制补足社会中那些处于不利位置人们的社会境况时,分配正义的"按需分配"原则便更加促进了"应得原则"公平合理地发挥作用。"需要原则"优先于"应得原则",也就是说,为了满足某些社会成员的基本需要,国家和政府可以将人们的部分劳动所得补助给其他人。与此类似,市场经济中"交易税"的征收向人们表明,在社会分配中"需要原则"优先于"市场原则"。为了满足某些社会成员的基本需要,人们之间的自由交换要付出一定的代价。需要原则相对于应得原则和市场原则的优先性在于:只有首先满足了所有政治共同体成员的基本需要,"应得原则"和"市场原则"才被允许发挥各自的作用。

小　结

本章主要从应得原则出发对社群主义正义观进行典型归类,分别有麦金太尔的德性正义观、桑德尔的公益正义观、沃尔泽的复合平等正义观以及米勒的社会情境多元正义观。

麦金太尔的正义观奠基于德性论之上,他对正义的词源学含义进行了详细的考察,指出德性正义优先于规则正义,正义按照应得标准来分配,要考虑到一个人道德的优劣和身份来分配善。麦金太尔认为德性是内在于实践之中的,实践的内涵与特性规约着德性正义的特质。桑德尔批判罗尔斯的正义观没有给应得留下位置,他主张分配正义观应当反映道德上的应得,因为他赞赏的是亚里士多德的正义观,即主张政治的目的是追求良善生活、培育好公民,而在一个政治共同体中,参与政治是公民的义务和事业，只有和他人一起实现了自治，发挥了对公众利益进行理性思考的实践智慧，这种正义观才是值得提倡的。

多元主义正义观试图对新自由主义一元主义正义观进行矫正，探讨适用于一切领域的正义观。他提出分配正义的原则不只有一种，而是有多种，分配领域不应限于政治、法律或经济等领域，而应该探讨适用于一切领域的正义理论，并且不同的分配领域有着各自独立的分配原则。沃尔泽和米勒都是社群主义多元正义观的代表人物，但他们对多元正义观的立论基础和正义原则都有自己独特的视角。沃尔泽将分配正义限定在国内领域，确证一个共同体内的成员资格是分配正义的前提，每一种社会物品均有自己的正义标准，主张在不同人群中按照不同的分配原则进行。沃尔泽认为市场领域不适用应得标准，应得的标准适用于公共荣誉领域。沃尔泽的正义观无法摆脱相对主义的嫌疑。米勒吸收并改进沃尔泽的多元正义思想，他赞同沃尔泽的复合平等的观念，但对沃尔泽从社会利益的角度去审视正义原则不满意，因为这种方式容易陷入相对主义的泥潭。他根据其所擅长的社会学和人类学知识，从人际关系模式入手、通过社会情境的分析探讨分配正义的原则，主张社会正义原则的正确适用必须以特定的社会情境为依据。他将人际关系模式分为三种：团结性社群、工具性社群和公民身份，这三种人际关系分别对应三种不同的分配原则：需要原则、应得原则和平等原则。社会正义原则的正确适用必须以特定的社会情境为依据。米勒对正义、德性和应得等概念作了一番不同于沃尔泽、麦金太尔的阐释。米勒将应得分配原则运用于工具性联合体中，认为人们的所得应该与他们的贡献相匹配，这才是正义的。

尽管社群主义正义观对应得原则及分配原则有不同的理解，但有共同的内在理路和思想路径，他们都不满意于当代西方新自由主义正义观将应得排除在正义原则之外，而主张将应得作为正义原则的重要因素。

社群主义一般将应得视为道德上的应得，即应得是依德性的品质决定，而一个人的品质往往由其所处的社会角色来定义，而要明确自己所处的社会位置和角色，必然由处于其中的社群或共同体来识别自己的身份。所以，社群或共同体规定了应得的标准和尺度，人们应得什么和应得多少是由所在的社群或共同体决定的。因此，社群主义正义观的应得是与德性、社会角色和共同体分不开的，故将这种应得观称之为古典应得观，主要源于亚里士多德的应得概念。对于亚里士多德来说，城邦的目的就是要实现自足而至善的生活，而培养德性，必须在为城邦的公共利益服务的政治行为中来进行。可以说，培养人们的德性是城邦政治的最高任务。城邦根据公民对德性的贡献大小进行分配，某些德性、道德品质或行为是值得奖励的，所以，基于德性的应得秉性要在城邦伦理实体中获得实现。而罗尔斯基于当今时代的民主社会理性多元化的事实，认为自由而平等的公民首先应该在正义规则优先的前提下去追求良善生活目标，不需要出于良序社会的伦理目的认同任何一种应得，这就不难理解他为什么要摒弃客观的应得秉性，而代之以后制度下的合法期望和资格理论。

第七章　马克思主义视域下的社群主义正义观

政治哲学要在理想与现实之间寻求一种平衡，同时要通过批判与自我反思不断打破这种平衡，不断超越、向前发展。马克思主义的唯物史观和实践哲学是我们思考人类社会的科学世界观和方法论。社群主义正义观是在批判自由主义正义观的前提下发展起来的，有着某些重要意义，但其局限性也是很明显的。我们要立足于马克思主义的视域对社群主义正义观展开进一步的批判和反思，辩证地分析社群主义正义观的合理性和局限性，这是我们对待西方政治哲学所应该采取的正确态度。

第一节　马克思恩格斯正义观的理论架构

关于马克思恩格斯的学说中是否有正义的观点，一直是争议颇大的问题，其中著名的是20世纪70年代分析马克思主义的代表人物艾伦·伍德与胡萨米之争，引起了马克思主义思潮内部长达20多年的一场"马克思与正义之争"的思想论战。马克思恩格斯在其卷帙浩瀚的著作中关于正义话题尽管未作集中的专门论述，却不乏独到的深邃思考和精辟论述。在《哥达纲领批判》《论犹太人问题》以及《1844年经济学哲学手稿》等著作中马克思或直接或间接谈到正义、公正，或者大段论述到自由、平等这样一些属于正义论的议题，或者深刻阐述了其正义观的社会历史方法论。根据对马克思恩格斯经典原著的分析，我们认为，马克思恩格斯正义观的理论架构主要包括以下几个方面。

一、对资本主义异化和剥削非正义的前提批判

"通过批判旧世界发现新世界",一直是马克思和恩格斯的学术立场和研究方法,批判的基础含义是澄清前提和划定界限,通过批判各种非马克思主义正义观、反马克思主义正义观,从而申明自己的正义观点。马克思恩格斯正义观的前提是揭露了资本主义社会中人的异化状态,通过揭示剩余价值规律痛斥了资本剥削的非正义性。

马克思早期著作对资本主义的批判集中于"异化劳动"问题,揭露资本主义交换价值的抽象性和非正义性,具有无可比拟的道德批判力量。异化劳动是指工人通过劳动生产出巨大的社会财富,却成为了外在的异己力量,工人自己越来越变成廉价的商品,进一步丧失自由。"工人生产的财富越多,他的生产的影响和规模越大,他就越贫穷。工人创造的商品越多,他就越变成廉价的商品。"① 马克思在《1844年经济学哲学手稿》中指出,异化劳动包含四个方面,即劳动产品与劳动者相异化、劳动行为本身与劳动者相异化、人的类本质与人相异化、人与人相异化。

异化程度的加剧便表现为资本家对工人的剥削和奴役的加深。资本家对工人的剥削表现为两个方面,一是在流通领域,劳动力的购买和销售都取决于劳动合同。二是在生产领域,劳资双方的交易。劳动合同和流通在形式上看起来都是平等的,其实只是表面现象。因为在流通领域,工人的人身看起来是自由的,但工人不得不出卖自己的劳动力给资本家,这是因为工人们被剥夺了生产资料和生存手段的所有权。所以,资本家和工人之间的交易是处于不平等的起点之上的。在生产领域,工资交易并不是真正平等的交易,因为工人除了必须偿还他得到的价值外还要生产剩余价值。工人所得的报酬与他的贡献是不等价的,这里存在资本家对劳动的掠夺和剥削,因而这种交易是不正义的。异化劳动是资本家占有私有财产带来的必然结果,私有财产的存在反过来又改变劳动的性质,进一步造成异化,不断追逐剩余价值

---

① 《马克思恩格斯文集》(第1卷),人民出版社2009年版,第156页。

的最大化，最直接的后果就是贫富悬殊，造成最大的不正义。

马克思认为资本家无偿地榨取劳动工人的剩余价值，这是非正义行为。他指出资本主义私有制是一切罪恶的源泉，是社会不正义的根源，要从根本上解决社会正义问题，只有消灭私有制。资产阶级所谓的自由、平等概念，其实是为资产阶级统治服务的，在私有制下所有鼓吹正义的言论都是虚伪的，资产阶级的所谓正义，只是从形式上去掩盖事实上的不正义。由此可见，对资本主义异化和剥削的价值批判构成马克思正义观的前提，马克思是在不断谴责资本主义非正义的过程中介入正义论题并厘定其正义观的。

二、正义作为一种道德观念根源于生产关系

西方学术界普遍认为，正义的产生是由于存在"正义的环境"，即资源的相对稀缺和人的自私及有限的慷慨，这两大环境是人类社会长期存在的状况，所以正义是社会制度的首要美德，当这两大环境被消除，正义就只是一种补救性的美德。

马克思主义则认为，所谓"正义的环境"作为正义观的前提条件是狭隘的，它掩盖了产生社会正义问题的物质生产方式矛盾运动这个实际基础。马克思主义经典作家认为正义问题不过是在生产关系中处于不同地位的人们对社会的应然秩序的追求，马克思主义正义观内涵着在社会物质生产方式的现实运动中逐渐展开的辩证结构。[①]

马克思、恩格斯认为人类的正义问题的根源在于现实的人的物质生产实践活动，认为只有立足于生产实践，立足于物质生活资料的生产方式，才能科学地提示正义观念的起源和实质。恩格斯在《反杜林论》中曾这样明确地表述唯物史观的基本原理："一切社会变迁和政治变革的终极原因，不应当到人们的头脑中，到人们对永恒的真理和正义的日益增进的认识中去寻找，而应当到生产方式和交换方式的变更

---

① 詹世友、施文辉：《马克思主义正义观的辩证结构》，载《华中科技大学学报》，2014年第1期，第15页。

中去寻找；不应当到有关时代的哲学中去寻找，而应当到有关时代的经济中去寻找。"① 在这里，恩格斯明确指出，正义属于人们的思想意识和道德价值观念，这些公平、正义等道德观念，是作为一种价值观的要求，是社会上层建筑之一种，必然是受制于一定的经济基础的。"不是意识决定生活，而是生活决定意识。"② 正义作为人们的思想意识形式和道德价值观念，由社会的经济结构和规律决定。马克思的这个观点在今天几乎已成为常识。

马克思关于正义的起源与本质问题的总体思路是："物质生活的生产方式制约着整个社会生活、政治生活和精神生活的过程。不是人们的意识决定人们的存在，相反，是人们的社会存在决定人们的意识。"③ 正义作为上层建筑的法权观念总是和一定的生产力发展水平、一定的生产关系联系在一起。正义归根到底是由社会的经济结构和生产规律决定的。自由主义思想家所追求的正义，是原子化个体自愿达成的一种理想化权利关系的集合体，他们只适用于西方民主宪政传统国家，而不适用于所有社会，并且自由主义也不能切中资本主义社会关系的弊端。马克思、恩格斯深入到社会生产结构层面，为我们拨开重重迷雾，得出自由主义正义观是抽象的、虚幻的。社群主义所追求的德性正义，预设的是这个社群或共同体在善的本质上趋于一致，公民通过积极参与公共政治可以促进这种善，而国家的职能在于对多元利益的冲突的调整，诚然，马克思并没有把正义问题作为其研究的重心，即使涉及正义问题，也总是在试图寻找正义原则背后的经济和客观动因，而不是将视野局限在德性的范畴内。马克思认为正义、平等等范畴是社会生产方式的产物，那么就必须深入到物质生产和经济运行规律中来探究正义背后的动因，而不是仅仅诉诸道德说教，这是马克思在审视正义问题上不同于社群主义正义观的地方。所以，只有立足于历史唯物主义理论视域才能获得对正义的本质与根源豁然开朗的澄明与理解。

---

① 《马克思恩格斯文集》第 9 卷，人民出版社 2009 年版，第 284 页。
② 《马克思恩格斯文集》第 1 卷，人民出版社 2009 年版，第 525 页。
③ 同上书，第 591 页。

三、在特定历史环境下评判正义与否

马克思、恩格斯认为,如果说正义意味着一种思想底蕴的道德、植根于人性深处的慈悲或对人的尊严的重视,那么满载积极价值的范畴,也应当在不断变动的历史实在关系中得到说明,历史乃是正义的根本注脚。[1]正义观念在人类社会实践和社会历史基础上生成,也随着人类社会实践及其历史的改变而改变。进而言之,正义具有历史性质,所以,要从不同历史关系中评判正义的原则标准,唯其如此,才能理解正义的本质。正因为正义具有历史性,所以也就不难理解在阶级社会中正义具有明显的阶级属性。奴隶制度的正义是奴隶社会生产力不发达的产物,自由主义正义是市民社会的产物,共产主义正义是社会生产力高度发展的趋向,这些正义是特定历史境遇下的产物。脱离了具体的历史背景,任意地谈论"永恒正义",或违背物质生产的客观规律而任意地裁剪改变正义原则,都是空洞而虚幻的。

正义要受到历史文化传统的制约,我们要在具体的社会历史环境中来谈论正义的嬗变与价值旨趣。马克思、恩格斯鞭辟入里地批驳蒲鲁东、杜林的永恒道德观和永恒正义观,这并不是表明马克思、恩格斯拒斥公正、正义以及自由等这些道德术语,而是认为这些术语只有在相应的历史体系下才有具体的意义指向。

在《哥达纲领批判》中,马克思明确指出正义作为一种"权利决不能超出社会的经济结构以及由经济结构制约的社会的文化发展"。[2]在这里,马克思明确指出了特定的历史时期的正义观念是受历史文化传统所制约的。在这一点上,马克思与社群主义有着相似之处:都认可正义是受已有的文化传统制约的,但马克思与社群主义有着本质的区别,马克思是从社会生产结构的原则高度去把握正义的本质,社群主义正义观远没有达到马克思的深度和高度。

到底该如何评判正义的标准?正义是不是一个内在的、法权概

---

[1] 李佃来:《政治哲学视域中的马克思》,中央编译出版社 2018 年版,第 220 页。
[2] 《马克思恩格斯文集》第 3 卷,人民出版社 2009 年版,第 435 页。

念？艾伦·伍德对马克思主义正义观的解释如下："正义完全是个内在的、法权概念，只适用于它作为其组成部分的具体的社会形态内部。……因此，以剥削的非正义性来谴责资本主义的任何努力都是不成立的，因为内在于资产阶级社会的正义标准是自由放任主义的标准。"① 如果说正义是一个内在的、法权概念，那正义并不具有独立价值，而是在相应的社会经济制度下产生的次生规范，从根本上说，这种正义观念是由私有财产制度造成的。笔者想为马克思主义正义观作进一步的辩护，试问，如果这不是道德批判，那又该作何解释呢？我们认为，马克思对资本主义制度的评价可以从两个维度加以理解，一个是历史维度，另一个是价值维度。从价值维度看，马克思、恩格斯对资本主义制度进行的道德批判非常之激烈，谴责了资本主义劳动异化和剥削而导致的非正义，这种不正义从根源上说是由资本主义生产结构造成的；从历史维度来看，马克思主义经典作家的著作曾肯定资产阶级在历史上曾经起过非常革命的作用，可见马克思并不全盘否定资产阶级在反封建过程中具有一定的进步性，但随着资产阶级占据统治地位和资本主义生产方式的确立，资产阶级也不断走向反动。因为，马克思看到资本主义生产方式对人本质力量的异化和对人性的摧残，正是在这个意义上，马克思批判资本主义生产方式的不正义。进而言之，马克思认为凡是有利于促进历史进步的就是正义的，反之，就是非正义的。

那么，马克思评价历史进步的尺度究竟是什么呢？具体而论，在马克思主义看来，对历史进步作综合评价的基本立足点就是生产方式和社会规律，即要立足于特定的社会发展阶段和特定的生产力发展水平和生产关系的特征、特定的历史环境，同时，由于生产力是社会历史发展的最终决定力量，因而，评价历史进步归根到底要以生产力的进步为基本尺度，而历史进步的根本目的是为了人自身，即为了实现人的自由而全面的发展。马克思认为正义与否的标准在于历史的合理

---

① ［美］罗德尼·G.佩弗：《马克思主义、道德与社会正义》，吕梁山、李旸、周洪军译，重庆出版社2018年版，第320页。

性，所谓历史合理性是指符合历史发展客观规律，根本而言，就是看是否有利于促进生产力的发展，是否促进人的自由而全面的发展。

四、正义的实现路径：通过社会实践而获得

与自由主义和社群主义的政治哲学不同，实践构成了马克思主义政治哲学的理论基石。按照历史唯物主义的观点，人的一切历史现象和世间万物都是在人的现实实践活动基础上生成的。如果说正义具有历史性，要从历史关系中理解历史、获得正义的评价标准，那么历史又是随着人们现实的实践活动不断生成的，所以我们要将历史事物和历史现象置于人类实践活动中加以阐释和理解。马克思在分析社会正义及其他一切社会问题时，都着眼于社会生活实践，尤其是人类物质生产实践和社会革命实践。

以往传统马克思主义基础理论的解释路径中，实践常常被认为是认识的来源和基础、是检验真理的标准，这只是在认识论维度上的理解和阐释。虽然亚里士多德和麦金太尔都有关于实践内涵的阐释，但马克思主义所理解的实践概念与他俩有本质的区别。亚里士多德强调实践和制作活动，麦金太尔侧重实践的内在利益，而马克思所说的实践是一种旨在改变世界的革命活动，实践是人特有的感性对象性活动，是从人的存在方式这一本体论维度进行理解和阐释，具有实践本体论的意义。在马克思看来，"全部社会生活在本质上是实践的。凡是把理论诱入神秘主义的神秘东西，都能在人的实践中以及对这种实践的理解中得到合理的解决。"[①] 马克思把实践理解为全部社会生活的本质，也就是主张把社会生活一切领域的实际活动理解为实践。毫无疑问，人们关于正义的共识和分歧矛盾在本质上也是实践的，马克思从现实的人的实践活动中去寻找根据，去寻求正义实现的途径和人类解放的途径。

根据马克思的文本，我们可以进一步理解马克思所说的实践具体

---

① 《马克思恩格斯文集》第1卷，人民出版社2009年版，第501页。

的内涵。首先，马克思所说的实践，是客观的物质活动，是人特有的感性对象性活动。也就是说，实践是人作为物质力量并运用物质手段与物质对象发生实际相互作用的现实活动。人们通过自己的实践活动不断地在改变自然的同时也创立社会关系，实践则是人类社会运动的前提、本质和动力。其次，马克思的实践理解之基本内容是指物质生产。在马克思看来，物质生产具有重要的基础性意义。这种基础性体现在，物质性的生产活动提供了人类生存的基本必需品，是人的基本生存活动、人的本质表现和需要。忽视了物质生产劳动的基础性意义，片面地强调精神方面的反作用，沉迷于抽象思维的产物，就会得出理论上的虚假结论。再次，实践也是社会的历史的活动。人类的现实实践活动随着生产力发展而不断推进，与此同时，任何实践都是一定历史阶段的具体实践，具有历史性。也就是说，实践包括的对象、范围、规模和方式，无不受到特定社会关系和历史条件的制约。

马克思从社会实践活动认识正义问题，深入到生产领域，看到资本家对工人的剥削以及工人劳动的异化现象，揭示剩余价值生产的实质在于资本主义的雇佣劳动制度，造成资本家不劳而获、无产阶级劳而不得的分配不正义的问题。要解决分配不公正的问题，根本在于要解决生产不公正的问题，而生产不公正的根源就在于资本主义私有制。马克思认为，实现人类解放的第一步就是要消灭私有制，消灭由阶级存在导致的阶级分化和阶级剥削。马克思有句名言："哲学家们只是用不同的方式解释世界，问题在于改变世界。"[①] 这里说的"改变世界"，一方面是指社会革命，另一方面是指在劳动实践中发展物质生产力。马克思旨在强调用实践的方式改造社会，改变现存不公正的劳资关系，推动人类社会不断向前发展。马克思认为人类的正义，只能以人类性的方式在人的实践中获得。而罗尔斯没有意识到资本主义私有制导致阶级分化而引起的不正义问题，从而认为由正义二原则指导的资本主义可以成为秩序良好的社会。

共产主义作为实现人类自由解放与全面发展的正义理想，改变世

---

① 《马克思恩格斯文集》第1卷，人民出版社2009年版，第502页。

界的手段也必然是现实的革命实践。因此要解决正义问题，实现人的自由、平等和解放，就必须通过革命的实践，而承载这一历史使命的实践主体则是无产阶级，即通过无产阶级革命，推翻私有制，才能克服市民社会异化，实现人类解放和自由，使正义问题得到彻底解决。这意味着马克思是从改变社会关系入手来解决人的自由解放和全面发展的。这既表明马克思洞察了人类实现正义的理论指向——实现自由人的联合体，也表明了实现正义的现实途径——社会革命，探索到实现自由解放与全面发展的理论途径和实践方式，而社群主义虽然揭露了自由主义正义观的局限性和现代性的危机，但他们所言说的德性正义和共同体的善是在现有的社群或社会里实践或实现的，不具有革命性，这是两者最根本区别所在。

五、正义的旨归是实现人的自由和全面发展

马克思、恩格斯深刻揭露了资本主义大量非正义的事实，否定的背后意味着肯定，批判的背后隐藏着自己所建构的正义观。马克思、恩格斯在《共产党宣言》中宣布："代替那存在着阶级和阶级对立的资产阶级旧社会的，将是这样一个联合体，在那里，每个人的自由发展是一切人的自由发展的条件。"[①] 马克思政治哲学不仅具有现实性的维度，也具有理想性的维度。这个理想性的维度就是马克思主义的最高命题"一切人自由而全面发展"，所以，"自由人的联合体"才是马克思追求的终极理想、正义指向。马克思指出："只有在共同体中，个人才能获得全面发展其才能的手段，也就是说，只有在共同体中才可能有个人自由。"[②] 马克思所描述的共产主义社会高级阶段可以实现人的自由和全面的发展，是一个正义指向的社会，这符合马克思一直认可的两种价值观——共同体和自我实现。因为在共产主义社会这个联合体中，社会成员个体的根本利益是一致的，这种个体能够实现自己独特

---

① 《马克思恩格斯文集》第 2 卷，人民出版社 2009 年版，第 53 页。
② 《马克思恩格斯文集》第 1 卷，人民出版社 2009 年版，第 571 页。

人格的充分自主的发展，个体成员的需要与共同体的需要是紧密契合的，所以共产主义社会也是需要正义的社会。笔者赞同这一观点，"在马克思主义理论框架内，虽然正义可能不再是社会制度的首要美德时，它一定是一个良好社会必不可少的组成部分。"①

马克思这样表达他心中的正义制度："共产主义对私有制即人的自我异化的积极的扬弃，因而是通过人并且为了人而对人的本质的真正的占有；因此，它是人向自身、也就是向社会的即合乎人性的人的复归，这种复归是完全的复归，是自觉实现并在以往发展的全部财富的范围内实现的复归。"②这种共产主义从根本上扬弃私有财产对人的统治，即人在私有制下的异化状态，实现人的人性、对人的本质的真正占有，真正实现人的解放；这种共产主义也是完成了的自然主义和完成了的人道主义的统一，也是个人与共同体的和谐统一。在共产主义社会里，人们会获得真正的自由与权利，社会正义能够真正得以实现。无产阶级所要实现的社会公正，在根本上就是要对整个人类社会实行共产主义改造，即社会正义是达到全人类的解放，而不是个人、集团或某个阶级的解放。所以，共产主义社会是可以实现人的自由和全面发展的真实的共同体，相比而言，虚假的共同体只会抑制人的自由和全面的发展。他们认为，人类要想彻底地把自己从一切异化关系、虚假的共同体状态下解放出来，唯有通过人的解放，而人的解放是一个多方面的解放，马克思在《论犹太人问题》中谈到政治解放和宗教解放只是人的解放的部分方面，而不是人的全部解放，要实现人类的全部解放，就必须让所有人都能够认识到自己解放自己的力量，进行革命性的实践活动来消灭私有制度本身才有可能。

综上所述，对于马克思、恩格斯的正义观，我们可以这样概括：马克思、恩格斯的正义观从剖析、批判资本主义的现实经济关系入手，批判了资本主义的非正义现象；正义观念必然会受其社会历史发展状况的影响，正义具有历史性范畴，正义是历史尺度评价和价值尺度评

---

① 李惠斌、李义天编：《马克思与正义理论》，中国人民大学出版社 2010 年版，第 371 页。
② 《马克思恩格斯文集》第 1 卷，人民出版社 2009 年版，第 185—186 页。

价的统一；社会实践是正义观念之价值目标的理论与现实途径；正义的旨向是实现人的自由解放和全面发展。真正正义的制度是能够引导和促进人的自由自觉的自我实现和人的全面发展的制度，应该是"自由人的联合体"，所有妨碍这一目标实现的制度都是非正义的。

第二节　马克思主义视域下社群主义正义观的述评

自由主义是西方主流的理论，不仅给其他非自由主义理论提供思想资源和理论背景，也为其他理论对它开展批判提供了契机和前提。社群主义是在反思和批判自由主义的进程中发展起来的一种政治哲学流派。社群主义正义观的产生和发展，是与自由主义主张一种原子式的自我观，脱离历史情境而只是抽象地主张权利优先的正义观密不可分的。今天，社群主义理论已从欧美向全世界广泛传播并产生了重要影响。基于马克思主义正义观的视域，进一步分析社群主义正义观的合理性和局限性，具有重要的理论意义和现实意义。

一、社群主义正义观的合理性

社群主义正义观提出一种德性正义观，反复强调正义离不开社群，敏锐捕捉到人具有社会性和群体性的特征，并以此作为正义观的逻辑起点，与自由主义正义观展开多层次多角度的、持续的争论。在争论与对峙的过程中，社群主义者在一定程度上指出了自由主义正义观的理论限度，同时也揭露了资本主义社会存在的一些问题，并提出一些具有吸引力和启人深思的建议。毋庸置疑，这种正义观具有不可忽视的价值。

（一）社群主义正义观对自由主义进行批判与挑战，揭露了自由主义的局限性

在前文中，我们对社群主义正义观从本体论、价值论和方法论三

个方面进行了较为详细的考察。我们在对社群主义正义观进行考察的同时，对自由主义正义观也进行了批判与质疑，在一定程度上指出了自由主义正义观的限度。

在社群主义看来，自由主义正义观把人的权利作为正义观的逻辑起点，但这种权利是脱离历史传统束缚和社会实践制约的一种抽象的正义观。他们认为只需要强调抽象的个人权利和抽象的社会正义规则便能实现正义，国家权力的合法性就在于它能够保障人的各项基本权利，或者说通过制定一些规则去保障每个个体更好地实现自己的生活目标，它对所有的善观念保持中立，自由主义规范国家道德的中立行为准则及其制度安排。每个个体都有选择不同的善观念和生活的权利，只要这种选择不侵犯其他人的权利，任何人都无权加以干涉，哪怕个人选择平庸的生活而不选择良善的生活，任何人或政府都不得以善的名义去强迫他。显而易见，自由主义彰显了对个人权利和利益的尊重与保护的价值，但这种极端个人主义导致对他人和社会漠不关心；自由主义高调宣扬权利至上的同时，却丧失了德性精神，疏离了人际关系，造成人们整体感的消失，遮蔽人生存意义的维度，形成社会原子化和碎片化的现象。

社群主义看到了自由主义正义观的这一缺陷，对其进行了猛烈批判。麦金太尔认为，罗尔斯和诺齐克的正义观彼此互不相容，具有不可通约性，无法在社会冲突的层次上得以解决。因为他们都在自己的社会生活领域内谈分配正义原则，强调个人利益优先，而忽视了古典传统中的德性要素，因为德性是与共同体人生支配性的目的相关联的，缺少如此广泛的共同体生活背景域，所以造成彼此冲突无法调和，这是导致当今西方社会正义纷争不断的原因之一。

泰勒把原子化的个人主义看作现代性的主要隐忧，"个人主义导致以自我为中心，以及随之而来的对那些更大的、自我之外的问题和事务的封闭和漠然，无论这些问题和事务是宗教的、政治的，还是历史的。其后果是，生活被狭隘化和平庸化。"[①] 人们的生活日益平庸和狭隘

---

① ［加］查尔斯·泰勒：《现代性之隐忧》，程炼译，中央编译出版社2001年版，第17页。

化，沉溺于自己的私人领域，必然导致对公共精神的失落、政治上的冷漠以及认为政治参与没有内在价值，从而造成公民私人领域的自我封闭和公共政治领域内之间的政治冷漠的鸿沟日益增大。

在桑德尔看来，自由主义虚构了独立于外物的先验自我，过度强调了个人权利和自由的特殊地位。这种将公正的程序优先于特定的目标，强调程序优先论的理论便是一种程序自由主义，由程序自由主义所塑造的生活被称为程序共和国，程序共和国不能维护它所承诺的自由，因为它不能维持自由所需要的那种政治共同体和公民参与。[1]这是导致今天民众对美国民主不满、引起社会撕裂的重要原因。更重要的是，这种思想忽视了个人的道德价值，忽视了社会的公共责任，以至于我们无法更好地反思我们的公共生活。

米勒从多元主义视角看待政治文化，承认文化价值的多元性，他抨击保守民族主义者对固有权威的一种认同或者将权威强加于少数群体的民族认同。米勒指出我们应秉持一种开放与多元的态度，不应该只限于从各种多元化的价值差异进行普遍抽象，而应该将这些差异看作对我们文化有益和必要的补充，从而是对自由主义普遍正义价值观的一种超越。[2]沃尔泽认为自由主义正义观设想存在一个普遍适用的正义原则，想一劳永逸地解决所有领域的正义问题，是不现实的。社会生活复杂多变且冲突无处不在，我们应从不同领域采用不同的正义原则解决分配正义问题。

不难发现，社群主义主要批判了自由主义正义观不重视或忽视德性传统、共同体背景和文化特殊性，坚持价值中立态度以及持一种普遍主义的正义观，而社群主义将正义观植根于个人生活在其中的社群或共同体的一以贯之的传统中，认为没有一个人可以独立于社会而存在，每个人在家庭、社群和国家中都有很多与生俱来的社会身份，只有借助于历史、传统和文化，个体才能过上有德性有价值的生活。社群和历史传统是个人生存的正义前提和条件，正义的标准和原则要受

---

[1] [加]查尔斯·泰勒：《现代性之隐忧》，程炼译，中央编译出版社2001年版，第17页。
[2] David Miller, *On Nationality*, London: Oxford University Press, 1995, p.153.

历史传统和社群文化制约等。

自由主义正义观是否不提倡德性，与公民美德不相容？自由主义是否意味着"原子化"？面对社群主义等的指责，斯蒂芬·马塞多在《自由主义美德》一书中进行了回应，主张自由主义原本也是可以有德性的，并且这种德性是建立在"以理服人、以理服己"的"公众证明"基础之上。[①]比如罗尔斯将"理性"和"合乎情理"作为一种社会公平合作的个人美德来理解。虽然自由主义对德性问题有些辩护，但笔者认为，如果非要说自由主义正义观是有德性的，那么至多只算弱版本意义上的德性，而社群主义强调的是一种强版本意义上的德性概念。罗尔斯也强调社会与其成员相互合作的关系，以及所需要的正义感和善观念的两种能力，这是由正义所确定的框架内社会成员所追求的目标，不同于社群主义所强调的具有在共同的历史传统和长期实践中形成的、以某种实质良善生活观念为目的、具有构成性意义的共同善。

苏力教授指出，"社群主义在当代西方并不能对自由主义和个体主义在总体的社会实践层面构成挑战，这并不自然地意味，在智识上也不构成一种挑战。"[②]这主要表现为社群主义对当代西方或美国社会中发生的种种问题，进行了反思与批判，这种批判与反思无疑具有一定价值和警醒作用。

（二）社群主义正义观关注德性正义，追求良善生活，倡导公益政治

社群主义提倡德性正义的价值观，主张追求良善生活，促进公共服务，倡导公益政治等，这些都体现了价值要素。即使社群主义正义观带有一定的虚幻性，但他们提出的问题本身切中时弊，可以为我国社会转型时期的社会正义研究提供某些启示。

社群主义批判新自由主义的个人至上价值观，提出德性正义观和

---

① ［美］斯蒂芬·马塞多：《自由主义美德——自由主义宪政中的公民身份·德性与社群》，马万利译，译林出版社2010年版，第44页。
② 刘军宁等编：《自由与社群》，生活·读书·新知三联书店1998年版，第10页。

追求良善生活的价值观，具有重要的意义。麦金太尔通过与罗尔斯、诺齐克的正义观的争论，明确指出，罗尔斯正义理论虽然提出了关于分配正义的价值主张，但是他忽略了一些至关重要的问题，即"那种有待分配的善是什么，以及分配给谁，这取决于该社会共同体的终极目的是什么，以及这种善将如何被获得"。① 因为对"有待分配的善是什么"的反思，实际上说明了正义的反思不能合理地脱离我们对于好生活之本质以及人类最高目的的理解。如麦金太尔所说，"只有对于某个拥有正义美德的人，对如何应用法则的认识本身才是可能的"。② 麦金太尔认为，只有具备了正义美德的人，才会发自内心自觉地认同规则，并且正确地运用和遵守规章制度，促进社群或共同体的最大善。否则，再好的正义规则也无法作用于个人，也必将形同虚设，这将无法实现人类社会整体的幸福。例如，一部合法合规的国家交通法的出台，需要良好市民自觉地遵守"红灯停绿灯行"的交通规则，如果人们不具备良好的美德，而任意闯红灯，这势必影响社会秩序和人们的安全出行。因此要解决社会现实问题，需要加强德性正义的培育，使人们能够正确地运用正义规则，实现社会最大的善。

也许有人认为，在市场经济高速发展的今天，在个人主义自我权利彰显的时代，再谈德性正义已没有可能，这是过于悲观的论调。个人自我与权利意识浓烈并不是坏事，关键是要对这些意识有正确的认识和引导，而不是放任自流。良好的生存环境和社会秩序固然重要，但人们内在优秀的品性、品格的培育也是必不可少的。人类永远需要秩序，因而也永远需要德性正义的教育。在笔者看来，重提德性正义之复兴，并不是简单的回归，其可取的精神实质是，重新认识德性的内涵以及德性伦理的现实意义，关心应该成为什么样的人，帮助人们过上美好幸福生活，这表达了对人之行为合理性的希冀与期盼，虽然

---

① Charles Taylor, *Justice After Virtue*, ed. John Horton and Susan Mendus, *After MacIntyre: Critical Perspectives on the Work of Alasdair MacIntyre*, University of Notre Dame Press, 1994, p.37.

② ［美］阿拉斯戴尔·麦金太尔：《谁之正义？何种合理性？》，万俊人等译，当代中国出版社1996年版，前言。

这种复归目前还只是对未来完美生活之必备条件所作的憧憬。

所以，我们认为，社群主义的德性正义观对于我们重新认识德性的内涵以及德性正义的现实意义，如何把外在的规则正义自觉转化为内在的规范，把个人的行为之善与正义美德的培育相协调，把个人富有创造性的实践活动与人类、社会的命运之关切相连接，形成相互信任、互助合作的观念，意义深远。新自由主义是西方主流的意识形态和政治主张，虽然当代社群主义德性正义观没能对新自由主义的正义规则构成实质性的挑战，但毕竟还有一定的影响力，西方国家的政治实践也会采纳社群主义的正义诉求，而部分地调整公共政策的重心和一些价值指向。

社群主义主张"善优先于权利"的命题，相应地在价值观上就主张从"权利政治"转向"公益政治"，这有其合理之处①。社群主义主张政府或国家应当保护和增进公民的公共利益和促进公共善的实现，反对消极的国家观。社群主义注重公民参与政治，认为公民参与具有内在价值，通过参与公共问题讨论，寻求共识促进良性互动，才可能保障每一位公民的合法权益，实现良善与团结的共同体。所以，社群主义的公益观和国家观对于我国当前国家治理能力现代化建设以及建设服务型、回应型政府具有一定的借鉴意义。政府的合法性与正当性在于实现公共利益，保护公民的合法利益。经过40多年的改革开放，我国经济得到了长足的发展，国家整体实力得到提升，但与此同时，出现了社会贫富分化和收入差距不断扩大的现象。促进全体人民共同富裕是一项长期而艰巨的任务，在推进共同富裕的目标中，要不断缩小城乡和区域差距、降低不平等、维护社会的公平正义。这就需要政府在处理公务时，始终代表最广大人民利益，以实现公共善为目标，切实转变政府职能，关注和解决老百姓的住房、教育、医疗等公共问题，促进公共服务均等化，做好公共决策，协调好各方的利益，真正建立好一个服务型政府。服务型政府的建立不仅要求政府决策公平透明、廉洁高效，还要简政放权，实现政府、社会与公民之间的良性互动，

---

① 俞可平：《社群主义》，东方出版社2015年版，第147页。

这就需要公民的积极参与。

社群主义正义观鼓励公民参与公共管理，培养具有公共参与精神的现代公民。一位好公民的标准，不仅在于服从性地理解政策，还要有实践智慧，能主动参与政治生活和政府公共事务的管理，与政府进行良好的沟通和实现良性的互动。社群主义追求共同善，要求公民具备政治美德，公民有义务去参与政治，实现国家的政治目的。他们将爱国主义和民族主义视为具有内在价值，强调人们对国家的忠诚与热爱以及对自己同胞负有特殊的义务，主张每个公民都应当关心祖国的命运和安全，他们认为公民积极的政治参与是实现自我价值的重要途径。同时，社群主义者还认为只有通过积极的政治参与，才能充分实现个人的权利，这是防止集权专断的根本途径。沃尔泽和米勒都强调公民资格的重要性，其意义就在于拥有公民资格的人可以积极参与本共同体的政治生活，如果丧失了公民资格就等于被剥夺了参与分配一切的利益，从而也就无法享受基本的权利。桑德尔认为政治参与对于某种人类繁荣具有内在的价值。自由取决于公民的共享自治，作为共同体的成员，首先要关注本共同体命运，而这需要培养共同体成员的各种美德。"把交通与相互依赖网络转变成一种值得维护的公共生活，这是一项道德与政治事业，而非一个技术问题。"① 这在当今以民族国家为主体的人类社会中，仍然具有重要的价值。

（三）从整体主义视角看，实现了西方政治哲学方法论上的转移

在本体论上所持的关于个人与社会的关系的不同观念，必然导致在方法论有不同的视角。自由主义从个人主义角度、从抽象的自我观念出发理解个人与社会的关系，所以在方法论上，自由主义正义观坚持普遍主义，其目的在于找到一种能够普遍适用于任何时代、任何社会，可以统领各个领域的分配正义原则，所以往往采用普遍主义的建

---

① [美] 迈克尔·桑德尔：《民主的不满——美国在寻求一种公共哲学》，曾纪茂译，江苏人民出版社 2012 年版，第 397 页。

构方法。社群主义对此进行了批判，认为这种高度抽象的普遍主义建构方法，脱离现实政治的历史视域，难以在现实生活实践层面获得根基。社群主义从历史传统、社群整体和实践的角度看待个人与社会的关系，以此作为正义的主体和条件，认为正义原则不是普遍适用的，它只适用于社群内部，适用于共同体成员，所以，社群主义正义观继承了亚里士多德和黑格尔等思想家的传统，往往采用历史主义、多元主义或解释学的研究方法，我们可以统称为整体主义方法论。社群主义的正义观在方法论方面颇有见地、别具一格，他们提供了一种新的视角，实现了西方政治哲学方法论上的转移，从而丰富了西方政治哲学的内容。

整体主义是以社群作为本位的价值体系和方法论，将人类社群作为一切社会行为和价值的评价依据。社群主义正义观主张个人的自我实现离不开社群的形成和发展，个人的正义观要受到具体的社会背景条件的制约与影响，是社群塑造和形成了个人。所以，对于个人正义观的理解都应该回归到社群的历史传统、文化背景之中。

沃尔泽和米勒认为只有具有成员资格或公民资格的人才有资格正义地分配社群物品。沃尔泽认为正义是共同体内的"共识理解"，正义是与社会意义相关的，其原因就在于道德本身就是社会历史发展的产物。在他看来，如果正义意味着给每个人应得的，那么我们在理解正义是什么之前，首先需要理解每个人应得的是什么，而这就是一个社会历史问题。因此，道德"可以体现在人们相互之间的交谈中，也可以体现在说服人们相信我们的正当性的道德论证中"[①]。

麦金太尔对正义没有进行严密的逻辑论证，而是采取一种"历史叙事"的方法，极力主张从历史现实、传统文化来考察和论证正义问题，从西方正义观念的历史演化角度来阐述自己的正义思想。历史上众多的正义思想具有不可公度性，不同的正义思想无法归为一类，要把正义思想嵌入整个历史长河中进行评价，每一种正义思想都有各自

---

① [美]迈克尔·沃尔泽：《阐释和社会批判》，任辉献等译，江苏人民出版社2010年版，第59页。

思想传统的合理性，也有自己的局限性。传统的多样性决定了正义原则和概念的多样性，正义在传统的时间延续中得到很好的论证，而罗尔斯在无知之幕中构建起来的永恒的、普遍的正义原则是不存在的。麦金太尔同时也特别注意将这种对传统的重视同保守主义区别开来，他认为，传统不是守旧，而是一种活生生的东西；传统不是过去，而是继续了一种还没有完成的叙事，它们面对一种未来。麦金太尔的这种观点有助于我们思考如何来对待中国的文化传统。我们不应把传统仅仅理解为诸多经典，也不仅仅指儒家传统，更不是指传统中的糟粕，我们应将中国文化传统看作是一种还没有完成的叙事和正在形成的东西，因此，继承中国文化传统就既不是一种对过去的简单接受，也不是在中国和西方寻找嫁接点，而是一种面向未来的创造。所以，它带给我们的启示是不容忽视的。

社群主义正义观认为，孤立的原子式的自我是不可能存在的，一个人的正义观念只有放到他所在的社群之中才是可理解的和有根据的。"他们的正义理论只能在特定的历史阶段并在特定的民族、文化或共同体的情境下才有效。他们对于共同体都有先在性的理解，这种理解构成他认识自我的精神内涵。这也是他们判断道德的基础。而共同体的道德基础，正是由所有成员自我精神内涵的共享性理解所构成的。"[①] 社群主义强调社群或共同体的道德基础是成员共享意义的前提，人总是生活在一定的社会关系中的，社会是正义赖以存在与发展的前提条件，正义离不开某种具体的社群环境，离不开历史与传统，这种社群主义思想有助于克服现代人日趋严重的自由主义的"个人本位主义"倾向，让人们更重视新集体主义价值观念。因此，社群主义重视整体主义价值，这与我国重视新时代的集体主义思想有契合之处。在个人主义甚嚣尘上的今天，社群主义对我们重塑新时代集体主义精神有一定的借鉴和启示意义，有助于当今人们更好地认识和把握自身价值及其与共同体和历史传统的关系，通过把自我价值放到国家与社会的整体关系

[①] 龚群：《罗尔斯与社群主义——普遍主义与特殊主义》，载《哲学研究》，2011年第3期，第116页。

中去认知，这就注入了一定的角色认同，通过社会角色来关照自身，形成了自身权利义务与社会利益的有机联结，从而克服当代个人主义的不良倾向。

二、社群主义正义观的局限性

任何理论都有其自身的局限和限度，这也决定了理论批判的意义。我们运用马克思主义的立场和方法对社群主义正义观进行批判分析，在肯定社群主义正义观具有一定合理性的同时，又要指出其自身的局限性。

（一）正义主体的抽象性和共同体的虚幻性

社群主义正义观是从社群、历史和实践角度来理解个人与社群的关系，他们主张任何自我都是在社会中历史地形成的。在整个人类文明史上，从来就不存在单独生活的个体。每个人一出生，就生活在家庭、邻里、社区以及更大的共同体之中。个人总是在社会关系中成长的，脱离了社会关系的人是抽象的、超验的人，其实是不存在的。所以社群主义从本体论上认为是社群构成了个人，而不是个人形成了社群，这种观点更符合现实。如桑德尔提出的"构成性自我"，突出了自我的社群性和社会性；麦金太尔的"叙述性自我"，体现了自我的历史性和传统性；泰勒的"情境式自我"，强调个人与环境之间的密切联系，从而得出正义也是历史的、社会的，这些观点都具有一定的合理性，为我们提供了新的分析视角。但从马克思主义的立场进行分析，社群主义正义观又有一定的局限性，因为没有从动态和实践的视角看问题。

如果一味地强调社群或共同体对个人的优先性，就有可能忽视个人的作用，甚至损害个人的基本权利，因为社会与个人两者是相互依赖、相互作用的。一方面，没有社会，个人的自我难以得到发展与成长。另一方面，没有个人，也就无所谓社会。所以，马克思指出："人是最名副其实的政治动物，不仅是一种合群的动物，而且是只有在社会中才能独立的动物"①，按照马克思的观点，人的本质不是先验的自我意识，也不是抽象的社会性，而是在实践中达到个人与社会的有机统一。社群主义只强调个人对社会的依赖关系，不能辩证地看待个人与社会的关系，社会的福利和道德的选择最终落脚点是个人，而不是共同体。所以，社群主义强调共同体的优先性和构成性，不能很好地实现社会分配正义，只有立足马克思主义的观点，分配正义才能更好地处理好个人与社会的有机统一。

同样，以麦金太尔为首的社群主义者主张正义立足于社群内部，恢复亚里士多德的德性传统，但在现代社会中，古代意义上的共同体已经瓦解，现代社会经济高度发达，社会分工日趋精细，各部门依赖性日益密切，民族和国家的限制不断被打破，世界经济文化不断地走向融合，人们越来越依赖于规则和程序。所以要在现代社会流动频繁的背景下，复兴古典德性传统，就会在社会实践上遇到诸多困难。他希望在现代社会的边缘建立某种类似圣·本尼迪克特的修道院的教团式的共同体，以此来保持德性生活的延续发展。且不说这种设想有多大的实践意义，这些边缘性的共同体形式真的能对主流自由主义构成实质性的挑战吗？其实，麦金太尔本人也深知这是"知其不可而为之"。

米勒所倡导的合作制市场社会主义的模式，提倡社群成员间应平等互助，人与人之间友爱和谐，但在市场经济中，其实更多存在的是利益的纷争和关系的冲突，所以这种共同体难以实现。桑德尔的正义主体是一种构成性的"自我"，即接受、认同社群目的并勇于实践公共善的公民，但这种公民在美国历史上没有出现过，即使在有共和主义精神的古希腊时代，这种公民也是受限的，只限于成年男性的自由民，奴隶以及妇女儿童是被排除在外的。桑德尔所主张的共同体既不是一种情感性的社会联合，也不是工具型的社会联合，而是一种构成性共同体。提倡复兴亚里士多德的德性正义论，主张国家在集中部分经济权力的同时，强化社群的功能，实现共享共治，这其实是转向前现代寻找批判的武器。在当今西方社会矛盾尖锐、利益纷争的时代背景下，

---

① 《马克思恩格斯选集》第 2 卷，人民出版社 1995 年版，第 2 页。

社群主义所倡导的美德共同体多少带有乌托邦的理想色彩、充满虚幻性。其实社群主义者都意识到，亚里士多德的正义观是以当时特定城邦为条件的，古希腊的政治格局是城邦林立、小国寡民，公民可以方便地聚集讨论审议公共问题，而在现代，民族国家取代城邦成为政治联合体的主要形式，经济全球化浪潮则导致甚至国家主权也受到超出自身控制的经济力量的制约，考虑到当今政治生活和经济生活的全球性影响以及启蒙运动以来的政治道德的普遍性主张，我们不能简单地将亚里士多德式的古典共和主义传统直接运用于现代世界。[①]

社群主义与马克思主义对正义的共同体强调有类似之处，但没有马克思主义的科学基础。社群主义者虽然觉察到自由主义的规则正义缺乏得以落实的个人德行条件，但却未能认识到德性正义的实现需要一定的社会基础，也意识不到资本主义结构存在着内生性的困境。我们认为，社群主义者将德性培育寄托于现在的资产阶级，几乎不可能塑造出他们所希望的德性正义之人。社群主义者强调正义要嵌入一定的社会文化和历史传统，但没有看到历史嬗变背后起决定作用的所有制形式和财产关系，无法理解社会物质生产条件对于共同体整体发展的决定性作用。马克思主义正义观的根本价值指向在于人的自由而全面的发展，这样的共同体只有在共产主义社会才能实现。马克思指出："只有在共同体中，个人才能获得全面发展才能的手段，也就是说，只有在共同体中才可能有个人自由。"[②] 因此，在马克思看来，要彻底实现正义，获得人的自由而全面的发展，就必须消灭人的自我异化的生存样态，彻底把人从一切异化关系、非正义状态下解放出来，即消灭剥削，实现共产主义。综上所述，以马克思主义的视域来审视，社群主义的正义主体的"自我"观与自由主义的"自我"观一样，也是形而上学的假设；其倡导的美德共同体具有保守性，不具有唯物史观的维度，乌托邦色彩明显。

[①] 《论共和主义与自由主义：桑德尔访谈录》，刘蝉琪译，见应奇、刘训练《公民共和主义》，东方出版社2006年版，第361页。

[②] 《马克思恩格斯文集》第1卷，人民出版社2009年版，第571页。

（二）社群主义对自由主义正义观的批判更多是对资本主义制度的纠偏

社群主义采用历史主义方法对自由主义正义观的批判具有一定的合理性与现实意义，推动了自由主义正义观的进一步修改完善以及整个西方政治哲学的发展，但并没有在理论和实践上解决自由主义和个人主义理论所要解决的问题。实际上，社群主义是在自由主义宪政框架语境内思考问题。许多社群主义者也是英国或美国化传统的个体主义者，他们不可能超越历史文化而存在，当他们批判自由主义观的同时，也不由自主地接受了自由主义的理论前提。霍尔姆斯一针见血地指出，麦金太尔作为一个温和的反自由主义者，他的"亚里士多德主义不会推翻社会制度"①，他并不是反对自由主义社会，而只是希望诊断自由主义社会所存在的弊病。麦金太尔的反自由主义思想，实质上可以视为西方文化内部对自由主义本身弊端的审视与诊断。

桑德尔对新自由主义的正义观进行了激烈的批判，揭露了美国的民主生活存在诸多的不满现象，主张复兴公共生活，倡导一种公众共享自治的自由，具有一定的道德力量和批判意义。但这种自由观不同于自由主义所主张的消极自由，而是强调参与公共生活、实现人类潜能的积极自由，这是对自由主义个人自由思想的一种延续。在李泽厚先生看来，桑德尔所反对的"价值中立"，恰恰是这些国家从传统社会的经济政治形态脱离出来所取得的社会进步的表现。这些"价值中立""权利优先""个人自由"，就是这些国家或地区为脱身中世纪所特需的"共同善"和"美德伦理"。②桑德尔试图通过加强国家干预，依靠国家力量培育公民对共同体善的追求，来消除社会不正义现象，但也没有提出良好的药方。实际上，只要个人主义根基不动，就难以消除社会不公和道德危机现象。米勒将平等作为社会正义的原则之一，这种平等是与共同体成员的资格紧密联系的，而成员资格必定是附属于

---

① ［美］S. 霍尔姆斯：《反自由主义剖析》，曦中等译，中国社会科学出版社2002年版，第148页。
② 李泽厚：《回应桑德尔及其他》，生活·读书·新知三联书店2014年版，第102页。

一定的政治共同体,如何通过这样的政治共同体更好地实现社会正义,米勒明确地提出了合作制市场社会主义模式,经济体制上坚持生产资料公有制或集体所有制和国家的宏观调控,同时又坚持市场配置的手段。这其实是对资本主义进行改良的理论设计,与我国的社会主义公有制有本质的区别。

沃尔泽也认为社群主义是对自由主义的一种周期性修正,"就像社会民主一样,社群主义在自由主义政治旁边确立了自己的一个位置,但并不能完全取代自由主义"①。社群主义会周期性地、经常地出现,时不时对自由主义进行批判,然而,这并不能取代自由主义在西方思想中的主流位置。

所以,俞可平教授认为,"离开自由主义谈论社群主义的后果是危险的。"②社群主义是自由主义极端发达的产物,离开发达的自由主义无法真正理解社群主义的正义观。韩震教授指出社群主义是后自由主义的一种话语。③它的积极作用只能局限在西方发达资本主义社会的语境之中,社群主义的正义观本质上还属于资本主义内部的正义理论,并没有真正触及资本主义私有制对正义的实质性影响。所以,它要为自己辩护,其批判就只是停留在形式性正义层面,而对历史上的实质性的善观念缺乏深刻的反思,社群主义正义观批判胜于建构,这是无法改变现实的。而马克思恩格斯通过批判资本主义制度的非正义性——劳动者处于异化的状态和工人阶级所遭受的经济上的剥削,主张消灭私有制,实现"自由人联合体"的正义,这是马克思主义正义观区别于社群主义正义观的根本特点所在。虽然社群主义者也意识到西方自由主义社会的现代性危机和民主的不满,以及经济上的不平等和社会贫富悬殊,但他们更多是从道德方面寻求解决办法,而不能深入到问题的根源之中,意识不到其症结在于资本主义的所有制关系。所以说,社群主义的正义观说到底仍然是对资本主义的修修补补,只能起着一

---

① M.Walzer, "The Communitarian Critique of Liberalism," *Political Theory*, 1990(18), pp.6–23.
② 俞可平:《社群主义》,中国社会科学出版社 2015 年版,第 139 页。
③ 刘军宁编:《自由与社群》,三联书店 1998 年版,第 15 页。

种纠偏的作用。

(三) 社群主义正义观的整体主义方法论缺少唯物史观

社群主义主要是从历史和社群的角度来理解正义,他们大多采用历史主义方法或整体主义方法,而这难免导致相对主义。

沃尔泽和米勒的多元主义正义观认为分配正义没有唯一的普遍的分配标准和原则,主张根据人类关系模式的多样性以及社会情境的变化而具有多元的分配标准和分配原则,这种多元正义观本身易陷入相对主义的泥潭。沃尔泽认为分配正义是与物品的社会意义相关联的,如果一个社会是以一种忠实于成员们共享知识的方式过实质生活,那么这个社会就是正义的社会。① 对社会物品的分配以及分配的正义性是由共同体成员来定义的,而社会意义又是与文化相关的,不同的文化对物品的社会意义的理解也是不一样的,所以,在社会意义上达成的道德共识也是相对的。以古印度的种姓制度为例,在这种制度中,血统高贵的种族处于社会最高的等级,而血统低的种族属于低贱的等级,就应该接受高贵血统种族的统治与奴役。而沃尔泽认为,尽管种姓制度存在着强权、压迫及分配不正义现象,但只要对这制度本身共同体成员达成了共同理解,得到一致的认同,那么奴隶制正当性可以得到辩护,不平等的分配也就不存在非正义性。这明显违背我们的道德直觉。这个例子折射出沃尔泽分配正义观的相对主义色彩。我们应当通过外部批判对此进行再反思,立足于马克思主义唯物史观进行分析,在今天的我们看来,种姓秩序明显是不正义的。

麦金太尔主张从历史传统中为正义探寻理论资源和依据,因为每一种正义都有其自身的谱系结构和传统脉络。因为正义依据人们所寄居的文化背景和历史传统之不同而呈现不同的、甚至对立的理解,也就呈现出"无公度性"特征,这种无公度性的事实本身表明,任何试图建立普遍统一的正义标准的企图都将失败,即使是以普遍理性的名义。他

---

① [美]迈克尔·沃尔泽:《正义诸领域:为多元主义与平等一辩》,褚松燕译,译林出版社2002年版,第418页。

主张用一种"认识论危机"的标准来消除不同正义观之间的分歧，他认为正义观念总是某种传统的正义观念，哪一种传统的正义观念是否合理不是依据正义原则能否获得人们的普遍同意，而是这种正义观能否更好地解决"认识论危机"，只有能更好地解决"认识论危机"的正义观才是更合理的。[①] 虽然麦金太尔主张不同传统之间可以相互学习，但两种不可通约的传统是不可以比较的，这就有陷入伦理相对主义的危险。

在肯定社群主义正义观具有历史性维度的同时，也要看社群主义正义观与马克思主义正义观的本质区别在于前者缺少唯物史观的方法论。从马克思主义的立场来分析，正义观的历史嬗变的根基在于经济基础和生产方式的不同，不同的历史时期有不同的社会生产方式，就会有与其相适用的分配正义原则。所谓普遍永恒的正义是不存在的，正义原则的发展也是一个由低至高的不断扬弃的过程。可见，社群主义正义观割裂了与社会历史的辩证的有机联系，也看不到正义原则的实现机制和现实途径。从马克思主义方法论来看多元主义的正义观，如果将正义原则只是理解为多元化、差异化，就必然滑向相对主义。社群主义所指的历史只是指"传统、文化、情感纽带"等，忽视了隐藏在这些关系背后的物质生产方式，没有看到不同历史时期的正义观代表着不同的社会经济基础条件。在马克思主义看来，真正对正义起作用的是一定的社会生产方式，马克思主义所关注的是正义观念背后的物质利益动因与客观历史规律。社群主义的正义观看不到社会物质生产方式条件对于社群整体发展的决定性作用，因而不具备现实基础。社群主义正义观离开经济基础来谈分配正义，只是从道德层面进行批判，并没有真正触及资本主义制度的内生性问题。

---

① ［美］阿拉斯戴尔·麦金太尔:《谁之正义？何种合理性？》，万俊人等译，当代中国出版社 1996 年版，第 505 页。

第三节 "超越正义"之思

自由主义是西方主流的政治哲学派别，其特点是抽象的自我观，把自由作为人的本质属性，并主张权利优先于善，社会是因为要满足个人追求幸福生活的需要而组成的合作体系，于是其正义原则就是一种类似于数学定理式的规范人们各自自由行为的普遍原则，以保障个人基本权利为前提；社群主义是从反对自由主义以上基本观点和思想方法出发的，认为这样的自我观、权利观是一种虚构，人们生活于其中的社群的传统、行为形式和价值态度对个体自我必然有构造性影响，个人的权利只有在社群中才能真正得以实现。所以，其正义原则就是由不同社群的各自公共目标、生活方式、利益分配格局及其传统价值观所决定的，在不同领域有不同表现，而不存在一种普遍适用的正义原则。在当今西方理论界，社群主义成为了唯一能够与自由主义相抗衡的政治哲学派别，虽然在相互诘难的过程中，这两个派别都会作出某种让步和理论上的调整，但都保持着各自的基本立场。我们认为，这两个派别所立足的本体论都有欠缺，要么主张抽象的自我本体，要么主张人们生活于其中的社群本体，他们都没有揭示人类社会的本真存在方式。实际上，真正能够揭示人的本真存在方式的本体论是共在论，发展出共在论本体论学说，一方面可以超越自由主义的抽象个人观，另一方面又能超越社群主义对社群的虚幻执迷。

一、共在论的框架结构及其核心要义

我们认为，人的本真存在方式是共在。所谓共在，就是人的生存是在人与人、人与周围环境、人与人类的历史性的物质文化和精神文化、制度文化承传息息相关的系统中的广阔时空体中进行的。就人的生存而言，共在是历史性地发展着的，其基础是人类物质生活资料的

生产，所以，必定既与周围自然环境进行物质变换，又与他人、社群及其文化传统产生密切的交互作用。随着社会物质生产力的发展，社会生产方式也必然会发展变革，人类的生产工具、生产技术、交往方式都会产生深刻变化，它们必然会对人们的生活方式和思想观念产生深刻影响，人类的生产方式和生活方式的变革也必然会对自然环境造成影响。换句话说，共在存在论主张人的生存是与生存所关涉的各个要素、各个方面共同存在、相互斗争与妥协、一同进化的历史过程。

共在论有以下核心要义：（1）人类生存的共在系统中的所有要素及各个子系统都处在相互联系和相互影响之中，而且每个要素和子系统都具有其承受压力和冲击的限度，过度则会崩溃。一旦崩溃现象有较大程度地发生，则整个共在系统就会受到严重影响；（2）所有要素和子系统都具有其独特的存在方式，都经过了长期的历史演化而形成现在的较为稳定的状况，从而可以说，它们都应该按照自身的本性而存在发展下去。它们发展的某些重要方面都会在人类的思想中经历一种观念化的过程。比如，在人们摆脱了各种人身依附，成为了独立自由平等的利益主体时，权利概念就会突显出来，成为人们思考的重心；在个人主义泛滥而造成人的原子化和社会分裂之时，社群观念就会凸显出来，并要求得到重视和重建，要求以社群的共有价值观来塑造个体的自我，这些都是在人类历史发展中逐步出现的，其背后的客观基础是人类物质生产方式的深刻变革；（3）在整个共在论系统中，人和人类社会是最为活跃、积极的要素和子系统，从人类的眼光看，这个系统的存在是为了人类的福祉，因为只有人类才有理性、有计划地追求自己的福祉，并且能够享受这种福祉。而其他动物即使有感觉甚至有某种智力，能够感受某种快乐，但它们却不能有理性有计划地营造自己的生活，所以是共在系统中的被动的要素和子系统。（4）只有人才是自然界的目的（至少可以这样设想），所以，只有人类才能对这种共在系统负责。这个系统的好与坏，确实系于人类本身。最终受益在人，受损在人，故最高责任亦在人。（5）人类生存的最高目标是人的自由全面的发展，人类社会成为自由人的联合体，以及人类社会与自然环境的矛盾冲突最终得到和解，达到人与自然的和谐。

在我们看来，马克思主义哲学就非常典型地采用了共在论的本体论。在考察人的本质时，马克思认为："人的本质，不是单个人的抽象物，在其现实性上是一切社会关系的总和。"① 现实的一切社会关系如经济关系、政治关系、法律观念、与传统文化的关系、生活组织关系包括在家庭、市民组织、国家中的关系等，都是塑造人的本质的基本要素；同时，马克思恩格斯突出强调劳动对人类发展的重要性，而劳动就牵涉到人与自然的关系，因为要劳动必须有劳动资料。但是劳动资料的私人占有情况却把人群分为占有者和被剥夺者，并由于资本的逐利本性，大工业的发展，使得物质生产采取了极大地榨取自然资料的有用性的方式，不仅导致劳动异化，也导致了对自然环境的极大破坏，恩格斯早就警告过：我们对自然界每一次胜利都遭到了自然界的报复②。人类历史的未来发展，必然也要走向人与自然的矛盾的和解，这将达到人与自然这个共在系统的健康保持和协同进化。

二、马克思主义共在论对社群主义正义观的合理超越

从人类共在的历史发展来看，个人权利概念正是历史发展的产物，也就是说，它也要经历一种观念化的过程才能出现。人类是在发展了一种人们都成为了独立自由平等的利益主体的市场经济体制之后，才有了真正的权利观念，权利才会进入道德哲学和政治哲学的核心地带。这种情况，在理论上的反映就是把人们抽象为原子化的个人，并以契约论为理论设置而进行政治哲学的建构，这正是近代西方自由主义的典型特征；进一步就是从人最本质的属性即理性出发，借助本体与现象的划分，来确认人的真正自由，即脱离自然因果必然性制约的本体自由。人们在以这样的身份进入人与人交往的现象世界时，就能以一个有理性者的身份获得一种在普遍法则的约束下大家的任性意志能够并存的前提性条件或价值，即个人权利，比如生命权、财产权等。这

---

① 《马克思恩格斯文集》第1卷，人民出版社2009年版，第505页。
② 《马克思恩格斯文集》第9卷，人民出版社2009年版，第559—560页。

种权利当然既是平等的又是自由的。在权利的观念化过程中,这是对权利的最好确认。如果它是一种事实的话,那它也只能具有一种观念的实在性。所以,康德说,我们的自然权利其中只有一种,那就是自由。[①]换句话说,这种权利就是人作为有理性者的本体自我所固有的,这时,它并没有实际的、现象界的内容。但我们必定要进入到现象性的法律、政治、经济、社会生活中,所以,这种自由权利要随着生活的实际事项而得到确认。比如生命权、财产权和自由表达权,追求幸福的权利,以及同等的情况同等对待的权利等。如果我们想去除这种形而上学的立场的话,要论证权利的存在,就要么是在现实的经验世界如现行法律规定中来认定;或者认为它们当然存在,从而把它们作为一种前提。但在康德的视野中,这些实际的权利一定是人的本体自由的特定化,如果某些权利、社会地位和经济地位的不平等是为社会生活所必须的,并且能向所有人平等开放,才是被允许的。

但是,自由主义却把这样定义的权利看作是社会生活的本质,从而固执于权利对善的优先性,并主张权利的平等就是形式性的平等,而对实质性的权利平等他们没有作更多的考察。同时,在人的生存的共在因素扩展至自然界的动物时,就固执地论证动物的权利。[②]实际上,在共在论的视野中,动物的生存要求并不是动物的权利,这种要求不能以权利来命名,因为权利这种观念是指在普遍法治状态下人们的任性自由能够并存的约束条件,它确实与相应的义务连接在一起。而动物不可能有义务意识,所以,动物的生存要求并不需要用权利来称谓。实际上,动物作为自古以来自然环境的固有部分,它们自身的生存进化需要延续,也为人类的生存所必需,用之不觉,失之难存。显然,生存世界中不能是人类的独存,而是人与动物的共存。人作为生态系统中最主动积极的要素,动物无法主动地创造自己的环境,它们只能被动地承受人类活动对其生存环境的消极或积极效应;而人则可以通

---

① [德]康德:《康德著作全集(第6卷)》,李秋零主译,中国人民大学出版社2006年版,第246页。
② [美]汤姆·雷根:《动物权利研究》,李曦译,北京大学出版社2010年版,第344页。

过转变增长方式而避免对动物生存环境的激烈影响,甚至应该积极地再造动物适宜的生存环境。

自由主义的思维模式,表明他们偏执于权利的形式性特征,从而力图为共在系统的相关存在者都赋予神圣权利。实际上,就人的权利而言,显然可以以形而上学的本体自我的信念来论证其为作为有理性存在者的人类所固有,但是我们必须知道,这只是一种抽象的权利,就是后来黑格尔所说的最基本要求:"成为一个人,并尊重他人为人。"①它可以化为法律权利,形式性地保障人们在法律面前的平等。实际上,这种平等权利的实质性要求,却必须在社会现实制度中才能历史性逐步实现,在资本主义制度下,则存在着实质性的权利的不平等、不自由。

实质性的平等与自由权利的实现,必定要通过去除影响其实现的各种障碍才能达到。而这又必须通过发展生产力,并在生产力发展到旧的生产关系无法容纳的时候变革生产关系,并逐步达到社会财富极大涌流的状态,人们的实质性的平等和自由权利得到真正才能实现。所以,自由主义对权利的形式性特征的执着,表明其本体论基础是偏狭的。

至于社群,这是人的生活的必需。人类具有组建社群的本能,即使人类在社群中也充满了矛盾、冲突和对抗,我们也要在社群中生活,只有在社群中,我们才能获得自己的社会本质,发展并证实自己的能力,作出贡献,获得收益,并且获得我们的各种品德,如合作、正义、仁爱、奉献、正直、忠诚、谨慎、服务公益等。那么,社群与权利是对立的吗?或者说,权利是一种虚构吗?显然不是,因为社群也要随着经济基础发展而改变它们的存在方式,发挥其不同的功能,在社会发展到人们成为了独立的利益主体时,权利首先就会表现为普遍的形式性权利,并且在人类社会的历史性共在系统的发展过程中,逐渐实现人们的实质性权利,直到人类社会组织成为自由人的联合体。

社群作为本体基础也是偏狭的,一是因为它只是我们生存的一些组织环境,虽然有历史性的传承,或者是由于出生这一自然事实而归

---

① [德]黑格尔:《法哲学原理》,范扬、张企泰译,商务印书馆1979年版,第46页。

属于其中，但是，个人必然归属于某个社群是一回事，个人实际生活于其中的社群的价值特点是另一回事。从历史上来看，社群也经历了许多不同的形态，发挥着不同的作用。

从现实的社群来看，社群对个人确实有某种构成性影响，但是这种影响能否型构个人的人格概念，个人的自主及其道德原则则需要认真分析。我们认为，社群生活对个人而言可以塑造其某些善观念的具体内容，包括某些价值观、生活方式、美德与规则、思考方式等方面的观念的内容，但是，随着历史的发展，随着人们成为了独立的利益主体和交往的无限扩展，抽象的权利意识必定会出现，并且成为我们的自我的某些前提性价值取向。在这个时代，个人作为自主的人，将成为一个能够进行普遍的理性推论的个人，必然具有某些形式性的法则意识，这是所有进行普遍社会交往的人们所必须遵循的。个人在某些社群中所习得的价值观念，都应该与这些普遍的法则相互协调，否则就难以进入到一些由法则或普遍法律所维系的共同体的生活之中。比如，某些土著氏族有非常强烈的社群意识，但是，他们如果没有发展出一种抽象的普遍的理性推论能力，是无法进入到现代国家的政治生活之中的。换句话说，本体的意识是在超出了社群的特殊性，即现象的、历史的具体时空之后，才能获得的，它本身就是一种文化现象，必须在经过了相当长的历史发展和社会生产生活方式、交往、交易方式的变革之后才能出现。这是启蒙的积极成果。它的好处是适应着越来越广泛的社会交往（国际交往）的需要，也就是说，每个人都是潜在的交易交往伙伴，一句话说，就是要具有世界公民的眼光。这正是康德《实用人类学》的主旨[①]。康德的三条思考律令就表明他已经非常明确地认识到这一点，同时他也提出应该采取多元论的观点。我们认为，社群主义不能忽略这一观点的正确性，也不能合理地加以反对。社群主义者会说，即使我们在采取世界公民的眼光来看待他人时，也带有了在自己社群中生活所形成的价值观和思维方式，我们认为这一

[①] [德]康德：《康德著作全集（第6卷）》，李秋零主译，中国人民大学出版社2007年版，第115页。

说法是对的,但是,人们应该首先形成一种普遍的思维方式,一种普遍的价值观念,并以这种价值观念来调适自己的地方性知识和价值观点,使之成为普遍价值观念的实现方式,在这个基础上,才能达成共识。

所以,从形而上学的角度说,人的共在才是本体性的,它是一种普泛的观点。只有在这样的视野中,权利观点和社群观点才不是对立的,在共在论的立场上,权利和社群都能够找到各自恰当的位置。

在当今时代,人类生产、生活和交往已经进入到全球化时代,所以,人的权利观念必定会兴盛起来,普遍的规则成为了必需,只有纯粹的理性才能发挥这方面的功能。康德的纯粹理性学说揭明了这一点,但是,他对社群对个人的人性表现的构成性作用重视不够。他只重视人作为有理性存在者的具有无比尊严的人格,且把人性的发展看作是人格在现象上、历史中、社会生活中的对应物,并认为人性发展的趋向是逼近人格的实现,并且更多地从个人人性的内容来理解人性,比如具体地分析感觉、欲望、情感、记忆力、想象力、理智等的发展,而没有具体地看待人性的社会内容和特征,社交被他看成是发展文化教养的恰当方式,从而错失了社群观点。家庭、法治状态和国家等在康德那里,只是看作人的自由的实现方式,所思考的只是这些东西的由理性分析所具有的要素和人们的伦理关系结构,而至于家庭、法治状态和国家由于历史发展阶段的不同,地域的不同以及不同社群的生活方式、价值观对个人的影响则没有很好地加以考虑。

而这些正是社群主义者所看重的,但是他们把社群的这种对自我的构成作用看成的本体的,则是过度了。我们承认,共享的公共价值包括正义原则,是历史的产物,也是文化的产物,但这并不立刻表明它们是特殊主义的。从本质上说,近代以来的正义原则是普世的,也就是说,它有成为一种在全人类通行的普遍性规则的冲动,即把所有人都视为有理性者的本体之我——人格尊严——来看待,至于在现实中存在着不同的甚至有时会相互对立的正义观,那是由现代的社会生活、财富分配结构的内在矛盾所引起的,比如一方面要实行私有财产制度,借助市场经济体系,另一方面国家又要提供并服务于公共利益,要建立发展成果由大家共享的制度,所以有社会保障制度特别是对竞争失利的人的生活前景的保障,这才有诺齐克和罗尔斯之争。要消除这种内在矛盾,通过社群主义所提倡的公益政治学或美德政治学也是达不到目的的,最后还是必须通过在社会生产力高度发展的基础上,消灭私有财产制度,建立财产共有,各尽其能,按需分配,社会成为了自由人的联合体,才能消除这种内在矛盾;并且要以最小的消耗,以最无愧于人性的方式同自然界进行物质变换,才能既消除私益与公益的矛盾,又消除人与自然的矛盾。这才是人类的共在。

当然,单是人类社会生活系统就足够复杂,所以,我们在考察人类生存时,首先就聚焦于人类社会的组织、分配的正义、合作方式、冲突的化解、人的尊严等问题,这是十分自然的。在这方面,共在论的立场也能更好地反映人类生存的本相。共在论认为,我们应该如实地看待社会生活系统中的所有要素和子系统,考察它们之间的相互作用,并揭示其历史性的发展规律。比如生产力、生产关系、经济基础和上层建筑相互对立又相互统一,是推动着人类社会历史向前发展的内在动力,在这个系统中,生产力是最活跃的要素。正是它的发展,推动着生产关系的变革,并相应地带来政治制度、社会心理、思想文化、价值观念等的深刻变革。同时,我们也看到,它们有着其历史传承性,对人们有着重要的塑造作用,可以造就人们的行为方式、文化性格和思想品格,对经济基础的发展有着反作用。在科学揭示历史发展规律的过程中,马克思主义雄辩地证明,人类历史发展都是在为消灭私有制,获得人类的自由而全面的发展提供物质基础,那种生产资料私人占有的生产关系必定会失去其历史的合理性,而让位于财产公有,实现各尽所能、按需分配的分配方式的未来社会。

在这种历史进程中,有些因素和方面会得到突出的强调,它们会经历一种观念化的过程。比如,在历史发展过程中,我们看到,在进入阶级社会时,首先是人的身份等级的凸显,它按照生产资料的占有情况,决定劳心与劳力的分别,决定"劳心者治人,劳力者治于人",决定奴隶主与奴隶的等级,决定封建领主与佃农的区别,决定资本家与工人的区别,等等,并且会论证这样的等级区分是天然合理的,是符合正义的。所以，在社会中，共在可以充满冲突、对抗，而又统一在一个整体之中。在未来的共产主义社会中，能够进入自由人联合体的这一理想共在的状态之中；在自然与人的关系中，共在可以是这些不同的情形：或者在生产力比较低下的状态下，人与自然的关系是相对和谐的；或者在大工业的背景下，人与自然的关系处于高度紧张的状态，即造成严重污染，超出自然界的自净能力，甚至使有些自然资源趋近了消耗殆尽的状态；或者在生态意识高涨的时期，采取综合治理的措施，又能达到一定程度的资源节约、环境友好的状态，等等。

显然，在这些不同的共在形态中，人的实践在其中是起到关键作用的。如果我们能够从历史的角度来看待人与人，人与自然的共在的不同形态，那么，我们就不会囿于某些特定观念化的状态，并认为它们就是人类存在的本质或者前提，从而偏执地坚持某种特定的立场，比如自由主义正义观偏执于形式性的权利的优先性，社群主义正义观偏执于特定社群的优先性。在共在论的框架中，我们将能清晰地阐明权利的产生、性质及其起作用的范围，以及它的历史性发展的特点；同时也能阐明现时代社群的存在形态，它们对人们自我的塑造作用的阶段性特征。从我们对自由主义和社群主义从共在论本体论立场所作的批评来看，我们就必须科学地揭示社会发展和人的发展的内在规律，才能超越自由主义和社群主义之争。所有问题都是人的问题，人的问题在于其社会性本质。人的社会性本质在于他们以社会生产的方式再造自己的生存环境，在于生产物质生活资料的实践，在于其以最无愧于人性的方式与自然界进行物质变换。从这个意义上说，自由主义对权利的重视，确实指明了现代社会的一些根本特征，但是他们的权利观和正义原则都只能彰显其形式性方面，而对其实质性的实现则无法指明其方向。

对于社群主义正义观而言，社群生活就是日常的群体生活，比如家庭、邻里、社区、志愿团体等组织的生活。社群主义把眼光放在这些社群上，并分析其历史文化的承传性和社群共享的价值态度和行为型式，特别重视它们对个人自我的塑造性的影响。这种价值关怀，表明他们把社群看作了一种本体性存在。但实际上，社群生活还要受制于一些更根本的东西,即人类积累的物质财富,一个社会、区域、组织的生产方式和生产力发展水平。实际上,不仅工厂组织、农业生产组织形式要受到生产力水平的制约,就是家庭这种从传统上说比较稳固的社群组织也会受到生产力发展水平的影响,有时是根本性的影响。个人的思想观念、价值态度甚至道德观念,从根本上说是植根于社会物质生产方式之中的,所以,社群主义者把个人价值观的塑造看作是完全来源于社群生活的,并没有获得根本的洞见。换句话说,他们认为在社群中才能使个人的权利得到实现,才能真正行使自由,受到平等和公平的对待等,却表明他们把这些价值观念看作是社群预先拥有的,而没有看到人们能否真正获得自由和平等,其根源在于人们如何组织生产、怎样进行生产。正是在社会生产力的不断发展中,人类才突破了封建主义的桎梏,而进入到人们都成为了独立的利益主体,并且享有法律面前的自由和平等权利的社会形态之中。虽然在近代社会中,平等自由权利只是形式性的,在实质上还是不自由和不平等,但是,权利毕竟成为这个时代的主流话语,并且人们都获得了普遍的权利意识。在当今时代,我们的生产方式也发生了重大变化,互联网、智能制造、私人订制等促进了生产和交往方式的巨大变革,它们无一不更加促进了人们的自主自由和平等,当然也出现了人们之间的数字鸿沟,即在网络利用上的不平等的问题,这些都需要国家作为一个正规的最高权威机构来加以促进和弥补。

所以,我们认为,社群只是个人伦理(包括政治伦理)成长的环境支撑,它本身并无道德价值的自足性。社群为人的生活所必需,人们组建社群的方式和在社群中活动的方式都会随着社会的发展而采取不同的形态。在这种社群生活中,我们要通过解放生产力、发展生产力,来促使社会生产方式的变革,并要主动地进行社会上层建筑如政治制度和意识形态的变革,主动地调节人与自然的关系,为未来的个人得到自由而全面的发展,社会成为自由人的联合体,人与自然的和谐提供物质条件和精神条件,从而真正实现人类生存的共在的本体论价值。

结语　社会生活背景下的规则正义与美德正义

　　政治哲学既要研究我们应该如何正确地行动（to do）即制定规则体系的问题，更要研究我们应该成为什么样的人（to be）即培育美德的问题，这两个任务应该在政治哲学理论中得到融贯的理解。仅仅重视其中的一个，而忽视另一个的真实作用，是片面的。以罗尔斯为首的自由主义主张把规则问题作为正义观的前提性问题，所以，在它那里，美德就失去了其某种目的性的地位，而只具备某些工具性的价值；以麦金太尔为首的社群主义强调美德作为正义观的根本任务，强调不在于制定道德规则，而在于研究什么样的品质是美德，人们应该成为什么样的人，断言真正有了美德的人凭着自己的优秀品质就知道该怎样行动。我们认为，这样的理论范式有可能既误解了美德，也误解了规则，不能深入理解规则与美德的关系，因为它们都不能全面反映社会生活的内在要求，所以都陷入了某种片面性。我们认为，必须回到人的社会生活中，才能深入地、落实地考察规则正义与美德正义的真实关系。因为生活大于道德，所以我们应该把规则正义与美德正义的关系置于人的社会生活的大背景下来加以考察，才能确定它们各自的位置、功能及其关系性质。在当今社会，我们既要重视规则，也要重视美德，并要在当今社会生活背景中，融贯地理解规则正义和美德正义的深层关系。脱离社会生活的背景，则我们对规则和美德的关系的理解就将只能是抽象的、纯粹概念性的。

　　人生活着，就是为了追求和获得好生活（good life），这是我们的生活所本有的一个内在目的。而要过一种好生活，就需要我们有以下条件：第一，获得内在品质的提升；第二，获得一种保障生命安全的社会条件和基本正义的社会制度；第三，获得足够的物质福利之好；第四，有足够好的外在的人际关系。这四者都是不容易获得的，而且我们不可能仅仅凭借感性好恶就能追求到它们，而是必须按照一定的普遍原则去行动，才有望获得。显然，道德就是为了实现这些人生目的而存在并与时俱进地发展着的。第一点关乎人的内在品质，它追求形成美德；后面三点都是关乎外在秩序和外在行为的，它要求提供规则，在这些方面，道德理论只是就在现有的物质生产和生活条件下，如何促进社会生产，如何分配社会财富，提出自己的原则，并制定如何达到这些目标的规则。

古代社会中采用过等级制度，认为上使下、下事上是一种具有道德价值的人伦秩序，而且还采用过一部分人拥有全权而另一部分人完全无权的奴隶制度。然而，如果在当代采用这样的制度形式来提供秩序，那就是社会上的滔天罪行。在提供秩序方面，也许可以通过剥夺人们的自由权利而采取高压、钳制的方式来为生活提供比较稳定的秩序，但是，以这样的方式来提供的秩序显然并不是我们想要的，我们也会把这种秩序认定为道德上无价值的；另外，如果采用强迫劳动的方式，也能增进社会福利，甚至在需要的时候，就可以采用强行剥夺社会上某些人群财富的方式来增加公共财富。可是，这样增加社会福利的方式是得不到大家赞同的。于是，我们就不会把这样的规则评价为有道德价值的。这表明，道德规范在道德问题上是个后起的东西，它实际上需要有条件地制定道德规范体系，引导大家追求自己的好生活。就是要追求人们的好生活，这也是道德的终极目的。那么，这就需要确定，在当今社会自由、平等的人伦关系的范式中，好生活的基本要素首先就是要保障人们的基本自由、政治资格和道德人格的平等。这是我们建立秩序和增进社会福利的基本价值前提。可以说，自由和平等是第一层次的价值，而秩序和福利等则是第二层次的价值，它们应该受到第一层次的价值的最高限制。第一层次的价值是形而上学层次的价值，是人作为一个有理性存在者自身固有的，有别于一切其他仅受机械作用左右的生物的本质属性所在，由此，我们确证了自由，并拥有了无上的人格尊严。所以，在我们为完成现实社会生活任务而制定规则的时候，必须灌注这样一种价值关怀。不能保障自由和平等权利这样的前提性价值的规则，其价值都不能在道德上得到证成；而那些违背这些基本价值的规则，就是在道德上恶劣的规则。在当今时代，有许多道德问题已经危及人类生存的基本权利。比如生态危机问题、克隆人问题、网络道德问题，使得人类的生存权利受到了日益严峻的挑战。从道德上说，之所以要约束人们污染环境、克隆人、利用大数据暴露他人的隐私等行为，就是因为这些行为从根本上把人作为手段，损害了人们的人格尊严。正是因为这一点，我们约束这种行为的规则才具备了真正的道德上的约束力。

在当代社会，美德问题应该得到深入的考察，其重要性也应得到恰当的正视。诚然，在当代社会中，美德并不能被作为一种"道德应得"的资格而参加分配，因为我们的平等分配，如罗尔斯所说，主要集中在一些客观的、基本的社会善上，如自由和平等，财富和收入，以及自尊的基础等；而不平等的分配，主要集中在一套奖励贡献和扶持脆弱者的制度安排上，而美德作为一种主观的成就，无法作为一个客观指标进入到社会的分配中来。然而，在当今社会中，美德由于以下两个原因，应该得到更大的重视。

其一，在任何社会中，心灵中的各种成分形成了良好秩序，并且内心和谐协调安宁，对于个人的生活而言必定是一种值得追求的状态。从最终意义上说，拥有美德，就是我们追求美德的努力的酬报，也是一种内在之福，是好生活的实质部分。现在有许多人认为，人们关于什么是美德的看法越来越差异化，很难达到某种一致性，同时也认为所谓的内在美德也是靠不住的，于是，美德在当代社会中并没有什么真正的重要性。然而，在我们看来，实际上，外在的观念越是纷纭复杂，我们的内心就越是需要有定准。我们认为，个人的内在品质中具备了平等的人伦关系维度、形成了明确的普遍的道德原则意识、具备了人格统一性，则我们必定会对自己的品质感到满意，并持一种肯定态度，从而能够体会到内在的幸福之感。这一点恰恰彰显出了我们修养内在之德的特殊重要性。

其二，美德的内涵也要随着时代的发展而发展，所以，我们确定当代美德的本质特点是十分必要的。我们认为,当今社会所应鼓励的美德,相比于传统的美德,应该具备以下特点:第一,我们必须具备一种普遍的道德原则意识。这种道德理性精神就是要推论出对所有人都有同等约束力的普遍道德法则,在这种道德法则约束下追求实现我们的个人志向,并且以道德法则来直接决定我们意志的动机,坚定地抑制把个人感性偏好纳入自己的准则之中。第二,现代的普遍的道德规则是立足于当代自由与平等的人伦关系之上的。现在的美德也首先要求我们能够把他人尊重为与自己一样是自由和平等的个体,尊重他人的人格尊严。从这个意义上说,现代的道德规则与美德共享着基本的价值前提,被这样理解的美德是当代社会的一种基准美德。第三,在这个基础上,我们可以继续从人与人的共同生存和相互需要的背景中,要求个人能够把他人的合理目的纳入自己的目的之中,从而可以把仁爱或利他的要求作为美德性的品质要求;同时,我们与自然环境也是共在(co-existence)的,所以,人对自然环境的健全存在也负有责任,力图促进人与自然的和谐协调共进,这是爱自然环境的美德性要求,等等。这些都是对我们自己的品质的扩展与提升,是一种达到较高要求的美德。

中国古代传统社会是以血亲人伦关系为基础的家国同构、伦理本位的社会共同体。雅典城邦社会的私人生活必须依靠城邦生活并通过城邦生活而得以定义。所以,不管是中国传统社会还是古希腊的雅典城邦生活,并不存在私人生活领域与公共生活领域真正意义上的分裂。随着工业化进程和近代启蒙运动的发展,公共领域与私人领域的分化已成为人们必须面对的一个最为普遍的事实。所谓私人领域,就是排他性的领域,即个人自主的领域,在这个领域中,个人可以自主决定、自主活动,当然也包括私人性团体活动,这种活动可以排斥他人参与;所谓公共领域,就本人所关注的特点而言,就是一种非排他性可进入的,并为所有人所创造并活动于其中的社会领域,比如公共场所、所有人都可参与的理性的公共讨论平台、社会政策制定和执行的领域等。

现代社会公共化程度大大提升,公共领域不断扩展,于是,相应地,正如万俊人教授所说:"社会道德生活的基本范式由个人美德伦理转向了社会规范伦理和公民美德伦理。"[①] 从社会规则而言，就是要求在公共领域活动中的人们都要遵守一种普遍的公共规则，它们以维护公共领域的存在和发展为目的，其核心要求就要走出"囚徒困境"和不能有"搭便车"的动机和行为等。在公共领域中，公共道德规范则是对每个人都一视同仁的，可以说是基本的道德要求，也就是说，在这方面，执行公共道德规则就是要防止个人私利原则畅通无阻。理论上说，只要人们遵守它们，我们甚至可以不问他们的内在品质如何，他们的行为就是正当的、有合法性的。所以，遵守公共领域的基本规则是对我们的最低要求，也是刚性的要求。

在现代社会中，道德教育需要加强伦理规范的建设和公共理性意识的培育，但进一步，我们也希望人们能够认识到公共规范对我们的内在约束性，从而发自内心去遵守它，所以，公共美德就只能是那种认同并践行普遍的公共道德规范的意志品质。我们认为，美德是个人获得性的优秀品质，它与人们的心灵状态是相应的。所以，我们应该培育民众的公共参与精神和公民意识。要培养具有公共美德的人，一定要使他们具备公共精神，即把公共利益纳入自己的目的之中，成为自己义务意识的指向目标，具有这样的品质的人，一定是心胸广阔，能主动地创造公共利益、服务于公共利益的人。

在当代社会，一方面我们作为社会公民，应该具有广阔的公共领域的视野，能够自觉遵守社会的公共规则，尊重所有人的自由和平等权利，履行相应的义务，并具备公共精神，塑造自己的公共美德；另一方面，我们又是各种小型共同体的成员，比如家庭成员、各种互助组织的成员、志愿者团体的成员等，在其中习得共同体的价值态度和行为模式，培养一种忠诚于共同体的情感品质，形成相互服务、行为利他、扶助贫弱、促进共同体健康发展的美德性品质，并在其中锻炼领导能力、沟通能力和各种服务技能。当然，这种小型共同体的活动要以遵守社会的基本正义原则为前提，背弃社会正义原则的小型共同体在当代社会中就不能存在，在其中所培养的各种品质就不可能是真

[①] 万俊人：《正义为何如此脆弱》，经济科学出版社 2012 年版，第 51 页。

正的美德。

　　总之，我们应该从理论上深入理解规则与美德各自的本质含义，进而结合当今社会人伦关系的特点及其实质要求，来确定在当今时代中规则正义和美德正义的各自要求及其功能，确切理解它们区别于传统社会的特征，并考察在各种重要的社会生活领域中，道德规则和美德各自的地位和性质、所发挥的作用及其途径。笼统地谈论这两者的关系，则有可能遮蔽它们各自的本质及其价值。只有做了这番分析、梳理、揭示和论证的工作之后，我们才能对规则正义和美德正义的关系形成一种切实的理解。

　　党的十九大报告提出，我国社会主要矛盾在于人民日益增长的美好生活需要与不平衡不充分发展之间的矛盾，现阶段人们对美好生活的执著追求是我们的共同奋斗目标。何谓"美好生活"？美好生活是"善"的生活，是人们追求良善生活、人们文明素质得到普遍提升的生活，美好生活也是"公正"的生活，社会公平正义、法治健全、制度有序。在现代价值多元的民主社会中，人们对美好生活的追求与我们应当如何生活在一起同样重要。"我们应当如何生活在一起"为人们追求美好生活提供了基本规范和权利保障，属于制度正义，应该处于一种基础和首要的位置；另一方面，德性正义在社会整合中起着灵魂与导向作用，是"我们应当如何生活在一起"的前提条件，两者关系密切，相得益彰、相辅相成。总而言之，只有实现了美德正义和规则正义的和谐运作，美好生活的图景才能够成为现实，而无疑，这需要付出长期而艰苦的努力。

参考文献

一、中文著作

1. 《马克思恩格斯选集》(1—4卷)，中共中央编译局1995年版。
2. 《马克思恩格斯文集》(1—10卷)，人民出版社2009年版。
3. 《马克思恩格斯全集》(第3卷)，人民出版社1965年版。
4. 《马克思恩格斯全集》(第19卷)，人民出版社1963年版。
5. 《马克思恩格斯全集》(第20卷)，人民出版社1974年版。
6. 《马克思恩格斯全集》(第23卷)，人民出版社1972年版。
7. 《马克思恩格斯全集》(第25卷下)，人民出版社1974年版。
8. 《中国共产党第十七次全国代表大会文件汇编》，人民出版社2007年版。
9. 《习近平总书记系列重要讲话读本》，中宣部组织编写，人民出版社2014年版。
10. 《习近平谈治国理政》(第四卷)，外文出版社2022年版。
11. ［古希腊］亚里士多德：《政治学》，吴寿彭译，商务印书馆1965年版。
12. ［美］约翰·麦克里兰：《西方政治思想史》，彭淮栋译，海南出版社2011年版。
13. ［美］约翰·罗尔斯：《正义论》，何怀宏、何包钢、摩申白译，中国社会科学出版社1988年版。
14. ［美］约翰·罗尔斯：《作为公平的正义——正义新论》，姚大志译，上海三联书店2002年版。

15. ［美］约翰·罗尔斯：《政治自由主义》，万俊人译，译林出版社 2000 年版。

16. ［美］约翰·罗尔斯：《万民法》，陈肖生译，吉林出版集团有限责任公司 2013 年版。

17. ［美］罗伯特·诺齐克：《无政府、国家与乌托邦》，何怀宏等译，中国社会科学出版社 1991 年版。

18. ［美］罗伯特·德沃金：《认真对待权利》，何怀宏等译，中国大百科全书出版社 1995 年版。

19. ［美］罗伯特·德沃金：《至上的美德——平等的理论与实践》，冯克利译，江苏人民出版社 2003 年版。

20. ［美］阿拉斯戴尔·麦金太尔：《德性之后》，龚群等译，中国社会科学出版社 1995 年版。

21. ［美］阿拉斯戴尔·麦金太尔：《依赖性的理性动物》，刘玮译，译林出版社 2013 年版。

22. ［美］阿拉斯戴尔·麦金太尔：《谁之正义？何种合理性？》，万俊人、吴海针、王今 译，当代中国出版社 1996 年版。

23. ［美］迈克尔·桑德尔：《自由主义与正义的局限》，万俊人等译，译林出版社 2001 年版。

24. ［美］迈克尔·桑德尔：《公正，该如何做是好？》，朱慧玲译，中信出版社 2011 年版。

25. ［美］迈克尔·桑德尔：《民主的不满——美国在寻求一种公共哲学》，曾纪茂译，江苏人民出版社 2008 年版。

26. ［美］迈克尔·桑德尔：《精英的傲慢——好的社会该如何定义成功》，曾纪茂译，中信出版社 2021 年版。

27. ［美］迈克尔·桑德尔：《公共哲学——政治中的道德问题》，朱东华、陈文娟、朱慧玲译，中国人民大学出版社 2013 年版。

28. ［加］查尔斯·泰勒：《自我的根源：现代认同的形成》，韩震等译，译林出版社 2001 年版。

29. ［加］查尔斯·泰勒：《现代性之隐忧》，程炼译，中央编译出版社 2001 年版。

30. ［加］查尔斯·泰勒:《黑格尔与现代社会》,徐文瑞译,联经出版事业公司1999年版。

31. ［美］迈克尔·沃尔泽:《正义诸领域——为多元主义与平等一辩》,褚松燕译,译林出版社2002年版。

32. ［美］迈克尔·沃尔泽:《论宽容》,袁建华译,上海人民出版社2000年版。

33. ［美］迈克尔·沃尔泽:《正义与非正义战争——通过历史实例的道德论证》,任辉献译,社会科学文献出版社2015年版。

34. ［美］迈克尔·沃尔泽:《阐释和社会批判》,任辉献等译,江苏人民出版社2010年版。

35. ［英］戴维·米勒:《社会正义原则》(第2版),应奇译,江苏人民出版社2005年版。

36. ［英］戴维·米勒:《政治哲学与幸福根基》,李里峰译,译林出版社2013年版。

37. ［英］戴维·米勒:《民族责任与全球正义》,杨通进、李广博译,重庆出版社2014年版。

38. ［英］布莱恩·巴里:《正义诸理论》,孙晓春、曹海军译,吉林人民出版社2004年版。

39. ［加］威尔·金里卡:《当代政治哲学》,刘莘译,上海译文出版社2011年版。

40. ［加］威尔·金里卡:《自由主义、社群与文化》,应奇、葛水林译,世纪出版集团2005年版。

41. ［英］斯蒂芬·缪哈尔、亚当·斯威夫特:《自由主义者与社群主义者》(第2版),孙晓春译,吉林人民出版社2007年版。

42. ［美］丹尼尔·贝尔:《社群主义及其批评者》,李琨译,三联书店2002年版。

43. ［美］斯蒂芬·霍尔姆斯:《反自由主义剖析》,曦中等译,中国社会科学出版社2002年版。

44. ［美］约翰·凯克斯:《反对自由主义》,应奇译,江苏人民出版社2003年版。

45. ［美］南希·弗雷泽：《正义的尺度——全球化世界中政治空间的再认识》，欧阳英译，上海人民出版社 2009 年版。

46. ［加］查尔斯·琼斯：《全球正义：捍卫世界主义》，李丽丽译，重庆出版社 2014 年版。

47. ［美］科克-肖·谭：《没有国界的正义：世界主义、民族主义与爱国主义》，杨通进译，重庆出版社 2014 年版。

48. ［美］涛慕思·博格：《康德、罗尔斯与全球正义》，刘莘、徐向东等译，上海译文出版社 2015 年版。

49. ［新西兰］吉莉安·布洛克：《全球正义：世界主义的视角》，王珀等译，重庆出版社 2014 年版。

50. ［美］本尼迪克特·安德森：《想象的共同体：民族主义的起源与散布》，吴叡人译，上海世纪出版集团 2003 年版。

51. ［美］彼得·辛格：《一个世界——全球化伦理》，应奇、杨立蜂译，东方出版社 2005 年版。

52. ［美］查尔斯·贝兹：《政治理论与国际关系》，丛占修译，上海译文出版社 2012 年版。

53. ［美］莱斯利·阿瑟·马尔霍兰：《康德的权利体系》，赵明、黄涛译，商务印书馆 2011 年版。

54. ［美］玛莎·纳斯鲍姆：《寻求有尊严的生活——正义的能力理论》，田雷译，中国人民大学出版社 2016 年版。

55. ［美］玛莎·纳斯鲍姆：《正义的前沿》，朱意玲、谢惠媛、陈文娟译，中国人民大学出版社 2016 年版。

56. ［以］耶尔·塔米尔：《自由主义的民族主义》，陶东风译，上海世纪出版集团 2005 年版。

57. ［印度］阿马蒂亚·森：《以自由看待发展》，任赜、于真译，中国人民大学出版社 2002 年版。

58. ［印度］阿马蒂亚·森：《正义的理念》，王磊等译，中国人民大学出版社 2012 年版。

59. ［英］奥诺拉·奥尼尔：《迈向正义与美德：实践推理的建构性解释》，应奇等译，东方出版社 2009 年版。

60. 徐大同、吴春华：《当代西方政治思潮——20 世纪 70 年代以来》，天津人民出版社 2001 年版。

61. 万俊人：《现代西方伦理学史》（上、下），北京大学出版社 1992 年版。

62. 万俊人：《正义为何如此脆弱》，经济科学出版社 2012 年版。

63. 万俊人：《政治哲学的视野》，郑州大学出版社 2008 年版。

64. 姚大志：《何谓正义：当代西方政治哲学研究》，人民出版社 2007 年版。

65. 姚大志：《正义与善——社群主义研究》，人民出版社 2014 年版。

66. 段忠桥：《马克思的分配正义观念》，中国人民大学出版社 2018 年版。

67. 段忠桥：《历史唯物主义与政治哲学》，人民出版社 2020 年版。

68. 何怀宏：《公平的正义——解读罗尔斯〈正义论〉》，山东人民出版社 2002 年版。

69. 顾肃：《自由主义基本理念》（修订版），译林出版社 2013 年版。

70. 俞可平：《社群主义》，中国社会科学出版社 1998 年版。

71. 俞可平：《权利政治与公益政治——当代西方政治哲学评析》，社会科学文献出版社 2000 年版。

72. 俞可平：《全球化：全球治理》，社会科学文献出版社 2003 年版。

73. 刘军宁：《自由与社群》，三联书店 1998 年版。

74. 龚群：《自由主义与社群主义的比较研究》，人民出版社 2014 年版。

75. 龚群：《罗尔斯政治哲学》，商务印书馆 2006 年版。

76. 龚群：《追问正义：西方政治伦理思想研究》，北京大学出版社 2017 年版。

77. 应奇：《社群主义》，扬智文化事业股份有限责任公司 1999 年版。

78. 应奇、刘训练：《公民共和主义》，东方出版社 2006 年版。

79. 应奇、刘训练：《共和的黄昏——自由主义、社群主义和共和主义》，吉林出版集团有限责任公司 2007 年版。

80. 应奇：《自由主义中立性及其批评者》，江苏人民出版社 2007 年版。

81. 李强：《自由主义》，东方出版社 2015 年版。

82. 詹世友：《公义与公器——正义论视域中的公共伦理学》，人民出版社 2006 年版。

83. 詹世友：《美德政治学的历史类型与现实型构》，中国社会科学出版社 2015 年版。

84. 詹世友：《康德实践哲学的义理系统》，人民出版社 2021 年版。

85. 胡海波：《正义的追寻：人类发展的理想境界》，东北师范大学出版社 1997 年版。

86. 慈继伟：《正义的两面》，三联书店 2001 年版。

87. 程立显：《伦理学与社会公正》，北京大学出版社 2002 年版。

88. 何怀宏：《良心与正义的探求》，黑龙江人民出版社 2004 年版。

89. 何建华：《经济正义论》，上海人民出版社 2004 年版。

90. 韩水法：《正义的视野：政治哲学与中国社会》，商务印书馆 2009 年版。

91. 许纪霖：《共和、社群与公民》，江苏人民出版社 2004 年版。

92. 慈继伟：《正义的两面》，生活·读书·新知三联书店 2001 年版。

93. 高国希：《走出伦理困境》，上海社会科学院出版社 1996 年版。

94. 徐向东：《自由主义、社会契约与政治辩护》，北京大学出版社 2005 年版。

95. 徐向东：《全球正义》，浙江大学出版社 2011 年版。

96. 徐向东：《权利、正义与责任》，浙江大学出版社 2021 年版。

97. 高兆明：《制度伦理研究：一种宪政正义的理解》，商务印书馆 2011 年版。

98. 周濂：《现代政治的正当性基础》，生活·读书·新知三联书店 2008 年版。

99. 达巍编：《消极自由有什么错》，文化艺术出版社 2001 年版。

100. 王立：《正义与应得》，中国社会科学出版社 2019 年版。

101. 李佃来：《政治哲学视域中的马克思》，中央编译出版社 2018 年版。

102. 赵祥禄：《正义理论的方法论基础》，中央编译出版社 2007 年版。

103. 葛四友：《正义与运气》，中国社会科学出版社 2007 年版。

104. 高景柱：《世界主义的全球正义》，中国社会科学出版社 2020 年版。

105. 李义天编：《共同体与政治团结》，社会科学文献出版社 2011 年版。

106. 李惠斌、李义天：《马克思与正义理论》，中国人民大学出版社 2010 年版。

107. 何霜梅：《正义与社群——社群主义对以罗尔斯为首的新自由主义的批判》，人民出版社 2009 年版。

108. 何霜梅：《关于平等的五个追问——社群主义的社会平等思想及其当代价值研究》，中国社会科学出版社 2019 年版。

109. 刘化军：《社群主义方法论的批判性分析：兼论唯物史观的当代价值》，科学出版社 2013 年版。

110. 韩升：《生活于共同体之中：查尔斯·泰勒的政治哲学》，中国社会科学出版社 2010 年版。

111. 韩升：《和谐话语的政治哲学建构——以西方共同体主义为中心》，人民出版社 2015 年版。

112. 张容南：《一种解释学的现代性话语：查尔斯·泰勒论现代性》，上海人民出版社 2011 年版。

113. 林少敏：《自我选择与政治认同——对自由与社群之争的反思》，人民出版社 2017 年版。

114. 周穗明：《当代西方政治哲学》，江苏人民出版社 2016 年版。

115. 胡娟：《麦金太尔"辩证叙事探究"的道德哲学方法》，东南大学出版社 2016 年版。

116. 刁小行：《多元价值的均衡：沃尔泽政治哲学研究》，中国社会科学出版社 2014 年版。

117. 张晒：《沃尔泽多元主义分配正义论研究》，中国社会科学出版社 2019 年版。

118. 文长春：《正义：政治哲学的视界》，黑龙江大学出版社 2010 年版。

二、外文著作

1. John Rawls, *A Theory of Justice*, Cambridge (Massachusetts): Harvard University Press, 1971.

2. John Rawls, *Political Liberalism,* New York: Columbia University Press,

1993.

3. John Rawls, *Justice as Fairness:A Restatement,* Cambridge: Harvard University Press, 2001.

4. Alasdair Macintyre, *After Virtue: A Study In Moral Theory (Third Edition),* Notre Dame Ind.: University of Notre Dame Press, 2007.

5. Alasdair MacIntyre, *Whose Justice?Which Rationality?*, Notre Dame Ind.: University of Notre Dame Press, 1988.

6. Michael Walzer, *Spheres of Justice:A Defense of Pluralism and Equality*, New York: Basic Books inc., 1981.

7. Michael Walzer, *The Communitarian Critique of Liberalism, Political Theory*, 1990.

8. Michael Walzer, *Thick and Thin: Moral Argument at Home and Abroad*, Notre Dame Ind.: University of Notre Dame Press, 1994.

9. David Miller, *Principles of Social Justice*, Cambridge Mass. & London: Harvard University Press, 1999.

10. David Miller, Michael Walzer(eds), *Pluralism, Justice, and Equality*, Oxford: Oxford University Press, 1995.

11. David Miller, *Market, State and Community: the Theoretical Foundations of Market Socialism*, Oxford: Oxford University Press, 1992.

12. David Miller and Michael Walzer (eds), *The Communitarin Challenge Liberal*, Cambridge: Cambridge University Press, 1996.

13. Michael J. Sandel, *Liberalism and the Limits of Justice*, Cambridge: Cambridge University Press, 1982.

14. Thomas Nagel, *Equality and Partialiry,* Oxford: Oxford University Press, 1991.

15. Daniel Bell, *Communitarianism and Its Critics*, Oxford: Clarendon Press, 1993.

16. Robert Nozick, *Anarchy, State and Utopia,* New York: Basic Books, 1974.

17. John Rawls, *Political Liberalism*, New York: Columbia University

Press, 1996.

18. John Rawls, *The Law of Peoples*, Cambridge (Massachusetts): London Harvard University Press, 1999.

19. William Galston, *Liberal Purposes: Goods, Virtues, and Diversity in the Liberal State*, Cambridge: Cambridge University Press, 1991.

20. Etzioni Amitai, *The New Golden Rule: Communiry and Moraliry in a Democratic Society*, New York: Basic Books, 1996.

21. Etzioni Amitai, *The Spirit of Community: Rights, Responsibilities, and the Communitarian Agenda*, New York: Crown Publishers, Inc., 1993.

22. Charles Taylor, *The Ethics of Authenticity*, Cambridge Mass.: Harvard University Press, 1991.

23. Michael Walzer, *Just and Unjust Wars*, New York: Basic Books, 1992.

24. Sandel Michael, *Liberalism and the Limit of Justice?*, Cambridge University Press, 1982.

25. Sandel Michael, *Democracy's Discontent: America in Search of a Public Philosophy*, Cambridge Mass.: The Belknap Press of Harvard University Press, 1998.

26. Sandel Michael, *Public Philosophy: Essays on Morality of Politics*, Cambridge Mass.: Harvard University Press, 2005.

27. Sandel Michael, *Justice: What's the Right Thing to Do?*, New York: Farrar, Struaus and Giroux, 2009.

28. Taylor, Charles, *Sources of the Self*, Cambridge Mass.: Cambridge University Press, 1989.

29. Walzer Michael, *Spheres of Justice*, New York: Basic Books, 1983.

30. Walzer Michael, *"Justice Here and Now" in Justice and Equality: Here and Now*, edited by Frank S. Lucash, Ithaca, New York: Cornell University Press, 1986.

31. Walzer Michael, *Interpretation and Social Criticism*, Cambridge Mass.: Harvard University Press, 1987.

32. Frohnen Bruce, *The New Communitarians and the Crisis of Modern*

Liberalism, Lawrence: University Press of Kansas, 1996.

33. Joseph Raz, *The Morality of Freedom*, Oxford: Clarendon Press, 1986.

34. Bruce Ackerman, *Social Justice in the Liberal State*, New Haven: Yale University Press, 1980.

35. Isaiah Berlin, *Four Essays on Liberty,* Oxford: Oxford University Press, 1969.

36. Samuel Freeman, *Rawls*, London and New York: Routledge, 2007.

37. Immanuel Kant, *Groundwork of the Metaphysics of Morals,* Herbert Paton, trans., New York: Harper and Row, 1956.

38. Will Kymlicka, *Contemporary Political Philosophy: An Introduction,* New York: Oxford University Press, 2002.

39. Will Kymlicka, *Liberalism, Community and Culture,* Oxford: Clarendon Press, 1989.

40. Will Kymlicka, *Multicultural Citizenship: A Liberal Theory of Minority Rights*, New York: Oxford University Press, 1995.

41. Philip Selznick, *The Communitarian Persuasion,* Columbia: Woodrow Wilson Center Press, 2002.

后 记

经过数年的研读、思考和写作，书稿终于完成了，虽如释重负，但心里并不轻松。要将此书稿付梓，我是无比忐忑的，唯恐因学识的浅薄而贻笑大方。

正义是个亘古弥新的话题，本书的写作源于对正义问题的兴趣，对社群主义理论的持续关注。在同济大学攻读博士学位期间，在导师周敏凯教授的指引下，我接触到麦金太尔的思想，并将选题定在正义理论研究领域，从此开始了追寻正义之旅。2012年夏天的某一午后，我在同济大学图书馆翻阅到一本小册子，是俞可平教授写的《社群主义》，篇幅虽短，但内容精巧、思想深厚，勾勒出了社群主义思想的整体轮廓，这让我很是着迷。思想之所以有魅力，就在于它可能不经意间在某人的心田里撒下一粒种子，说不定哪天能开花结果、长成大树。博士毕业后回到上饶师范学院任教，在从事思政教学工作之余也钻研政治哲学，研究正义理论。我仔细研读、小心翼翼地梳理着社群主义正义思想，提炼其观点。时光荏苒，人生流转，历时多年，作品终究要进入公众评判的视野，我唯愿本书被人们视为一位学术新人向公众所表达的学习心得。

本书是国家社会科学基金项目"社群主义正义观的批判性研究"（17BZX112）的最终成果。本书主要聚焦于社群主义正义观的本体论、价值论、方法论三个维度，它们构成共同审视社群主义正义观的多维视角，并就社群主义与全球正义等热点话题进行了一定程度上的探讨。社群主义正义观对自由主义的统治地位提出了挑战，这种挑战从一个独特的角度揭示了自由主义正义观所存在的问题和局限。新自由主义和社群主义学说，在相互批评与自我辩护过程中，各自尽可能地发展自己的正义理论。但是，它们都不能有效应对当今世界发展的政治伦理价值诉求。本书的命意就在于反思社群主义正义观的立论基础、价值立场和思维方法的特质及偏颇，以马克思主义历史唯物主义的理论范式对之进行批判，并以共在存在论的哲学框架来全面超越社群主义正义观的言说路径。囿于本人学识，我对社群主义正义观的梳理难免粗糙，论证未必深刻，提炼出的观点也没有达到我所想要的那种明晰。但我还是愿意把它呈现给大家，这是因为社群主义是在批判自由主义过程中产生的思想，本身没有统一的范式，社群主义正义观有如散落的珍珠，需要我们去拾掇、打磨、串联。若想对其思想进行全面把握，还需要进行大量深入的外文阅读和广泛思想的碰撞。社群主义正义观仅仅是其西方政治哲学的宏大而复杂的现代性课题的一部分，要深透研究这一课题，远非这一本小书所能胜任。因此，本书也不可能对社群主义与自由主义的争论进行周全的研究，而是仅仅着眼于上文所提及的有限目标，以期抛砖引玉，希望能得到专家、学者及其他学界同仁的批评指正。更何况，任何思想都不可能绝对的完美无缺，提供一个被批判的靶子本身也是一种贡献，那我又何必藏拙呢？

感谢中国人民大学龚群教授对课题申报书的撰写、开题报告和结题工作等方面提供的细致指导。感谢詹世友教授在上饶师范学院社会道德研究中心读书会上对本课题研究所给予的悉心指导。本课题组成员曹晟旻博士、程有保老师为此课题收集了大量资料，并就本课题的相关问题发表了阶段性研究成果。我的同事贾凌昌博士、邱忠善博士、冯会明教授、王樱霏副教授和谢晓文副教授等都对我的课题研究提供了无私的帮助与默默的支持，本书的一些灵感和思想受到中心读书会和同道读书会的启发，在此一并表示感谢。

2019年9月至2020年6月，因《社群主义》这本书结缘，我在俞可平先生的指导下成为北京大学政府管理学院的访问学者，并就本书的研究思路多次求教于先生。先生于百忙之中对本课题的研究和出版给予了悉心帮助和指点。对此，我的感激之情难以言表。中央编译出版社的编辑为拙作的出版付出了艰辛的劳动，是你们耐心细致的工作让我闻到了书稿的墨香。在此，向你们致以诚挚的谢意！

最后感谢我的父母和家人！他们的帮助和深厚的爱给了我信心和力量。尤其感谢母亲在我人生之路上提供的支持与爱的动力，本书写作之时，母亲还健在，现在母亲已离开2年多了，但因母亲而传承的爱与正义一直洋溢在我周身，让我感到温暖和力量。

还有其他没有提及的朋友们，正是你们默默的奉献和无私的爱，让我心中始终充满求知的渴望，饱含对生活的激情。

本书的撰写也借鉴了国内外社群主义研究的相关成果，受益于前辈学者和同行的卓越见解，在此谨向前辈学者和各位同行表示衷心的感谢！同时，也欢迎前辈学者和同行及广大读者对我呈现给大家不免粗陋的作品提出批评和建议！

姜丽

2022年10月